张传玺 主编

中国古代法律文献研究　第十六辑

中国政法大学法律古籍整理研究所 编

中西书局

目　录

《中国古代法律文献研究》 第十六辑

2023 年，第 001~036 页

睡虎地秦简《法律答问》
1~116 简再读拾遗

中国政法大学中国法制史基础史料研读会*

摘　要： 4 简"甲谋遣乙"的结构是甲谋遣+乙+犯行，其未必是"二人对议"。8 简中司寇犯耐罪后有自告情节，是否适用"减罪一等"导致两种论处方案。12 简"雅不相知"排除双方"谋偕盗"的可能，双方现场交谈的内容决定是否成立"前谋"。19 简是对家庭中"父盗子"行为罪与非罪的界定，新见秦令也可见对亲父子财产的严格保护。20 简的后半句，是指在"与同罪"或"反其罪"的情况下，同居、典、伍不连坐。22 简"坐隶，隶不坐户"可理解为对隶论罪时，隶不因户而连坐。27 简的按语简述了新见律令对祠祀的规定。29 简"议不为过羊"的处罚原则是有上限地合并计赃而非"相遝"。33~34 简的"失刑罪"是指"错误地适用了刑罪（肉刑）"，其并无明显主观故意。37 简中"毋论"的理据是赦令消除了盗犯的法律责任。41 简中诬告不反坐的理据是，实盗所获刑罚已达顶格刑，诬告的数额不能增加被诬者刑罚。42 简"廷行事赀二甲"的依据是，反坐诬加的五十

---

* 本文由徐世虹教授主持讨论，以下成员共同完成讨论：徐世虹、支强、朱潇、王安宇、齐伟玲、刘自稳、舒哲岚、黄巍、王雨嘉、曾志才。又，本文所引睡虎地秦竹简皆出自睡虎地秦墓竹简整理小组《睡虎地秦墓竹简》（文物出版社，1990），为避文烦，文中不再逐一出注。

钱，告不审的三十钱与实盗的三十钱罪等，不适用告不审。一说，以所告百一十钱视为告不审。49 简中的"真罪"指相对于本人"未断"的诬告罪，本人实犯且已确定的盗窃罪。50 简中的处罚结果，或体现了"等者从一"的方法。53~54 简的"鞫审谳"，是对案件进行事实调查、调查确认并呈报的程序概括。55 简的"矫丞令"读"矫丞之令"。59 简按语中补充了新出秦令所见废官制度的变化。63 简"系作如其所纵"是指对责任人处罚系城旦劳役。69~70 简中的无责规定，反映了法律对民间习俗的接纳。71 简中擅杀继子罪重于擅杀子，与血亲关系的远近及有可能造成户绝有关。74 简的"以辜死"指以一定时间为期限，以被殴打者的伤亡结果决定施害者的法律责任。76 简的"未杀"可概言"未致死"，但也不排除犯罪还处于预备状态。79 简中丈夫对悍妻有殴笞权，但殴笞至伤会被论罪，妻悍是否入罪尚不明确。87 简的"痏痍"包括开放创口与皮肤青红肿两种情况。89 简"各以其律论之"是指各自按斗殴罪论处。90 简的"入赍钱如律"指按律的规定缴纳赔偿金。101 简中经改字后的"盗贼杀伤人"或可析分为多种犯罪行为。113~114 简"其它罪比群盗者亦如此"是指对臣邦真戎君长犯它罪的论处比照犯群盗罪的论处方式。115 简中的"以"字，或为"欲"字残笔。116 简的"子小未可别，从母为收"意为，不能自食的婴幼儿被收后，暂不"传输"至他处，而是成为在母亲身边的收人。

关键词： 前谋　议不为过羊　废　未杀　子小未可别

中国政法大学中国法制史基础史料研读会自 2016 年 3 月 18 日起对睡虎地秦墓竹简《法律答问》开展研读，于 2019 年 5 月 24 日读毕。其间，1~135 简的研读成果经部分成员统稿后，连载于《中国古代法律文献研究》第十二至十四辑（2018、2019、2020）。2021 年 9 月至今，徐世虹教授带领研读会主要成员对《法律答问》再次研读，修订了部分按语，增补了此前未出的按语，目前已完成大半。今从已读部分中摘选 1~116 简再读札记，成文如下。

一、甲谋遣乙

4 简：“甲谋遣乙盗，一日，乙且往盗，未到，得，皆赎黥。”

“甲谋遣乙”，若江贤三先生认为其是甲与乙共谋。[①] 早大秦简研究会也认为虽说“甲谋”似如一人谋，但《法律答问》所见三例“谋遣”都是复数犯人参与犯罪，“谋”不应置于二人以上共谋的概念之外。[②] 刘晓林、李芳先生认为先有“谋”而后有“遣”，即双方对犯罪行为已有基本一致的认识，而后被谋遣者才着手实施犯罪。[③] 陶安先生认为本简讨论的是教唆者未参与实行且实行犯未遂的情况，此时首谋者与实行犯受相同处罚。[④]

【按】如学者所示例，“谋遣”亦见于《法律答问》5 简与 67 简。现将三简内容列表如下：

表 1　《法律答问》所见“谋遣”内容

简号	谋遣主动方与被动方	实行犯罪	具体情节	处　罚
4	甲谋遣乙	盗	往盗，未到而得	皆赎黥
5	人臣甲谋遣人妾乙	盗主牛	卖，携钱共邦亡	皆城旦黥之，各畀主
67	甲谋遣小未盈六尺乙	盗杀人	甲受分十钱	磔甲

从简文看，“谋遣”的基本要素是：谋者或曰造意者为甲，被“遣”者在实行犯罪前虽然也知道“谋”的内容，但本人并非实际参与谋划者。简言之，甲是造意者而非实行犯，而乙是实行犯而非造意者。早大秦简研

---

① ［日］若江賢三：《秦律における贖刑制度（上）—秦律の体系的把握への試論—》，《愛媛大学法文学部論集》（文学科編）1985 年第 18 号，第 85 页。

② ［日］早稲田大學秦簡研究會：《雲夢睡虎地秦墓竹簡〈法律答問〉譯注初稿（一）》，《史滴》第 20 号，1998，第 32 页。

③ 刘晓林、李芳：《再论秦汉律中的谋杀》，载沈之北编著《3 个 U 集：霍存福教授从教三十年纪念文集》，知识产权出版社，2015，第 303 页。

④ ［德］陶安あんど：《秦漢刑罰体系の研究》，東京外国語大学アジア・アフリカ言語文化研究所，2009，第 421 页，注释 66。

究会认为《奏谳书》案例十六中信令苍杀害狱史武是与本简类似的例子。①
但是该案简文记载信的供词言"信即与苍谋，令贼杀武"，苍既参与了谋
划，也是实行犯，而该案呈报上级的文书记载了这样的判决意见："律：贼
杀人，弃市。·以此当苍。律：谋贼杀人，与贼同法。·以此当信。"② 判
决意见据主谋者与实行犯在案件中的主要作用而定，不能说明苍未参与谋
划。该案可以证明早大秦简研究会所主张的"二人对议谓之谋"，但还是
与"甲谋遣乙"有所不同。"甲谋遣乙 + 犯行"是比较固定的句式，它是
从甲的角度明确其在犯罪中作用的用语。谋与遣的主动者都是甲，乙则是
犯行的实施者。造意者作为共犯，造意、教唆而不下手实行，犯罪后果与
实行犯无异，故处罚与实行犯相同。

二、"司寇盗百一十钱……或曰赀二甲"

8 简："司寇盗百一十錢，先自告，可（何）論？當耐爲隸臣，或曰
貲二甲。"

关于本简，冨谷至先生认为，在司寇刑徒犯盗罪的情况下，有自首不
能成为减刑的判断标准与考虑自首减刑为赀二甲两种情况。③

【按】本简涉及的问题是，司寇犯盗窃罪"先自告"后当如何处理。
换言之，刑徒再犯罪后"先自告"，是否适用如《二年律令·告律》127
简所见的"各减其罪一等"。答语的两个结论，推测反映了适用与不适用
的结果。其一，不适用减罪一等的原则。《二年律令·具律》91～92 简
"城旦刑尽而盗臧（赃）百一十钱以上，若贼伤人及杀人，而先自告也，
皆弃市"④，规定执行完肉刑的刑徒又犯盗赃百一十钱以上、贼伤人、杀人

---

① ［日］早稻田大學秦簡研究會：《雲夢睡虎地秦墓竹簡〈法律答問〉譯注初稿（一）》，第
32 页。

② 张家山二四七号汉墓竹简整理小组：《张家山汉墓竹简〔二四七号墓〕（释文修订本）》，
文物出版社，2006，第 99 页。

③ ［日］冨谷至：《秦汉刑罚制度研究》，柴生芳、朱恒晔译，广西师范大学出版社，2006，
第 143 页。

④ 张家山二四七号汉墓竹简整理小组：《张家山汉墓竹简〔二四七号墓〕（释文修订本）》，
第 21 页。

各罪而先自告，都处以弃市。① 其中的"城旦刑尽"，或可理解为城旦已备受所有肉刑后又犯盗赃一百一十钱的耐罪。在这种情况下先自告，不仅不适用减罪原则，反而是触犯死刑，这自然是加刑的结果。而且从"刑尽"推测，从黥城旦到斩趾城旦，不外也是城旦刑徒再犯罪后加刑的结果。同理，司寇再犯盗罪而达到耐刑，先自告亦不减罪，而是加刑到耐为隶臣。其二，适用减罪一等的原则，即处罚不按身份而是按盗赃值序列，自百一十钱以上的耐为隶臣妾减罪一等，就是百一十钱到二十二钱的赀二甲。

三、 前谋②

12 简："甲乙雅不相智（知），甲往盗丙，毚（纔）到，乙亦往盗丙，与甲言，即各盗，其臧（赃）直（值）各四百，已去而偕得。其前谋，当并臧（赃）以论；不谋，各坐臧（赃）。"

前谋，刘海年先生认为"前谋"是共同犯罪的标志。③ 早大秦简研究会认为成立"前谋"必须要双方产生共同盗窃的合意，否则即使有言语交流也不能成为"前谋"。④ 陶安先生也将共同犯罪的意图作为共犯成立的基本要件。⑤

---

① 对十该简中"先目告"的涉及对象，学者或有不同理解，或认为"杀人而先自告"，或认为"贼伤人及杀人先自告"，或认为"盗赃百一十钱以上、贼伤人、杀人而先自告"。文中取第三种认识的理由是：其一，《具律》122 简"刑尽而贼伤人及杀人，先自告也，弃市"，"先自告"涉及贼伤人与杀人两种犯行。在此如将盗赃百一十钱自"先自告"中排除出去，似有窒碍。其二，律文中三种犯行分别为盗、伤人、杀人，属于常见的、社会认知广泛的行为。如刘邦与父老约法三章"杀人者死，伤人及盗抵罪"，即表明对此三种行为的惩罚，是维持社会秩序的最低需要。律文以此三罪作为城旦刑徒再犯罪且自首亦不减罪而直接处死的对象，或正出于对此三罪的基本认知。其中的盗罪之所以以盗赃百一十钱为例，是因为耐罪以下是轻罪赀刑，而耐罪以上需要服役。

② 在中国政法大学法律古籍整理研究所举办的"出土文献与秦汉法治青年学术论坛"（2022 年 9 月 17 日）学术会议上，评议人邬勖先生评论本节内容，提出了"雅不相知+现场与甲谋"的情形，本节有所参酌，谨致谢意。

③ 刘海年：《秦的诉讼制度（连载）》，《中国法学》1985 年第 4 期，第 57 页。

④ ［日］早稻田大学秦简研究会：《云梦睡虎地秦墓竹简〈法律答问〉译注初稿（一）》，第 39 页。

⑤ ［德］陶安：《中国传统法"共犯"概念的几则思考》，《华东政法大学学报》2014 年第 2 期，第 51 页。

【按】"前谋"，秦律术语，指在下手实施犯罪行为前的共同谋划。《法律答问》15 简："夫盗三百钱，告妻，妻与共饮食之，可（何）以论妻？非前谋殴（也），当为收；其前谋，同罪。"妻子与丈夫的"前谋"只能在盗钱之前发生，若事后知情则不属于"前谋"。《晋书·刑法志》载张斐《注律表》"二人对议谓之谋"①，有前谋的犯罪一般属于共同犯罪。本条答问是在特别条件下，对"前谋"与"未谋"采取不同处置方式的说明，即在同时同地为盗而各自取赃的情况下，以罪犯在下手行窃之前是否具有共同犯罪的合意为据而作区分处理：有前谋者并赃处理，未谋者各坐赃处理。本条设问或是有意复杂化了"前谋"的时空条件，以此加强习律者对"前谋"与"不谋"的辨析能力。首先，排除"谋偕盗"。《二年律令·盗律》58 简"谋偕盗而各有取也，并直（值）其臧（赃）以论之"②，甲乙双方"雅不相知"，临时在犯罪现场相遇，因此不属于"谋偕盗"的情形。其次，双方在现场的交谈内容是决定何种处罚的重要依据。甲乙若只是在犯罪现场碰面寒暄后各自行盗，各自携赃离去，无"前谋"事实，则当以"不谋"论，以各自所盗四百论罪，获刑完城旦；若在现场经由交谈，临时形成共同盗窃的犯意，此种情形属于"前谋"，应并赃以论，获刑黥城旦。

四、假父盗假子

19 简："'父盗子，不爲盗。'·今叚（假）父盗叚（假）子，可（何）論？当爲盗。"

【按】本条是对家庭中"父盗子"行为罪与非罪的界定。有血缘关系的亲父盗亲子财产，不入盗罪；无血缘关系的如继父盗继子财产，入盗罪。所谓"假父盗假子"，是指继父盗现妻与前夫所生之子的财产。"父盗子，不为盗"，法律保护亲生父亲而不保护亲生子的利益，体现了对家庭中尊者及其血亲关系的维护；"假父盗假子，当为盗"，法律保护继子而不

---

① （唐）房玄龄等撰：《晋书》卷三十《刑法志》，中华书局，1974，第 928 页。
② 张家山二四七号汉墓竹简整理小组：《张家山汉墓竹简〔二四七号墓〕（释文修订本）》，第 16 页。

保护继父的利益，将此行为视为常人盗，自然是不承认继父子之间具有血亲关系。从秦令规定来看，法律保护再嫁者前夫、前夫之子以及再嫁者的财产，也体现了这一立法意图。《岳麓书院藏秦简（伍）》001/1025～007/1026 简："廿六年十二月戊寅以来，……有子者，毋得以其前夫、前夫子之财嫁及入姨夫①及予后夫、后夫子及予所与奸者，犯令及受者，皆与盗同法。母更嫁，子敢以其财予母之后夫、后夫子者，弃市，其受者，与盗同法。前令予及以嫁入姨夫而今有见存者环（还）之，及相与同居共作务钱财者亟相与会计分异相去。令到盈六月而弗环（还）及不分异相去者，皆与盗同法。虽不身相予而以它巧诈（诈）相予者，以相受予论之。有后夫者不得告罪其前夫子。"② 其条款为：① 母亲再嫁，前夫、前夫之子的财产不得用于再嫁，不得给予"姨夫"，不得给予后夫、后夫子，不得给予和奸者，违反规定以及接受前述财产的，皆与盗同法。② 母亲再嫁，儿子如将自己的财产给予母亲的后夫、后夫子，处以弃市；接受前述财产的，与盗同法。③ 在本令生效前给予、以此财产用于再嫁、给予"姨夫"，目前财产尚存的，应归还；同居共同劳作的共同钱财，尽快核算区分。令下达六个月还不归还及不核算区分的，与盗同法。④ 虽然没有亲自给予，但用其他欺骗手段给予的，按接受前述财产者论罪。⑤ 现夫为后父的，不得起诉自己的前夫之子。此令生效于秦始皇二十六年（前 221）十二月二十六日，第一款是保护再嫁者前大、前夫子财产的规定，第二款与第一款同旨，第三款则是对该令发布前有关前述财产的处置规定与违令的处罚规定。该令的核心在于维护前夫与前夫子的财产利益，无论是再嫁者、再嫁者之子、再嫁者后夫，都不得处分、占有原为血亲关系的父子的财产。这与本简"不为盗""为盗"的精神是一致的。

---

① 据学者研究，"姨夫"是赘婿当中的一种。参见张以静《秦汉再婚家庭的财产权——以简牍材料为中心》，《河北学刊》2019 年第 4 期，第 104 页。

② 陈松长主编：《岳麓书院藏秦简（伍）》，上海辞书出版社，2017，第 39～41 页。杨振红先生对该令文也有解读，见杨振红《〈岳麓书院藏秦简（伍）〉有关女子重组家庭的法令与嫪毐之乱》，载西北师范大学历史文化学院、甘肃简牍博物馆、河西学院河西史地与文化研究中心、兰州城市学院简牍研究所编《简牍学研究》（第八辑），甘肃人民出版社，2019，第 175～186 页。

五、"律曰'与盗同法'……云'反其罪'者，弗当坐"

20 简："律曰'與盜同法'，有（又）曰'與同罪'，此二物其同居、典、伍當坐之。云'與同罪'，云'反其罪'者，弗當坐。"

【按】本条是就法定术语与相关人员连坐责任的关系作出解释。整理小组的译文是："律文说'与盗同法'，又说'与同罪'，这两类犯罪者的同居、里典和同伍的人都应连坐。律文说'与同罪'，但又说'反其罪'的，犯罪者的同居、里典和同伍的人不应连坐。"对于两个"与同罪"而出现连坐与不连坐的不同结果，译文可能是想通过后者的"说'与同罪'，但又说'反其罪'的"不连坐，来弥合差异。不过这样理解有所未安："与同罪"与"反其罪"作为表示不同适用原理的术语，"难以在适用上出现交集"[1]。因此再读简文，可有两种理解。何四维先生将简文读作："律曰'与盗同法'，有（又）曰'与同罪'，此二物。其同居、典、伍当坐之，云"与同罪"。云"反其罪"者，弗当坐。"[2] 依此读法，简文先是判断"与盗同法"与"与同罪"是两种情形，然后解释同居、里典、伍人因他人犯罪而连坐，称"与同罪"。说"反其罪"就是他们不应连坐。按此种理解，"与同罪"涉及同居、里典、伍人连坐，"反其罪"则不连坐。在何四维先生所读"此二物"的基础上产生第二种理解，简文读为"律曰'与盗同法'，有（又）曰'与同罪'，此二物，其同居、典、伍当坐之。云'与同罪'，云'反其罪'者，弗当坐"。在判断"与盗同法"和"与同罪"是两种不同的情形后，简文分两层意义：一是承接上句，说明在"与盗同法"的情况下，同居、典、伍应当连坐；二是说明在"与同罪"或"反其罪"的情况下，同居、典、伍不连坐。简言之，简文解释的逻辑是，"与盗同法"与"与同罪"是两种情况，"与盗同法"同居、典、伍连坐，而在"与同罪"或"反其罪"的情况下，同居、典、伍不连坐。因此简文只是明确了一个在什么情况下同居、典、伍"弗当坐"的规定。以上三种不同理解，可参下表：

---

① 支强：《秦汉法律用语研究》，中国政法大学博士学位论文，2013，第 71 页。

② A. F. P. Hulsewé, *Remnants of Ch'in Law*, Leiden E. J. Brill, 1985, p. 125.

表 2　法律答问 21 简诸家理解差异对照

小　组	"与盗同法" "与同罪"	同居、典、伍	当　坐
	云 "与同罪" 但又云 "反其罪"	同居、典、伍	弗当坐
何四维	"与盗同法" 和 "与同罪" 是两种情形		
	云 "与同罪"	同居、典、伍	当　坐
	云 "反其罪"	同居、典、伍	弗当坐
研读会	"与盗同法" 和 "与同罪" 是两种情形，在 "与盗同法" 的情形下	同居、典、伍	当坐
	云 "与同罪" 云 "反其罪"	同居、典、伍	弗当坐

六、　坐隶、隶不坐户

22 简："'盗及者（諸）它罪，同居所当坐。'可（何）謂'同居'？·户爲'同居'，坐隸，隸不坐户謂殹（也）。"

对于本简的坐罪对象和责任连带关系，诸家有不同认识。睡虎地秦墓竹简整理小组和高恒先生认为主应对隶的犯罪承担责任，主自身犯罪不连坐隶。[①] 整理小组"一说"和何四维先生认为主犯罪要连坐隶，但隶犯罪不连坐主。[②]

【按】本条答问的目的，是明确同居状态下"连坐"对象的适用范围。里耶秦简可见隶与户以及同居的关系，如 K4 简显示"隶大女子华"与"妻大女子媎"都记录在户籍简的第二栏内；[③]《岳麓书院藏秦简（叁）》040/115 简"识故为沛隶，同居"[④]。由于隶与户主为同居关系，但又是依

---

① 参见睡虎地秦墓竹简整理小组《睡虎地秦墓竹简》，文物出版社，1990，第 98 页；高恒《秦简中的私人奴婢问题》，载中华书局编辑部编《云梦秦简研究》，中华书局，1981，第 145 页。

② 参见睡虎地秦墓竹简整理小组《睡虎地秦墓竹简》，第 98 页。A. F. P. Hulsewé, *Remnants of Ch'in Law*, p. 126.

③ 湖南省文物考古研究所编：《里耶发掘报告》，岳麓书社，2007，第 205 页。

④ 朱汉民、陈松长主编：《岳麓书院藏秦简（叁）》，上海辞书出版社，2013，第 155 页。

附户主而存在，与父子、夫妻等同居者不同，因此在适用"同居所当坐"这一规定时，隶是否属于连坐对象就需要明确。

揣度简文，在诸家之说理解基础上提出另一种理解："坐隶"之"坐"为"坐罪"之义，"隶不坐户"之"坐"则为"连坐"之义。墨点后的简文，实际是一个回答表达了两层意思，一是解释什么是同居，一是说明同居中的隶有无连带责任。后一意思也包含在对同居的解释之中。"坐隶，隶不坐户"意为：对隶论罪时，隶不因户而连坐。两句间的关系不是"户坐隶，隶不坐户"，而是只对隶的规定，"坐隶"是前提条件。答问实际是对"同居"连坐对象的厘清：隶不因同居犯罪而连坐。《岳麓书院藏秦简（肆）》001/1966 简："匿罪人当赀二甲以上到赎死。室人存而年十八岁以上者，赀各一甲，其奴婢弗坐"[1]，与匿罪人者同在的十八岁以上的室人，因匿罪人而各赀一甲，但奴婢不坐罪。学者在研读此条时都提出了《法律答问》22 简，[2] 指出"隶不坐户"正属于类似的表述。[3] 因此，本简并未涉及隶犯罪是否连坐同居的问题。从事理推测，同居犯罪不连坐隶，隶犯罪连坐同居不合常理。简文对同居的解释不涉及此，应是明白无疑。综合上述诸家理解，列表如下：

表3　"坐隶，隶不坐户谓殹（也）"不同理解对照

整理小组、高恒	主人犯罪，不坐隶	隶犯罪，主人坐
整理小组一说、何四维	主人犯罪，坐隶	隶犯罪，不坐主人
研读会	对隶论罪时	隶不因户的犯罪而连坐 隶犯罪，不坐同居

七、"可（何）谓'祠未阋'……必已置乃为'具'"

27 简："可（何）謂'祠未闃'？置豆俎鬼前未徹乃爲'未闃'。未置

---

① 陈松长主编：《岳麓书院藏秦简（肆）》，上海辞书出版社，2015，第 39 页。

② 参见京都大学人文科学研究所"秦代出土文字史料の研究"班《嶽麓書院所藏簡〈秦律令（壹）〉譯註稿 その（一）》，《東方學報》第 92 册，第 138 页；陈伟《秦简牍校读及所见制度考察》，武汉大学出版社，2017，第 177 页。

③ 陈伟：《秦简牍校读及所见制度考察》，第 177 页。

及不直（置）者不爲'具'，必已置乃爲'具'。"

【按】本简内容是对前条答问中两个关键用语的解释。一是如何认定"祭祀尚未结束"，一是如何认定"具"。之所以提出这两个解释，原因即在于如《法律答问》25~26 简所示，对盗窃官方祭祀用品行为的重惩，以这两点作为要件。秦汉时人重祭祀。《封诊式·毒言》见有"家祠""里祠"，其时人们共同饮酒，排斥有某种诅咒能力的人；[1] 里耶秦简 8－907＋8－923＋8－1422 简"出卖祠窖余彻酒二斗八升"[2]，8－1055＋8－1579 简"出卖祠窖余彻脯一朐"[3]，说明在祭祀结束后，官方会将撤下的祭祀所用酒食出卖。秦汉时期的祭祀活动为律令所规范。沈家本撼遗汉律，列祀令、祠令、斋令诸项，认为"《祀令》《祠令》当为一书"，"斋与祀为相连之事，其令当合为一书"，又于其令之下辑"擅议宗庙""不斋"二罪。在出土文献中，《岳麓书院藏秦简（陆）》130/2001 简有"卜 祝 酎 及它祠令·乙"[4]，湖南兔子山遗址汉律目木牍、湖北云梦睡虎地 M77 汉墓简牍及胡家草场汉墓简牍均见《祠律》律篇。据已知律令文，法律对祭祀活动的规定相当严密。《岳麓书院藏秦简（伍）》307/1170＋1172 简"令曰：县官所给祠，吏、黔首、徒隶给事祠所，斋者，祠未阕（阕）而敢奸，若与其妻、婢并□，皆弃市"[5]，胡家草场汉简《腊律》87/2471~88/2470 简"若齋（斋）而与妻婢姧及奸，皆弃市。当给祠具而乏之，及鬼神置不具进，若当斋给祠而诈（诈）避者，其宗庙、上帝祠也，耐为隶臣妾；它祠，罚金十二两；它不如令者，皆罚金"[6]。为维护祭祀的权威性、洁净性，斋者若在祭祀期间与妻子、女婢发生性关系，触犯死刑。不供给祭祀供品、向鬼神位进献陈放品不完全、用欺诈手段逃避斋戒祭祀等行为皆入罪，如是宗庙与上帝祠，耐为隶臣妾，其他祭祀则罚金十二两。

---

① 睡虎地秦墓竹简整理小组：《睡虎地秦墓竹简》，第 162~163 页。
② 陈伟主编，何有祖、鲁家亮、凡国栋撰著：《里耶秦简牍校释》（第一卷），武汉大学出版社，2012，第 246 页。
③ 陈伟主编，何有祖、鲁家亮、凡国栋撰著：《里耶秦简牍校释》（第一卷），第 269 页。
④ 陈松长主编：《岳麓书院藏秦简（陆）》，上海辞书出版社，2020，第 109 页。
⑤ 陈松长主编：《岳麓书院藏秦简（伍）》，第 200 页。
⑥ 荆州博物馆、武汉大学简帛研究中心编著：《荆州胡家草场西汉简牍选粹》，文物出版社，2021，第 80 页。

八、议不为过羊

29 简："士五（伍）甲盗一羊，羊颈有索，索直（值）一钱，问可（何）论？甲意所盗羊殹（也），而索繋羊，甲即牽羊去，議不爲過羊。"

【按】本条的设问意图在于：如何确定有意盗窃物与附着于其上且价值较低的无意盗窃物的量刑问题。从设问条件看，甲的有意盗窃物是羊，而价值一钱的绳索是羊的附着物，并非甲有意盗窃之物。但客观事实是甲盗窃了两种赃物，且按赃值都已触犯刑罚（一钱赀一盾，而羊的赃值无疑远高于绳索），因而如何适用刑罚需要明确。答语"议不为过羊"的含义是，处罚不超过有意盗窃物的该当刑。基于此意，赃一钱应也计为赃值，但如果计入后超出羊的赃值而导致刑罚升格，就仍以羊的赃值为界。譬如羊的赃值是二百一十九钱，该当刑是耐隶臣，而加上羊绳一钱就是二百二十钱，该当刑升格为完城旦，这显然不合理，故以羊的赃值封顶。

有学者认为，本简所见的论处理据为"相遝"。《岳麓书院藏秦简（陆）》32/1438~33/1445+1441－2 简："廿七年三月乙卯御史言：留书，数书同日偕留，皆犯令殹（也）。其当论者，皆不当相逮（遝），其驾（加）者亦不当相遝，及皆不当与它论相遝。及论狱失者，其同狱一鞫有数人者，皆当人坐之。"[1] 遝，及。"相遝"即相及、相关联。"不当相遝"，指对触犯了同类性质规定的复数以上的犯罪行为，不应视为一种犯罪行为，而应视为数种犯罪行为而累加论罪。如一日内滞留数件文书，属于多次犯令，但在论罪时不应视为一罪，涉及加罚时也应累计。从目前案例、律令涉及的"相遝""不当相遝"的记载看，相遝是对一个主体在履行职务时多次触犯同一性质禁令行为的判断，其处罚方式不同于累论。[2] 据《岳麓书院藏秦简（叁）》"暨过误失坐官案"，其被"八劾"（小犯令

---

[1] 陈松长主编：《岳麓书院藏秦简（陆）》，第58页。
[2] 吴雪飞先生对"相遝"与"累论"有专论，见吴雪飞《读秦简杂识七则》，载武汉大学简帛研究中心主办《简帛》（第十二辑），上海古籍出版社，2016，第112~113页。

二，大误一，坐官、小误五），最终讨论意见是"赀一甲，毋累"。① 而本简中的甲盗羊及用绳索牵走羊，是一个主体一个行为，并非两个行为，更非数罪，且所触犯的是盗律，因此严格说来是一人盗而"合并计赃"。

九、 失刑罪

33~34 简："士五（伍）甲盗，以得時直（值）臧（贓），臧（贓）直（值）過六百六十，吏弗直（值），其獄鞫乃直（值）臧（贓），臧（贓）直（值）百一十，以論耐，問甲及吏可（何）論？甲當黥爲城旦；吏爲失刑罪，或端爲，爲不直。"

对于"失刑罪"，整理小组译文译为"（吏以）用刑不当论罪"，魏德胜先生认为是由于官吏的过失而导致错判，② 陶安先生认为是指对适用刑（肉刑）的犯罪论断有误。③ 邬勖先生指出本条提出"失刑罪"是因为涉及了黥刑与耐罪之间的出入，并依据《法律答问》119 简"当赀"的处理认为秦律可能对此不加以处罚。④

【按】诸家之说对"失刑罪"有两种理解。一是认为"失刑之罪"，即"错误地适用刑罚的犯罪"；一是认为"失刑罪"，即"错误地适用了刑罪（肉刑）"。相较而言，后一种理解相对稳妥。《二年律令·具律》124 简"庶人以上，司寇、隶臣妾㧑城旦舂、鬼薪白粲罪以上，而吏故为不直及失刑之，皆以为隐官"⑤，文中的"失"与"故为不直"相对，故当读为"故为不直刑之、失刑之"，意思是因"不直"与"失"而使庶人以上、司寇、隶臣妾受到肉刑。失，《晋书·刑法志》的解释是"意以为然谓之失"，它与"不意误犯谓之过失"有所不同。⑥ 意思是"主观上认为应该

---

① 朱汉民、陈松长主编：《岳麓书院藏秦简（叁）》，第 149 页。
② 魏德胜：《〈睡虎地秦墓竹简〉词汇研究》，华夏出版社，2003，第 157 页。
③ ［德］陶安あんど：《秦汉刑罚体系的研究》，第 393 页，注释 36。
④ 邬勖：《"故失"辨微：结合出土文献的研究》，载王沛主编《出土文献与法律史研究》（第一辑），上海人民出版社，2012，第 174 页。
⑤ 张家山二四七号汉墓竹简整理小组：《张家山汉墓竹简〔二四七号墓〕（释文修订本）》，第 25 页。
⑥ （唐）房玄龄等撰：《晋书》卷三十《刑法志》，第 928 页。

如此，但客观上却是错误的"。"失刑之"，即指因错误的判决而使人获得肉刑。"失刑罪"在睡虎地秦简中仅见两例。一见于本简，一见于《法律答问》115 简"失鋈足，论可（何）殹（也）？如失刑罪"。115 简中的"鋈足"并非肉刑，而是在足部施加刑械，"鋈足"是"失"的对象，它的结构与"失刑罪"相同，指错误地适用了"鋈足"。用"失鋈足"比附"失刑罪"，未必"鋈足"即等同于肉刑，而是基于其共通之处——错误地适用刑罚。"失"，是对司法审判活动中一种违法行为的表述，它的成立与事实认定不清、律令适用不当、判决不当、执行不当甚至刑讯逼供有关。"失刑"与"纵囚""不直"的根本区别在于，"失刑"是因判罚错误而使被告获得或免于肉刑，而"纵囚"是故意出罪，令被告逃脱惩罚，"不直"则是重罪轻判、轻罪重判，上下其手，后两者有明显的主观故意。《岳麓书院藏秦简（陆）》087/1767 简"以失罪人律论之"与 036/1484 简"以 纵 罪人律论之"，①《二年律令·具律》107 简的"告，告之不审，鞫之不直，故纵弗刑，若论而失之"②，都表明"失"与"纵"是两个含义不同的术语。

纵囚、不直一直是秦汉时期用刑罚惩治的司法犯罪行为，但对失刑罪如何处罚，目前并不明确。以 48 简所见，对判决执行错误的处罚是"谇"；119 简记载"甲贼伤人，吏以为斗伤人"，这属于重罪轻论的行为，但对责任人的处罚也只是"谇"。秦时治狱，有"论失"之过。《奏谳书》记载秦王政二年（前 245）黥城旦讲乞鞫案，讲被人诬指盗牛而判为黥城旦，乞鞫后再审该案，作出原判决的县丞等人被认定为"论失之"。③《岳麓书院藏秦简（叁）》载秦王政二十五年（前 222）奏谳的"癸、琐相移谋购案"，监御史举劾审案的县级官员，"不当，钱不处，当更论。更论及论失者言夬（决）"④，认为判决不当，钱没有处置，应当重新判决。重新判决的意见以及对判决不当者的处理要求上报。就此两案来看，对"论

① 陈松长主编：《岳麓书院藏秦简（陆）》，第 77、59 页。
② 张家山二四七号汉墓竹简整理小组：《张家山汉墓竹简〔二四七号墓〕（释文修订本）》，第 23 页。
③ 张家山二四七号汉墓竹简整理小组：《张家山汉墓竹简〔二四七号墓〕（释文修订本）》，第 100~101 页。
④ 朱汉民、陈松长主编：《岳麓书院藏秦简（叁）》，第 99 页。

失"的处罚也不得而知。《岳麓书院藏秦简（陆）》257/1895～259/1682简："及论狱失者，其同狱一鞫，有数人者，皆当人 坐 之。 执 灋 县 官 所 已 前 论，不瘾（应）律者，皆当更论。请亟令更论、论失者。·曰：可。"① 此标注为"廷戊十二"的令文，反映了对错案的治理办法由提案到皇帝批准的过程，其内容是：其一，同一错案涉及多个被告，参与审判的每个人要为每个被告的判决失当坐罪。其二，执法、县官以前判决的案件不符合律文规定的，都应当重新审判。其三，请求尽快下令重新审判、论处判决失当者。所谓"论失者"，在此并非"判决失当"，而是指"论处（判决）失当者"。《龙岗秦简》木牍"·鞫之，辟死论不当为城旦，吏论失者，已坐以论"②，也说明"论失"者是要坐罪论处的。《岳麓书院藏秦简（壹）》"三十四年质日"，二月有两天记录了收到秦令的情况。二月甲辰记"失以纵、不直论令到"，二月乙丑记"失纵、不直论令到"。③ 二月甲辰所记意思明确，该令的核心内容是"过失按纵、不直论处"。二月乙丑所记无"以"，但内容应同前令。据此二令，与纵、不直有明显区别的"失"，自该令颁布后，将按纵囚、不直罪论处。里耶秦简也可见与该令相关的记载。8－70＋8－1913简"☐勿令缪，失以纵、不直论，有令☐"④，简文意为"……不要使它出现差错，过失按纵、不直论处，是有令（规定的）……"，见出秦时对司法中"失"的惩罚愈加严厉。

十、"或以赦前盗千钱……毋论"

37简："或以赦前盗千钱，赦后尽用之而得，论可（何）殹（也）？毋论。"

关于本条答问，孔庆明先生指出包含了不溯既往的精神。⑤ 田振洪先

---

① 陈松长主编：《岳麓书院藏秦简（陆）》，第181～182页。

② 中国文物研究所、湖北省文物考古研究所编：《龙岗秦简》，中华书局，2001，第144页。

③ 朱汉民、陈松长主编：《岳麓书院藏秦简（壹）》，上海辞书出版社，2010，第11、13页。

④ 陈伟主编，何有祖、鲁家亮、凡国栋撰著：《里耶秦简牍校释》（第一卷），第54页。标点为集释者改动。

⑤ 孔庆明：《秦汉法律史》，陕西人民出版社，1992，第107页。

生认为，答问的场合同时免除了刑事责任和附带的民事责任。① 陶安先生认为，赦后用尽赦前所盗金钱被视为无罪，可能是考虑到了"维持交换功能的货币具有同质性的结果"②。邬文玲先生指出，答问尚未解决没有用尽的赃款，遇到赦令是否进行追讨的问题。③

【按】本条涉及赦前盗赃赦后用尽的法律后果。所谓"毋论"，是指不承担刑事责任。这说明赦令已经消除了盗犯的法律责任，因此即使在赦后用尽赃钱，也不视为犯罪的持续状态，故不追究其刑事责任。这是"赦前盗钱，赦后用尽而得"的处置规定。另一方面，如果是"赦前盗钱，赦后未尽用之而得"又如何？就刑事责任而言，应同"毋论"；而"未尽用之赃"据《二年律令·盗律》59简"盗盗 人 。臧（赃） 见 存者，皆以畀其主"④，属于"赃见存者"，理应还给受害人。"见存"，唐律称"见在"，原赃"转易他物"及"生产蓄息"的也属于"见在"。⑤ 唐律规定，盗、诈、枉法三罪赦前事发，即使遇赦也要追索正赃，还官还民；赦后事发，所获正赃也当追征。⑥

十一、"诬人盗千钱……毋论"

41简："誣人盜千錢，問盜六百七十，誣者可（何）論？毋論。"

【按】本简与上简的盗钱数相同，不过一个是"告"，一个是"诬"，结果是当实际盗赃超过六百六十钱时，无论是告人盗还是诬人盗，即使所

① 田振洪：《秦汉时期的侵权行为民事法律责任论析》，《延安大学学报》2007年第1期，第101页。

② ［德］陶安あんど：《秦漢刑罰体系の研究》，第450页，注释34。

③ 邬文玲：《走马楼西汉简所见赦令初探》，《社会科学战线》2022年第4期，第122页。

④ 张家山二四七号汉墓竹简整理小组：《张家山汉墓竹简〔二四七号墓〕（释文修订本）》，第16页。

⑤ 《唐律疏议·名例》"诸以赃入罪"条："诸以赃入罪，正赃见在者，还官、主；转易他物，及生产蓄息，皆为见在。"（唐）长孙无忌等撰，刘俊文点校：《唐律疏议》，中华书局，1983，第88页。

⑥ 《唐律疏议·名例》"诸以赃入罪"条："会赦及降者，盗、诈、枉法犹征正赃。"疏议曰："谓会赦及降，唯盗、诈、枉法三色，正赃犹征，各还官、主。"《斗讼》"诸以赦前事相告言"条"赦限外藏匿"疏议："虽赦前未发，赦后捉获正赃者，是谓'见赃之类'，合为追征。"（唐）长孙无忌等撰，刘俊文点校：《唐律疏议》，第90、443页。

告钱数超过实际盗赃，也都不予论处。这表明当控告内容不影响盗者的实际量刑时，对告者是否量刑，不以所告数额和方式为基准。关于"毋论"有可能引发的"何以不适用诬告反坐"的疑问，或可用《唐律》中的"罪至所止，不反坐"释疑。① 《唐律疏议·斗讼》"诬告反坐"条"即罪至所止者，所诬虽多，不反坐"疏议："假有告人非监临主司因事受财百匹，勘当五十匹实，坐赃五十匹，罪止徒三年；剩告五十匹，为'罪至所止，不反坐'之类。"② "罪至所止"意为本罪的最高刑罚到此为止。因此告人受财百匹，而实际受赃五十匹，由于坐赃五十匹的最高刑是徒三年，所以另外五十匹属于超出"罪至所止"，无关量刑，因而不反坐。本简旨意与此类似：被告实盗六百七十钱已当获盗赃处罚的顶格刑黥城旦，属于"罪至所止"，而诬告者虽然诬告了千钱，但是超过六百七十钱的部分并未导致被诬者获得本不应得的刑罚，因此不反坐。

十二、"甲告乙盗直（值）□□……廷行事赀二甲"

42 简："甲告乙盗直（值）□□，問乙盗卅，甲誣駕（加）乙五十，其卅不審，問甲當論不當？廷行事赀二甲。"

【按】本简设问，旨在解决在告盗涉及实盗、诬加、告不审的各种情况下，应如何论罪的问题。廷行事赀二甲的依据，或许可从以下角度理解：一是对甲诬告的五十钱适用反坐，获刑赀二甲；告不审的三十钱与乙实盗的三十钱相等，据《二年律令·告律》132 简"告人不审，所【告】者有它罪与告也罪等以上，告者不为不审"③，故告不审的三十钱不论处，最终以赀二甲论处。二是将甲所告的一百一十钱整体作为告不审再减罪一等，结果就是耐为隶臣妾减一等为赀二甲。这种理解，与38~39 简的"廷行事"处置一致。

---

① 中国政法大学法律古籍整理研究所赵晶教授对这一问题的理解提出了宝贵意见，谨致谢意。
② （唐）长孙无忌等撰，刘俊文点校：《唐律疏议》，第429 页。
③ 张家山二四七号汉墓竹简整理小组：《张家山汉墓竹简〔二四七号墓〕（释文修订本）》，第26 页。

表 4　秦律对"告盗"的处置（38~42 简）一览

简号	行　为				律	廷行事	适　用　理　据
	告盗	实盗	端盗加、诬加	不审			
38~39	百一十	百			赀二甲		告不审减一等
	百一十	百	十		赀一盾	赀二甲	律：诬加反坐 廷行事：告不审减一等
40	一千	六百七十			不论		告盗数额超过实盗应获最高刑罚的标准
41	诬一千	六百七十			不论		诬告盗窃数额超过实盗应获最高刑罚的标准
42	百一十	三十	五十	三十		赀二甲	反坐；罪等不为告不审 告不审减一等

从以上四简问答可以看出，对于告盗中不实、诬告、诬加的行为，秦律处置时皆有相应的规则：告不审减罪一等处罚，但当所告数额（一千钱）超过实盗数额（六百七十钱），不承担责任。原因在于，被告的实盗数额已达到处以最高刑罚的标准，因而告者无论是否有诬加、不审的行为，都不会改变被告已获顶格刑罚的事实。同理，诬告一般反坐，但当诬告的部分超过实盗部分，盗窃实行犯因实盗部分而获最高刑罚时，诬告者不论处。对诬加行为实行反坐。

十三、真罪

49 简："誣人盜直（值）廿，未斷，有（又）有它盜，直（值）百，乃後覺，當并臧（贓）以論，且行真罪、有（又）以誣人論？當赀二甲一盾。"

真罪，整理小组认为指本人实际盗窃的一百钱，"三国时代出土文字资料研究"班指出不是诬告反坐之罪，而是本人自身实际所犯之罪。[1]

---

① ［日］冨谷至编：《江陵張家山二四七號墓出土漢律令の研究 譯注篇》，朋友书店，2006，第 109 页。

【按】真罪，本人已犯且已确定之罪。本简中的诬告者犯有诬告、盗窃二罪，但说明的条件是诬告罪"未断"，而且提出的选择之一是"行真罪，有（又）以诬人论"，因而"真罪"是相对于"未断"诬告罪的本人实犯且已确定的盗窃罪。《二年律令·亡律》168简："取（娶）人妻及亡人以为妻，及为亡人妻，取（娶）及所取（娶），为谋者，智（知）其请（情），皆黥以为城旦舂。其真罪重，以匿罪人律论。"①"其真罪重"，指亡人身负之罪重于娶人妻、娶亡人为妻、为亡人妻之罪。如亡人本人是死罪，而娶亡人为妻是黥城旦舂，此即"其真罪重"。但是依据《亡律》167简"匿罪人，死罪，黥为城旦舂，它各与同罪"②，娶者按"匿罪人"律处罚，实际还是获刑黥城旦。张家山336号汉墓竹简《汉律十六章·囚律》157简："擅自解脱及为解者，皆以爵人律论之。解脱者真罪城旦舂、鬼薪白粲以上，驾（加）一等，……"③"真罪"即本人所犯且已判决之罪。

十四、当完城旦

50简："上造甲盗一羊，狱未断，诬人曰盗一猪，论可（何）殹（也）？当完城旦。"

【按】本简的设问前提同49简，也是在前罪"狱未断"的状态下，当事人又犯后罪。而且犯行与49简的"前诬后盗"正好相反，属于"前盗后诬"。但与49简所不同的是，50简的答语只是给出了一个结论"当完城旦"。"当完城旦"的理据当建立在猪羊价值之上，故暂且推测如下：《法律答问》92简"小畜生入人室，室人以投（殳）梃伐杀之，所杀直（值）二百五十钱"，又据209简"可（何）如为'大误'？人户、马牛及者（诸）货材（财）直（值）过六百六十钱为'大误'，其它为小"，大致可知马、牛以下的牲畜不与其同类，在登记错误时划为"小误"。下述简文

---

① 张家山二四七号汉墓竹简整理小组：《张家山汉墓竹简〔二四七号墓〕（释文修订本）》，第31页。

② 张家山二四七号汉墓竹简整理小组：《张家山汉墓竹简〔二四七号墓〕（释文修订本）》，第31页。

③ 荆州博物馆编，彭浩主编：《张家山汉墓竹简〔三三六号墓〕》（上），文物出版社，2022，第185页。

对此有更进一步的记载。《岳麓书院藏秦简（肆）》225/1244～226/1246＋1395 简"贼律曰：为券书，少多其实，人户、马、牛以上，羊、犬、彘二以上及诸误而可直（值）者过六百六十钱，皆为大误；误羊、犬、彘及直（值）不盈六百六十钱以下及为书而误、脱字为小误"①，登记马牛及价值超过六百六十钱的财物出现差错，此为"大误"，由此可推断马牛价值在六百六十钱以上，这也与《奏谳书》所见讲盗牛获刑黥城旦吻合；② 而登记马牛以下的猪羊及价值不足六百六十钱的财物出现差错，则为"小误"，故猪羊价值应在六百六十钱以下，偷盗的对应刑罚为完城旦。③ 在此前提下，上造甲盗羊当完城旦，诬人盗猪当反坐，亦是完城旦，二罪相等则从一。

十五、鞫审谳

53～54 简："'有投书，勿發，見輒燔之；能捕者購臣妾二人，毄（繋）投書者鞫審谳之。'所謂者，見書而投者不得，燔書，勿發；投者【得】，書不燔，鞫審谳之之謂殹（也）。"

谳，整理小组认为"谳"音砚，古书也写作谳或谳。

【按】"鞫"指对案件事实的调查，"审"表示"鞫"所查得的事实确定无误。《岳麓书院藏秦简（叁）》"谳、妠刑杀人等案"140/0421～141/0455简："鞫：谳刑审，妠杀疑。……九月丙辰，隶臣哀诣隶臣喜，告盗杀人。问，喜辤（辞）如告。·鞫，审。"④ "谳"，谳，有呈报、呈送之意，《秦律十八种·徭律》121～122 简"县毋敢擅坏更公舍官府及廷，其有欲坏更殹（也），必谳之"；在司法实务中，谳则表示呈报疑案以待上级裁决的意思，如《二年律令·具律》102 简"县道官守丞毋得断狱及谳（谳）"⑤，

---

① 陈松长主编：《岳麓书院藏秦简（肆）》，第 142～143 页。
② 参见张家山二四七号汉墓竹简整理小组《张家山汉墓竹简〔二四七号墓〕（释文修订本）》，第 100 页。
③ 92 简记载的处罚"赀二甲"，并非是盗窃罪的处罚，而是对以棍棒打死闯入家中小畜生者行为的处罚。
④ 朱汉民、陈松长主编：《岳麓书院藏秦简（叁）》，第 176 页。
⑤ 张家山二四七号汉墓竹简整理小组：《张家山汉墓竹简〔二四七号墓〕（释文修订本）》，第 23 页。

《汉书·刑法志》"自今以来，县道官狱疑者，各谳所属二千石官"①。"鞫审谳"连用，表示对案件进行事实调查、调查确认并呈报的程序，可见于下行文书的命令之中。《岳麓书院藏秦简（叁）》"芮盗卖公列地案"63/1215~64/1216 简："二月辛未，大（太）守令曰：问：芮买（卖），与朵别贾（价）地，且吏自别直？别直以论状何如，勿庸报。鞫审，谳（谳）。"②简文记载了二月辛未，郡守责令对芮盗卖公列地一案补充调查、重新审理的命令，要求确定所盗卖店铺、土地的定价方式，调查清楚并呈报。本条答问的"鞫审谳"也是此意：在一般情况下，投书不得启封而应直接焚毁；但如捕获了投书之人，就需保留投书，查清、确认案件事实后呈报。

十六、侨（矫）丞令

55 简："'侨（矫）丞令'可（何）殹（也）？爲有秩偁寫其印爲大嗇夫。"

侨（矫）丞令，工藤元男先生认为当是"矫丞、令"，意为"伪造丞、令（的官印，冒充其名）"。③

【按】"矫丞令"即"矫丞之令"。矫涉及的对象有制书与政令，一般不以职官作为动词矫的宾语。在秦的行政实践中，令与丞的印具有相同的效力。《秦律十八种·金布律》64~65 简"官府受钱者，千钱一畚，以丞、令印印。不盈千者，亦封印之。钱善不善，杂实之。出钱，献封丞、令，乃发用之"，《二年律令·行书律》275 简"封毁，更以某县令若丞印封"④，令、丞印都具有同等效力。

十七、废

59 简："廷行事吏爲誩偽，赀盾以上，行其論，有（又）廢之。"

---

① （汉）班固撰，（唐）颜师古注：《汉书》卷二十三《刑法志》，中华书局，1962，第1106页。
② 朱汉民、陈松长主编：《岳麓书院藏秦简（叁）》，第129页。
③ ［日］工藤元男：《睡虎地秦简所见秦代国家与社会》，［日］广瀬薫雄、曹峰译，上海古籍出版社，2018，第331页。
④ 张家山二四七号汉墓竹简整理小组：《张家山汉墓竹简〔二四七号墓〕（释文修订本）》，第47页。

废，黄文杰先生指出应释"瀂"，读为"废"。①

【按】释文当作"瀂"。里耶秦简 8－461 简"□如故更废官"②，陈侃理先生将未释字释为"瀂"，并认为此句意为"记录法度之｛法｝仍用'瀂'字，记录废官之｛废｝时改用'廢'字"③。可知在秦统一文字前，"废"官作"瀂"官。秦律中频见对吏"赀二甲，瀂（废）"的规定，睡虎地秦简《秦律杂抄》所见行为有："不辟（避）席而立""马殿""不当稟军中而稟""繇园三岁比殿下""采山三岁比殿"；岳麓书院藏秦简则见"任有罪刑罪以上""自占不审及不自占而除及遣""有期会而失期，事乏""伪为其券书以均""为旁钱"等行为。④ 本简所见，则以廷行事的方式规定，吏有诈伪行为本处赀盾以上，在执行实刑的同时还要革职。从上述惩罚行为来看，"有罪当废"似乎是普遍存在的处罚，即使是"显大夫"也在规制的范围之内，只是需要执行"上请"的程序。（详下）官吏一旦犯罪被废，则失去为吏资格。《秦律杂抄》1 简载有相关规定，所谓"任瀂（废）官者为吏，赀二甲"，《岳麓书院藏秦简（肆）》215/1426 简所载为《置吏律》条文，其中禁止任以为吏的对象有战北、臾、故徼外盗不援、废官者。⑤ 不过废官的出路也会因时势的需要而发生变化。《岳麓书院藏秦简（伍）》053/1036～055/1011 简："·定阴忠言，律曰：'显大夫有罪当废以上勿擅断，必请之。'今南郡司马庆故为冤句令，诈（诈）课，当废官，令以故秩为新地吏四岁而勿废，请论庆。制书曰：'诸当废而为新地吏勿废者，即非废。已后此等勿言。'·廿六。"⑥ 令文的形成过程是：现为南郡司马的庆曾任冤句令，以"诈课"本应废官，因律有"显大夫有罪当废以上勿擅断，必请之"的规定，定阴对身为显大夫的庆不具有论为废官的裁断权；又据"以故秩为新地吏四岁而勿废"之令，庆可任新地吏四岁而不废官，故而有此请示。皇帝对此指示，应废官者任新地吏而未

---

① 黄文杰：《睡虎地秦简疑难字试释》，《江汉考古》1992 年第 4 期，第 60 页。

② 陈伟主编，何有祖、鲁家亮、凡国栋撰著：《里耶秦简牍校释》（第一卷），第 156 页。

③ 陈侃理：《里耶秦方与"书同文字"》，《文物》2014 年第 9 期，第 78 页。

④ 参见陈松长主编《岳麓书院藏秦简（肆）》，第 140、141、147、153 页；陈松长主编《岳麓书院藏秦简（伍）》，第 138 页。

⑤ 陈松长主编：《岳麓书院藏秦简（肆）》，第 139 页。

⑥ 陈松长主编：《岳麓书院藏秦简（伍）》，第 56～57 页。

废，就不再是废官，以后再有此类事项无需上奏请示。皇帝制书实则明确了以后本应论处废官而依令改任新地吏的皆不视作废官，由此也不再适用"显大夫有罪当废以上勿擅断，必请之"之律。伴随着秦统一战争的进程，在"以故秩为新地吏四岁而勿废"之令的规范下，以任新地吏四年而折抵废官身份者当不在少数。汉时相关用语，有《汉书·贡禹传》"禁锢不得为吏"，《息夫躬传》"皆免废锢"，《石显传》"废锢，不得复进用"；①《后汉书·李燮传》"废锢终身"②等。沈家本《汉律摭遗》"禁锢"条按语："禁锢之事，春秋时已有之。秦之籍门，即禁锢也。汉世禁锢，其文始见于《刑法志》，其事在文帝十三年，合之贡禹所言，是汉初即有其法。"③

十八、当毄（系）作如其所纵

63 简："將上不仁邑里者而縱之，可（何）論？當毄（繫）作如其所縱，以須其得；有爵，作官府。"

【按】本简所见，是对相关责任人向上级押送不明邑里者却放纵其逃脱行为的处罚规定。据《岳麓书院藏秦简（肆）》024/1978~025/1996 简"亡不仁邑里、官，毋以智（知）何人殹（也），中县道官诣咸阳，郡〔县〕道诣其郡都县，皆毄（系）城旦舂"④，可知不明原籍或所属官署的亡人被遣送至咸阳或都县等目的地后，都须服系城旦舂的劳役。据此推论，本简不明邑里的逃脱者与律文所指是同类人，到达目的地后应系城旦舂，因而责任人如放纵被押送者而应"系作如其所纵"，则亦应系城旦舂。在此，对责任人的处罚实际行用了反坐原则，只是对责任人的系城旦劳

---

① （汉）班固撰，（唐）颜师古注：《汉书》卷七十二《贡禹传》、卷四十五《息夫躬传》、卷九十三《石显传》，第 3077、2187、3727 页。

② （汉）范晔撰，（唐）李贤等注：《后汉书》卷六十三《李燮传》，中华书局，1965，第 2091 页。

③ 中国政法大学法律古籍整理研究所、中国社会科学院法学研究所法制史研究室整理：《沈家本全集》（第四卷），中国政法大学出版社，2010，第 301 页。

④ 陈松长主编：《岳麓书院藏秦简（肆）》，第 46~47 页。

役，至逃脱者被捕而止。据秦律规定，放纵死刑犯黥为城旦，[①] 死刑犯以下是反坐其罪。《二年律令·具律》93 简"鞫（鞫）狱故纵、不直，及诊、报、辟故弗穷审者，死罪，斩左止（趾）为城旦，它各以其罪论之"，又 108~109 简"其纵之而令亡城旦舂、鬼薪白粲也，纵者黥为城旦舂"。[②]

十九、擅杀子

69~70 简："'擅殺子，黥爲城旦舂。其子新生而有怪物其身及不全而殺之，勿罪。'今生子，子身全殹（也），毋（無）怪物，直以多子故，不欲其生，即弗舉而殺之，可（何）論？爲殺子。"

【按】本条答问，旨在明确对新生儿"弗举而杀"行为的定性。法律认定的杀子行为有两种，一是擅杀，一是因新生儿先天畸形及残缺而杀，前者入罪，黥为城旦舂，后者不入罪，无责。睡虎地秦简《日书》有丰富的生子凶吉内容，而秦律中的无责规定，反映了法律对民间习俗的接纳。但在新生儿肢体健全、身无异物的情况下，只是因为多子而不愿养育即将其杀死，完全不符合无责规定，故认定为"擅杀子"。至于杀婴的处置权是否由父母掌握，是否需要报备官府，"有怪物"及"不全"是否有法定的标准，目前不详。

二十、其弟子以为后而擅杀之

71 简："士五（伍）甲毋（無）子，其弟子以爲後，與同居，而擅殺之，當棄市。"

何四维先生认为，弃市的原因是受害者不是养父的亲生子。[③] 冨谷至

---

① 《奏谳书》案例十八 158 简"律：儋乏不斗，斩。篡遂纵囚，死罪囚，黥为城旦"，参见张家山二四七号汉墓竹简整理小组《张家山汉墓竹简〔二四七号墓〕（释文修订本）》，第 104 页。

② 张家山二四七号汉墓竹简整理小组：《张家山汉墓竹简〔二四七号墓〕（释文修订本）》，第 22、23 页。

③ A. F. P. Hulsewé, Remnants of Ch'in Law, p. 139, D57, note 3.

先生指出，未经许可的父杀子视同一般主体杀人罪。①

【按】《法律答问》69 简"擅杀子，黥为城旦春"是对擅杀子的一般规定。本简与此有别。被甲擅杀的并非亲子，而是作为甲的继承人并与他同居的弟弟之子，实际身份是具有继承资格的继子，即 72 简所说的"后子"。继子与亲子的法律地位不同，父母擅杀子，根据子的不同身份，适用相应的法律规定。一般的擅杀子黥为城旦春；本简的擅杀"继后子"弃市；72 简的擅杀后子需奏报。究其原因，一是继子非亲子，即使继子有一定的血亲关系，也会影响到量刑的轻重，即血亲关系近则量刑轻，血亲关系远则量刑重，故擅杀过继后子之罪重于擅杀子。《唐律疏议·斗讼》"殴詈祖父母父母"条规定，在同是子孙违犯教令的情况下，祖父母、父母杀子孙徒一年半，而嫡、继、慈、养杀子孙各加一等。疏议曰"情疏易违，故又加一等"②。二是被害人以甲的继承人身份过继于甲，首先具有经官方认可的户主继承的资格，一旦被剥夺生命，等于将甲置于可能的"户绝"危险之中，故而处以重于黥为城旦春的弃市。

二十一、 以胅死

74 简："人奴妾治（笞）子，子以胅死，黥颜頯，畀主。"

胅，整理小组读为枯，引《淮南子·原道》注"犹病也"。李力先生认为亦可作"婲"，即"保婲"。③ 朱湘蓉先生认为本字当为"辜"，指辜限。④

【按】秦简中"以胅死"仅此一例，而汉律令简中则见"以辜死""以伤辜死""以殴笞辜死"。《二年律令·贼律》24 简"斗伤人，而以伤辜二旬中死，为杀人"，39 简"父母殴笞子及奴婢，子及奴婢以殴笞辜死，令赎死"，48 简"诸吏以县官事笞城旦春、鬼薪白粲，以辜死，令赎死"，

---

① ［日］冨谷至：《秦汉刑罚制度研究》，柴生芳、朱恒晔译，第 160 页。
② （唐）长孙无忌等撰，刘俊文点校：《唐律疏议》，第 414 页。
③ 李力：《评朱红林〈张家山汉简《二年律令》集释〉》，《新史学》2007 年第 4 期，第 245 页。
④ 朱湘蓉：《秦简词汇初探》，中国社会科学出版社，2012，第 221 页。

《奏谳书》49简"公大夫昌苔（答）奴相如，以辜死"，①"以辜死"为专门的法律用语，指以一定时间为期限，以被殴打者的伤亡结果决定施害者法律责任的措施。被害人如在辜限（二旬）内死亡，施害者即被认定为杀人罪。与此同时，处罚也根据身份与对象的不同而有轻重之别。沈家本《汉律摭遗》"保辜"条，辑出《春秋公羊传注疏》襄公七年何休注所言"保辜"、《急就篇》"保辜"颜师古注等资料，指出"伤人保辜，其法甚古"②。保辜作为制度用语，由来已久，但是其语义尚待进一步明确。"三国时代出土文字资料研究"班释《二年律令·贼律》24简"伤辜"，以"辜"为"故"，认为是原因之意。③专修大学《二年律令》研究会译为"保留确定罪状的期限（决定杀人罪还是伤害罪的期限）"④。《唐律疏议·斗讼》有"保辜"条而无语义疏解。颜师古注《急就篇》"保辜"："保辜者，各随其状轻重，令殴者以日数保之。限内致死，则坐重辜也。"⑤元徐元瑞《吏学指南》："保辜者，谓保其罪名也。谓伤损于人者，依例保辜；限内死者，各依杀人论；及在限外，及虽在限内以他故死者，各依本斗殴法。"⑥明王肯堂《大明律附例笺释》卷二十："保，养也，任也。辜，罪也。"⑦《大清律例·刑部·斗殴》"保辜期限"条注："保，养也。辜，罪也。保辜，谓殴伤人未至死，当官立限以保之。保人之伤，正所以保己之罪也。"⑧上述诸说，颜注"保"字未详；徐说谓"保其罪名"，戴炎辉先生取其说而解为"暂时保留其罪名"⑨。王说释出"保"字二义，一为养，一为任。养，保养，体现"责令犯人请医调治"之义；任，承

① 张家山二四七号汉墓竹简整理小组：《张家山汉墓竹简〔二四七号墓〕（释文修订本）》，第11、14、15、95页。
② 中国政法大学法律古籍整理研究所、中国社会科学院法学研究所法制史研究室整理：《沈家本全集》（第四卷），第230页。
③ ［日］冨谷至编：《江陵张家山二四七號墓出土漢律令の研究 譯注篇》，第17页。
④ ［日］専修大学《二年律令》研究会：《張家山漢簡〈二年律令〉訳注（一）—賊律—》，《専修史学》第35号，2003年11月，第132页。
⑤ 张传官撰：《急就篇校理》，中华书局，2017，第450页。
⑥ （元）徐元瑞撰，杨讷点校：《吏学指南（外三种）》，浙江古籍出版社，1988，第97页。
⑦ 东洋文库藏"本衙藏板"《大明律附例》卷二十，第5页。
⑧ （清）吴坛撰，马建石、杨育棠主编：《大清律例通考校注》，中国政法大学出版社，1992，第822页。
⑨ 戴炎辉：《唐律通论》，元照出版社，2010，第100页。

当、担当，表示"候限满之日定罪发落"。清律注铺陈此意，言"保人之伤，正所以保己之罪也"。因而所谓"保辜"，语义为"保罪"，律义为以限期内被害人是否死亡为据，令施害者"承担相应罪责"，或以杀人罪论，或以斗殴罪论。也许，秦汉时期的"嫭——辜"具有后世的"保辜"之意，后因其制度含义而衍生出"保辜"之语。当然，秦汉时期的"以辜死""保辜"，是否已具有后世律"养"这一含义，尚待更多资料求证。

二十二、未杀

76 简："'臣妾牧殺主。'·可（何）謂牧？·欲賊殺主，未殺而得，爲牧。"

【按】"未杀"，表示侵害他人人身权利的犯罪行为已经谋划但尚未达到犯罪目的的状态。秦汉律中的谋杀人罪，是否已如唐律般有"谋杀人，徒三年；已伤，绞；已杀，斩"[1] 三等之分，还不明确。"未杀"包括"谋"，此可确认。《二年律令·贼律》23 简"[賊]杀人，及与谋者，皆弃市。未杀，黥为城旦舂"[2]，其中的弃市与黥为城旦舂分别对应犯罪的既遂与未遂，无论"已杀"还是"未杀"，谋者都与实行犯同格处理。26 简"谋贼杀、伤人，与贼同法"[3]，"与贼同法"中的"贼"是指贼杀人、贼伤人既遂的犯罪行为，"与贼同法"就是将谋划贼杀人、贼伤人者和实行犯同样论处。"未杀"是否包括"已伤"，令人踌躇。从"杀"有"致死"之义来看，"未杀"可概言"未致死"。《二年律令·贼律》22 简"谋贼杀、伤人，未杀，黥为城旦舂"，"三国时代出土文字资料研究"班读为"谋贼杀，伤人未杀，黥为城旦舂"[4]，专修大学《二年律令》研究会认为"未杀不是杀伤行为，而是表示其结果只是终于伤害时，黥城旦舂"[5]。二

---

[1] （唐）长孙无忌等撰，刘俊文点校：《唐律疏议》，第 329 页。
[2] 张家山二四七号汉墓竹简整理小组：《张家山汉墓竹简〔二四七号墓〕（释文修订本）》，第 11 页。
[3] 张家山二四七号汉墓竹简整理小组：《张家山汉墓竹简〔二四七号墓〕（释文修订本）》，第 12 页。
[4] ［日］冨谷至编：《江陵张家山二四七號墓出土汉律令の研究 譯注篇》，第 15 页。
[5] ［日］專修大学《二年律令》研究会：《張家山漢简〈二年律令〉訳注（一）—賊律—》，第 130 页。

说都将"伤人"视为"未杀"的状态之一。依此理解，"未杀"似包括了唐律谋杀人罪的"谋"与"已伤"，这也可以通过《二年律令·贼律》25简"贼伤人……黥为城旦舂"得到一定佐证。但这里尚存两个疑点。一是从秦汉律文看，无论贼杀人、贼伤人、斗杀人、斗伤人还是过失杀人、戏杀人，都是以完整的状语+杀/伤+人的结构表示罪名，因此"伤人"似以上读为宜。当然如果上读，"谋贼杀、伤人"即指谋贼杀人、谋贼伤人两种罪名，这两种犯罪未遂皆处黥城旦舂。"谋贼杀人，未杀"，自23简已知黥为城旦舂，但是有无"谋贼伤人，未杀"这种表述，或者说"未杀"只是指"谋贼杀人"而言，尚待厘清。而且谋贼杀人与谋贼伤人的"未杀"都是处黥城旦舂，不同罪同罚，也是未安之处。二是《二年律令·盗律》69简记载，"劫人、谋劫人求钱财，虽未得若未劫，皆磔之"①，这是对劫持人质求财这种暴力犯罪的处罚规定，谋划者与实行者、既遂犯与未遂犯皆处磔刑。"虽未得若未劫"是相对劫人的既遂状态而言，"未得"指已下手实施劫人但未实现其犯罪目的，"未劫"则指尚未实施劫人行为。因而"未杀"也不排除犯罪还处于预备状态，因此对谋者处黥城旦舂，此与23简所述贼杀人既遂弃市的规定有所区别。当然这里仍然涉及对上述22简的理解："未杀"是仅限于"贼杀人"，还是包括了"贼伤人"。至于"已杀"，则与"未杀"相对，指谋杀人且已既遂的犯罪结果。《汉书·景十三王传》："又海阳女弟为人妻，而使与幸臣奸；又与从弟调等谋杀一家三人，已杀。甘露四年坐废，徙房陵，国除。"② 湖南张家界古人堤汉代简牍《贼律》律目有"谋杀人已杀"③。

二十三、悍

79 简："妻悍，夫殴治之，夬（决）其耳，若折支（肢）指、胅軆

---

① 张家山二四七号汉墓竹简整理小组：《张家山汉墓竹简〔二四七号墓〕（释文修订本）》，第 18 页。
② （汉）班固撰，（唐）颜师古注：《汉书》卷五十三《景十三王传》，第 2433 页。
③ 湖南省文物考古研究所、中国文物研究所：《湖南张家界古人堤简牍释文与简注》，《中国历史文物》2003 年第 2 期，第 79 页。

（體），問夫可（何）論？當耐。"

【按】悍，骄悍、凶悍，对人的负面评价用语。《为吏之道》"勢（傲）悍袭暴"，整理小组引《淮南子·时则》"……求不孝不悌、戮暴傲悍而罚之"释义，"不孝不悌、戮暴傲悍"之人是惩罚对象。民间禁忌也以"妻悍"为不吉，《日书甲种·星》72 简"心，不可祠及行，凶。……取妻，妻悍"。在法律所规范的主奴关系中，臣妾、奴婢不顺从主人的行为入罪，主人对悍主的臣妾有送官府请求施加肉刑，甚至"谒死"的权利。《二年律令·贼律》44 简："其悍主而谒杀之，亦弃市；谒斩若刑，为斩、刑之。"① 张家界古人堤东汉简中仍存"奴婢悍"律目。② 而在法律所规范的夫妻关系中，丈夫对悍妻有殴笞权，但殴笞至伤，秦律规定处耐，汉初律则规定"非以兵刃，虽伤之，毋罪"③。至于妻悍是否入罪，以现有记载尚不明确。《奏谳书》"杜泸女子甲和奸案"记载了廷尉等人对甲的论处，适用了"次不孝、勢（敖）悍之律二章"。所谓"次不孝"是对"教人不孝"次于"不孝"的描述，意在以此说明"妻尊夫，当次父母"以及与"不孝弃市""不孝之次，当黥为城旦舂"的关系。"勢（敖）悍"则为罪名，规定刑是"完为城旦舂"，同时脚戴铁钳"输巴县盐"。不过这里需要稍加辨析的是，在廷尉等人议罪前引用的律文中，有"奸者，耐为隶臣妾"，此与《岳麓书院藏秦简（叁）》"田与市和奸乞鞫不审案"所见量刑一致，而且廷尉等对本案甲的事实认定，也是"夫死，不悲哀，与男子和奸丧旁"，但是在律文的适用上并未选择这一规定，而是适用了不孝之次与敖悍。可能在廷尉等人看来，甲的这一犯罪行为已超出一般和奸罪的范畴，情节相当恶劣，属于同时触犯了教人不孝与敖悍两种罪名，应获刑黥为舂与完为舂；黥为舂因公士妻的身份而优待为完为舂，故合并执行完为舂。就本案而言，当时律中确实存在敖悍之罪，而且规定刑要重于和奸之罪。只是妻悍的对象是否只有丈夫，妻悍到何种程度可以入罪，其罪是

① 张家山二四七号汉墓竹简整理小组：《张家山汉墓竹简〔二四七号墓〕（释文修订本）》，第 14~15 页。
② 湖南省文物考古研究所、中国文物研究所：《湖南张家界古人堤简牍释文与简注》，第 79 页。
③ 张家山二四七号汉墓竹简整理小组：《张家山汉墓竹简〔二四七号墓〕（释文修订本）》，第 13 页。

否须由丈夫亲诉方得成立，甚至敖悍之律是否只适用于妻子（至少规定刑为"完为城旦舂"，表明该律也适用于男性罪犯），有待进一步探究。

二十四、疻痏

87 简："或與人鬭，夬（决）人脣，論可（何）殹（也）？比疻痏。"

"疻痏"，闫晓君先生认为其泛指一切因殴斗而引起的人体皮肤的病理变化，如有皮肤的创伤如皮破血出，就只能称"痏"。[①] 张功先生则指出"疻痏"是有创瘢的，并非仅为皮肤肿起。[②]

【按】"疻痏"是秦汉法律中表述人体损伤程度的术语。《汉书·薛宣传》："传曰：'遇人不以义而见疻者，与痏人之罪钧，恶不直也。'"应劭注："以杖手殴击人，剥其皮肤，肿起青黑而无创瘢者，律谓疻痏。"[③]段玉裁认为应劭注"'律谓疻'下夺去六字，当作'其有创瘢者谓痏'"[④]，沈家本认为段玉裁之说并无佐证，"疻、痏二字，《说文》浑曰殴伤，不分轻重。……段氏析言、浑言乃古人通例，惟以创瘢之有无为疻、痏之分别，无佐证。唐律见血为伤，并有拔发、内损、折伤种种差等，而不及创瘢，恐段说亦未确也"[⑤]。可留意的是，《封诊式》中记录伤情时不乏单用"痏"字。《封诊式·□□》35 简"·诊首□鬌发，其右角痏一所，袤五寸，深到骨，类剑迹"，《封诊式·贼死》56～58 简"其头左角刃痏一所，北（背）二所，……其襦北（背）直痏者，以刃夬（决）二所，瘱（应）痏"。两处记载的"痏"皆是由兵刃所致的创伤，而非一般的皮肤青肿。可见"痏"是有创口的伤害。张丽君先生以《五十二病方》为研究对象，指出"痏"既可指殴伤创口，又可指金枪利器刺中、射中的伤口。[⑥] 五一广场东汉简中涉及伤痕的创口用"创"来

---

① 闫晓君：《出土文献与古代司法检验史研究》，文物出版社，2005，第 36 页。
② 张功：《秦汉犯罪控制研究》，湖北人民出版社，2007，第 108 页。
③ （汉）班固撰，（唐）颜师古注：《汉书》卷八十三《薛宣传》，第 3395～3396 页。
④ （汉）许慎撰，（清）段玉裁注：《说文解字注》，上海古籍出版社，1981，第 351 页上。
⑤ 中国政法大学法律古籍整理研究所、中国社会科学院法学研究所法制史研究室整理：《沈家本全集》（第四卷），第 229 页。
⑥ 张丽君：《针灸量词"痏""壮"考释》，《古汉语研究》1993 年第 1 期，第 40 页。

表示。黄朴华、罗小华先生认为，睡虎地秦简中的"痏"与五一广场东汉简中的"创"，指的应该都是创伤。① 与"疻痏"相对的还有"无疻痏"。如《法律答问》89 简"为人殴殹（也），毋（无）疻痏，殴者顾折齿"，五一广场东汉简 2010CWJ1①：98 简"殴人无疻痏"②。"无疻痏"应是指没有可见伤痕。因此，"疻痏"浑言时，应该是指所有的可见伤痕，包括开放创口与皮肤青红肿两种情况。本条设问的目的，在于明确鉴定"决人唇"伤情的标准，这个标准就是等同于"疻痏"。

二十五、各以其律论之

89 简："鬬，爲人毆殹（也），毋（無）疻痏，毆者顧折齒，可（何）論？各以其律論之。"

"各以其律论之"，池田雄一先生指出，也可以认为是根据各自的法律来论处殴打者和被殴者。也就是说，"斗"是指两者都有斗罪责任的争斗。③

【按】本条答问所要解决的问题是，双方在斗殴中，被殴者无伤，而殴打者反而自己折断了牙齿，对此应如何处理。从简文看，斗殴双方一是无伤，一是自己折齿，事实上均未给对方造成伤情，故只需要承担斗殴而不需要承担"斗而伤人"的责任。假设依《二年律令·贼律》27~28 简的规定，对被殴者论以"殴人折齿"，即是处耐，而本人"无疻痏"则论对方罚金显然不合理；反之，让殴人者对自己造成的自身伤情承担责任，也乖事理。因此所谓"各以其律论之"，应是各自按斗殴罪论处。秦汉时有关斗殴无伤的规定，目前仅见《二年律令·贼律》28 简，所谓"其毋伤也，下爵殴上爵，罚金四两。殴同死〈列〉以下，罚金二两"④。《唐律疏

---

① 黄朴华、罗小华：《长沙五一广场东汉简牍中的"象人"》，《出土文献》2020 年第 4 期，第 5 页。
② 长沙市文物考古研究所、清华大学出土文献研究与保护中心、中国文化遗产研究院、湖南大学岳麓书院编：《长沙五一广场东汉简牍〔壹〕》，中西书局，2018，第 200 页。
③ ［日］池田雄一编：《奏讞書—中国古代の裁判記録—》，刀水书房，2002，第 148 页。
④ 张家山二四七号汉墓竹简整理小组：《张家山汉墓竹简〔二四七号墓〕（释文修订本）》，第 12 页。

议·斗讼》："诸斗殴人者，笞四十"，疏议的解释是"斗殴谓以手足击人，明是虽未损伤，下手即便获罪"。①

二十六、 入赀钱如律

90 简："'邦客與主人鬭，以兵刃、投（殳）梃、拳指傷人，擎以布。'可（何）謂'擎'？擎布入公，如赀布，入齎錢如律。"

"入赀钱如律"，何四维先生认为或可翻译为"按律支付指定金额"，这个法律指《赀律》，用以决定特定产品的价格。② 彭浩先生指出"如律"指《金布律》"钱十一当一布"，"入赀钱"指按"布"的价值纳钱。③

【按】秦律并有"赀律""赀钱"二语。《秦律十八种·工律》102～103 简："入叚（假）而毋（无）久及非其官之久也，皆没入公，以赀律责之。""以赀律责之"是指以《赀律》的具体规定追究赔偿责任。《岳麓书院藏秦简（肆）》121/1411 简"·金布律曰：官府为作务、市受钱，及受赀、租、质、它稍入钱，皆官为缿"，整理者释"赀钱"为"因损害公家财物后照价赔偿的钱"。④ 值得注意的是，"赀律""赀钱"都涉及赔偿，应非偶然。本简中的"布入公如赀布"，意为"像赀布一样向官府缴纳罚布"；"入赀钱如律"是对前句的补充说明，意为"按律的规定缴纳钱"。但如此理解，"赀"字无所坐实。因而本句或有此意：按律的规定缴纳赔偿金。此"钱"在布换算为钱之意外，不排除"因伤害他人而赔偿"之意。

二十七、 有贼杀伤人冲术

101 简："有賊殺傷人衝術，偝旁人不援，百步中比壄（野），當赀

---

① （唐）长孙无忌等撰，刘俊文点校：《唐律疏议》，第 383 页。
② A. F. P. Hulsewé, *Remnants of Ch'in Law*, p. 144, D75, note13.
③ 彭浩：《睡虎地秦简"王室祠"与〈赀律〉考辨》，载武汉大学简帛研究中心编《简帛》（第一辑），上海古籍出版社，2006，第 245 页。
④ 陈松长主编：《岳麓书院藏秦简（肆）》，第 108 页。

二甲。"

【按】彭浩先生据红外影像将"有"改释为"盗",简文则为"盗贼杀伤人冲术"。① 对此或理解不一。其一,"盗贼"是犯罪主体,杀人、伤人是其犯罪行为;其二,"盗"是犯罪主体,"贼杀人""贼伤人"是其犯罪行为。《二年律令·捕律》140 简"群盗杀伤人、贼杀伤人"②,可指向上述两种行为,但简文中的犯罪主体是"群盗"而非"盗贼"。还有一种理解,盗杀人、盗伤人、贼杀人、贼伤人是秦汉律罪名,如《法律答问》简 67"甲谋遣乙盗杀人",《奏谳书》214 简"孔曰:为走士,未尝佩(佩)鞶刀、盗伤人,毋坐也"。③ 故此句或可理解为"在道路上发生盗杀人、盗伤人、贼杀人、贼伤人的行为"。

二十八、其它罪比群盗者亦如此

113~114 简:"可(何)謂'贖鬼薪鋈足'?可(何)謂'贖宮'?·臣邦真戎君長,爵當上造以上,有罪當贖者,其爲羣盗,令贖鬼薪鋈足;其有府(腐)罪,【贖】宮。其它罪比羣盗者亦如此。"

"其它罪比群盗者亦如此",整理小组将此句译为"其他与群盗同样的罪也照此处理",何四维先生译为"对于其他类似于群盗罪的罪行,同样适用这条规则"④。戴世君先生认为,原译未将罪名与刑罚名区分开来,或者说群盗罪只应有一种,不存在其他相同的群盗罪。⑤

【按】本条答问以"臣邦真戎君长"犯罪为例,说明"赎鬼薪鋈足"和"赎宫"的适用。由于"臣邦真戎君长"是非秦人,本不在秦的爵位等级序列之中,但因其地位身份特殊,故可等同于"上造以上"的有爵者,

---

① 陈伟主编,彭浩、刘乐贤等撰著:《秦简牍合集 释文注释修订本(壹)》,武汉大学出版社,2016,第220页。

② 张家山二四七号汉墓竹简整理小组:《张家山汉墓竹简〔二四七号墓〕(释文修订本)》,第27页。

③ 张家山二四七号汉墓竹简整理小组:《张家山汉墓竹简〔二四七号墓〕(释文修订本)》,第110页。

④ A. F. P. Hulsewé, *Remnants of Ch'in Law*, p. 152, D94.

⑤ 戴世君:《云梦秦律注释商兑(续三)》,武汉大学简帛研究中心主办简帛网,http://www.bsm.org.cn/show_article.php?id=854,2008 年 7 月 19 日首发。

享有犯罪可赎的特权。其犯群盗罪可以"赎鬼薪鋈足"，犯腐罪可以"赎宫"。"其它罪比群盗者亦如此"，是在说明群盗与奸罪可以赎刑处置后，以此为标准指向其他罪，意即按群盗罪的处罚基准，对其他罪也是如此处置。如在刑城旦的范畴内，所赎是上造优待后的刑罚。如上造触犯刑城旦罪刑可优待为耐为鬼薪，"臣邦真戎君长"则赎鬼薪鋈足；如犯贼杀人罪若是弃市，有可能就是"赎死"。因而所谓"比群盗者"，并非比照群盗犯罪，而是比照对群盗犯罪的处置方法，这个处置方法就是将秦律的规定刑置换为赎刑。

《法律答问》125～126简："·可（何）罪得'处隐官'？·群盗赦为庶人，将盗戒（械）囚刑罪以上，亡，以故罪论，斩左止为城旦，后自捕所亡，是谓'处隐官'。·它罪比群盗者皆如此。"简文在解释了什么罪的情况下可以"处隐官"后，提出以此为标准的处理其他罪的办法"它罪比群盗者皆如此"，意即其他可以比照群盗这一处置方法的，都如此处理。两简用语的相同，或可窥秦律立法技术之一斑。

二十九、以乞鞫

115简："以乞鞫及爲人乞鞫者，獄已斷乃聽，且未斷猶聽殹（也）？獄斷乃聽之。失鋈足，論可（何）殹（也）？如失刑罪。"

"以乞鞫"，整理小组释"以"为"已"并译为"已经"，何四维先生则提出三个反对理由。第一，本简的第十一字是清晰可见的"已"，意为"已经"。第二，"已经"的语义不符合此处语境。第三，"以"和"已"的混淆，来源于将"目"（以的异体字）误读为"已"，而不是将"以"与"已"混同。①

【按】传世文献有"故乞鞫"之语。《史记·夏侯婴传》集解邓展曰"律有故乞鞫"②。《二年律令·具律》114简则有"欲乞鞫"之语："罪人狱已决，自以罪不当，欲气（乞）鞫者，许之。气（乞）鞫不审，驾

---

① A. F. P. Hulsewé, *Remnants of Ch'in Law*, pp. 152 – 153, D95, note1.
② （汉）司马迁撰，（宋）裴骃集解，（唐）司马贞索隐，（唐）张守节正义：《史记》卷九十五《夏侯婴传》，中华书局，2014，第3229页。

（加）罪一等；其欲复气（乞）鞠，当刑者，刑乃听之。"① 前引《史记·夏侯婴传》索隐案"《晋令》云'狱结竟，呼囚鞠语罪状，囚若称枉欲乞鞠者，许之也'"②，也见"欲乞鞠"之语。现将该字形与《法律答问》"欲""故""以"字比较如下：

表5　115简""与《法律答问》"欲""故""以"字形比较

本简字形					
"欲"字形					
30简	31简	69简	76简	176简A字	176简B字
"故"字形					
69简	80简	126简	154简	173简	
"以"字形					
37简	51简	52简	69简	147简	194简

自表可见，其不类"故"亦不类"以"，而与"欲"字下半部相似，或是"欲"字残笔。

三十、子小未可别，从母为收

116简："隶臣将城旦，亡之，完爲城旦，收其外妻、子。子小未可别，令從母爲收。"·可（何）謂"從母爲收"？人固買（賣），子小不可别，弗買（賣）子母謂殹（也）。"

【按】陶安先生将"人固买（卖）"译作"收人固然应该卖"。③《奏

---

① 张家山二四七号汉墓竹简整理小组：《张家山汉墓竹简〔二四七号墓〕（释文修订本）》，第24页。
② （汉）司马迁撰，（宋）裴骃集解，（唐）司马贞索隐，（唐）张守节正义：《史记》卷九十五《夏侯婴传》，第3229页。
③ ［德］陶安あんど：《秦漢刑罰体系の研究》，第60页。

谳书》案例十七记载，乞鞫者讲在乞鞫前，以盗牛罪被判处黥城旦，其妻子、子女、财产按规定应收入官府。讲乞鞫覆审后，被认定盗牛罪不成立，于是按规定纠正错案。①"妻子已卖者，县官为赎"②就是纠正错案的措施之一，即由官府出资赎回被收后又卖出的妻子、子女。此可见"收人"中确有被卖者。"人固买（卖），子小不可别，弗买（卖）子母谓殴（也）"是对"从母为收"的解释。有两种可能。一是以身份为收人的母亲被卖为例予以说明，意思是"收人本来就要被卖，然而她的孩子年幼无法与母亲分开，就不要再卖孩子的母亲。二是以生活中出卖人的经验为例予以说明，即人本来就有出卖的情况，因"子小未可别"而不卖母亲。不过细研文意，答语的解释只是在以买卖为例说明"子小未可别"，并非言收人一定要卖。而且收制已明确规定收的对象涉及子女，幼子从不从母都要收，"子小未可别"而当"从母为收"，反之就是"子大当别而不从母"。由此意推衍，此句所言应是子没收入官府以后的情况。《岳麓书院藏秦简（伍）》073/1114～075/1935 简："·泰山守言：新黔首不更昌等夫妻盗，耐为鬼薪白粲，子当为收，彼（彼）有婴儿未可事，不能自食，别传输之，恐行死。议：令寄长其父母及亲所，勿庸别输。丞相议：年未盈八岁者令寄长其父母及亲所，盈八岁辄输之如令。琅邪（琊）郡比。·十三"③。由泰山守所言可知，当执行收制时，应收子女应当输入官府劳作。但是"未可事"的婴儿另外传送他处劳作，恐行道途中死亡。因而建议将婴儿寄养在父母身边或亲属家中，不要输入官府。丞相为此提案：年未满八岁、没有自食能力的婴幼儿，可寄养在父母身边或亲属家中，待满八岁再输入官府。因此所谓"子小未可别，令从母为收"，是指被收之子年龄未到"可事"标准，因而不输入官府劳作，而是作为由母亲带在身边的收人。

---

① 张家山二四七号汉墓竹简整理小组：《张家山二四七号汉墓竹简〔二四七号墓〕》（释文修订本），第 100～102 页。
② 张家山二四七号汉墓竹简整理小组：《张家山汉墓竹简〔二四七号墓〕（释文修订本）》，第 102 页。
③ 陈松长主编：《岳麓书院藏秦简（伍）》，第 63 页。

《中国古代法律文献研究》第十六辑

2023 年，第 037~054 页

岳麓秦简所见"郡、襄武、上雒、商、函谷关"与秦汉时期的关中[*]

黄　海^{**}

摘　要：《岳麓书院藏秦简（肆）》中的简 53 至 57 是一条与逃亡、藏匿相关的律文，律文中出现了"郡、襄武、上雒、商、函谷关"这一区域概念。这一区域当为秦人一统天下之前的核心区域，其具体范围包括渭河平原、陇西郡东部以及北地郡与上郡。"郡、襄武、上雒、商、函谷关"这一区域概念与秦汉间的"关中"有所关联，可以说是"关中"概念的雏形。"关中"这一地域概念的形成，是因为秦在国内将土地区分为核心区域与其他区域，而关东诸国将秦核心区域称为"关中"或"秦中"。秦国则称呼自己的核心区域为"中县道"。随着秦的灭亡，项羽、刘邦均为关东之人，"关中"的称呼遂作为地域概念流行开来。秦人核心区域概念的形成，或许与"迁"这一政策有关，秦人之核心区域与其他区域的重要区别之一，便是核心区域不会作为"迁"的目的地。

关键词：岳麓简　核心区域　关中　迁

---

* 本文系国家社会科学基金青年项目"出土文献所见秦及汉初刑制源流研究"（项目编号：20CFX007）、国家社会科学基金重大项目"甲、金、简牍法制史料汇纂通考及数据库建设"（项目编号：20&ZD180）的阶段性研究成果。

** 中国社会科学院法学研究所助理研究员。

《岳麓书院藏秦简（肆）》所刊的简 53 至 57 为一条律文。其中出现了"郡、襄武、上雒、商、函谷关"这一区域概念。围绕这一区域概念，律文就逃亡与藏匿进行了一系列的规定。"郡及襄武、上雒、商、函谷关"应是通过注明东、南、西、北四个方向的地名来表示某一区域，而通过律文可知，这一区域应是当时秦的核心统治区域。

岳麓简中出现的这一区域概念或与秦汉时期"关中"的区域概念存在密切关系，也许正是秦汉时期"关中"概念的雏形。而秦国之所以将这一区域视为核心统治区域，并与统治范围内的其他区域相区别，根据简 53 至 57 所载律文提供给我们的信息，或与秦国的"迁"这一政策有关。

本文将从该条律文所载的"郡、襄武、上雒、商、函谷关"这一区域概念出发，讨论以下三个问题。第一，依次分析简文当中所言的"郡、襄武、上雒、商、函谷关"等各个地名，以确定该区域的具体范围；第二，探讨该区域概念与秦汉时期"关中"的联系；第三部分，思考这一区域概念形成的深层原因。

一、"郡、襄武、上雒、商、函谷关"的具体范围

《岳麓书院藏秦简（肆）》中，简 53 至 57 为一条与逃亡、藏匿有关的律文，内容如下：

> 郡及襄武、上雒、商、函谷关外人及迁郡、襄武、上雒、商、函谷关外男女去，阑亡、将阳，来入之中县、道。无少长，舍人室，室主舍者，知其情，以律迁之。典、伍不告，赀典一甲，伍一盾。不知其情，主舍，赀二甲，典、伍不告，赀一盾。舍之过旬乃论之。舍，其乡部课之。卒岁，乡部吏弗能得，它人捕之，男女无少长，五人，谇乡部啬夫；廿人，赀乡部啬夫一盾；卅人以上，赀乡部啬夫一甲，令丞谇。乡部吏主者，与乡部啬夫同罪。其亡居日都官、执法属官、禁苑、园、邑、作务、官道界中，其啬夫、吏、典、伍及舍者坐之，如此律。①

---

① 陈松长主编：《岳麓书院藏秦简（肆）》，上海辞书出版社，2015，第 56~57 页。

可以看到,本条律文大致有如下规定:本为"郡、襄武、上雒、商、函谷关"这一区域内但被迁于其他地区的人,以及本非此区域内的人,这两种人若逃入中县道,则藏匿他们的人及其他有关人员需要如何处罚。

在律文当中,按照文意可知"郡、襄武、上雒、商、函谷关"是指一个固定的区域。从简文中可以看出,"郡、襄武、上雒、商、函谷关"这一区域在当时秦人的观念中,应该是比其余区域更为重要的存在,否则秦人不会就有人逃亡入该地区的情况作专条规定。周海峰先生在解读本条律文时,认为这一区域应该是"秦的核心统治区域",也即简文后半部分所谓的"中县道",其说甚确。①

那么,"郡、襄武、上雒、商、函谷关"究竟是指哪一片区域呢?"郡、襄武、上雒、商、函谷关"几个地名,应当是分别指明了这一区域东、南、西、北的边界,也即四至。要确定这一核心统治区域的具体范围,需要首先从这几个地名的具体位置入手进行分析。秦最为核心的区域,传统印象中是在渭河平原。而通过分析可以发现,本条律文中的核心统治区域,是以渭河平原为中心,加以其周围的一些地区。

(一) 襄武、上雒、商、函谷关的位置

本节主要分析"襄武、上雒、商、函谷关"四个地名的位置,关于"郡"的问题,比较复杂,下一节将另行讨论。

1. 襄武

襄武位于关中以西。《史记·建元以来侯者年表》国名中有襄城,索引云:"襄城在颍川,襄武在陇西也。"②《汉书·地理志》亦云其属于陇西郡,其地当确属陇西郡。③

岳麓秦简整理者言其治今陇西县东,④ 与汉代情况一致。⑤《汉书·赵充国辛庆忌传》中列举汉兴以来名将,云:

---

① 周海峰:《秦律令研究》,湖南大学博士学位论文,2016,第37页。
② (汉) 司马迁:《史记》卷二十《建元以来侯者年表》,中华书局,1959,第1032页。
③ 参见 (汉) 班固《汉书》卷二十八《地理志下》,中华书局,1962,第1610页。
④ 参见陈松长主编《岳麓书院藏秦简 (肆)》,第77页。
⑤ 参见谭其骧《中国历史地图集》(第二册),地图出版社,1982,第33~34页。

汉兴，郁郅王围、甘延寿，义渠公孙贺、傅介子，成纪李广、李
蔡、杜陵苏建、苏武，上邽上官桀、赵充国，襄武廉褒，狄道辛武
贤、庆忌，皆以勇武显闻。①

这一记载的人名排列大致按照名将的籍贯由东向西列举，亦可为汉代时襄
武位于陇西东部的佐证。文献当中无法确知秦国之襄武的具体所在，故而
此处暂从整理小组的意见，认为秦之襄武亦在陇西郡东部。

本条律义当中，"襄武"应该是核心区域的西部边界。

2. 上雒、商

上雒与商均位于关中以南。

上雒，整理者言治今陕西商县。② 《汉书·地理志》云其属弘农郡，
《左传·哀公四年》云"司马起丰、析与狄戎，以临上雒"，杨伯峻认为
"上雒即今陕西商县"③。上雒之地离武关不远，春秋战国时期曾处于楚、
秦、晋三国交界。《史记·苏秦列传》："西河之外，上雒之地，三川晋国
之祸，三晋之半，秦祸如此其大也。"《索引》云："以言西河之外，上雒
之地及三川晋国，皆是秦与魏战之处……"④ 可见其作为边境地区，战事
之多。

商，根据谭其骧先生的《中国历史地图集》，应当位于今日的陕西省
丹凤县附近。⑤《汉书·地理志》云"商，秦相卫鞅邑也"。今丹凤县仍有
秦时的商邑遗址。⑥

上雒与商均位于关中的东南部，在武关附近。两者并称作为标志性地
点，在秦汉时期并不罕见，例如《汉书·东方朔传》云"夫南山，天下之
阻也，南有江淮，北有河渭，其地从汧陇以东，商雒以西，厥壤肥饶"，
"商雒"处注："服虔曰：商与上雒二县也。"⑦

---

① （汉）班固：《汉书》卷六十九《赵充国辛庆忌传》，第 2998 页。
② 参见陈松长主编《岳麓书院藏秦简（肆）》，第 77 页。
③ 杨伯峻：《春秋左传注》（第四册），中华书局，1990，第 1627 页。
④ （汉）司马迁：《史记》卷六十九《苏秦列传》，第 2276 页。
⑤ 参见谭其骧《中国历史地图集》（第二册），第 5~6 页。
⑥ 参见商鞅封邑考古队《陕西丹凤县秦商邑遗址》，《考古》2006 年第 3 期，第 32~38 页。
⑦ （汉）班固：《汉书》卷六十五《东方朔传》，第 2849~2850 页。

本条律文当中，"上雒、商"应该是核心区域的南部边界。

3. 函谷关

函谷关设置于战国初期，秦时的函谷关治今河南灵宝县，故址在灵宝县东北的弘农河畔。① 作为关中东部的屏障，在秦国向关东完全发展之前，一直是秦与关东诸国的边界。关东诸国联合攻秦之时，秦国基本均以函谷关为界防守。如《史记·楚世家》云："十一年，苏秦约从山东六国共攻秦，楚怀王为从长。至函谷关，秦出兵击六国，六国兵皆引而归，齐独后。"②

本条律文当中，"函谷"应该是核心统治区域的东部边界。

（二）"郡"指何地

岳麓秦简的整理者认为，"郡"在本条律文中是"关东诸郡县道的代称"③。就律文而言，仍有讨论的余地。

"郡、襄武、上雒、商、函谷关"五个地名之中，襄武位于陇西郡东部，陇西之地自秦穆公开始便并入秦国，处于关中的西面；上雒、商两地均位于内史所辖之东南，武关即在其附近，处于关中的南面；函谷关位于今河南灵宝市，向来为秦国与关东诸国分界之处，处于关中的东面。如此，则本简文中已涵盖了东、西、南三个方位。所以，"郡"所指代之处应该在关中之北，而非整理者所言的"关东诸郡县道"。且就律文文义而言，"郡、襄武、上雒、商、函谷关"与后文的"中县道"相对应，而"中县道"与关东诸郡无关，故而此处的"郡"并非关东诸县道。④

那么，本条律文中所言的"郡"作为秦核心区域的北部边界，到底指代何处？秦在关中以北共有四郡，即北地郡、上郡、九原郡、云中郡，此处"郡"所指代的区域，应该即在此四郡之内。周海锋先生认为此处的"郡"即是指北方四郡，似稍嫌宽泛。⑤ 为了确定其具体所指，我们需要对

---

① 参见史念海《河山集》（四集），陕西师范大学出版社，1991，第165~166页。
② （汉）司马迁：《史记》卷四十《楚世家》，第1722~1723页。
③ 参见陈松长主编《岳麓书院藏秦简（肆）》，第77页。
④ 关于中县道，可参见欧扬《岳麓秦简〈毋夺田时令〉探析》，《湖南大学学报》2015年第3期，第26~28页。
⑤ 周海锋：《秦律令研究》，第37页。

四郡逐一分析判断。

在逐郡分析之前，需要明确各郡是否属于核心区域的判断标准。如果某个地方属于秦的核心区域，那么这一地区必然应与秦有很深的历史及文化渊源，而不应该是占领时间不长且习俗不同的所谓"新地"。故而，我们将从秦国对北方四郡的占有时间（占有时间不一定是设郡时间）以及文化风俗等方面出发，对四郡逐一分析，以确定作为北部边界的"郡"究竟指代何地。

1. 北地郡、上郡

北地郡之地，或在秦穆公时便已属于秦国。《史记·秦本纪》载秦穆公时"秦用由余谋伐戎王，益国十二，开地千里"，《正义》云"陇西、北地郡是也"。① 由此可知，北地郡之土地为秦穆公时所得，春秋时期便已是秦地，是秦早期所有之土地。故而，从时间上来看，至岳麓秦简的时代，② 有足够的理由将其视为秦的核心区域。

上郡之地，《史记·秦本纪》载"（惠文君）十年，张仪相秦。魏纳上郡十五县"。《正义》云"……今纳上郡，而尽河西滨洛之地矣"同一事亦见于《史记·魏世家》，云"（襄王）七年，魏尽入上郡于秦"。《正义》云"……东至河西上郡之地，尽入于秦"。③ 也就是说，在秦惠文王尚未称王之时，秦国已经占有了上郡的所有土地。这就意味着，在秦始皇统一天下以前，秦国已统治上郡的土地百年有余。而且，通过史籍可以看到，秦君对于此地亦很重视，如昭襄王二十年曾亲至此地。④ 所以，从时间上来看，上郡亦有足够的理由被视为秦的核心区域。

北地郡与上郡不仅在时间上有理由被视为秦的核心统治区域，而且与秦国均具有深刻的历史与文化渊源。这一点在秦汉间人的观念中表现得尤

---

① （汉）司马迁：《史记》卷五《秦本纪》，第 194~195 页。
② 关于《岳麓书院藏秦简（肆）》中《亡律》的年代，宫宅洁先生结合其中的纪年、用字等问题，认为其条文成立或可溯至秦统一天下以前，但书写年代当在始皇帝三十年之后。［日］宫宅洁：《嶽麓書院所藏簡"亡律"解題》，《東方学報》第 92 册，京都大学人文科学研究所，2017，第 246~248 页。
③ （汉）司马迁：《史记》卷四十四《魏世家》，第 1848~1849 页。
④ 《史记·秦本纪》："（昭襄王）二十年，王之汉中，又之上郡、北河。"参见（汉）司马迁《史记》卷五《秦本纪》，第 212 页。

为明显,例如《史记·货殖列传》云"天水、陇西、北地、上郡与关中同俗"①,便是认为北地、上郡的文化风俗近于秦人的国家中心,即关中地区。

又如,《史记·项羽本纪》载:"(项羽)三分关中,王秦降将以距塞汉王……立董翳为翟王,王上郡,都高奴。"《索引》云:"文颖曰:上郡,秦所置,项羽以董翳为翟王,更名为翟。"② 也即项羽将他观念中的秦地分封给了三王,以遏制刘邦。在这一过程中,上郡完全被看作了旧有的秦地,由此也可推知其文化风俗当与秦人相合,否则不会被时人理所当然地认为是秦地。

通过以上分析,我们可以看到,无论是从占有时间上,还是从文化风俗上来看,北地、上郡均与秦国关系极为密切。在岳麓秦简的时代,它们应该属于秦国核心统治区域的一部分。

2. 云中郡、九原郡

云中郡之地,据《水经注·河水注》载,"秦始皇十三年,立云中郡",应该是自赵国攻取云中郡之后沿袭设置。③ 其攻取时间距离始皇统一天下不过十余年,单从统治时间上来看,是很明显的新占领区域,很难想象其会属于岳麓秦简时代秦国的核心区域。

关于九原郡,秦设九原郡的具体时间目前学界有所争议。全祖望、王国维、钱穆、谭其骧等诸位先贤均认为其设于始皇三十二年至三十五年之间,与蒙恬开土河南之地有直接的关系。④ 史念海、辛德勇两位先生则认为九原郡为赵国所设,秦国占领其地后沿袭了九原郡的设置。⑤ 无论哪种观点属实,均可确定九原郡设置时间很晚。所以,其与云中郡一样,就统治时间来看,也不应属于秦的核心统治区域。

前已言及,云中、九原二郡,或在战国晚期之前一直为赵地,故而其

---

① (汉)司马迁:《史记》卷一百二十九《货殖列传》,第3262页。
② (汉)司马迁:《史记》卷七《项羽本纪》,第316、318页。
③ 参见张莉《秦郡再议》,《历史地理》2014年第1期,第96页。
④ 参见张莉《秦郡再议》,《历史地理》2014年第1期,第96页。
⑤ 参见史念海《论秦九原郡始置的年代》,《中国历史地理论丛》1993年第2期,第64页;辛德勇《张家山汉简所示汉初西北隅边境解析——附论秦昭襄王长城北端走向与九原云中两郡战略地位》,《历史研究》2006年第1期,第22~23页。

不仅被秦攻占的时间很晚，在文化风俗上也当与秦国大有不同。实际上，两地与秦国核心区域的交通亦极为不便，始皇帝三十五年才始修直达九原的直道（《史记·秦始皇本纪》云"三十五年，除道，道九原抵云阳，堑山堙谷，直通之"① ），交通如此，其风俗是否与秦相类，自然也可想而知了。

所以说，无论是从占领的时间来看，还是从文化风俗来说，九原与云中二郡，均不太可能是岳麓秦简时代秦核心统治区域的一部分。

综上所述，简53至57所载律文当中的"郡"，并不是指北部四郡全部，而应该是指北地郡与上郡两郡，这两郡是本条律文所载的核心统治区域的北面边界。

（三）襄武与陇西郡

明确了"郡、襄武、上雒、商、函谷关"这一区域的四至，其大体范围已经显现。然而，要完全确定其具体范围，还有一个问题需要解决。前已论及，襄武位于秦陇西郡的东部，那么，简文中的"襄武"究竟是指代陇西郡全境，还是只指襄武以东之地？我们认为，襄武应是确指，其自身便是核心区域的西部边界，即当时的核心区域只包含陇西郡东部，而不包含其西部。

核心统治区域只包含某郡的一部分似乎与常理不合，但是通过岳麓简，我们的确可以看到陇西郡在秦人的治理中被分为两部分对待。

> ……□□□罪而与郡县道及告子居陇西县道及郡县道者，皆毋得来之中县道官。（简93）②

可以看到，简93中明确区分了"陇西县道"与"中县道"，而由简53至57所载律文中将"襄武"作为"中县道"之西界可知，陇西郡东部并不在"陇西县道"范围之内，"陇西县道"所指只能是陇西郡西部诸地。正如欧扬先生所言，"陇西郡东部的县道，在郡制推行于全境之前就属于秦

---

① （汉）司马迁：《史记》卷六《秦始皇本纪》，第256页。
② 参见陈松长主编《岳麓书院藏秦简（肆）》，第69页。

国，这些县道长期由中央直辖，即属于当时的'中县道'，秦昭襄王将新置的西方边地县道与部分'中县道'合并设陇西郡，所以陇西郡之地域有新有故"①。也就是说，由岳麓秦简，我们可以知道，秦时的陇西郡被分为不同的两部分。靠东的一部分属于"中县道"，即核心统治区域，而靠西的一部分则在简中被称为"陇西县道"，并非核心统治区域。

如果再细看简 53 至 57 所载律文的话，我们可以发现此处核心统治区域与其余地域的区别，似乎是以可否作为"迁"的目的地为区分标准的，②若以此为标准寻诸文献，也可以发现陇西郡被视为两部分的痕迹。

八年，王弟长安君成蟜将军击赵，反，死屯留，军吏皆斩死，迁其民于临洮。③

临洮在秦时位于陇西郡西部，④ 其位置当在襄武之西。由此条记载可知，直至始皇八年，陇西郡西部仍可作为"迁"之目的地。所以简文中核心区域的西部边界，应该就是襄武本身，核心区域所包含地区只有陇西郡东部，而不包含陇西郡西部。

综上所述，简 53 至 57 所谓的"郡、襄武、上雒、商、函谷关"，即当时秦的核心统治区域。这一区域西以襄武为界，南以上雒与商为界，东以函谷关为界，北以北地郡和上郡为界。该区域包含内史所辖区域、陇西郡东部以及北地郡与上郡，而不包括陇西郡西部以及九原郡与云中郡。

二、"郡、襄武、上雒、商、函谷关"与 "关中"的联系

明确了"郡、襄武、上雒、商、函谷关"这一核心区域的具体范围，

---

① 欧扬：《岳麓秦简〈毋夺田时令〉探析》，《湖南大学学报》2015 年第 3 期，第 27 页。
② 详见后文。
③ 参见（汉）司马迁《史记》卷六《秦始皇本纪》，第 224~225 页。
④ 参见谭其骧主编《中国历史地图集》（第二册），第 5~6 页。

我们发现，这一区域的范围与"关中"有所重叠，两者可能有所关联。那么，律文所载的秦核心统治区域，与秦汉时期的"关中"这一地理概念，究竟是否存在深层联系？

（一）传世典籍中秦汉时期的"关中"

为了理清岳麓简中秦的核心统治区域与秦汉时期"关中"的异同与联系，我们有必要首先对传世典籍中秦汉时期的"关中"进行简单的梳理。

关中这一名称，大概在战国时期便已存在了。但是由于其并非正式的地方行政区划，所以在传世典籍当中，有数种不同的说法。① 秦汉时期的关中也是如此，关于其具体范围，大概共有三种不同的记载。②

1. "四塞之地"：地理上的关中

《史记·项羽本纪》："人或说项王曰：关中阻山河四塞，地肥饶，可都以霸。"《集解》引徐广曰："东函谷，南武关，西散关，北萧关。"③ 这便是指地理上的关中。当然，对于关中当中的"关"究竟指哪几关，存在一些不同的记载，另有函谷关与陇关之间、函谷关与散关之间等数种说法。④ 但其所指代的地域范围则大体相同，大概是指渭河平原地区。

因为渭河平原地区多适宜农耕，且数面临塞，易于在军事上防守，故而又被称为"天府之国"，如《史记·留侯世家》云"夫关中左殽函，右陇蜀，沃野千里，南有巴蜀之饶，北有胡苑之利，阻三面而守，独以一面东制诸侯……此所谓金城千里，天府之国也"⑤，便是以渭河平原为关中，并称其为天府之国。这种以渭河平原为关中的观点，在秦汉时期普遍存在。

为表述清晰，下文将其称为"关中A"。

2. "三秦之地"：包含上郡的关中

古代有所谓的三秦之地，该典故源自项羽分封三王统治秦国故地。在

---

① 参见史念海《河山集》（四集），第145~147页。
② 参见王子今、刘华祝《说张家山汉简〈二年律令·津关令〉所见五关》，《中国历史文物》2003年第1期，第47~50页。
③ （汉）司马迁：《史记》卷七《项羽本纪》，第315页。
④ 参见史念海《河山集》（四集），第145~147页。
⑤ （汉）司马迁：《史记》卷五十五《留侯世家》，第2044页。

文献的记载当中，三秦之地也可以被称为关中。

《史记·项羽本纪》云："（项羽）三分关中，王秦降将以距塞汉王。项王乃立章邯为雍王，王咸阳以西，都废丘……立司马欣为塞王，王咸阳以东至河，都栎阳；立董翳为翟王，王上郡，都高奴。"① 即项羽为了防备刘邦，将关中一分为三，分封三王统治关中。可以看到，这里的关中包含了北方的上郡（"董翳为翟王，王上郡"），与"四塞之地"的关中相比，地域范围更加广大。

为表述清晰，下文将其称为"关中 B"。

3."巴蜀亦关中地也"：范围最大的关中

巴蜀之地从地理面貌来看，无疑与关中无关，但是在文献当中，却存在将巴蜀之地视为关中一部分的记载。

同样是《史记·项羽本纪》记载，因为刘邦比项羽先入关中，所以按照众人与义帝之前的约定，刘邦可以在关中为王。但项羽与范增并不想如此，故而"项王、范增疑沛公之有天下，业已讲解，又恶负约，恐诸侯叛之，乃阴谋曰：'巴、蜀道险，秦之迁人皆居蜀。'乃曰：'巴、蜀亦关中地也。'故立沛公为汉王，王巴、蜀、汉中，都南郑"②。在本条记载当中，项羽与范增认为"巴、蜀亦关中地也"，将巴蜀之地也划入关中的范围。

这一记载初看有些像是项羽一方的强词夺理，但细观文献，当时人的确有这种巴蜀之地亦是关中的观念存在。《史记·秦楚之际月表》记载同一事，云"羽倍约，分关中为四国"③，即认为刘邦所受封之地亦为关中。

为表述清晰，下文将其称为"关中 C"。

（二）"郡、襄武、上雒、商、函谷关"与秦汉"关中"概念的形成

了解传世典籍中出现的三种"关中"的具体范围之后，可以把它们分别与"郡、襄武、上雒、商、函谷关"这一区域进行比较。通过比较可以看出，上举传世文献当中的"关中 B"，也即项羽所封的所谓"三秦之地"，正与岳麓秦简当中的秦之核心区域大致重合。这暗示我们两者之间

---

① （汉）司马迁：《史记》卷七《项羽本纪》，第 316 页。
② （汉）司马迁：《史记》卷七《项羽本纪》，第 316 页。
③ （汉）司马迁：《史记》卷十六《秦楚之际月表》，第 775 页.

或有所联系。

1. "秦中" 与 "关中"

在传世典籍当中，有"秦中"这一地域称呼出现，这或许是释明秦之核心统治区域与"关中"之间联系的关键点。

《史记·高祖本纪》云："田肯贺，因说高祖曰：'陛下得韩信，又治秦中。'"《集解》引如淳曰："时山东人谓关中为秦中。"① 也就是说，在当时山东之人的观念中，"关中"与"秦中"是相同的概念。而所谓的"秦中"，如其字面意思所示，便是指秦国的核心区域。在典籍当中，"秦中"也多用于指代秦的核心区域，例如《史记·项羽本纪》云："诸侯吏卒异时故繇使屯戍过秦中，秦中吏卒遇之多无状，及秦军降诸侯，诸侯吏卒乘胜多奴虏使之，轻折辱秦吏卒。"② 此处的"秦中吏卒"便是指章邯所率投降的秦军，其作为秦国的核心部队，被称为"秦中吏卒"；又如《战国策·中山策》记载武安君白起与昭襄王的对话，白起在讲述之前自己伐楚所带领的秦军时说道，"当此之时，秦中士卒，以军中为家，将帅为父母，不约而亲，不谋而信，一心同功，死不旋踵"③，同样将其所率秦之核心部队称为"秦中士卒"。

换言之，在山东之人看来，"关中"这一概念等同于秦的核心统治区域。几种不同的"关中"，南、北、西三面的界线均有变化，唯有东界均为函谷关，其实也侧面印证了这一点。

这种"关中"等同于秦国核心区域的现象，在史籍当中亦有其他例证。《史记·淮阴侯列传》记载，项羽已将刘邦封为汉王之时，韩信向刘邦进言："秦民无不欲得大王王秦者。于诸侯之约，大王当王关中，关中民咸知之。大王失职入汉中，秦民无不恨者。今大王举而东，三秦可传檄而定也。"④ 在这里，韩信认为刘邦所王之汉中巴蜀地并不属于关中，项羽将其封于此地是一种背约行为。值得注意的是，在韩信的表述中，"秦民"与"关中民"、"秦"与"关中"被作为同义词互相使用。这清楚地表明

---

① （汉）司马迁：《史记》卷八《高祖本纪》，第382~383页。
② （汉）司马迁：《史记》卷七《项羽本纪》，第310页。
③ 诸祖耿编撰：《战国策集注汇考》，凤凰出版社，2008，第1736页。
④ （汉）司马迁：《史记》卷九十二《淮阴侯列传》，第2612页。

了，秦之核心区域与"关中"在某些情况下是相同的，这一区域内的人民可以被称为"秦民"或"关中民"。

通过以上分析可知，所谓的"关中"其实便是秦之核心统治区域的代称之一，尤其是对于山东之人来说，"关中"与"秦中"可以直接用以指代函谷关以西的秦国。

由此出发，也可以很好地解释为何在秦汉之交，人们的观念中会同时存在几种具体范围不同的"关中"。因为就秦的核心统治区域而言，最核心的部分自然是内史所辖的渭河平原，即"四塞之地"，所以会有以渭河平原为关中的说法，也即"关中A"；但是，因为北地、上郡亦为秦地日久，且风俗与秦相类，所以山东之人在言关中时，有的时候也会将渭河平原以北的上郡等地纳入其中，也即"关中B"。

与此同时，巴蜀之地入秦时间也相当早，在惠文王时便已成为秦地。① 所以项羽和范增会说"巴蜀亦关中地"，也即"关中C"。其依据恐怕便是巴蜀也是秦之故地。但巴蜀虽然入秦很早，其在秦国的地位却一直比较特殊，不像其他地方已经浑然一体，② 所以时人对巴蜀是否属于关中，仍然有所争论，而不像"关中A"与"关中B"那样没有争议。

2. 秦汉关中概念的形成

明确了秦汉之际人们对关中范围的不同理解与山东之人对秦核心统治区域的认识的有关事实，按下来我们似乎可以尝试结合其他文献与岳麓简的材料，对关中这一概念的形成作简要的分析。

关中概念的兴起，应该与秦国以渭河平原为基础，并逐渐发展壮大有关。渭河平原拥有得天独厚的地理条件，故而秦人倚之以成帝业。在这一过程之中，伴随着秦国的强大，秦所拥有的特殊地理单元逐渐受到天下诸国的重视，并有了"秦中""关中"等名称。也就是说，"关中"这一概念的兴起，本身便是因为秦国的强盛，其在诞生伊始便是用以称呼秦国的核心区域。对于这一点，我们可以在文献当中找到一些证据。

---

① 《史记·秦本纪》云："（惠文王）九年，司马错伐蜀，灭之。"参见（汉）司马迁《史记》卷五《秦本纪》，第207页。

② 参见黄海《由"迁"至"迁刑"——秦"迁"入刑考》，《交大法学》2019年第4期，第151页。

《战国策·秦策一》有云："苏秦始将连横，说秦惠王曰：大王之国，西有巴、蜀、汉中之利，北有胡貉、代马之用，南有巫山、黔中之限，东有肴、函之固。田肥美，民殷富，战车万乘，奋击百万，沃野千里，蓄积饶多，地势形便，此所以天府，天下之雄国也。"① 在这里，苏秦讲述了秦国领土的大体情况，并将其称为"天府""天下之雄国"。

苏秦所言，同样见于《史记》当中，但内容上有一些变化。《史记·苏秦列传》云："（苏秦）说惠王曰：秦四塞之国，被山带渭，东有关河，西有汉中，南有巴蜀，北有代马，此天府也。"② 结合《史记·留侯世家》"夫关中左崤函，右陇蜀，沃野千里，南有巴蜀之饶，北有胡苑之利，阻三面而守，独以一面东制诸侯……此所谓金城千里，天府之国也"③ 的记载，可以看到，在这一时期，苏秦口中的"天府"已经与"关中"画上了等号。

苏秦所言最初仅指秦国之地，但到了秦汉之交时，则变为了"关中"。这表明，在秦汉之交时，人们已将秦国旧地与"关中"视为两个相同的概念。

简53至57中的"郡、襄武、上雒、商、函谷关"，正是秦统一天下前后秦的核心统治区域，年代略早于秦汉之交。④ 故而，在秦汉之交人们对"关中"范围的认识当中，可以看到受"郡、襄武、上雒、商、函谷关"这一地域范围影响的影子。如上文所言，秦汉时人所言的"关中B"，正与这一范围大体重合，这或许正是"郡、襄武、上雒、商、函谷关"对关中概念影响的具体表现。换言之，简53至57中的"郡、襄武、上雒、商、函谷关"这一区域范围，也许正是秦汉之交"关中"这一地域概念的雏形。

综上所述，传世典籍当中关于"关中"地域范围的数种不同理解，应该是因为关东之人将秦国的核心统治区域统称为"秦中"或"关中"，但对于这一核心区域又有不同理解所致。"关中"这一地域概念的形成，是因为秦在国内将土地区分为核心统治区域与其他区域，关东诸国将秦的核

① 诸祖耿编撰：《战国策集注汇考》，第118页。
② （汉）司马迁：《史记》卷六十九《苏秦列传》，第2242页。
③ （汉）司马迁：《史记》卷五十五《留侯世家》，第2044页。
④ 关于岳麓秦简中《亡律》的年代问题，上文注释已有提及。参见宫宅洁《嶽麓書院所藏簡"亡律"解題》，《東方學報》第92册，第246~248页。

心统治区域称为"关中"或"秦中",秦国则称呼自己的核心统治区域为"中县道"。随着刘邦、项羽等关东之人灭秦,"关中"的称呼遂作为地域概念完全形成了。

三、 核心统治区域概念形成的原因: 迁

简 53 至 57 律文中的"郡、襄武、上雉、商、函谷关"所指代的区域,是秦当时的核心统治区域,该区域包括渭河平原、北地、上郡及陇西郡东部。这种秦核心统治区域的概念,与秦汉时"关中"这一地域概念的形成有密切的联系。那么,为何秦国会有这种"核心统治区域"的概念呢?简 53 至 57 所载律文给我们提供了一个很好的线索,即这种区域观念的形成,或当与"迁"有关。

(一)"迁"与核心统治区域的关系

"迁"作为秦人充实边远土地或者新占土地的一种重要政策,在战国时期的秦国与秦代始终存在。[①] 因为"迁"的主要目的在于充实新地,故而真正的核心统治区域作为统治中心所在,基本上是不需要"迁"入的。这在简 53 至 57 所载律文当中可以得到一定程度的证明。

简文云:"郡及襄武、上雉、商、函谷关外人及迁郡、襄武、上雉、商、函谷关外男女去,阑亡、将阳,来入之中县道。无少长,舍人室,室主舍者,知其情,以律迁之。"可以看到,该律文对逃亡进入核心区域的人,列举了两种情况,即核心区域外的人和本为核心区域内但被迁往其外的人。在律文当中,核心统治区域的地位明显高于其他区域,故而该区域之外的人会想逃亡进入该区域。既然核心统治区域地位如此之高,且严禁外人逃亡进入,那么,我们很难想象其会作为迁的目的地出现。[②]

---

① 关于秦人的"迁",参见黄海《由"迁"至"迁刑"——秦"迁"入刑考》,《交大法学》2019 年第 4 期,第 146~157 页。

② 目前所见"迁"之目的地位于本简文所示核心区域的,似只有《史记·秦本纪》所载"五十年十月,武安君白起有罪,为士伍,迁阴密"。但是这次"迁"的目的并非充实边地或新地,而只是单纯对白起的处罚,或是特例。参见(汉)司马迁《史记》卷五《秦本纪》,第 214 页。

既然核心统治区域不太可能是"迁"的目的地，而"迁"作为秦国一项常见的政策又基本实行于其全部统治范围内，那么我们可以推测，秦人核心统治区域与其他区域的一大区别便是是否可以为"迁"之目的地。也就是说，在秦人的观念中，这一核心统治区域概念是随着某一地区是否可以为"迁"的目的地而形成的。

（二）巴蜀是否属于关中的争议与"迁"

若秦之核心统治区域的范围确实是以"迁"为标准划分的，则可以较好地解释巴蜀是否属于"关中"这一存于典籍的争议。

如上所述，在传世典籍之中，存在包含巴蜀的"关中 C"。《史记·项羽本纪》云："项王、范增疑沛公之有天下，业已讲解，又恶负约，恐诸侯叛之，乃阴谋曰：'巴、蜀道险，秦之迁人皆居蜀。'乃曰：'巴、蜀亦关中地也。'故立沛公为汉王，王巴、蜀、汉中，都南郑。"在这里，项羽、范增将刘邦封于巴蜀，其理由便是"巴蜀亦关中地也"，而在《史记·淮阴侯列传》中，韩信对刘邦言"大王当王关中，关中民咸知之。大王失职入汉中，秦民无不恨者"，则将刘邦获封之地明确地排除在关中之外。

造成时人这种矛盾观念的原因，或许正是巴蜀可以作为"迁人"之目的地。关于巴蜀之地在秦时多为迁之目的地，典籍所见有不少明例，例如《史记·秦始皇本纪》言"尽得毒等……及其舍人，轻者为鬼薪。及夺爵迁蜀四千余家，家房陵"①。故而可知，"秦之迁人皆居蜀"的情况的确客观存在，当时的巴蜀之地确实可以作为"迁"之目的地。②

在秦汉之际，人们一方面因为巴蜀入秦的时间甚早，而可以将其视为关中的一部分，产生"巴蜀亦关中地"的观念；另一方面，因为巴蜀之地作为秦的迁人之所，故而并不属于秦国的核心统治区域，所以又有不包含巴蜀的关中概念存在。正是因为如此，当时之人对于巴蜀是否属于关中，会有两种不同的认识。

① （汉）司马迁：《史记》卷六《秦始皇本纪》，第 227 页。
② 当然，可以作为"迁"之目的地的应当不是只有巴蜀，并非如文献所言"秦之迁人皆居蜀"。

（三）"故"与"新"

如上所论，秦核心统治区域的形成与是否可以为"迁"之目的地有关，而秦人在核心统治区域实行的政策当与其他区域不同。

秦人这种对核心统治区域与其余地方的区别对待，反映在很多方面。例如《睡虎地秦简·秦律杂抄》中提到的"故秦人"概念，[①]《商君书》中亦有"故秦（民）""新民"的概念。[②]"故"与"新"之人在法律地位上应当存在一些差异。张金光先生认为，以时间论，入秦久者为"故"，近者为"新"；原秦民为"故"，后入者为"新"；以空间论，关中本部为"故"，东方为"新"。[③] 其论甚确。这种"故""新"之别，其实便是将核心统治区域与其他统治区域加以区别的称呼。

以"新""故"来分析本条律文的话，律文中的"郡及襄武、上雒、商、函谷关外人"为"新"，即核心区域以外的人；"迁郡、襄武、上雒、商、函谷关外男女"为"故"，但是被迁到了核心区域之外。这两种人的主要作用或许在于充实核心区域以外的地方，所以律文禁止他们逃亡到核心区域，即简文所谓"中县道"。他们之所以想逃亡入这一核心统治区域，很可能是因为"故"人无论是在法律还是其他方面的待遇均优于"新"人。

类似的现象在汉朝仍然存在。西汉时期，对于关中与关东的定位在法律当中有不小的差异，例如《二年律令》当中的《津关令》，便严格规定了关津控制人员和物资出入的制度。[④]

当然，值得强调的是，"迁"应该并非是核心统治区域概念形成的唯一原因，在"迁"以外，该区域概念的形成应该仍受到政治、经济等各方面因素的影响。本节所论，只是基于岳麓简所载，对于其形成与"迁"之间的关系进行了总结而已。

---

① 《秦律杂抄》简五"有为故秦人出"。参见睡虎地秦墓竹简整理小组编《睡虎地秦墓竹简》，文物出版社，1990，释文部分第80页。

② 如《商君书·徕民》篇云"今以故秦事敌，而使新民事本"。参见蒋礼鸿撰《商君书锥指》，中华书局，2014，第93页。

③ 参见张金光《秦制研究》，上海古籍出版社，2004，第829~830页。

④ 参见王子今、刘华祝《说张家山汉简〈二年律令·津关令〉所见五关》，《中国历史文物》2003年第1期，第44~51页。

小　结

岳麓秦简（肆）简 53 至 57 所载律文当中的"郡、襄武、上雒、商、函谷关"应当是指秦在当时的核心区域，这一区域包括渭河平原以及陇西郡东部、北地郡与上郡。这些地区无论是从统治时间上来看，还是从文化风俗上来看，均属于秦在当时的核心地域。

"郡、襄武、上雒、商、函谷关"这一区域概念与秦汉间的"关中"这一地域概念有所联系，可以说是"关中"概念的雏形。"关中"这一地域概念的形成，是因为秦在国内将土地区分为核心区域与其他区域，而关东诸国将秦核心区域称为"关中"或"秦中"。秦国则称呼自己的核心统治区域为"中县道"。随着秦的灭亡，项羽、刘邦均为关东之人，"关中"的称呼遂作为地域概念完全形成了。

通过载有"郡、襄武、上雒、商、函谷关"的律文可以发现，关于秦核心区域的形成过程，或与秦重要政策之一的"迁"有关。秦人的核心统治区域与其他区域之间存在的重要区别之一，便是核心统治区域不会作为"迁"的目的地。这种区别核心区域与其他区域的统治方式，到了西汉时便演变成了对关中地区与关东的区别对待。

（责任编辑：刘自稳）

《中国古代法律文献研究》第十六辑

2023 年，第 055~110 页

岳麓秦简《为狱等状四种》
"芮盗卖公列地案"集释

中国政法大学民事法律史料研读小组*

摘　要：本集释稿详细注释、解说岳麓书院藏秦简《为狱等状四种》中的"芮盗卖公列地案"。对 064/1216 简中的"问：芮买（卖），与朵别贾（价）地，且吏自别直？"句读改为"问：芮买（卖）与朵，别贾（价）？地且吏自别直"。该简"别直以论状何如，勿庸报"中的"状何如"是秦汉公文中常用语，意思是"详情如何"，"别直以论"则是指分别计算土地、店铺、非法所得等其他价值基础上所论的其他罪名。全句句意为"（至于芮）区分计算出的其他犯罪所得、赃值等，据此所论的其他罪名详情何如，不用向（太守）汇报"。068/1337 简中的"廼往九月辤（辞）守感"违反了睡虎地秦简《法律答问》所载的"辞者不先辞官长、啬夫"的规定。结合学界对秦时县啬夫居守的考证，本案中的"江陵守感"，只是在江陵县啬夫暂时不在任时暂代其职，

---

* 本研读小组于 2022 年 8 月成立，目前由王安宇主持，成员由从事秦汉法律史研究的硕、博士在读研究生组成。参加《为狱等状四种》"芮盗卖公列地案"集释的成员为：石佩（南开大学历史学院 2022 级中国史专业博士研究生）、刘效江（中国政法大学法学院 2022 级法律史专业博士研究生）、张香萍（中国政法大学人文学院 2020 级中国古代史专业硕士研究生）。本文为教育部人文社会科学研究青年基金项目"秦汉简牍中民事诉讼史料集释与研究"（项目编号：21YJC770022）的阶段性成果。

其不是县啬夫，故材可以直接"辞"县守感。也可以说这个规定在秦时只对"真令、长"有效，对"守令、长"无效，辞者可以先辞县的"守"啬夫。079/1316~080/1317 简中记录芮的妻子已经"受列"，所以芮失去了"受列"资格，这说明秦时对商业经营用地的分配以户为单位，此案中芮的妻子为受列人，表明妻子可能是户主，而芮是"赘婿"。秦汉时期存在"盗卖"与"盗买"两种罪名，均是一种没有买卖某物资格却谎称拥有资格（即唐律所言"妄认"）或无视禁止买卖规定，擅自实施了买卖的行为。这两种罪与当时法律规定的"盗罪"以盗窃行为的既遂为入罪核心标准有所不同，"盗买卖"以买卖的既遂为入罪关键。秦汉时期的"盗卖"与唐律一样，也是以"妄认"和"卖出"为入罪标准。盗窃罪不以被卖物的卖出价格，即犯罪者的非法所得为论罪依据，本案"盗卖"也不以被盗卖土地的卖出价为据，而是官吏据市场"平价"计算的实际价值计算赃值。

关键词：盗卖　列地　受列　商业用地分配

前　言

　　岳麓书院藏秦简《为狱等状四种》中收录了自秦王政元年至秦始皇二十六年共十五则司法案例。案情涉及秦时捕群盗后的购赏确认与非法转移、知他人盗而分赃、盗卖划设的市场经营用地、未成年时犯罪而成年后被抓获、基层官吏因公事失误而坐罪、威胁告发他人报告财产不实、盗杀、以兵刃砍人、强奸乞鞫、和奸乞鞫、逃离服役场所、伪造书信骗钱及逃离秦境、军队士兵作战时畏敌退缩等。《为狱等状四种》与张家山汉简《奏谳书》所收录秦四则案例（"论盗牛黥城旦讲乞鞫案""南郡卒史覆攸县库纵囚案""杜泸女子居丧和奸案""公士孔贼刺人盗夺钱案"）是以司法案例管窥秦时基层司法运作的宝贵史料。上述案例与睡虎地秦简《法律答问》《封诊式》所描绘的部分案情可相互印证，又可弥补后者不能完整地呈现案件审讯、审判过程的不足。《为狱等状四种》

中的"芮盗卖公列地案"是由民事纠纷引发的刑事案件,案情揭示了秦市场管理、经营用地分配制度及相应民事程序的运行。该案中被告人芮所涉的"盗卖公地",与土地非法买卖相关,是因非法民事行为而入罪的罪名。因此,详细考证、梳理这则请谳文书,将其案情尽可能还原,是提高史料证明力,使其更好为秦汉民事法律规范、民事习惯的研究服务的关键步骤。

凡　　例

1. 本集释稿中的"简文"与"释文"部分,文字与符号完全照录〔德〕陶安《岳麓秦简〈为狱等状四种〉释文注释(修订本)》(上海古籍出版社,2021 年版)。陶安在《岳麓书院藏秦简(叁)》的整理小组中负责释文、注释及附录的撰写工作,其所著的释文注释修订本是在原稿(朱汉民、陈松长主编的《岳麓书院藏秦简(叁)》,上海辞书出版社,2013 年版)的基础上修订完善,本集释稿在参考整理小组所撰写的图版、释读、注释等内容时,会书"整理小组",即指原稿内容。

2. 行文体例依次为:简文、释文、集释、按语、译文。

3. 为行文及读者阅读便利,本集释稿分为四个部分。因划分的依据是文书内容所反映的诉讼程序及案件侦查的线索,不同部分可能会在同一枚简上。故简文、释文部分的开头和结尾会以"(承接上一段已录简文)"和"(本简未完)"的方式加以提示。

4. 本集释稿对陶安修订的简文、释文有不同意见,不会直接体现在简文、释文部分,而是会在按语中论证,并体现在译文中。

5. 集释中出现的"(译文)",表示采用了诸家对释文的译文。

6. 德国学者劳武利、史达所著的《为狱等状四种》案例的注释,英文标题及出版信息为"Legal Practice in the Formative Stages of the Chinese Empire: An Annotated Translation of the Exemplary Qin Criminal Cases from the Yuelu Academy Collection, Brill, 2016."本集释稿将之翻译为"〔德〕劳武利、〔德〕史达:《中华帝国形成过程中的法律实践:岳麓简中秦代著名司法案例注释与翻译》,博睿出版社,2016"。

（一）

【简文】

·敢瀟之江陵言公卒芮與夫＝材共蓋受棺列吏後弗鼠∟芮買其分肆士062/1214

五朵地直千蓋二百六十九錢以論芮∟二月辛未大守令曰問芮買與朵別買地且063/1215

吏自別＝直＝以論狀何如勿庸報鞫審瀟（本简未完）064/1216

【释文】

·敢瀟（讞）之：江陵言：公卒[1]芮與大夫[2]材共蓋受[3]棺列[4]，吏後弗鼠（予）。芮買（賣）其分肆[5]士062/1214五（伍）朵，地直（值）千，蓋二百六十九錢。以論芮。二月辛未[6]，大（太）守令曰：問：芮買（賣），與朵別賈（價）地[7]，且063/1215吏自別直[8]？別直以論狀何如，勿庸報[9]。鞫審，瀟（讞）。（本简未完）064/1216

【集释】

[1]公卒

陶安：公卒，秦汉无爵身份之一。《二年律令》简359~360："不为后而傅者……（中略）……官大夫及大夫子为公士。不更至上造子更为公卒。"①

【按】

"公卒"未见于传世文献与睡虎地秦简。在张家山汉简《二年律令》与《奏讞书》公布后，出现不属于二十等爵的"公卒"身份。《二年律令·户律》关于不同爵位、身份名田宅数量的规定中，"公卒"排在一等爵"公士"后，与士伍和庶人都能名一顷田、一宅。②在《二年律令·傅律》中应当"禀鬻米""受杖""免老""睆老"的最低年龄，公卒与士伍相同。③在基于《二年律令》的研究中，学界一般认为"公卒"是无爵

者，但无法确定其与士伍、庶人的进一步区别或者其是否属于"卒"的一类。《奏谳书》的最后一个案例案发于秦王政六年（前241），[①] 其中亦见"公卒"，这就说明战国秦时已有"公卒"身份。此后，里耶秦简、岳麓书院藏秦简中屡见"公卒"，贾丽英结合《为狱等状四种》含"公卒"的内容指出，"公卒"在当时的社会生活中，与大夫、大夫寡、不更、走马、上造、公士、士伍、司寇等身份的人，一起生活在居民里中，共同构成时人的生活画卷。但她也发现，户籍简中至今未能发现公卒身份的家庭，她推测既然有公卒的个人身份，公卒的户籍户人身份，也必然是存在的。贾丽英将公卒、士伍视为秦及汉初爵位系统中位于二十等爵之下的"士下"准爵层次，并认为"公卒"是汉代第一个被裁并的准爵制身份，时间应发生在西汉前期。[②] 贾丽英关于"公卒"在西汉前期被裁并的推测被文帝时期的西汉简所证实。陈伟指出，在胡家草场汉律中，"公卒"这一身份显然被整合到士伍之中。现在看来，公卒的省并很可能是在文帝十三年刑制改革时的举措。[③] 邹水杰发现虎溪山西汉简《计簿》在公士之下，只有"士五"，没有公卒，如果排除漏记、简文不全等可能，可能"公卒"这一身份在文帝后元年前被废弃。[④]

[2] 大夫

陶安：大夫：秦汉爵名，下数第五级，见《汉旧仪》等。[⑤]

[3] 受

陶安：受，接受，即从政府承租。《二年律令》简321："受田宅，予人若卖宅，不得更受。"[⑥]

劳武利、史达："受"也许在此处作定语，"受列"可以翻译为"被

---

① 张家山二四七号汉墓竹简整理小组：《张家山汉墓竹简〔二四七号墓〕：释文修订本》，第111页，注〔一〕。

② 贾丽英：《秦及汉初二十等爵与"士下"准爵层的剖分》，《中国史研究》2018年第4期，第23、26页。

③ 陈伟：《胡家草场汉简律典与汉文帝刑制改革》，《武汉大学学报》2022年第2期，第81页。

④ 邹水杰：《从虎溪山汉简〈计簿〉看汉初县属啬夫的分化》，《史学月刊》2022年第4期，第13页。

⑤ 〔德〕陶安：《岳麓秦简〈为狱等状四种〉释文注释（修订本）》，第96页。

⑥ 〔德〕陶安：《岳麓秦简〈为狱等状四种〉释文注释（修订本）》，第96页。

接管的摊位"。①

【按】

在本案例的上下文中，只见官府对"列"的授予、确权、剥夺等分配行为，未见官府为列地收取租金和出让金等行为。因此，陶安将"受列"理解为"承租"有不妥。劳武利、史达的翻译"接管"，较为符合本案例"受列"的含义。结合本案例全文，"受列"是被官府分配对"列"的使用权，一旦被官府合法"受列"，这种使用权一定程度上受到官府保护，因获得"列地"后，还需要进行"开发"，如"盖"各种设施变为"肆"等，故缺乏财力的受列者也可选择与同样具有受列权的人"共盖"，但没有受列权的人，不得参与"共盖"，也不能"居列"。合法受列者也许能将其列地与其他受列者之列地"贸"，即交换。此案的基本案情是不具备"受列"资格的芮欺骗朵的儿子方，芮已与材共同在材的"列"上修筑店铺，并以此事先收取了一千钱（约定地价及地上附着物"盖"共一千四百钱），因此处原有的主张者材根本不具备"受列"资格，故此列地是暂无其他受列者的"公列地"，芮与材虽然是"共盖列地"，但根本没有取得此"列地"的使用权。这也说明合法受列的列地可以转卖。结合案例案情来看，没有"受列"者方可向官府申请"受列"。

[4] 列

陶安：列，集市贸易场所。《秦律十八种》简068："贾市居列者及官府之吏，毋敢择行钱、布。择行钱、布者，列伍长弗告，吏循之不谨，皆有罪。"《二年律令》简260："市贩匿不自占租，坐所匿租臧（赃）为盗，没入其所贩卖及贾钱县官，夺之列。列长、伍人弗告，罚金各一斤。"②

劳武利、史达：市场摊位。③

朱德贵：睡虎地秦简《金布律》简68材料中的"列"和"列伍长"表明，秦还设置了管理市场中"列"的列长，这一点与上引《二年律令》

---

① [德]劳武利、[德]史达：《中华帝国形成过程中的法律实践：岳麓简中秦代著名司法案例注释与翻译》，博睿出版社，2016，第149页，注726。

② [德]陶安：《岳麓秦简〈为狱等状四种〉释文注释（修订本）》，第96~97页。

③ [德]劳武利、[德]史达：《中华帝国形成过程中的法律实践：岳麓简中秦代著名司法案例注释与翻译》，第149页，注727。

简 260 是一样的,这进一步说明了汉代承袭了秦的市场管理制度。[①]

张韶光:列是集市贸易场所……列也编为什伍,互相监督,否则需承担连坐责任。且该制度在汉初依然施行,从张家山汉简《二年律令》简 260~261,可见汉对秦制的继承。[②]

【按】

列,是官府在"市"中划设的经营用地,受官府在市中设置的机构、官吏,如亭、市曹、列长、列伍长、市府(后废)等管理。设置于市的亭是分配列地("受列")的机构并保存相应的分配记录,并据此审核受列者资格。邬勖指出,秦"列"相当于战国文献中的"廛","廛"的主要特征就是"市中空地未有肆,城中空地未有宅者"。在秦及汉初简牍中,商业用地或用本指商铺行列的"列"来代指,称为"列""公列地",或为了强调其"未有肆"的特性,而称为"公地""公空地"。[③]

[5]肆

陶安:肆,集市贸易场所。《周礼·天官·内宰》:"正其肆,陈其货贿。"《后汉书·王充传》:"家贫无书,常游洛阳市肆,阅所卖书。"《文选》卷二十二谢混《游西池》李善注:"肆,市中陈物处也。"本案 070 称"擅窃治盖,以为肆",简 073、074、080~081 前后称"空列地""公地""公列地"(082 亦同),可知列为官府所区划的一块地,而肆则是承租者所"治盖"的店铺。[④]

邬勖:官府把在市场中划定的经营用地"列"授给百姓,百姓在其上建造"盖"即棚盖,就成为一个可用来经营的商店即"肆"。本案中,"肆"="列"+"盖"的关系表现得十分清楚。[⑤]

张韶光:认同将"肆"细化为有"盖"的店铺这一观点。另外,"肆"

① 朱德贵:《岳麓秦简所见"隶臣妾"问题新证》,《社会科学》2016 年第 1 期,第 162 页。
② 参看张韶光《〈岳麓书院藏秦简(叁)〉集释》,吉林大学硕士学位论文,2017,第 119 页。
③ 邬勖:《秦汉商业用地制度初探——以出土文献为中心》,《江西社会科学》2015 年第 7 期,第 128 页。
④ [德]陶安:《岳麓秦简〈为狱等状四种〉释文注释(修订本)》,第 97 页。
⑤ 邬勖:《秦地方司法诸问题研究——以新出土文献为中心》,华东政法大学博士学位论文,2014,第 85 页。

可指出售货物的店铺，也可泛指贸易场所。且"肆"根据所卖商品的不同划分，并因所售商品对"肆"进行命名。如《左传》襄公三十年："伯有死于羊肆。"杨伯峻云："卖羊之街。"①

肖灿、唐梦甜："列"与"肆"的区别着重在是否"治盖"。"列"的含义倾向于商铺所占之地，并强调商铺用地的成行排列，"肆"的含义倾向于搭有棚盖、建有屋宇的商铺。②

【按】

银雀山汉墓竹简《守法守令等十三篇》883简："为肆邪（叙）分列疏数。"885简："下化（货）贱者受（授）肆毋过十尺。此肆邪（叙）市列之数也。"③可见肆与列之间的密切关系。885简是限制贩卖下等货物的肆，不得授予其超过十尺的地方，并说这就是"肆邪（叙）市列之数也"。"叙"有次序、排列之意，"肆邪（叙）分列""肆邪（叙）市列"，可能指"肆"需以一定次序排列于"列"中。

［6］二月辛未

陶安：从前后案例的时代推测，应为秦王政二十二年二月丙午朔二十六日。④

邬勖：据张培瑜先生复原的历表，"十一月己丑"和"二月辛未"可与秦政元年、十一年、十二年、十五年、廿一年、廿二年、廿六年共7年相合，而本案所属的第一类简册中的各案例年代在十八年到廿五年间，因此也不能完全排除廿一年甚至其他年份的可能。⑤

劳武利、史达：很难准确地根据两个日期来确定本案的日期，这两个日期只指定月份和某天，但不是某年和某个月的第一天。结合刑事案件汇编第一类中提到的其他日期，辛未可能是秦王政二十一年二月的第二十二天，即公元前226年4月12日；也可能是秦王政二十二年二月的第二十六

---

① 参看张韶光《〈岳麓书院藏秦简（叁）〉集释》，第120页。
② 肖灿、唐梦甜：《从岳麓秦简"芮盗卖公列地案"论秦代市肆建筑》，《湖南大学学报》2017年第5期，第17页。
③ 银雀山汉墓竹简整理小组：《银雀山汉墓竹简〔壹〕》，文物出版社，1985，第141页。其中"邪"疑当读为"叙"，见该页注〔六〕。
④ ［德］陶安：《岳麓秦简〈为狱等状四种〉释文注释（修订本）》，第97页。
⑤ 邬勖：《秦地方司法诸问题研究——以新出土文献为中心》，第74~75页。

天，即公元前 225 年 4 月 12 日。①

【按】

根据张培瑜先生根据新出历日简牍复原的秦朝朔闰表，邬勖所举的年份较为全面。②

［7］别价地

陶安：别价地，与后文简 075"并贾（价）地、盖"相对；别价，分别价钱；并价，合并价钱；"地""地、盖"，表示分别或合并价钱的对象。相似的语法结构见于里耶秦简 J1（16）0006 背面"尉别书都乡、司空"一说：贾系动词，交易、进行买卖。别贾地，即就地分别进行买卖；并贾地、盖，就地和建筑物一并进行买卖。③

陈松长、吴美娇：整理者把"别"释为"分别"欠妥，此处的"别"当是"另""另外"的意思……所谓"别价地"，就是另外定价的地。此外，整理者认为"并"即"合并"也有点不妥，如果将"并"理解为"一起、一并"似乎更加合理……"并价地、盖"，意思就是将地和建筑物一起定价。④

邬勖：应断读为"别价、地"。整理者译为"芮卖（店铺）是跟朵将地分别定价，还是当局自行分别估价……"这样的理解恐怕很难与案情相符，简文多次记载芮与方、朵之间达成过"并价"，却从未提及双方曾分别定价，断读为"别价地"缺乏较显著的依据。这句话中的"价"指的是芮、方买卖分肆的并价，"地"是指列地的面积，"直"一般指物所值的金额，本案中特指列地的地直……贾由买卖双方议定，并不等于地直和盖费的总和。"问芮卖与朵，别、地"，即要求负责调查的官吏分别查明芮卖给朵的价金和列地的面积。⑤

---

① ［德］劳武利、［德］史达：《中华帝国形成过程中的法律实践：岳麓简中秦代著名司法案例注释与翻译》，第 150 页，注 734。

② 张培瑜：《根据新出历日简牍试论秦和汉初的历法》，《中原文物》2007 年第 5 期，第 72~73 页。

③ ［德］陶安：《岳麓秦简〈为狱等状四种〉释文注释（修订本）》，第 97 页。

④ 陈松长、吴美娇：《岳麓秦简〈芮盗卖公列地案〉注释献疑》，载杨振红、邬文玲主编《简帛研究二〇一四》，广西师范大学出版社，2014，第 193~194 页。

⑤ 邬勖：《秦地方司法诸问题研究——以新出土文献为中心》，第 82 页。

【按】

太守发出此命令的前提就是前述江陵"敢谳之"的内容，前段"敢谳之"的大意是：芮和材一起在一块棺列地上盖起了店铺，但市场官吏并未将这块棺列分配给他们。芮却将他擅自盖的那部分店铺卖给了朵，公列地实际价值一千钱，地上附着物是二百六十九钱，不知如何论芮，故请示。从本案最终论罪是按被盗卖公地的实际价值一千钱来看，南郡太守对江陵提到的"地直（值）千，盖二百六十九钱。以论芮"是疑惑的。既然地的实际价值是一千，为何江陵还要汇报"盖"的价值？江陵准备按什么赃值"论芮"呢？太守最关心的是被盗卖公地的实际价值，而非卖价、店铺价值等其他钱款。所以太守理所当然要问江陵为什么要把地和盖的实际价值一起汇报，是不是因为芮与朵的交易方式是"别价"？二人是不是在区分地价和盖价的基础上做的交易（"别价"的交易方式在当时很可能比较常见，当买者不能一次性付清全款而采取这样的计价方式以利于分批付款。本案也确实是朵一方准备分批付款，先付一千，还剩四百钱未付）。整个案件芮都是用"并价"的方式收取被害人方（朵的儿子）的钱款，无论是原定的一千四百钱，还是实收的一千钱，抑或是其后为了吓退朵一家"弗取"（取消交易）而漫天要价的二千钱，都是包含地上附着物的，在简文中也没有提到芮与朵等人提到他盖"肆"应作多少钱算。后面狱史豬的供词："·芮、方并贾（价），豬以芮不【……】【·问：……费六百】九钱，买（卖）分四百卅五尺，直（值）千钱。它如辟（辞）。"[1] 也提到他调查时芮与方是"并价"交易。既然"并价"，表示地价和盖价一起算，那么，与之相对，"别价"完全可以指代地价和盖价分别计算。因此，"别价"与"地"不宜连读。

[8] 地且吏自别直

陶安：直，估价。《管子·轻重乙》"君直币之轻重"，尹知章注："直，犹当也。"《法律答问》简035："士五（伍）甲盗，以得时直臧（赃），臧（赃）直（值）百一十，吏弗直，狱鞫乃直臧（赃），臧（赃）直（值）过六百六十，黥甲为城旦。"或将动词"直"读为"值"，也无异。吏自别直，与前文简063"与朵别贾（价）地"相对，表示县吏自行

---

① ［德］陶安：《岳麓秦简〈为狱等状四种〉释文注释（修订本）》，第91页。

估价。按，据简 082、084 诘问记载，芮的罪名为"盗卖公列地/公地"，量刑以地价为标准，不包含违章建筑物的价格。太守在此所问，即县吏初审时估量列地价格的方法。①

邬勖："且吏自别直"是要求官吏自己独立计算列地的地直，而不能依赖江陵的计算结果；"别直以论"则是要求调查官吏按自己算出的地直来论罪。这些工作完成后不要急着回报，而要等所有情况查清、核实后再上谳，这就是所谓的"状何如，勿庸报，鞠审，谳"②。

【按】

这段内容应断读为"芮买（卖）与朵别价？地且吏自别直"，意思为"芮卖给朵是别价交易的吗？地值还是要吏自行区分出来"。上一集释的按语已说明"别价"已含"分别地价与附属物之价"的意思，故"别价"不宜与"地"连读。上一集释所引邬勖观点认为，"别价地"应断读为"别价、地"，但将"别地"理解为区分地的面积，也有不通之处。本案虽然提到了盗卖公地的面积，但最后确定赃值是在面积基础上计算出的地值，是按"坐赃为盗"的模式定罪的。况且，芮只卖了一块列地（与材共盖后自己应得的那一份），芮没有出卖多块列地，无需区分，只需确定面积后计算地值即可。本案最关键的量刑标准是地的实际价值，即如何"别地直（值）"，故"地"应从后读，断为"地且吏自别直（值）"。太守要求官吏应自行调查、计算地的实际价值。

[9] 别直以论状何如，勿庸报

邬勖：整理者把"庸"理解为"用"，将"勿庸报"理解为"不用回报"。今案"庸"有"辄"义，如《左传·昭十二年》："及游氏之庙，将毁焉，子大叔使其除徒执用以立，而无庸毁。"睡虎地秦简《封诊式》："虽智其衪，勿庸辄诘"，庸、辄二字同义互训。此处"勿庸报"可理解为不要"立即回报"之意。③

【按】

"状何如"意为"详情如何"。如里耶秦简 8 - 1564 简："癰（应）令

---

① ［德］陶安：《岳麓秦简〈为狱等状四种〉释文注释（修订本）》，第 97 页。
② 邬勖：《秦地方司法诸问题研究——以新出土文献为中心》，第 82 页。
③ 邬勖：《秦地方司法诸问题研究——以新出土文献为中心》，第 75 页，注 2。

及书所问且弗瘛（应），弗瘛（应）而云当坐之状何如？其谨桉（案）致，更上"①，里耶秦简9－472背+9－1416简背："□☐而言令覆者久留事状何如。其亟言勿留。它如前书。"②《奏谳书》107简："居（?）数日，复谓讲盗牛状何如？"③"别直以论状何如，勿庸报"可理解为"别直以论的详情如何，是不用回报的"。具体言之，太守只关心"盗卖公列地"的核心事实——所盗卖的公列地到底值多少钱？这涉及赃值。至于官吏所区分出的其他附属于公列地的价值，不是"盗卖公列地"的论罪依据。"别直以论"的"论"是指论罪，从本案最后的事实总结"鞫之"来看，芮擅自在公列地上盖治花费六百零九钱，其拟非法所得一千四百钱，实际非法所得一千钱，全部挥霍后退还二百钱，擅自盖治的公列地实际价值一千钱。此外，本案开头提到芮加盖的肆价值二百六十九钱。芮在"别直"基础上可能分别触犯了多种罪名，故在"鞫之"阶段才介绍的这么详细，如按上述金额作为赃值分别论处就是"别直以论"。如其可能触犯了《二年律令·□市律》261简之规定："诸詐（诈）给人以有取，及有贩卖贸买而詐（诈）给人，皆坐臧（赃）与盗同法。"④ 这可能就要按除列地实际价值以外的金额作为赃值，如实际非法所得等。邬勖指出芮分别构成了三种可能适用于该案的"罪名"，即"盗给人""有贩卖贸买而诈给人""盗卖公列地"的量刑标准。⑤ 太守并不关心其他"论"的结果，只关心"盗卖公列地"的相关问题，故要求江陵不要将"别直以论"的详情上报。

【译文】

斗胆请示：江陵县报告：公卒芮和大夫材一起搭建他们接管的经营棺材用地，后来官吏没有分配（给他们这块用地）。芮把他的那部分店铺卖

---

① 陈伟主编，何有祖、鲁家亮、凡国栋撰著：《里耶秦简牍校释（第一卷）》，武汉大学出版社，2012，第361页。

② 陈伟主编，鲁家亮、何有祖、凡国栋撰著：《里耶秦简牍校释（第二卷）》，武汉大学出版社，2018，第136页。

③ 张家山二四七号汉墓竹简整理小组：《张家山汉墓竹简〔二四七号墓〕：释文修订本》，第100~101页。

④ 张家山二四七号汉墓竹简整理小组：《张家山汉墓竹简〔二四七号墓〕：释文修订本》，第45页。

⑤ 邬勖：《秦汉商业用地制度初探——以出土文献为中心》，第132页。

给了士伍朵，地值一千钱，搭盖物价值二百六十九钱。以此论处芮。二月辛未，太守命令：询问：芮卖（店铺）给朵是分别计算地价与附着物价格吗？地直要官吏自行区分计算。计算各种价值据此分别论罪的详情，不用回报。将犯罪事实查清，（在此基础上）上报请示。

（二）

【简文】

（承接上一段已录简文）·视獄十一月己丑丞暨劢曰聞主市曹_{064/1216}

臣史隸臣更不當受列受棺列買問論·更曰芮朵謂更棺列旁有公空列可受欲受_{065/1315}

亭佐駕不許芮朵↳更能受共更曰若更即自言駕＝鼠更＝等欲治蓋相移↳①材争_{066/J48}

弗得聞材後受它如劢（本简未完）_{067/1340}

【释文】

（承接上一段已录简文）·视獄：十一月己丑［1］，丞暨劢曰：聞主市曹_{064/1216}臣史［2］隸臣［3］更不當受列，受棺列，買（賣）。問論［4］。·更曰：芮、朵謂更：棺列旁有公空列，可受。欲受，_{065/1315}亭佐［5］駕不許芮、朵。更能受，共。更曰：若（諾）。更即自言［6］駕，駕鼠（予）更。更等欲治蓋相移［7］，材争_{066/J48}弗得⌞8⌟。聞材後受。它如劢。（本简未完）_{067/1340}

【集释】

［1］十一月己丑

陶安：十一月己丑，从前后案例的时代推测，应为秦王政二十二年十一月丁丑朔十三日。②

【按】

参见（一）部分集释［6］邬勖观点。

---

① 欧扬称红外线图版扫描时，简066已残缺"相移"二字，据彩色图版释。参看陈松长主编《岳麓书院藏秦简（壹—叁）释文修订本》，上海辞书出版社，2018，第146页，注⑥。今复按彩色图版，欧说是。

② ［德］陶安：《岳麓秦简〈为狱等状四种〉释文注释（修订本）》，第97页。

[2] 主市曹臣史

整理者：断句为"闻主市曹臣史，隶臣更不当受列"。曹，分科办事的官署或部门。徐灏《说文解字注笺·曰部》："职官分曹治事谓之曹，如兵曹、刑曹之类皆是。"里耶秦简 8－0554 有"廷吏曹"、8－1288"廷仓曹"等。主市曹，应系县廷中总管市政的部门，与直接主管商业区的市官有别。曹臣，似为隶属于曹的一种身份，具体情况未详。①

陶安：曹，分科办事的官署或部门。徐灏《说文解字注笺·曰部》："职官分曹治事谓之曹，如兵曹、刑曹之类皆是。"里耶秦简 8－0554 有"廷吏曹"、8－1288"廷仓曹"等。主市曹，应系县廷中总管市政的部门，与直接主管商业区的市官有别。臣史，从事史类职务，即文书事务的徒隶，或系犯了耐罪之史，即早期所谓"史隶"。岳麓秦简（肆）简 271～273："徒隶毄（系）城旦舂、居赀赎责（债）而敢为人仆、养、守官府及视臣史事若居隐除者，坐日六钱为盗。吏令者，耐。"岳麓秦简（伍）简 308："·令曰：吏及臣史有教女子辟（辞）、上书，即为书而受钱财酒肉焉，因反易其言，不用其请（情）实而令其（后缺）。"《法律答问》简 194："可（何）谓耐卜隶、耐史隶？卜、史、当耐者皆耐以为卜、史隶。·后更其律如它。"②

陈松长、吴美娇：此处的"主"也许当理解为"主管、负责"。"市曹"，也许就是县廷中总管市政的部门。……整理者认为"曹臣，似为隶属于曹的一种身份"，但是曹的下属有掾有史，未见有臣者。此处的"臣"，或许指一般官吏……"主市曹臣"，即指主管市曹的官吏，也就是上文所说的"市曹官"。"史"作为主管市曹的官吏，他的身份很可能是司市，或是司市下的某一种市官。虽然"亭佐驾"同意"更"承租公列肆的申请，但"主市曹臣史"仍向"丞暨"举报说"隶臣更不当受列，受棺列，买（卖）"。③

劳武利：认为更就是主市曹臣史，"更被市场管理部门（即"市亭"）

① 朱汉民、陈松长主编：《岳麓书院藏秦简（叁）》，上海辞书出版社，2013，第138页。
② ［德］陶安：《岳麓秦简〈为狱等状四种〉释文注释（修订本）》，第97页。
③ 陈松长、吴美娇：《岳麓秦简〈芮盗卖公列地案〉注释献疑》，第196~197页。

聘为臣史"。①

邹勰：劳说当是，睡虎地秦简《答问》云："可（何）谓'耐卜隶'、'耐史隶'？卜、史当耐者皆耐以为卜、史、隶。·后更其律如它。""臣史"与"史隶"或即一事，他们在官府中的地位和作用，正如《周礼》中位在大夫、士、史、胥之下的"徒"。②

欧扬：原释文"史"后有逗号，今删。"主市曹臣史隶臣更"连读，"主市曹"是其服役之官曹，"臣史"是职事，"隶臣"是身份。若干官曹有"臣史"或"书史隶臣"，旧称"耐史隶"见于睡虎地秦简《法律答问》。参见岳麓秦简0806："有技能者皆毋得为臣史佐吏书。"又见岳麓秦简1919："皆令得与书史隶臣。"③

陶安：欧扬修订本的修改意见基本上正确。④

张韶光："主市曹臣史"当是指隶臣更，他在市曹这一管理市场的机构内充当臣史。"闻主市曹臣史，隶臣更不当受列"当断读为"闻主市曹臣史隶臣更不当受列"，意思是说，充当"主市曹臣史"的"隶臣更"不应当被授予摊位。⑤

朱红林：臣史，或许是具有刑徒身份的史……劳武利指出，臣史为隶臣更在主市曹所担任的职务。这是有道理的。现在结合《岳麓肆》的材料来看，"主市曹臣史"也许应当理解为"主市曹之臣史"，而不应"曹臣"连读。睡虎地秦简《法律答问》的"耐史隶"或许为臣史的一种。⑥

---

① 参看劳武利著，裴乾坤译《秦代的司法裁判若干问题研究》，载王沛主编《出土文献与法律史研究（第三辑）》，上海人民出版社，2014，第155页。另可参看之后出版的著作，同样表达了这一观点，原文为"I heard that Geng, unfree clerk at the department of the market superintendent and a bond servant, was by law not entitled to take over a market stall, [but] he took over a coffin market stall and sold it...", 参看［德］劳武利、［德］史达《中华帝国形成过程中的法律实践：岳麓简中秦代著名司法案例注释与翻译》，第152页。

② 邹勰：《秦地方司法诸问题研究——以新出土文献为中心》，第75页，注4。

③ 参看陈松长主编《岳麓书院藏秦简（壹—叁）释文修订本》，第146页，注④。

④ ［德］陶安：《岳麓书院秦简为狱等状四种第一类卷册释文、注释及编联商榷》，载复旦大学出土文献与古文字研究中心编《出土文献与古文字研究（第九辑）》，上海古籍出版社，2020，第241页。

⑤ 张韶光：《从岳麓秦简"主市曹臣史"看秦汉市场管理机构》，《中国社会经济史研究》2018年第4期，第8页。

⑥ 朱红林：《岳麓书院藏秦简（肆）疏证》，上海古籍出版社，2021，第306页。

【按】

"臣史"在岳麓书院藏秦简所见秦律令中数见。如《岳麓书院藏秦简（肆）》82/1928简："☑灋，耐皋以下耆（迁）之，其臣史殹（也），输县盐，能捕若诃告犯令者，刑城旦皋以下到耆（迁）皋一人，购金二两"①，关于此"臣史"，京大人文研"秦代出土文字史料研究"班认为其是接近人仆、隶臣等卑贱身份的书记员，或许与睡虎地秦简所见的"史隶"类似。②简文中臣史是被耐者，因此臣史的来源之一是隶臣。《岳麓书院藏秦简（肆）》271/残5+1434~273/1421简："徒隶毄（系）城旦舂、居赀赎责（债）而敢为人仆、养、守官府及视臣史事若居隐除者，坐日六钱为盗。"③"视臣史事"，整理者指出，视事，秦汉简文中常见语词，即主管某项事情。"臣史事"即臣史所当做的事情。"臣史"当是一种类似"书佐"的佐史，岳麓秦简0806上有"臣史佐吏书"的记载，又"臣"当是"隶臣"的"臣"，岳麓秦简1919上的"书佐隶臣"可资考证。④可知处在系城旦舂和居赀赎债状态下的徒隶如果从事仆、养、守官府以及做臣史的工作是不允许的，按他们非法从事此类事务的天数，以每天六钱的标准计算盗赃值。这似乎也说明不处在系城旦舂和居赀赎债状态下的徒隶是可以从事臣史工作的。"臣史"应是隶臣等身份低贱者在官府从事"史"类等文书工作。"主市曹臣史"可理解为"负责市曹工作的臣史"。

[3] 隶臣

陶安：隶臣，秦及汉初的身份之一，用于中等罪犯、投降敌人以及罪犯之没官家属。《二年律令》简398："当戍，已受令而逋不行盈七日，若戍盗去署及亡过一日到七日，赎耐；过七日，耐为隶臣；过三月，完为城旦。"《秦律杂抄》简38："寇降，以为隶臣。"《二年律令》简174："罪人完城旦、鬼薪以上，及坐奸府（腐）者，皆收其妻、子、财、田宅。"同上简435："诸收人，皆入以为隶臣妾。"隶臣隶属官府，在居住等方面

---

① 陈松长主编：《岳麓书院藏秦简（肆）》，上海辞书出版社，2015，第66页。
② 日本"秦代出土文字史料研究"班撰，张奇玮译：《岳麓书院所藏简〈秦律令（壹）〉译注一（下）》，载杨振红主编《简牍学研究（第十辑）》，甘肃人民出版社，2020，第135页。
③ 陈松长主编：《岳麓书院藏秦简（肆）》，第158页。
④ 陈松长主编：《岳麓书院藏秦简（肆）》，第175页，注〔二百五十四〕。

受到一定的限制，并承担一定的劳动义务。①

沈刚：更虽然也曾试图领受空列，并且名义上也得到了这块地，但是从"视狱"这个环节看，因为更的身份是"隶臣"，所以"不当受列"，他能够受列是因为胥吏亭佐驾操作失误所致。②

朱德贵：隶臣更并非"由于触犯刑律而被司法机关判处刑罚的罪犯"，而是行动自由，且可以竞争商铺经营权的责任者。甚至公卒"芮"和士伍"朵"在承租权上反而不如"隶臣更"，亦即"亭佐驾不许芮、朵。更能受，共"。依附于官府名下的"隶臣妾"分为两种，有行动自由及财产支配权之"隶臣妾"和因犯罪而被处"以为隶臣妾"者。③

【按】

既然"臣史"的来源之一是隶臣，那么"主市曹臣史隶臣更"的意思就是说隶臣更是负责市曹工作的臣史。此案之所以案发，是由另一个案件引发的，就是江陵丞暨所劾的隶臣更案，其劾明确提出："闻主市曹臣史隶臣更不当受列，受棺列，买（卖）。问论。"邬勖认为隶臣更"不当受列"的可能有两种，一是如材、喜、芮等人一样是因为"已受列"而"不当更受"，二是当时的法律将隶臣排除在具有受列资格的人之外。④ 隶臣更供述，芮和朵因不能受列，所以找到隶臣更，希望隶臣更"受列"他们看上的那块空列。隶臣更在跟亭佐驾申请后，亭佐驾就允许他受列，这就说明只要亭佐驾"予更"的行为是合法的，更就有"受列"的资格。其后"不当受列"应该是"材争弗得"的结果。后来因为"喜争"，材的受列也被搁置。这就说明，"受列"除了拥有合法资格外，拟受列地也需要没有争议才能"受"。丞暨之所以劾更"不当受列，受棺列，买（卖）"，应该不是因为更没有合法受列的资格而受列，而是因为他不当受这块被材争的列，但他在没有确定是否存在争议就"治盖相移"，准备再转卖给芮、朵。故朱德贵认为隶臣更可以竞争商铺经营权的说法可从。隶臣妾可以在

---

① ［德］陶安：《岳麓秦简〈为狱等状四种〉释文注释（修订本）》，第97页。

② 沈刚：《新出秦简所见秦代市场与商人探讨》，《中国社会经济史研究》2016年第1期，第2页。

③ 朱德贵：《岳麓秦简所见"隶臣妾"问题新证》，第155、165页。

④ 邬勖：《秦汉商业用地制度初探——以出土文献为中心》，第129~130页。

官府内从事一些工作，如此案例中的"主市曹臣史"，还有诸如"牢隶臣"、到犯罪现场检验被打流产者伤情的隶妾、"行书"的隶臣妾等。但是否所有隶臣妾都有资格"受列"，仍然存疑。隶臣更是负责市曹的臣史，官府特许这类任职于市的臣史才可以受列也是一种可能。

［4］问论

陶安：问，询问，查问，在此指盘问等调查活动。《封诊式》简72："自杀者必先有故，问其同居，以合（答）其故。"里耶秦简8-0135："谒言巴卒史衰、义所，问狼船存所。其亡之，为责券移迁陵；弗亡，谁属？"居延汉简259.11："诣官，会辛亥旦。须有所问，毋以它为解。"①

邬勖：（其释文断作）"问、论"。②

杨耀文：从邬勖句读，问和论作为两个不同的司法程序，只是此处省略了具体内容。③

【按】

应从邬勖断读，"问、论"意为询问并论罪。

［5］亭佐

陶安：亭佐，辅佐亭啬夫之属史。《后汉书·宗室四王三侯列传·赵李王良传》李贤注引《东观汉记》："止宿亭，令奴金盗取亭席，金与亭佐孟常争言，以刃伤常。"④

［6］自言

陶安：自言，法律术语，表示对官府的陈述以及各种申请行为，《二年律令》简508："诸乘私马出，马当复入而死亡，自言在县官，县官诊及欲讯审死亡，皆〔告〕津关。"居延汉简15.19："永始五年闰月己巳朔丙子，北乡啬夫忠敢言之。义成里崔自当自言：为家私市居延。谨案：自当毋官狱征事，当得取传。谒移肩水金关、居延县索关。敢言之。闰月丙子，鯀得丞彭移肩水金关、居延县索关。书到，如律令。"居延汉简3.6：

---

① ［德］陶安：《岳麓秦简〈为狱等状四种〉释文注释（修订本）》，第97~98页。
② 邬勖：《秦地方司法诸问题研究——以新出土文献为中心》，第75页。
③ 杨耀文：《秦汉法律案例简牍辑注》，华东师范大学博士学位论文，2019，第118页。
④ ［德］陶安：《岳麓秦简〈为狱等状四种〉释文注释（修订本）》，第98页。

"隧长徐宗自言：责故三泉亭长石延寿菱钱少二百八十，数责不可得。"①

劳武利、史达："自言"意味着代理人自行向当局作出陈述代表他自己的意愿，这意味着当局要处理一个问题与代理人有关的事项。因为"自言"是一个一般的术语，代表了在不同的情况下，这种陈述的内容和目的可能会有所不同，这也导致了不同的翻译。在本案中，自言似乎是指请求许可。②

张韶光：在此处，"自言"当是申请的意思。本案的情况是："更曰：芮、朵谓更：棺列旁有公空列，可受。欲受，亭佐驾不许芮、朵。更能受，共。更曰：若（诺）。更即自言驾，驾鼠（予）更。"更有获得摊位的资格，所以便向官府申请，于是就得到了摊位。因此，此处的"自言"解释为申请更合适。③

[7] 治盖相移

陶安：搭盖并交换。（译）④

邬勖：更向驾提出请求获得了许可，即准备修造棚盖向芮、朵移交。⑤

陈松长、吴美娇：此处的"相移"当即转手、转卖之意。前文"更"在供述中提到"芮、朵想与更共受公空列，而且更答应与他们合伙"，既然更答应和芮、朵合伙承租搭盖，不可能还需要和他们相互交换，应该是更想与芮、朵合伙搭盖好之后转手给他人。⑥

【按】详见集释 [3] 按语中分析更"不当受列，受棺列，买（卖）"的部分。更"卖"应即与此处"治盖相移"对应。更有受列权，故先以更的资格受之，"治盖"好了以后，更再将一部分肆移交给芮、朵（芮、朵是要求与更"共"，具体操作是更完整的受列，更与芮、朵共同"开发"这片列地，然后更再将芮、朵治盖的那部分列地"移"即转卖给他们。这种"相移"不可能无偿，就是私自"卖"给芮、朵。故邬勖说可从。

---

① ［德］陶安：《岳麓秦简〈为狱等状四种〉释文注释（修订本）》，第98页。
② ［德］劳武利、［德］史达：《中华帝国形成过程中的法律实践：岳麓简中秦代著名司法案例注释与翻译》，第154页，注755。
③ 张韶光：《〈岳麓书院藏秦简（叁）〉集释》，第124页。
④ ［德］陶安：《岳麓秦简〈为狱等状四种〉释文注释（修订本）》，第92页。
⑤ 邬勖：《秦地方司法诸问题研究——以新出土文献为中心》，第78页。
⑥ 陈松长、吴美娇：《岳麓秦简〈芮盗卖公列地案〉注释献疑》，第194页。

[8] 材争弗得

黄杰："材争"下似当标逗号。从上下文看，"材争弗得"并不是指材争棺肆没有得到，而是指更等欲治盖移予芮、朵等，因为材争而没有实现。整理者的语译是"（因）材来争夺，（最后我们）没能得到"，实际上也是将"材争"与"弗得"分开来理解的，只是将"弗得"译为"没能得到"，不准确。[1]

陈松长、吴美娇："材争"与"弗得"之间当有句读。[2]

张韶光：认同"材争，弗得"断读。[3]

【按】"材争，弗得"断句为是。

【译文】

审察案件：十一月己丑，县丞暨举劾："闻知负责市曹的臣史隶臣更不应当获得经营用地，（却）获得了这块经营棺材的用地，（并）卖了出去。（需）调查并论罪。"更供述："芮、朵和我说：'经营棺材用地旁有公家的空出经营用地，可以（申请）获得。想要得到，（但）亭佐驾不允许芮、朵（获得）。你能申请获得，（咱们）就合作吧。'我说：'好。'我就向驾申请，驾（将那块经营用地）授予我。我们打算搭建后再移交（这块经营用地），材来争讼，（我们）没能获得。听说后来材得到了（这块经营用地）。"其他的如同劾书。

（三）

【简文】

（承接上一段已录简文）·材曰已有棺列不利└空列故材列└十餘歲時王室置市 067/1340

府奪材以爲府＝罷欲復受弗得廼往九月辟守感＝令亭賀曰毋爭者鼠材走馬喜 068/1337

爭賀即不鼠材＝私與喜謀喜故有棺列勿爭材已治蓋喜欲 與喜 貿喜 069/1334

---

① 黄杰：《〈岳麓书院藏秦简（叁）〉释文注释商补》，载武汉大学简帛研究中心主办《简帛（第十辑）》，2015，第118页。

② 陈松长、吴美娇：《岳麓秦简〈芮盗卖公列地案〉注释献疑》，第194页。

③ 张韶光：《〈岳麓书院藏秦简（叁）〉集释》，第125页。

曰可材弗言賀即擅竊治蓋以爲肆未歡芮謂材與芮共不共且辝争
材詑₀₇₀/₁₄₈₈

辝賀＝不鼠材芮將材芮喜言感曰皆故有棺肆弗鼠擅治蓋相争感曰勿
鼠└材₀₇₁/₀₀₈₅

……□阝……材……芮□□欲居材曰不可須芮來朵即弗敢居它
如更₀₇₂/₀₀₉₇

【释文】

（承接上一段已录简文）・材曰：巳（已）有棺列，不利［1］。空列，
故材列。十餘歲時，王室［2］置市₀₆₇/₁₃₄₀府［3］，奪材以爲府。府罷，欲復
受，弗得。迺往九月［4］辝（辭）［5］守感［6］。感令亭賀［7］曰：毋
（無）争者鼠（予）材。走馬［8］喜₀₆₈/₁₃₃₇争，賀即不鼠（予）材。材私與
喜謀：喜故有棺列，勿争。材巳（已）治蓋，喜欲，與喜　　貿［9］。
喜₀₆₉/₁₃₃₄曰：可。材弗言賀，即擅竊治蓋，以爲肆。未歡（就）［10］，芮謂
材：與芮共［11］。不共，且辝（辭）争。材詑［12］₀₇₀/₁₄₈₈【……喜】缺06辝
（辭）賀，賀不鼠（予）材、芮，將［13］材、芮、喜言感曰：皆故有棺肆，
弗鼠（予），擅治蓋相争。感曰：勿鼠（予）。材₀₇₁/₀₀₈₅……□阝……材……
芮□□欲居，［14］材曰：不可。須芮來。朵即弗敢居。它如更。₀₇₂/₀₀₉₇

【集释】

［1］利

劳武利、史达：在这个场景下，意为"产生利润"。①

【按】

在"猩、敞知盗分赃案"中，有一段供词内容是："・达曰：亡，与
猩等猎渔。不利，负责（债）。"②此"不利"即可理解为"无利润"。结
合本案例上下文，此处的"不利"也应理解为"无利润"，是说材认为自
己已经有的店铺没有产生利润，才想再要一块新列地。

［2］王室

陶安：县官旧称。里耶秦简8-0461正："王室曰县官。公室曰县官。"

---

① ［德］劳武利、史达：《中华帝国形成过程中的法律实践：岳麓简中秦代著名司法案例注释
与翻译》，第156页，注759。
② ［德］陶安：《岳麓秦简〈为狱等状四种〉释文注释（修订本）》，第82页。

县官，朝廷、官府。《汉书·食货志上》："贵粟之道，在于使民以粟为赏罚。今募天下入粟县官，得以拜爵，得以除罪。"①

沈刚：王室……秦改制后称为县官，即政府。②

张韶光："王室"即"县廷"，市府可由县在市场内选址，受县领导。③

【按】

在睡虎地秦简中，"王室""公室"与"县官"三词并见。如《法律答问》28 简中的"王室祠"，104 简中的"公室告"，《语书》中的"有（又）且课县官"。游逸飞认为，"公室"原用于秦国君主称公时，"王室"原用于秦国君主称"王"时，等到秦始皇称"皇帝"，皆改称"县官"。"公室"一词的主要使用时间应在秦庄公至秦孝公二十五代之间。"王室"一词的主要使用时间应在秦惠王至秦庄襄王五代之间。然而秦惠王称王后，"公室"一词显未消失。否则秦始皇就不须多此一举，改"公室"为"县官"。④ 赵岩指出，"公室"原用于秦国君王称公时，主要使用时间应在秦庄公至秦孝公之间，"王室"原用于秦国君王称王时，主要用于秦惠王至秦庄襄王时。到秦始皇称帝，两者皆改称"县官"，不过因旧法遗留，在秦统一前的法律文献中两词皆有使用。汉代文献中出现的"王室""公室"都用于追述秦以前之事。⑤ 睡虎地秦简《语书》颁布的时间为"廿年四月丙戌朔丁亥"，即秦王政二十年（前 227）。⑥ 里耶秦简 8–461 简中"王室曰县官""公室曰县官"虽然与秦始皇"议帝号"的一些称谓变更并提，如"以王令曰【以】皇帝诏""承【命】曰承制"等。但这也许并不意味着"王室曰县官"的称谓在秦始皇二十六年（前 221）"议帝号"后才开始，至少在秦王政二十年或之前，就已经将"王室"改称"县官"。本案例案发时间，据本集释第（一）部分的集释 [6] 邬勖和劳武利、史

---

① ［德］陶安：《岳麓秦简〈为狱等状四种〉释文注释（修订本）》，第 98 页。

② 沈刚：《新出秦简所见秦代市场与商人探讨》，第 2 页。

③ 张韶光：《从岳麓秦简"主市曹臣史"看秦汉市场管理机构》，第 10 页。

④ 游逸飞：《里耶 8–461 号"秦更名方"选释》，载魏斌主编《古代长江中游社会研究》，上海古籍出版社，2013，第 84 页。

⑤ 赵岩：《简帛文献词语历时演变专题研究》，中国社会科学出版社，2013，第 144~146 页。

⑥ 睡虎地秦墓竹简整理小组：《睡虎地秦墓竹简》，文物出版社，1990，第 13 页，注〔一〕。

达观点及按语，最有可能的年份是秦王政二十一年（前226）与二十二年（前225），"十余岁时，王室置市府"是追述十多年前的事，故此处称"王室"可能是因述以前故事，才不言"县官"而言"王室"。由于此处"王室""县官"指以王室为核心的官僚体系，并不确定"置市府"的"王室"（县官）是指县政府、太守府还是中央直辖的都官属官，故此处理解为"公家""朝廷"为宜。

[3] 市府

陶安：市，城中划定的贸易区域。《说文·冂部》："买卖所之也。市有垣，从冂。"《秦律十八种》简147："春、城旦出繇（徭）者，毋敢之市及留舍阓外。"在本案中指掌管贸易区域的县道下属机构。府，官衙。《周礼·天官·大宰》"以八灋治官府"，郑玄注："百官所居曰府。"《秦律十八种》简150："司寇勿以为仆、养、守官府及除有为殹（也）。"①

陈松长、吴美娇："市""府"二字或可连读为"市府"。"市府"是古代的市井官署。……"市府"应该是司市及司市下属的各种市官办公的官署。其职能主要是用以监督市场交易的状况，处理纠纷；调整市政，调剂余缺，规范度量衡；同时颁布市场管理政令，以备随时平衡市价等。②

沈刚：公家设置"市府"，就可以褫夺已经分配给材的这块椁列，当材需要重新取得这块土地时，却要经过一定的程序和规则，这自然是以市场用地的国有制为基础。这种土地国有制度也和中国早期土地所有制度演化史相符。③

劳武利、史达：根据何四维的解释，府不是对政府建筑物的总称，而是指"政府仓库"。府被用以商业交易，储存着可被借用的钱财和皮革，还有可供租借的政府的车和牛，内有可供人们通过劳作以偿还政府债务的"作坊"。此类作坊（官府）有时也被称为"系所"，即拘留场所，那些不

---

① [德]陶安：《岳麓秦简〈为狱等状四种〉释文注释（修订本）》，第98页。
② 陈松长、吴美娇：《岳麓秦简〈芮盗卖公列地案〉注释献疑》，第195页。
③ 沈刚：《新出秦简所见秦代市场与商人探讨》，第2页。

得不以劳作偿还债务的人很有可能被关押在这里。①

张韶光：市府的职责除了负责管理市场、平抑物价、调准度量衡、惩治违法行为外，还监管手工业生产。秦汉时期的市府由县管辖。②

【按】

秦封泥中见"市府"与"寺从市府"。③ 王伟指出，市场管理类秦印说明秦时在县设有专门管理"市"的机构。④ "寺从市府"，王辉认为，寺与侍通，侍从应指宦者。⑤ 在《为狱等状四种》的"魋盗杀安、宜等案"中涉及都官系统中服役的刑徒。其 153/329～158/1822 简："即各日夜别薄潜（潜）讯都官旁县中、县中城旦及牒书其亡者□【……同……】佩新大鞞（鞞）刀。其瞻视不壹，如有恶状。即讯，言曰：大 宫 【隶臣同。……。】·讯同：同，大宫隶臣，可（何）故为寺从公仆？同言类不雠，且覆诣（?），诣官，同改（改）曰：定名魋。故燕城人，降为隶臣，输寺从。去亡。"⑥ 因为一时抓不到杀人凶手，狱史触等用文书察问邻县都官及本县（也有可能是本县都官）服役的城旦，并察看牒书寻找城旦中的逃亡者。在城旦中没找到嫌疑人，扩大搜寻在都官、县中服役的非城旦刑徒及逃亡者，结果发现了一个叫"同"的逃亡者，同供认的身份"大宫隶臣"与"寺从公仆"前后矛盾，经"诣官"对质后，才确定了他的真实身份：魋。他因"降"，成为隶臣，被输寺从服役，没有应役而逃亡。魋被发现时，一开始并不承认自己逃亡，并谎称自己是寺从中的仆，直到狱史触把他"诣官"，他才供认真实情况。这至少说明在寺从服役的隶臣如果没有逃亡，县狱史触（也有可能是都官狱史触）在巡视、破案过程中于县中特定区域或都官辖区中发现他们是正常的情况。换言之，"寺从"应是设置于县中的都官，即王伟所言的"寺从"是独立的机构。⑦ 本案例的"市府"由"王室"所

① ［德］劳武利、史达：《中华帝国形成过程中的法律实践：岳麓简中秦代著名司法案例注释与翻译》，第156页，注762。

② 张韶光：《从岳麓秦简"主市曹臣史"看秦汉市场管理机构》，第9页。

③ 王伟：《秦玺印封泥职官地理研究》附录一《秦封泥资料统计分表》，中国社会科学出版社，2014，第524、587、641页。

④ 王伟：《秦玺印封泥职官地理研究》，第286页。

⑤ 王辉：《秦印探述》，《文博》1990年第5期，第243页。

⑥ ［德］陶安：《岳麓秦简〈为狱等状四种〉释文注释（修订本）》，第129页。

⑦ 王伟：《秦玺印封泥职官地理研究》，第165页。

置，故也有可能是中央直辖的都官"寺从市府"。

[4] 酒往九月

陶安：应指秦王政二十一年九月。下文"酒十一月"应指二十二年十一月。① 酒，或作酒、乃，古训"往"，如玄应《一切经音义》卷七十三引《仓颉篇》"酒，往也"。近人多因《公羊传》昭公十二年何休注"乃，乃是岁也"而训为"是""此"，如《经传释词》卷六"乃，犹是也"；杨树达《词诠》卷二"指示形容词，是也，此也"。"酒、酒、乃"似为近指的时间代词，指以往时段中最近的时点，如里耶秦简 9-0982 正"九月丙辰朔己巳……（中略）……酒甲寅"之"酒甲寅"为"上个甲寅"，即八月甲寅。"酒四月辛酉"在秦王政二十五年六月份指当年四月辛酉。②

劳武利、史达："酒往"与日期的结合未见其他辞例。"酒"意为"上一个"。此处的"酒往九月"应当是指在此陈述时间的上一个九月。③

【按】

此案最早是因为某年十一月己丑隶臣更之事发而开始调查，到当年二月太守下令补充侦查，中间跨越当年的十二月与一月（秦十月岁首），没跨越九月，故离这段时间最近的"上一个九月"（往者九月）即案发时段去年的九月。如果"酒"只理解为"是岁"，则已经是太守下令调查的七个月以后，显然与逻辑不符。陶安将下文"酒十一月"（芮想与他人合伙打渔却没本钱，打朵儿于主意，从他身上骗钱的时间点），认定为太守下令年份当年的十一月，是正确的。因为芮"酒十一月"的供词为狱案调查者转述，狱案调查者所言的"酒十一月"，是基于太守下令重新调查的月份（当年二月）而言，当年二月的上一个最近十一月，即是当年十一月。

[5] 辟（辞）

陶安：辞，解说、陈述。《广韵·之韵》引《说文》："辞，说也。"徐灏《说文解字注笺·辛部》："辞，凡有说以告于人者，谓之辞。"《秦律杂抄》简 35："冗募归，辞曰日已备，致未来，不如辞，赀日四月居边。"

① ［德］陶安：《岳麓秦简〈为狱等状四种〉释文注释（修订本）》，第98页。
② ［德］陶安：《岳麓秦简〈为狱等状四种〉释文注释（修订本）》，第69页。
③ ［德］劳武利、史达：《中华帝国形成过程中的法律实践：岳麓简中秦代著名司法案例注释与翻译》，第156页，注764。

司法程序中"辞"多指被告供词或证言。《封诊式》简 02～03："凡讯狱，必先尽听其言而书之，各展其辞。虽智（知）其訑，勿庸辄诘。其辞已尽书而毋（无）解，乃以诘者诘之。诘之有（又）尽听书其解辞。"居延新简 EPT59：68"第十四燧卒氾赛不在署。谨验问第十守候长士吏襃、候史襃，辞曰：十二月五日遣赛☑"，又引申为申诉、控诉。今本《说文·辛部》："辞，讼也。"《法律答问》简 095："辞者辞廷。·今郡守为廷不为？为殹（也）。""它如辞"之"辞"字指被告供词，简 068"辞守感"、简 070"辞争"等"辞"字为申诉义。①

劳武利、史达：在秦汉时期的法律文本中，辞通常作为中性词出现，意为"陈述"，但也有起诉或指控的意思。在此语境中，辞指"对……提起投诉/控诉"。②

【按】

"辞"通常用于诉讼发起以及过程中的告诉、争讼、辩论、质证等场合。隶臣更想申请受列是"自言"，意为提出申请。而材并非申请"受列"，而是来争他认为本属于他的"列地"，故用"辞"，而非"自言"。

[6] 守感

陶安：应与"猩、敿知盗分赃案"简 061"江陵守感"为一人。③

邬勖：由江陵县守令感曾批准材的受地申请，而后来取消了授予命令等事，可知授地权限最终仍由县令掌握。④

【按】

大夫材直接"辞"县守感的行为，违反了秦"辞者不先辞官长、啬夫"的规定，因为睡虎地秦简《法律答问》对"官长、啬夫"的定义是"命都官曰'长'，县曰'啬夫'"⑤。县啬夫通常是县的令、长。但本案例中，材直接"辞守感"，向居守（代理）江陵县啬夫的感提出申诉，如果排除案例略写（省略了材先向基层官吏申诉的经过）和违规操作的可

---

① ［德］陶安：《岳麓秦简〈为狱等状四种〉释文注释（修订本）》，第 74 页。
② ［德］劳武利、史达：《中华帝国形成过程中的法律实践：岳麓简中秦代著名司法案例注释与翻译》，第 156～157 页，注 765。
③ ［德］陶安：《岳麓秦简〈为狱等状四种〉释文注释（修订本）》，第 98 页。
④ 邬勖：《秦汉商业用地制度初探——以出土文献为中心》，第 129 页。
⑤ 睡虎地秦墓竹简整理小组：《睡虎地秦墓竹简》，第 116 页。

能，比较合理的解释是县的守令、长，并不是"真啬夫"，只是代理，没有完全的"啬夫权"。《二年律令·具律》简 104~106："事当治论者，其令、长、丞或行乡官视它事，不存，及病，而非出县道界也，及诸都官令、长、丞行离官有它事，而皆其官之事也，及病，非之官在所县道界也，其守丞及令、长若真丞存者所独断治论有不当者，令真令、长、丞不存及病者皆共坐之，如身断治论及存者之罪。唯谒属所二千石官者，乃勿令坐。"① 县的守令、长、丞所治论的案件出现差错，真令、长、丞也要"坐之"，说明真令、长、丞在到任后要审核守令、长、丞的断狱结果，案件的最终决断权还是在真令、长、丞的手中。孙闻博据此指出，如果"守丞"及守令、守长或县丞在署者单独治狱断案有不当者，正式的县令、长、县丞不在署及因病离署者需负连带责任，"皆共坐之"。从简文所反映的"守丞"之特点可以获知，秦及西汉初的守官制度具有其自身特点，即于制度规定上较为严格，在任长官即便因事因病短时离署，均需安排有守官。这里的"守丞"之"守"，尚无西汉后来发展形成的"试守"之含义。《史记》卷六《秦始皇本纪》"始皇出游。左丞相斯从，右丞相去疾守"的记述，或可增进对此的认识。② 本案中的"江陵守感"，只是在江陵县啬夫暂时不在任时暂代其职，其不是县啬夫，故材直接"辞"县守感，也可以说这个规定在秦时只对"真令、长"有效，对"守令、长"无效，辞者可以先辞县的"守"啬夫。

[7] 亭

陶安：亭，亭啬夫，即亭之长官，名为贺。《效律》简 52~53："都仓、库、田、亭啬夫坐其离官属于乡者，如令、丞。"《奏谳书》简 100："十二月癸亥，亭庆以书言雍廷曰：毛买（卖）牛一，质，疑盗。谒论。"③

朱德贵：秦市场中"亭"具有如下职能：一是处理商业纠纷；二是管店铺的承租权；三是在产生纠纷时，直接接受太守的领导。④

---

① 张家山二四七号汉墓竹简整理小组：《张家山汉墓竹简〔二四七号墓〕：释文修订本》，第 23 页。
② 孙闻博：《里耶秦简"守"、"守丞"新考——兼谈秦汉的守官制度》，载卜宪群、杨振红主编《简帛研究二〇一〇》，广西师范大学出版社，2012，第 73 页。
③ ［德］陶安：《岳麓秦简〈为狱等状四种〉释文注释（修订本）》，第 98 页。
④ 朱德贵：《岳麓秦简奏谳文书商业问题新证》，《社会科学》2014 年第 11 期，第 162 页。

沈刚：从岳麓书院秦简看，亭对市场的管理似乎更侧重对市场用地及其上店铺的管理，即使是处理商业纠纷，也是和市场用地的使用权有关。之所以如此，大概可以从亭具有管辖区域、部界角度着眼。①

劳武利、史达：此处的亭指市亭，类似市场的派出所。在市亭，奴隶、马、牛的买卖需要花费22钱进行认证（岳麓律令1300～1301）。②

张韶光：此处的"亭"解释为"市亭"，本案中市亭的长官是"贺"。在"市"中设置"亭"的情况在睡虎地秦简中也有出现，如《封诊式》简21～22。此外，本案中出现了"王室置市府"，或可知，市亭的官署称作"市府"。③

肖灿、唐梦甜："市亭"可能如市肆画像砖里描绘的景象，建在市场中心位置，"市亭"即"市楼""旗亭"。也可能，在都城里，"亭"按"街"设置，"亭"正好设于"市"中，则为"市亭"。④

【按】

王伟指出，"市"和"亭"联署的秦玺印仅有"市亭"一种，另湖北云梦安陆睡虎地秦墓出土陶器上发现戳印"安陆市亭"陶文5件。秦玺印封泥中"某亭"或"某市"的品种稍多，而秦市亭类陶文也明显分为"某市"和"某亭"两类，可见"市"和"亭"两种机构的性质可能有所区别。睡虎地秦简《封诊式·盗马》爰书中的"亭"在"市南街"中或许暗示了"市"与"亭"的某种联系。秦出土文献所见的市亭名称已有六十多个，市名和亭名有对应关系者如"咸阳亭"与"咸阳市"、"丽亭"与"丽市"等。这似乎可以说明亭与市是对应设立的机构，"亭"有管理处于自己辖区内的"市"的职能。⑤

［8］走马

陶安：走马，秦爵名，下数第三级，与簪袅相当。能确定年代的史料

---

① 沈刚：《新出秦简所见秦代市场与商人探讨》，《中国社会经济史研究》2016年第1期，第3页。

② ［德］劳武利、史达：《中华帝国形成过程中的法律实践：岳麓简中秦代著名司法案例注释与翻译》，第157页，注767。

③ 张韶光：《〈岳麓书院藏秦简（叁）〉集释》，第127页。

④ 肖灿、唐梦甜：《从岳麓秦简"芮盗卖公列地案"论秦代市肆建筑》，第19页。

⑤ 王伟：《秦玺印封泥职官地理研究》，第307～309页。

中，秦王政二十五年所见走马为走马最晚的辞例，里耶秦简⑯0005背所见簪袅属秦始皇二十七年，为簪袅最早的辞例，似在二十六年前后爵名走马被簪袅所取代。里耶秦简 8－0461 正："走马如故，更簪袅。"①

【按】

走马喜爵位（相当于簪袅的三等爵）低于大夫材（五等爵），却能在"争"之后使材失去受列资格，邬勖分析，大夫材、走马喜、公卒芮对同一块棺列地提出请求而被拒绝，原因都是已有列而不得再受列。如果认为授列采用身份差额制，那么他们若非都已受列满额，就是已有的列加上所请求的这块列都将会超出额度。由官方始终不提及三人已受列的大小这一点来看，这种情形发生的可能性不大。换言之，授列应该并不适用如《二年律令》中的授田、宅那样的身份差额制。如前所述，商业用地是在规划时按其所售商品价格和种类来确定大小的，其大小一经确定，授予时就不可能再依据身份等级进行分割。也就是说不论身份如何，都只能获得同样大小的土地。②

［9］ 与喜　　　　贸

陶安："喜"字与"贸"字之间有容纳三字左右的空白，此处简文或许曾经被削改。③

［10］歓

陶安：歓、就音近古通。《说文·欠部》"歓"字俗体作噈，从口就声，即其明证。随州孔家坡汉简《日书》简 278 贰"辟门，歓（就）之盖"，与睡虎地秦简《日书甲种》直（置）室门篇简 117 正贰"辟门，成之即之盖"对应。④

劳武利、史达：通"就"，意为"完成"。《盐铁论》："车器难就而易败。"⑤

［11］共

【按】

朱德贵指出，《岳麓书院藏秦简（叁）》中的"芮盗卖公列地案"是

① ［德］陶安：《岳麓秦简〈为狱等状四种〉释文注释（修订本）》，第 80 页。
② 邬勖：《秦汉商业用地制度初探——以出土文献为中心》，第 130 页。
③ ［德］陶安：《岳麓秦简〈为狱等状四种〉释文注释（修订本）》，第 98 页。
④ ［德］陶安：《岳麓秦简〈为狱等状四种〉释文注释（修订本）》，第 98 页。
⑤ ［德］劳武利、史达：《中华帝国形成过程中的法律实践：岳麓简中秦代著名司法案例注释与翻译》，第 157 页，注 771。

迄今为止所见唯一一则反映秦合伙经商的史料。合伙经商的形式发展至汉初已经比较完备了。如《散见简牍合辑》简 805 记载：

中服

共侍约

（以上为正面）

□□三月辛卯中服服长张伯□兄秦仲陈伯等七人

相与为服约人服钱二百约二会钱备不备勿与同

服即服直行共侍非前谒病不行者罚日卅毋人者以庸贾

器物不具物责十钱∠共事已器物毁伤之及亡服共负之

非其器物擅取之罚百钱・服吏令会不会会日罚五十

会而计不具者罚比不会为服吏□器物及人・服吏李仲

（以上为背面）①

这是一份湖北江陵凤凰山十号汉墓出土的有关汉初合伙经商的契约。从以上简文可以看出，汉初合伙经商者必备以下几个条件：一是出钱；二是出人；三是出物资。合伙经商中必有领头者，简文中称为"服长"即"贩长"。②

此处"共"是指芮和材共同"开发"列地，于其上按照份额各自修建店铺"肆"。前文芮、朵与隶臣更商量的"共"也是这种形式。这种"共"在当时应该是合法行为，但是前提是"列地"必须合法"受"之，否则就是"擅治盖"。本案芮是因有列地而不能"受列"者，芮知道材不能受列才"弗敢居"，如果材合法受列，或许当时法律并不禁止已经受列者可以参与"开发"他人的空列地。因此，这种"共同开发"列地，各自按份额在店铺经营自己生意的行为与朱德贵所举的汉代合伙经营的样态不同。秦合伙经营的案例见于"识劫娩案"："・建、昌、积、喜、遗曰：故为沛舍人。沛织（贷）建等钱，以市贩，共分赢。市折，建负七百，昌三万三千，积六千六百，喜二万二千遗六千。"③ 建等五人一同借了沛的钱作为本钱去做买卖，但每人借的钱数不同，五人约定共负盈亏，应即按各自

---

① 李均明、何双全：《秦汉魏晋出土文献散见简牍合辑》，文物出版社，1990，第 67~68 页。

② 朱德贵：《岳麓秦简奏谳文书商业问题新证》，第 158~159 页。

③ ［德］陶安：《岳麓秦简〈为狱等状四种〉释文注释（修订本）》，第 110 页。

出资的比例分配利润。这种共同出钱、按出资比例共负盈亏的经营方式，比较符合“合伙经商”的形态。

［12］詑

陶安：欺骗、说谎。《说文·言部》：“詑，沇州谓欺曰詑。”里耶秦简8-0461正：“更詑曰謾。”《封診式》简03~04：“诘之极而数詑，更言不服，其律当治（笞）谅（掠）者，乃治（笞）谅（掠）〖之〗。”《奏谳书》简175：“诸以县官事詑其上者，以白徒灋（法）论之。”①

［13］将

劳武利、史达：将有“在运送过程中看守犯人”“担任犯人典狱官”的意义。这里的意思是“将嫌疑人带到官府（看守起来？）”，或者简单地说就是“把某人带到……面前”。张家山汉简《二年律令·史律》简474：“史、卜子年十七岁学。史、卜、祝学童学三岁，学佴将诣大史、大卜、大祝，郡史学童诣其守，皆会八月朔日试之。”“将”可以解释为诣的同义词。②

【按】

王猛指出，在简牍中，“将”有多重含义。“将”作动词时，有带领、监领之义；作副词时，表达将要之义；还可以与“相”字相通，表达共、一起之义。③ 此处“将”是“带领”意。全句“辥（辞）贺，贺不鼠（予）材、芮，将材、芮、喜言感曰：皆故有棺肆，弗鼠（予），擅治盖相争”意为（因缺简不知具体是何人，最有可能是喜）某人到亭长贺处争讼，贺没有将列地分配给材、芮，并把他们两人带到县守令感处汇报：他们本有棺材铺，不能给，他们擅自在空列地上盖店铺而争讼。

［14］材……□阝……材……芮□□欲居

陶安：旧著据隐约墨迹和语境释读如下：“……材□□□芮□□欲居。”“……材”的“材”字上方未释字中仍能辨认出一个右方从邑旁的

① ［德］陶安：《岳麓秦简〈为狱等状四种〉释文注释（修订本）》，第98页。

② ［德］劳武利、史达：《中华帝国形成过程中的法律实践：岳麓简中秦代著名司法案例注释与翻译》，第158页，注773。

③ 王猛：《释“将从猩”》，简帛网，http://www.bsm.org.cn/?qinjian/8518.html，2021年12月3日首发。

字。其次，"材"与"芮"字之间的墨迹不足以确定字数。因此，简072相关释文应改为"……□阝……材……芮□□欲居"。①

【译文】

·材供述："（我）已经有一个棺材的经营用地了，没有利润。空着的经营用地，原来是我的。十多年前，朝廷设置市府，夺走这块经营用地用以（建设）市府。市府被废弃（之后），（我）想再次获取（这块经营用地），没有得到。上一个九月（我）向江陵代理县令感提出申诉。感命令亭长贺说：'（如果）没有人来争讼（的话），（就把这块地）给材。'走马喜前来争讼，贺就没有（把用地）给我。我私自与喜商议说：'我原来已经有了一个经营棺材生意的用地，不要争了。我已搭建店铺，你想要（的话），可以（把我现在这块）跟你交换。'喜说：'可以。'我没有向贺报告，就擅作主张偷偷地搭建（店铺）。还没有完成，芮对我说：'和我一起（加盖店铺）。不一起，就（去官府）申诉争讼。'我欺骗【……喜】向贺申诉，贺没有把（这块用地）授予我和芮，（并）带着我、芮、喜跟感汇报：'（他们）都已有经营棺材的店铺，（所以）没有（将这块用地）授予他们，（他们）擅自在经营用地上搭建和相互争讼。'感说：'（用地）不要给（他们）。'材……□阝……材……芮□□想要占用（用地），我说：'不行。必须等芮前来。'朵就没有敢占用。"其他的如更所述。

（四）

【简文】

·芮曰空列地便利＝与材共喜争芮乃智材弗得弗敢居迺十一月欲与人共渔毋 錢 073/0142

朵子士五方贩棺其列下芮利 買 所共盖公地卒（？）又（？）盖□□□□与材共□□□ 074/0670

芮分方曰欲即并賈地盖千四百方前顾芮千已尽用錢買渔具后念悔恐發 075/0001/0038

① ［德］陶安：《岳麓书院秦简〈为狱等状四种〉第一类卷册释文、注释及编联商榷》，第242页。

覺有辠欲益賈令方勿取即枉謂方賤令二＝千弗取環方錢方曰貴弗取芮 076/1212

毋錢環居三日朵責與期五日備賞錢不賞朵以故賈取肆朵曰若即弗環錢去往 077/1213

・漁得它如材更（本简未完） 078/1210

【释文】

・芮曰：空列地便利 ［1］，利 ［2］ 與材共。喜争，芮乃智（知）材弗得，弗敢居。迺十一月欲與人共漁 ［3］，毋（無） 錢 。073/0142 朵子士五（伍）方販棺其列下，芮利 買 （賣）所共蓋公地，卒（？）又（？）蓋□□□□與材共□□□ ［4］074/0670 芮分方曰：欲 ［5］ 即并 ［6］ 賈（價）地、蓋千四百。方前顧（雇） ［7］ 芮千，巳（已）盡用錢買漁具。后念悔，恐發075/0001/0038 覺有辠（罪）。欲益賈（價）令方勿取，即枉（誣） ［8］ 謂方：賤！令二 ［9］。二千弗取，環（還）方錢。方曰：貴！弗取。芮076/1212 毋（無）錢環（還）。居三日，朵責，與期：五日備賞（價）錢；不賞（償），朵以故賈（價） ［10］ 取肆。朵曰：若（諾）。即弗環（還）錢，去往077/1213 ［・］ ［11］ 漁。得 ［12］。它如材、更。（本简未完）078/1210

【集释】

［1］便利

劳武利、史达：位置便利。《史记·廉颇蔺相如列传》："今括　旦为将，东向而朝，军吏无敢仰视之者，王所赐金帛，归藏于家，而日视便利田宅可买者买之。"①

【按】

对于经商者而言，位置上的"便利"是非常重要的有利条件。银雀山汉墓竹简《守法守令十三篇》880 简："乃为市之广陿（狭）小大之度，令必再（称）邑，便利其出入之门，百化（货）财物利之。"② 也强调规划市场要做到规模适宜，与所在城邑相称，出入之门要位置便利，有利于财货流通。

---

① ［德］劳武利、史达：《中华帝国形成过程中的法律实践：岳麓简中秦代著名司法案例注释与翻译》，第 159 页，注 775。
② 银雀山汉墓竹简整理小组：《银雀山汉墓竹简〔壹〕》，第 141 页。

　　［2］利

　　陶安：贪图。（译文）①

　　劳武利、史达：非常想要或渴望去做。②

　　［3］渔

　　【按】

　　秦汉时期，除了农业之外，捕鱼、狩猎等经济活动也是民众经济生活的重要组成部分。侯旭东指出，秦汉时期北方虽以农耕为主，但因气候湿润，野生动植物丰饶，作为古老的谋生方式，渔采狩猎投入少，产出快，山林湖泽附近的民众均可一定程度仰此或兼此为生。渔采狩猎与从商一道成为田作之外民众的其他谋生手段，民众务农的动力与积极性受到削弱。③王勇则认为，秦汉时期中国农耕社会的形成与发展对渔采狩猎的限制无关，相反秦汉政府是鼓励农民在农闲时候从事渔采狩猎的，并且力图维持渔采狩猎的可持续发展。④ 在《为狱等状四种》的"猩、敞知盗分赃案"中，猩等人亦因合伙"猎渔"（打猎、捕鱼）而折本负债，因而铤而走险去"垫冢"。本案也是因当事人捕鱼而缺钱购买渔具进而产生的"盗卖列地"行为。芮想和别人合伙捕鱼，用方付的一千钱买了渔具，价值一千钱的渔具价格似乎偏高。王佳指出，渔具价格偏高的原因可能有三。第一，渔具是捕鱼的工具，可以用来牟利。捕鱼在南郡是比较普遍的活动。第二，制作渔具的材料比较贵重。第三，芮买的渔具可能是成套的捕鱼工具。对比渔具价格和江陵地区的"列地"价格会发现，似乎战国末年江陵地区产业失衡。一方面城市经济萧条，另一方面渔猎经济仍比较活跃。⑤

　　［4］卒（？）又（？）盖□□□□与材共□□□

　　陶安：《为狱等状四种》中副词"又"大多数作"有"，与睡虎地秦简

---

① ［德］陶安：《岳麓秦简〈为狱等状四种〉释文注释（修订本）》，第93页。

② ［德］劳武利、史达：《中华帝国形成过程中的法律实践：岳麓简中秦代著名司法案例注释与翻译》，第159页，注776。

③ 侯旭东：《渔采狩猎与秦汉北方民众生计——兼论以农立国传统的形成与农民的普遍化》，《历史研究》2010年第5期，第26页。

④ 王勇：《秦汉渔采狩猎与农耕经济的关系》，《中国社会经济史研究》2013年第4期，第1页。

⑤ 王佳：《简牍所见秦长江中游的社会与经济研究》，武汉大学博士学位论文，2015，第166页。

等相一致，只有此处用"又"字。此简简尾最后一个残缺字疑为"买"字，与下一简连读为"买（卖）芮分方曰"。①

[5] 芮分方曰：欲

陶安：分，芮所分到的部分店铺，与简062～063"买（卖）其分肆士五（伍）朵"、简085"买（卖）分四百卅（三十）五尺"相同。②

邬勖：整理者断为"芮分方曰：欲即并贾（价）地、盖"。今按："芮分"似为"芮之分肆"之省，此句可断为"芮分，方曰：欲"，意思是方对芮说想得到分肆。③

【按】

结合整段"朵子士五（伍）方贩棺其列下，芮利 买 （卖）所共盖公地，卒（？）又（？）盖□□□□与材共□□□芮分方曰：欲即并贾（价）地、盖千四百"。这是芮交待其向朵之子方盗卖公列地时与方商量的内容。简文有缺，可推测大致内容是芮贪图卖他盖店铺的那块公地所得的利益，虽然不是合法受列，但芮还是想卖了他所分的份额，他对方表达了这个意思，方说，想要，那就把地和建筑物算在一起，总共一千四百钱吧。因此，邬勖的断句可从。全句可断为"（据陶安推测，疑似为"卖"）芮分，方曰：'欲，即并贾（价）地、盖千四百。'"

[6] 并

陈松长、吴美娇：整理者认为"并"即"合并"也有点不妥，如果将"并"理解为"一起、一并"似乎更加合理。据此，"并价地、盖"，意思就是将地和建筑物一起定价。④

[7] 顾（雇）

陶安：雇，报酬。《后汉书·宦者列传·张让传》"因强折贱买，十分雇一"，李贤注："雇，谓酬其价也。"江苏省镇江西晋墓所出土买地券（《考古》一九八四年六期）："买地买宅雇钱三百。"⑤

---

① ［德］陶安：《岳麓秦简〈为狱等状四种〉释文注释（修订本）》，第98页。

② ［德］陶安：《岳麓秦简〈为狱等状四种〉释文注释（修订本）》，第98页。

③ 邬勖：《秦地方司法诸问题研究——以新出土文献为中心》，第76页。

④ 陈松长、吴美娇：《岳麓秦简〈芮盗卖公列地案〉注释献疑》，第194页。

⑤ ［德］陶安：《岳麓秦简〈为狱等状四种〉释文注释（修订本）》，第98页。

邬勖："顾"的这种用法在文献中多见，如居延新简《候粟君所责寇恩事》："以谷廿七石予恩顾就直"（EPF22·8），又《华阳国志》："伤人者论，煞人雇死侠钱。"又《史记·游侠列传》集解引如淳曰："贫者欲得顾更钱者，次直者出钱顾之。"①

劳武利、史达：这里的"顾"的基本含义是为某事付出代价，为某事付给某人报酬或是付钱。②

【按】

荆州高台 46 号汉墓中所见记钱木牍中有"雇八月、九月子钱八十"的内容。何有祖认为雇是出钱请人做事之意。如王符《潜夫论·浮侈》："或裁好缯，作为疏头，令工采画，雇人书祝，虚饰巧言，欲邀多福。"③石洋则认为，应理解为"支付"。如岳麓秦简（叁）《芮盗卖公列地案》简 75"方前顾（雇）芮千，巳（已）尽用钱买渔具"，即是"雇"作"支付"的用例。西汉文帝时，晁错应诏对策说："故功多者赏厚，功少者赏薄。如此，敛民财以顾其功，而民不恨者，知与而安己也。""顾"意为"酬赏"，也是"支付"义项的延伸。④ 此句"方前顾（雇）芮千，巳（已）尽用钱买渔具"，"顾（雇）"在句中是动词，不宜解释为"报酬"。但解释为"雇佣"显然不符合本案案情。"顾（雇）"宜如劳武利、史达和石洋解，意为"支付"，较为合理。

［8］枉

邬勖：整理者释为"枉"，读为"诳"。……似是从彳的"往"字。⑤

劳武利、史达："往"此处意为"诳"，欺骗、向某人说谎。⑥

【按】

查陶安对此"枉"的临摹图是"𬮿"，查其临摹的"往"字，如本案

---

① 邬勖：《秦地方司法诸问题研究——以新出土文献为中心》，第 76 页。

② ［德］劳武利、史达：《中华帝国形成过程中的法律实践：岳麓简中秦代著名司法案例注释与翻译》，第 159 页，注 780。

③ 何有祖：《荆州高台 46 号西汉墓木牍校读记》，简帛网，http://www.bsm.org.cn/？hanjian/6278.html，2014 年 11 月 10 日首发。

④ 石洋：《荆州高台 M46 出土记钱木牍考释》，《江汉考古》2019 年第 2 期，第 114 页。

⑤ 邬勖：《秦地方司法诸问题研究——以新出土文献为中心》，第 76 页。

⑥ ［德］劳武利、史达：《中华帝国形成过程中的法律实践：岳麓简中秦代著名司法案例注释与翻译》，第 160 页，注 784。

例 77/1213 简"去往"之"往"为"往"，82/1331 简"去往"之"往"为"往"。① 两者字形确实极为相近。在其他简牍文献中，亦不乏"枉"通"往"的文例，如郭店楚简《成之闻之》："敢（勇）而行之不果，其悇（疑）也弗枉悇（矣）。"整理小组就读"枉"为"往"。② 而此处"往"读如本字，全句作"欲益贾（价）令方勿取，即往谓方：贱！……""往谓"，过去对某人说。《史记·项羽本纪》："张良曰：'请往谓项伯，言沛公不敢背项王也。'"③ 芮想加价令方不要这块地，于是过去对方说："便宜。"买卖双方讨价还价本就十分正常，在这样的语境下，芮无论出卖价多少，都不能算"诳"，这就是正常的出价行为。

[9] 令二

陶安：（原释文为）简 076"令二千，二千"……细查图版，虽在彩图"千"字下方仍能辨认隐约的两个横向墨迹，但其角度恐与重文符不像，原释文失妥。相关释文应改为"贱！令二。二千弗取，环（还）方钱"。二，疑为加倍义。《史记》高祖本纪"秦得百二焉……（中略）……齐得十二焉"，《索隐》引虞喜云："百二者，得百之二。言诸侯持戟百万，秦地险固，一倍于天下，故云得百二焉，言倍之也，盖言秦兵当二百万也。'齐得十二'亦如之。"④

【按】

《史记·高祖本纪》："秦，形胜之国，带河山之险，县隔千里，持戟百万，秦得百二焉。"《索隐》引苏林曰："百二，百中之二，二十万人也。"虞喜云："百二者，得百之二。言诸侯持戟百万，秦地险固，一倍于天下，故云得百二焉，言倍之也，盖言秦兵当二百万也。"⑤《索隐》中引用了两个不同的看法。苏林认为"百二"指分数，百分之二，这符合秦汉文献中常见的分数表达方式。例如《史记·陈涉世家》中说"而戍死者固

① ［德］陶安：《岳麓秦简〈为狱等状四种〉释文注释（修订本）》，第 21 页。
② 陈伟等著：《楚地出土战国简册［十四种］（上册）》，武汉大学出版社，2016，第 261、268 页，注 75。
③ 《史记》卷七《项羽本纪》，中华书局，1982，第 311 页。
④ ［德］陶安：《岳麓书院秦简〈为狱等状四种〉第一类卷册释文、注释及编联商榷》，第 242~243 页。
⑤ 《史记》，第 382、383 页。

十六七"，即"十分之六七"。虞喜认为"百二"为倍数。《说文解字注》曰："倍，反也。此倍之本义。……又引申为加倍之倍。以反者覆也。覆之则有二面。故二之曰倍。"按照本案逻辑来说，后文的"二千弗取"应当指溢价后最终的价钱。如果"二"当作倍数的话，价款的两倍应当是一千四百钱的两倍，即二千八百钱，而非后文的二千钱。故此处的"二"似乎不能当倍数解释。故此处释文应如原整理小组所释："令二千，二千弗取。"

［10］故贾（价）

陶安：故价，原来的价钱，即原初所协议的千四百钱（参看简075）。[1]

［11］·

陶安：简078天头圈点系误点。按，圈点用在供述等独立性较强的程序成分之前，以便前后区别；"它如材、更"与简073"芮曰"相应，表示芮的供述结束，其前不应有圈点。[2]

［12］得

陶安：得，法律术语，常与"（先）自告"和"自出"即自首相对而言，表示官方或第三者捕获或察觉。《法律答问》简131："把其叚（假）以亡，得及自出，当为盗不当？自出，以亡论。其得，坐臧（赃）为盗；盗罪轻于亡，以亡论。"《法律答问》简004："甲谋遣乙盗，一日，乙且往盗，未到，得，皆赎黥。"[3]

【译文】

·芮供述："空着的经营用地位置便利，想要和材合伙。喜（前来）争讼，我才知道材没有得到（这块用地），不敢占用。上一个十一月，（我）想跟别人一起捕鱼，没有本钱。朵的儿子士伍方在那块空着的用地的旁边贩卖棺材，我贪图卖出共同搭建店铺的（那块）公家经营用地，最终又搭建……和材合伙……（卖出）我所分到那部分（经营用地与店铺），方说：'（我）想要，那就合并计价，经营用地和所盖店铺共一千四百钱。'方先支付给我一千钱，已全部用（这些）钱买了渔具。之后一想就后悔

---

① ［德］陶安：《岳麓秦简〈为狱等状四种〉释文注释（修订本）》，第99页。
② ［德］陶安：《岳麓秦简〈为狱等状四种〉释文注释（修订本）》，第99页。
③ ［德］陶安：《岳麓秦简〈为狱等状四种〉释文注释（修订本）》，第71页。

了，害怕被发觉后（被论）有罪。想涨价使方放弃购买，就过去跟方说："太便宜了！支付二千。（如果）二千钱的价格不接受，那就还钱给你。"方说："太贵了！不买了。"我没有钱还。过了三天，朵来讨债，与（朵）约定："五天内全部偿还（已支付的）钱；（如果）没有偿还，你可以按照之前（约定）的价钱把店铺买走。"朵说："可以。"（我）就没有还钱，（而是）前去捕鱼。被抓获。"其他的像材、更所述。

（五）

【简文】

（承接上一段已录简文）·方曰朵不存買芮肆芮後益賈弗取責錢不=得=居肆芮母索₀₇₈/₁₂₁₀

後環二百錢未備八百它及朵言如芮材·駕言如更·賀曰材喜∟芮妻佞皆已受₀₇₉/₁₃₁₆

棺列不當重受它及喜言如材芮·索言如方·詰芮=後智材不得受列敢居是公₀₈₀/₁₃₁₇

列地毆可故給方曰已受盜買于方已盡用錢後撓益賈欲令勿取方弗取有弗₀₈₁/₁₃₃₂

環錢去往漁是即盜給人買公列地非令且以盜論芮=可以解∟芮曰誠弗受朵姊₀₈₂/₁₃₃₁

孫故爲兄妻有子∟兄死孫尚存以方朵終不告芮=即給買方已受錢毋以賞上即以₀₈₃/₁₃₃₃

芮爲盜買公地皐芮=毋以避毋它解它如前（本简未完）₀₈₄/₁₃₅₀

【释文】

（承接上一段已录简文）·方曰：朵不存，買芮肆。［1］芮後益賈（價），弗取。責錢，不得。不得居肆。芮母索₀₇₈/₁₂₁₀後環（還）二百錢，未備八百。它及朵言如芮、材。·駕言如更。·賀曰：材、喜、芮妻佞皆已（已）受₀₇₉/₁₃₁₆棺列，不當重受。［2］它及喜言如材、芮。·索言如方。·詰［3］芮：芮後智（知）材不得受列，弗敢居，是公₀₈₀/₁₃₁₇列地毆（也）。可（何）故給［4］方曰已（已）受，盜買（賣）［5］于方？已（已）盡用錢，後撓益賈（價），［6］欲令勿取；方弗取，有（又）

弗$_{081/1332}$環（還）錢，去往漁，是即盜給人買（賣）公列地非？今且以盜論芮，芮可（何）以解？［7］芮曰：誠弗受。朵姊$_{082/1331}$孫故爲兄妻，有子。兄死，孫尚存。以［8］方、朵終不告芮，芮即給買（賣）［9］方；已（已）受錢，毋（无）以賞（償）。上即以$_{083/1333}$芮爲盜買（賣）公地，皋（罪）芮，芮毋（无）以避。毋（无）它解。它如前。（本简未完）$_{084/1350}$

【集释】

［1］朵不存，买芮肆。

邬勖：整理者把"朵不存，买芮肆"理解为朵不在时买了芮的肆，可通，但也可理解为"朵不同意买芮肆"的意思。《奏谳书》中多有"存吏"一词，《二年律令与奏谳书》指出"存"当训为"在"，用为听凭之义，认为"存吏"指听凭吏的裁断，是也。此处"不存买芮肆"或即不听买芮肆，也就是不同意买芮肆之意。①

【按】

张再兴、姜慧曾对秦简中动词"存"加以考察，其研究指出动词"存"都是强调具体语境下施事主语的状态，动词"不存"的语义都指向前面相应的主语，即强调主语与动词"不存"之间的语义关系。西汉早期简牍文献中"否定词+存"的 7 例用例，也均指向其对应的主语。值得注意的是，"不存"的语义系统中具有时间概念，可以用来描述实际存在的主语在某时间点下的进行体状态。由此可知，"不存"的语义指向主语，强调的是限定语境和时间条件下主语存否的状态。② 本案例一个值得注意的地方是，先后被记录的当事人供述有隶臣更（供述完书"它如劾"）、大夫材（供述完书"它如更"）、公卒芮（供述完书"它如材、更"）、朵的儿子方与走马喜（供述完书"它及喜言如材、芮"）、芮的母亲索（"索言如方"）。却没有朵本人供述的任何痕迹，朵的言行都是在他人供辞及官吏报告中呈现。这可进一步佐证所谓"芮买（卖）其分肆士伍朵"，是芮在朵一开始不知情的情况下通过卖给他的儿子方实现的。因为"盗卖公地"的核心证据是确定"赃值"（交易双方的供述是核心证辞）和"盗

---

① 邬勖：《秦地方司法诸问题研究——以新出土文献为中心》，第 76 页。
② 张再兴、姜慧：《基于出土文献语料库的"才""在""存"递嬗考》，载傅勇林主编《华西语文学刊（第十三辑）》，四川文艺出版社，2017，第 262 页。

卖"（芮通过交易拿到了部分钱款以及材不当受列，芮擅自加盖是核心事实），朵在交易时不在场，其证言自然于确定案情没有太大帮助。若理解"存"为听凭之义，"朵不存买芮肆。芮后益贾（价），弗取"就要译为"朵不同意买芮的店铺。芮之后还加价，我就没买"，这就成了父亲不同意，儿子还要忤逆父亲的意思买，之后因为芮加价，才没有买。朵不同意买，方却掏了钱，那就是方买，这就与江陵官吏认定的"芮买（卖）其分肆士伍朵"矛盾。且材的供词中，"欲居"而"弗敢居"的也是朵，这都说明朵在交易时虽然不在场，但方掏了一千钱准备买下这块列地及店铺，朵是同意的。综上，此处应遵从整理者解释，方在父亲不在的时候买了芮的肆，后面芮害怕出事，加价迫使其放弃购买。

[2] 材、喜、芮妻佞皆巳（已）受棺列，不当重受。

劳武利：根据县令的决定，市亭主管于是给出了下列的驳回理由："材、喜、芮妻佞皆已受棺列，不当重受。"该理由的法律依据与公元前186 年的那条向农民分田的法律很相似。农民一生中只能受田一次，一旦他出售了这片土地，那么他便会失去其受田的权利。（参见《二年律令》简 321："受田宅，予人若卖宅，不得更受。"）同样，在市场上注册在籍的商人也只能获得一个商肆，如果商肆因政府利益的原因被征收，他们应当接受另一个商肆作为交换。①

张伯元：这样的规矩约定俗成，商贸中的这种潜规则看来古已有之。再有，简 80 云"皆已受棺列，不当重受"，如果已经租用了棺材店铺，就不应该重复租用。这种商业管理方面的规定，带有法规的性质。②

郚勘：亭贺供述说，芮妻佞也受有列，女性的受列或可与汉初《二年律令》中所见的"女子为户"（简 384）、"寡为户后"（简 386）而受有田、宅的情形相类比，佞的列地也许就是自己立户时受取的或从前夫那里继承而来的。《二年律令》简 384 云："女子为户，毋后而出嫁者，令夫以妻田宅盈其田宅。宅不比，弗得。"规定娶曾立户而无后的女子为妻

---

① ［德］劳武利著，裴乾坤译：《秦代的司法裁判若干问题研究——以〈为狱等状〉所载两个案例为对象》，第 156~157 页。
② 张伯元：《〈岳麓书院藏秦简〉（叁）的内容及法律价值》，载王沛主编《出土文献与法律史研究（第三辑）》，第 226 页。

的，夫可将妻所有的田、宅补入自己应受的额度。可想在这种情形下，若夫本来未受满额度，而在补入妻的田、宅后达到或超过了自己可受额度的话，那么他未满的额度无疑是不能再受取了。该案中芮因为妻已受有了列，他自己就"不当重受"，其中所反映的制度精神与这条汉初律文正相一致。①

沈刚：受列者不能重复接受，"贺不鼠（予）材、芮，将材、芮、喜言感曰：皆故有棺肆，弗鼠（予）"。收授是以户为单位计算的，因为芮"故有棺肆"，似乎因为"芮妻偯皆巳（已）受棺列，不当重受"，因而失去资格。但这种限制似仅限于在同一行业内不能重复接受。在同书案例"识劫婉案"中，提到"有市布肆一、舍客室一"，若兼营多种行业则可。②

【按】

儿子（为爵后者）可以继承父亲的"市肆"与"舍客室"，那么市肆所附着的列地自然也是可以继承的，而且列地与肆的持有者在办理一定手续后也可转赠他人。在"识劫婉案"中，江陵县的请谳报告中提到"婉有市布肆一、舍客室一。……婉恐，即以肆、室鼠（予）识"③。婉的"市布肆一、舍客市一"应该不是婉持有，而是为自己的儿子"小走马义"代为管理。婉供述："沛死。羛（义）代为户、爵后，有肆、宅。"④ 这说明"肆"（也应含"列"）是以"户"为单位登记的，一旦户中有人"受列"，户中其他成员除非分异，不会再受列地。在本案例中，大夫材没有"更受"特权，"识劫婉案"中的大夫沛应该也没有。沛应只有一间"市肆"，作为爵后的小走马义继承了这间肆，户中其他人也就不会持有，因此所谓的"婉有市布肆一"，是母亲在儿子尚未成年，无法经营店铺的情况下代为管理、处分之义。母亲婉与作为户主的儿子是"同居"，即如睡虎地秦简《法律答问》所言的"户为同居"，二人登记在一个户籍内，由于儿子未成年，也只能由母亲代为"占家訾"（登记户籍财产）及经营管理店铺、舍客室。这由此引出了秦时未成年户主的民事权利、义务由同户

① 邬劢：《秦汉商业用地制度初探——以出土文献为中心》，第129~130页。
② 沈刚：《新出秦简所见秦代市场与商人探讨》，第2页。
③ ［德］陶安：《岳麓秦简〈为狱等状四种〉释文注释（修订本）》，第110页。
④ ［德］陶安：《岳麓秦简〈为狱等状四种〉释文注释（修订本）》，第110页。

成年人代为行使的问题。作为非户主但代为行使户主权利的户中成年人，媛在识的威胁下放弃儿子继承的债权，并且将本属于儿子的肆和舍客室转让给识，这说明非户主的媛具有相当大的家财处置权，也表明"肆"（含列地）可以合法转让给他人。① 本案例芮与其妻佞应为一户之同居，但却由于佞"受列"而导致同户的芮失去受列资格，除邬勖分析的原因外，也有可能芮是"赘婿"，不具备户主资格。

［3］诘

陶安：诘，诘问，即针对供词中的矛盾等进行追问。可以参见《封诊式》简 02~03。②

［4］给

【按】

"癸、琐相移谋购案"有"癸等弗身捕，琐等捕，弗能告。请相移，给以求购"。陶安在此处为"给"出注：给，诈骗、欺骗。《玉篇·系部》："给，欺也。"段玉裁《说文解字注·系部》："给，古多叚为诒字。"《说文·言部》："诒，相欺诒也。"《二年律令》简 261~262："诸詐（诈）给人以有取，及有贩卖贸买而詐（诈）给人，皆坐臧（赃）为盗与盗同灋（法）。罪耐一下，有（又）罨（迁）之。"③ 劳武利、史达指出，在《为狱等状四种》中，"给"可理解为"欺骗某人买某物"（81~82 简）、"欺骗某人同意某事或达成交易"（19~20 简）、"欺骗某人相信某事"（15 简）或者作为副词被用于"以虚假的借口"（83 简）。④

［5］盗买（卖）

陶安：盗，窃取或抢劫财物，引申为用不正当手段谋取财物，即诈骗、骗取。《庄子·庚桑楚》"举贤则民相轧，任知则民相盗"，王先谦《集

---

① "粜（义）当责大夫建、公卒昌、士五（伍）穳、喜……"说明是爵后义继承了沛的债权。"识欲告媛，媛即折券，不责建"则表明媛代儿子放弃了债权。"粜（义）、若小不讯"，义由于年龄小，官吏都没有讯问他，说明当时义作为未成年人没有刑事与民事行为责任能力。上引简文见［德］陶安《岳麓秦简〈为狱等状四种〉释文注释（修订本）》，第 110 页。

② ［德］陶安：《岳麓秦简〈为狱等状四种〉释文注释（修订本）》，第 99 页。

③ ［德］陶安：《岳麓秦简〈为狱等状四种〉释文注释（修订本）》，第 73 页，注〔33〕。

④ ［德］劳武利、史达：《中华帝国形成过程中的法律实践：岳麓简中秦代著名司法案例注释与翻译》，第 104 页，注 555。

解》引宣颖云："盗，诈也。"盗卖，以骗取金钱的目的假装或非法售卖，后文简 083 又称"给卖"。①

劳武利：芮遭到起诉的原因不是因为欺骗，而是因非法出售政府所有的列地。由于芮非法出售自己的商肆份额，主审官吏在讯问的过程中认为其触犯的是"盗给人买（卖）公列地"罪。在芮自己的回应中，他认为自己所触犯的是"盗买（卖）公地"罪。这两种罪行都属于"盗"罪的范畴，并据此予以处罚。由于涉案土地价款超过 660 钱，公卒芮应处以财产犯罪中最高的法定刑"黥为城旦"。②

陈松长、吴美娇："盗"，即私自、非法，与诈骗、骗取的含义并不相同。《说文》："盗，私利物也。"《正字通》："凡阴私自利者皆谓之盗。"可见，"盗"是一种暗中偷偷进行的利己行为。从语法上看，此处"盗"应是副词，意为偷偷地、暗中地。《睡虎地秦墓竹简·法律答问》："或盗采人桑叶，臧（赃）不盈一钱，可（何）论？赀繇（徭）三旬。"《睡虎地秦墓竹简·徭律》"及虽未盈岁而或盗陕（决）道出入，令苑辄自补缮之"中"盗"的词性和词义都与此相同。③

黄杰："盗"即私自、非法之意，文献中用于各种非法行为，如《史记·平准书》"吏民之盗铸白金者不可胜数"，睡虎地秦简《秦律十八种·徭律》"及虽未盈卒岁，而或盗决道出入，令苑辄自补缮之"中的"盗"均与此同义。④

【按】

"盗卖"还见于《岳麓书院藏秦简（肆）》204/1226～205/J42 简："舍室为里人盗卖马、牛、人，典、老见其盗及虽弗见或告盗，为占质，黥为城旦，弗见及莫告盗，赎耐，其伍、同居及一典，弗坐。"⑤ 京大人文研"秦代出土文字史料の研究"班认为"盗卖"指非法贩卖。并且指出本

---

① ［德］陶安：《岳麓秦简〈为狱等状四种〉释文注释（修订本）》，第 99 页。
② ［德］劳武利，裴乾坤译：《秦代的司法裁判若干问题研究——以〈为狱等状〉所载两个案例为对象》，第 157 页。
③ 陈松长、吴美娇：《岳麓秦简〈芮盗卖公列地案〉注释献疑》，第 197 页。
④ 黄杰：《〈岳麓书院藏秦简（三）〉释文注释商补》，第 118 页。
⑤ 陈松长主编：《岳麓书院藏秦简（肆）》，第 135～136 页。

案例中的"盗卖"场景，与"偷偷卖"同义。① 在睡虎地秦简《法律答问》中，盗窃他人物品并卖的行为并不径称"盗卖"。《法律答问》23 简："盗盗人，买（卖）所盗，以买他物，皆畀其主。"② 盗窃公私财物，无论如何处置被盗财物，包括卖出与否，都已构成本罪，盗窃后的情节并不影响盗窃的定罪量刑。因此，秦及汉初的法律文书对盗窃财物并卖出的行为也并不直言"盗卖"。如睡虎地秦简《法律答问》5 简："人臣甲谋遣人妾乙盗主牛，买（卖），把钱偕邦亡，出徼，得，论各可（何）殹（也）？当城旦黥之，各畀主。"③《奏谳书》"醴阳令恢盗县官米"案，县令恢利用职务之便，指使他人将公家米盗窃并卖出以中饱私囊的行为，被认定为"盗县官米"。《奏谳书》"黥城旦讲乞鞫"案，盗牛者毛将牛牵到市中贩卖，在质的环节被发现牛可能是被盗的赃物，于是案发。毛以及此后被冤枉的讲都按盗牛罪被论处，毛卖牛未遂丝毫不影响他们的定罪量刑。本案例中的"盗卖"，定罪量刑的核心条件却是"卖"，即将公地非法出卖后获取了非法利益。正如邬勖分析，江陵官吏的诘问，调查案件的郡吏的鞫辞，都不厌其烦地完整描述了芮、方二人达成交易后又取消，已支付价金用尽后又部分返还，以及芮、朵约定不还价金即取肆的事实，其目的应即在于确认芮、朵是否已经"卖了"，并进而认定是否可适用盗卖公列地的规定。若此推测不误，则唐律中"卖了"才算盗卖土地的原则早在战国末的秦国就已经存在了。④ 邬勖所指的唐律即《唐律疏议·户婚律》中的"妄认盗卖公私田"条："诸妄认公私田，若盗贸卖者，一亩以下笞五十，五亩加一等；过杖一百，十亩加一等，罪止徒二年。"【疏】议曰："妄认公私之田，称为己地，若私窃贸易，或盗卖与人者……妄认者，谓经理已得，若未得者，准妄认奴婢、财物之类未得法科之。盗贸易者，须易讫。盗卖者，须卖了。"⑤ 构成此罪需要"妄认"和"卖了"同时满足。本案

---

① ［日］京都大学人文科学研究所"秦代出土文字史料の研究"班：《嶽麓书院所藏简〈秦律令（壹）〉译注稿（その3）》，《东方学报》2020 年第 95 号，第 140 页。

② 睡虎地秦墓竹简整理小组：《睡虎地秦墓竹简》，第 99 页。

③ 睡虎地秦墓竹简整理小组：《睡虎地秦墓竹简》，第 94 页。

④ 邬勖：《秦汉商业用地制度初探——以出土文献为中心》，第 131 页。

⑤ （唐）长孙无忌等撰，刘俊文点校：《唐律疏议》，中华书局，1983，第 245～246 页。

例的"盗卖"对象是"公地"，即尚未有合法受列者的公家商业用地。芮之"盗卖"满足了"妄认"和"卖了"两个条件。五一广场东汉简CWJ1③：325−2−5："盛、关、值各病物故。今关子男泛、朗、调、羊等五人，今年不处月日，墨（默）盗卖乐所得界内三亩与男子昴、憎。复从男子廖光絭买所有参田山蓝一分"① 是盗卖私人田产的案例。关的儿子在原田主死亡后，应该是利用了原田主儿子的身份骗取买家信任，在买家前妄认了乐应该得的田地三亩并转卖，用盗卖的非法所得从另一人手中买了"参田山蓝一分"。朱潇指出，"盗给人买（卖）公列地"与盗罪在犯罪人对赃物的占有上存在差别：前者谎称对公产有权利，而实际上并未真正掌控该财产；后者的基本特征是暗中取人财物，即标的物曾完全掌控在犯罪人手中。该罪行与盗罪的另一个不同之处在于犯罪的客观对象：前者针对的乃是受骗之人的财物，对公产实际没有影响。即使受害人主张对公产的权利，亦不会得到官府的认可。② 这应与"田产"与一般财物的不同有关。唐律将盗田产与一般财物的不同明确记于《唐律疏议》中："田地不可移徙，所以不同真盗""地既不离常处，理与财物有殊"。③

在汉朝法律中，还有"盗买"这一罪名。周亚夫的儿子为父亲购买"县官器"作为冥器的行为即被认定为"盗买县官器"："居无何，亚夫子为父买工官尚方甲楯五百被可以葬者。取庸苦之，不与钱。庸知其盗买县官器，怨而上变告子，事连污亚夫。书既闻，上下吏。吏簿责亚夫，亚夫不对。上骂之曰：'吾不用也。'召诣廷尉。廷尉责问曰：'君侯欲反何？'亚夫曰：'臣所买器，乃葬器也，何谓反乎？'吏曰：'君纵不欲反地上，既欲反地下耳。'吏侵之益急。初，吏捕亚夫，亚夫欲自杀，其夫人止之，以故不得死，遂入廷尉，因不食五日，欧血而死。国绝。"④ 周亚夫之子盗买县官器的"盗"如果理解为"盗窃"，"盗买"就意为"盗窃并买"，这是不符合逻辑的，因此"盗买"是指"偷偷地买""私自地买"。秦汉法

---

① 长沙市文物考古研究所等编：《长沙五一广场东汉简牍选释》，中西书局，2015，第163页。

② 朱潇：《岳麓秦简〈为狱等状四种〉与秦代盗罪探究》，载马聪、王涛、曹旅宁主编《出土文献与法律史研究现状学术研讨会论文集》，暨南大学出版社，2017，第93页。

③ （唐）长孙无忌等撰，刘俊文点校：《唐律疏议》，第244、245页。

④ 《汉书》卷四十《周亚夫传》，中华书局，1962，第2062页。

律中的"盗买"和"盗卖",均是一种没有买卖某物资格却谎称拥有资格(即唐律所言"妄认"),并擅自实施了买卖的行为。这与当时法律规定的"盗罪"以盗窃行为的既遂为入罪核心标准有所不同,"盗买卖"以买卖的既遂为入罪关键。

[6] 挠益贾(价)

陶安:挠,扰乱、阻止,从后文意判断,"挠益价"表示为扰乱(使买卖不成立)而有意地提高价格。①

吴雪飞:"挠益贾(价)"的"挠"当读为"饶",训为"益"。《广雅·释诂一》:"饶,益也。"《说文》:"益,饶也。""饶""益"互训,两者含义接近。"饶益价"即"益价"。②

劳武利、史达:挠,当读为"饶",意为增加。"挠益"意为"饶益"或"益饶"。"饶益"意为富有,见《史记·货殖列传》:"七十子之徒,赐最为饶益。""益饶"意为增加,见《史记·陈丞相世家》"赍用益饶"意为供给日益增加,《史记·平准书》"用益饶矣"意为国家可以支配的钱粮越来越多。挠,意亦同桡,《史记·萧相国世家》"上已桡功臣"的"桡"意为弯曲、不公正。③

张国艳:"扰益贾(价)"中的"扰"读为"饶",与"益"同义,此处"扰(饶)益贾(价)"与简75~76"益贾(价)"表意相同,均指增加物品价格,"扰(饶)""益"同义连文。④

【按】

从劳武利、史达所举文例来看,"益"和"饶"合用表示富有、增加是汉代文献的常用用法,故此处应作"挠(饶)益贾(价)",意思是芮后来反悔,通过加价使买家退却。"挠益价"的主语是"芮"。"挠"是动词,若意为"阻止、扰乱","挠益价"就要理解为芮阻止增长价格,或芮

① [德]陶安:《岳麓秦简〈为狱等状四种〉释文注释(修订本)》,第99页。
② 吴雪飞:《读秦简杂识七则》,载武汉大学简帛研究中心主办《简帛(第十二辑)》,上海古籍出版社,2016,第107页。
③ [德]劳武利、史达:《中华帝国形成过程中的法律实践:岳麓简中秦代著名司法案例注释与翻译》,第162页,注800。
④ 张国艳:《放马滩秦简〈日书〉词语札记四则》,载武汉大学简帛研究中心主办《简帛(第十六辑)》,上海古籍出版社,2018,第93~94页。

自己扰乱自己增长价格的行为，这些显然不通。

[7] 是即盗给人买（卖）公列地非？今且以盗论芮，芮可（何）以解？

陶安：非，用在句尾，构成是非选择疑问句。《史记·伯夷列传》："若伯夷、叔齐，可谓善人者非邪？"《索隐》："又叙论云若夷、齐之行如此，可谓善人者邪，又非善人者邪，亦疑也。"《战国策·齐国策》引《老子》："是非贱之本与？非夫？"马王堆帛书《老子》作"此其贱之本与？非也？"（乙本4/178上）《汉书·严安传》："此言与实反者非？"①

邬勖："盗给人"和"盗卖公列地"在迄今所见的秦律中都找不到相应的条文，但"盗给人"在汉初《二年律令》中有其正条。《二年律令》简261云："诸诈给人以有取，及有贩卖贸买而诈给人，皆坐臧与盗同法。"欺给人以取财物，以及在贸易中有欺给行为的，这两种情形都要坐赃论罪，与盗同法，其所坐之赃即其欺给所取的财物。此即"盗给人"在汉初律文中的正条。②

黄杰："买"，整理者读为"卖"，将"盗给人卖公列地"译为"蒙骗人盗卖公家摊位土地"。这样，从语法上看，"卖公列地"的主体就成了被蒙骗者（方）。但实际上，"卖公列地"的主体是芮。可见整理者的理解存在问题。在将"盗给人卖公列地"读作一句的前提下，"买"当读作本字，"盗给人卖公列地"即非法欺骗别人（即方）买公列地。③

劳武利、史达：整理小组释为"非令"，意为不符合法律规定。参考张守中《睡虎地秦简文字编》、方勇《秦简牍文字编》，比较秦简文字中的的"令""今"两个字，此字应是"今"字。……因此，在本文中，"今"可以与后面的词连接起来，形成"今且"。……睡虎地秦简《语书》："今且令人案行之，举劾不从令者"意思是"现在我要派人巡视，检举不服从法令的人"。④

① ［德］陶安：《岳麓秦简〈为狱等状四种〉释文注释（修订本）》，第99页。
② 邬勖：《秦汉商业用地制度初探——以出土文献为中心》，第131页。
③ 黄杰：《〈岳麓书院藏秦简（三）〉释文注释商补》，第118~119页。
④ ［德］劳武利、史达：《中华帝国形成过程中的法律实践：岳麓简中秦代著名司法案例注释与翻译》，第162~163页，注796。

【按】

此处岳简整理小组断句为"是即盗给人买(卖)公列地,非令,且以盗论芮,芮可(何)以解?"并将"非令"解释为"不符合法律规定"。①陶安将"非令"改释为"非今",断句为"是即盗给人买(卖)公列地非?今且以盗论芮,芮可(何)以解?"②劳武利、史达释"非令"为"非今",断句为"是即盗给人买公列地,非?今且以盗论芮,芮可(何)以解?"③睡虎地秦简《语书》:"今且令人案行之","今"的图版为"", "令"的图版为""。陶安所摹此处"非"后之字图版为""④,从图版来看,此字字形与"今"更为接近。况且,若如岳简整理小组释字、断读,则"非令"并非秦时表达"不符合法律规定"的标准术语。秦律令中,法律不允许做却做的行为应被称为"犯令"。《法律答问》142简:"可(何)如为'犯令'、'法(废)令'?律所谓者,令曰勿为,而为之,是谓'犯令';令曰为之,弗为,是谓'法(废)令'殹(也)。廷行事皆以'犯令'论。"⑤所以"非令"并非"作了法律不允许的事"的标准术语。在《为狱等状四种》"暨过误失坐官案"中,暨所坐之"八劾"中,就有"小犯令二"。⑥从字形及"非令"并非法律文书中该出现的标准表述两个方面来看,此处应断读为"非?今"。陶安断句可从。此外,正如黄杰分析,"是即盗给人买(卖)公列地非"的主语是芮,此句理解为"芮偷偷骗人卖地"确实不妥,故此句的"买"应读如本字,理解为"芮偷偷骗人买地"。综上所述,全句应释为"是即盗给人买公列地非?今且以盗论芮,芮可(何)以解?"其大意是:(芮的行为)就是偷偷骗人买公列地吗?现在论芮为盗,芮有何解?

[8] 以

陶安:以,以为、认为。王引之《经传释词》卷一:"以,犹谓也。"

---

① 朱汉民、陈松长主编:《岳麓书院藏秦简(叁)》,第135、140页,注〔二十八〕。

② [德]陶安:《岳麓秦简〈为狱等状四种〉释文注释(修订本)》,第91~99页。

③ [德]劳武利、史达:《中华帝国形成过程中的法律实践:岳麓简中秦代著名司法案例注释与翻译》,第162页。

④ [德]陶安:《岳麓秦简〈为狱等状四种〉释文注释(修订本)》,第21页。

⑤ 睡虎地秦墓竹简整理小组:《睡虎地秦墓竹简》,第126页。

⑥ [德]陶安:《岳麓秦简〈为狱等状四种〉释文注释(修订本)》,第104页。

《汉书·元帝纪》："人人自以得上意。"《奏谳书》简 043："武曰：自以非军亡奴，毋罪。"同上简 194～195："廷尉、史议皆以为欺死父罪轻于侵欺生父，侵生夫罪重于侵死夫。"①

[9] 给买（卖）

陈松长、吴美娇：整理者认为"给卖"是"盗卖"的别称，故将"买"括注为"卖"，但两者的含义并不相同，"给"，古同"诒"，意为欺骗；欺诈。《玉篇》："给，疑也，欺也。"《穀梁传·僖公元年》："恶公子之给。"注："欺也。"《史记·高祖纪》："乃给为谒曰"，注："诈也。""给买"则意为欺骗他人买。"盗卖"意为偷偷非法售卖。因此，此处的"买"也不应括注为"卖"，当读作本字，"给买方"，即欺骗"买方"去购买。②

【按】

结合本部分集释 [7] 黄杰观点及按语，陈松长、吴美娇说法可从，"买"不应括注，当读为本字。

【译文】

·方说："朵不在（的时候），买了芮的店铺。芮后来提高价格，就没要。（向芮）讨要欠款，没有拿到，（又）不能占有店铺。芮的母亲索后来还了二百钱，还欠八百（钱）。"其他以及朵所说的如同芮和材所述。·驾说的如同更所述。·贺说："材、喜和芮的妻子佞已经被授予到棺材的经营用地了，不应该被重复授予。"其他的以及喜所说的如同材和芮所述。·索所说的如同方所述。·诘问芮："芮后来知道材不能够被授予经营用地，不敢占用，这是公家的经营用地。为什么欺骗方说已经被授予，（并且）偷偷卖给方？（方给你的）钱用光了，后来又提高价格，想使（方）不要；方不要了，又不还钱，去捕鱼，这就是偷偷诈骗他人购买公家的经营用地，对不对？现在以盗罪论处芮，芮有什么解释？"芮说："确实没有被授予（经营用地）。朵的姐姐孙以前是我的嫂子，有儿子。哥哥去世，孙还在。以为方和朵终究不会控告芮，芮就欺骗方去买；已经收取

---

① ［德］陶安：《岳麓秦简〈为狱等状四种〉释文注释（修订本）》，第99页。
② 陈松长、吴美娇：《岳麓秦简〈芮盗卖公列地案〉注释献疑》，第197页。

钱款，（却）没钱偿还。上级就认为芮偷偷卖了公家的土地，论罪于芮，芮无法逃避。没有其他辩解。"其他如前所述。

（六）

【简文】

·獄史豬曰芮方并賈豬以芮不 085/1350

九錢買分四百卅五尺直千錢它如辥·鞫之芮不得受列擅蓋治公地費六百九 085/0086

錢，□……地積（？）四百卅，五尺……千四百巳受千錢盡用後環二百└地臧直千 086/1141

錢得獄巳斷令黥芮爲城旦未□□它縣論敢讞之 087/0607

【释文】

·獄史豬曰：芮、方并賈（價），豬以芮不 085/1350【……問……費六百】缺07 [1]九錢，買（賣）分四百卅（三十）五尺，直（值）千錢。[2]它如辥（辭）。·鞫之：芮不得受列，擅蓋治公地，費六百九 085/0086錢，□……地積（？）四百卅（三十）五尺，……千四百，[3]巳（已）受千錢，盡用。後環（還）二百。地臧（贓）直（值）千 086/1141錢。得。獄巳（已）斷，令黥芮爲城旦，[4]未□□。它縣論。[5]敢讞（讞）之。087/0607

【集释】

[1]【……问……费六百】

陶安：此处缺一枚简，缺简记录内容应为狱史猪供述的后半部分与查询记录的前半部分，"费六百"三个字以鞫文（简85）拟补。①

[2]买（卖）分四百卅（三十）五尺，直（值）千钱。

陶安：四百卅（三十）五尺，后文简086称"地积（？）四百卅（三十）五尺"，应指芮所分到的土地面积，即四百三十五平方尺。秦一尺为二十三点一公分，四百三十五平方尺等于二十三点二平方米。②

---

① ［德］陶安：《岳麓秦简〈为狱等状四种〉释文注释（修订本）》，第99页。
② ［德］陶安：《岳麓秦简〈为狱等状四种〉释文注释（修订本）》，第99页。

王佳：在秦王政二十一年（前 226），江陵集市贸易场所 1 平方米地的价格为 43.1 钱，似乎价格较低。为什么"列地"价格如此之低呢？我们认为可能与当时的历史环境有关。据学者研究秦拔郢之时"对江陵这一带破坏很彻底……人口突然急剧减少……生产力受到极大破坏"。前面提到"在秦王政二十四年定淮阳、二十五年定荆新地之前，南郡可能都被视为'新地'"。而睡虎地秦简家书亦载"闻新地城多空不实者"……睡虎地秦简《编年记》："（秦王政）十九年，□□□□南郡备敬（警）"，"（秦王政）廿三年，兴，攻荆"。不稳定的秩序及动荡的局势也或多或少对经济有所影响吧。此外江陵"列地"价之低，或许也从侧面反映了战国末年江陵地区城市经济尚未恢复。①

肖灿、唐梦甜：可大略看出"芮盗卖公列地案"的"列肆"租价并不算高昂。市场规模大、商铺租价不高，这样的有利条件必定吸引商人在市肆经营，繁荣商业，与"重关市之赋"的政策相配合，更能增加国家税收。……商业繁荣不一定就是得到官府扶持，而是利益所在。秦重农轻商，不仅传世文献多有述及，出土文献也不乏记载……正因如此，"芮"得到 1 000 钱后，不是用于农事，而是用来买渔具捕鱼，逐渔盐商贾之利。②

【按】

本案例确实如王佳所言可佐证当时统一战争接近尾声时秦灭楚之战的惨烈战况。一块经营棺材生意的"列地"先后被更、材、喜、芮、朵等想尽办法获取，各方使尽解数，合法手段行不通，则互相威胁，皆欲彼不得列地而吾取之方修。材、芮更是铤而走险，未取得受列资格，还要私自"开发"公地，加盖店铺。芮、朵、材、喜可算是经营棺材生意的"友商"，各方都在自己或家庭成员有棺列的情况下，欲获取新的列地扩大经营规模。这侧面说明当时江陵县棺材生意有利可图。但在生意好做的情况下，列地价格却相对不高，这就与战争造成的经济凋敝有关。所谓"鬻棺者欲岁之疫"，江陵县的棺列如此抢手，价格却不高，恰反映了南郡地区因战争而死者甚众、民生凋敝的事实。

---

① 王佳：《简牍所见秦长江中游的社会与经济研究》，第 164~165 页。
② 肖灿、唐梦甜：《从岳麓秦简"芮盗卖公列地案"论秦代市肆建筑》，第 17 页。

[3] 卅（三十）五尺，……千四百

陶安：千四百，与简 075 "并贾（价）地、盖千四百"相应，"卅"字与"千"字之间只有五个字左右的空白，前两字能确定为"五尺"，后三个字或为"并地盖"三字，或原初为"并贾（价）地、盖"四个字，而中间有脱文。①

[4] 狱巳（已）断，令黥芮为城旦。

水间大辅：案例 4 还见有共犯案例。本案是各种人企图从国家争取集市内一个区划的案件，在其过程中，几伙人似乎共同做了不正当的行为。但是，难以确定本案中所记各个事情的先后关系，且有缺简，故案件的经过未必明确。并且，本案中仅记载公卒芮处以黥城旦一事，而不可知其他人以何种罪论处。②

欧扬：《岳麓（三）》执行刑罚有专门的文书，具有特定格式。如案例〇四："狱已断，令黥芮为城旦。"案例〇八："乙卯，丞相、史如论磔……"可见，执行刑罚是在"狱已断"之后，也就是定罪量刑有了最终结论后，而且完整的文书应该有日期以及负责执行的吏。③

劳武利：由于涉案土地价款超过 660 钱，公卒芮应处以财产犯罪中最高的法定刑"黥为城旦"。作出裁判的江陵县的司法官吏对该量刑没有疑问。本案中，芮所宣称的土地与商肆的总价（1 400 钱）与县级机关报告中的官方估价（1 000+269=1 269 钱）相差 131 钱。由于土地价格已经超过了 660 钱，因此这一差额并不影响量刑。但这恰恰证明了裁判所依据的土地价格是由县级司法官吏确定的，因为被告人是将土地与房屋一起以1 400 钱的价格出售的。也就是说，芮所受处罚依据的一千钱按照官方评估的结果是土地的价款，实际上这是他出售商肆份额所得的。④

邬勖：太守之所以要把肆价、列地面积和列地值都查明，是因为它

---

① ［德］陶安：《岳麓秦简〈为狱等状四种〉释文注释（修订本）》，第 99 页。
② ［日］水间大辅：《〈岳麓简（三）〉所见的共犯处罚》，《华东政法大学学报》2014 年第 2 期，第 32~46 页。
③ 欧扬：《秦到汉初定罪程序称谓的演变——取"当"为视角比较〈岳麓书院藏秦简〉（三）与〈奏谳书〉》，载王沛主编：《出土文献与法律史研究（第三辑）》，第 109 页。
④ ［德］劳武利著，裴乾坤译：《秦代的司法裁判若干问题研究——以〈为狱等状〉所载两个案例为对象》，第 158 页。

们分别构成了三种可能适用于该案的"罪名"，即"盗给人""有贩卖贸买而诈给人""盗卖公列地"的量刑标准。而从"别值以论"，即根据列地值论罪这一要求来看，太守实际上更倾向于适用"有贩卖贸买而诈给人"之条。奉命调查的官吏最后将地值一千钱认定为"赃值"，这意味着他们确实遵循了南郡太守的主张，适用了"有贩卖贸买而诈给人"的规定。①

【按】

盗窃罪是按被盗之物的价值确定赃值，而不是按照被盗之物处置后获得的非法收益计算。从本案"盗卖公列地"赃值的确定来看，也是遵循了以官方所认定的地价为赃值，而非卖出的价格或实际非法所得为赃值。本案在江陵上谳时，太守对江陵的"地直（值）千，盖二百六十九钱。以论芮"是疑惑的，既然地的实际价值是一千，为何江陵还要汇报"盖"的价值，并表示是在地与盖值的基础上"论芮"？于是就指示，"地直"（地的实际价值）必须要建立在"地且吏别直"（官吏自行确定地的实际价值）的基础上，芮与朵交易的"别价"仅作参考。审理该案的官吏最终确定地的实际价值时详细写出了列地的面积，应该是说明其确定地实际价值的依据。秦及汉初时官府调查物品、奴婢的价值往往需官吏自行根据市场价确定价值，如《封诊式·告臣》："令少内某、佐某以市正贾（价）贾丙丞某前，丙中人，贾（价）若干钱。"②《奏谳书》"黥城旦讲乞鞫"案中"妻子已卖者者，县官为赎。它收已卖，以贾（价）畀之"③，官吏还需根据法律规定定期公布市场的"平价"。里耶秦简9-1088+9-1090+9-1113简还记载了一则将都乡的平价公布到各乡的公文："卅五年十一月辛卯朔朔日，都乡守择敢言之：上十一月平贾（价），谒布乡官。敢言之。／启手。……十一月辛卯，都乡守择与令史就杂取市贾（价）平。"④ 由上推测，本案调查官吏应该也参考了当时"公列地"交易的"平价"以确定地

① 邬勖：《秦汉商业用地制度初探——以出土文献为中心》，第132页。
② 睡虎地秦墓竹简整理小组：《睡虎地秦墓竹简》，第154页。
③ 张家山二四七号汉墓竹简整理小组：《张家山汉墓竹简〔二四七号墓〕：释文修订本》，第102页。
④ 陈伟主编，鲁家亮、何有祖、凡国栋撰著：《里耶秦简牍校释（第二卷）》，第253页。

值。从本案例可知，"盗卖"田地，秦时的定罪标准"妄认"与"卖了"的结合，这点应是自秦律直到唐律的一脉相承。此罪秦的量刑标准是基于被卖地面积，由官吏计算地值，以赃值量刑，但到了唐代，"盗卖公私田"的量刑标准变为了土地面积，而不用再计算地值。《唐律疏议》给出的理由是："地既不离常处，理与财物有殊，故不计赃为罪，亦无除、免、倍赃之例。"①

〔5〕未□□。它县论。

陶安：据残留笔画推测，第二个未释字疑为"钱"字；若然，第一个未释字或为"环（还）"字。②

【译文】

狱史猪说："芮和方是合并计价（交易），猪以为芮不【……。】【调查：……花费六百】零九钱，所卖的土地份额为四百三十五（平方）尺土地，价值一千钱。"其他的如同被告人供述。确定事实如下：芮不能被授予经营用地，擅自搭盖于公家土地之上，花费六百零九钱，……土地面积四百三十五（平方）尺，……一千四百钱，已经收了一千钱，全部用完。后来偿还二百钱。土地赃值一千钱。（芮）已被抓获。本案已经审理完毕，判决黥芮为城旦。没有 还 钱。其他事宜县已论处。冒昧请示。

---

① （唐）长孙无忌等撰，刘俊文点校：《唐律疏议》，第 245 页。

② ［德］陶安：《岳麓秦简〈为狱等状四种〉释文注释（修订本）》，第 99 页。

《中国古代法律文献研究》第十六辑

2023 年，第 111~134 页

国家统治与民众生活的互动

——岳麓秦简"识劫婉案"中的身份、生活与权威[*]

冉艳红[**]

摘　要： 岳麓秦简"识劫婉案"中识与婉两人的经历，展现了秦国家统治与民众生活之间的互动与复杂状态。民众婚姻的达成主要需家庭及里内社会承认，在秦王政十三年前以变更户籍身份的形式登记婚姻，国家的身份及文书确认具有更稳固的意义。女性奴婢的地位在当时主要由生育决定。在民众的日常生活中，财富的多少可能比身份、爵位的差异更重要。国家通过户籍登记、赋役、获爵、司法等日常政务介入甚至决定民众的生活、命运，从而塑造了国家秩序。婉、识利用国家律令相互争斗，律令既是被民众利用满足自己的利益或心理需求的工具，也影响和塑造了民众的生活和行为。

关键词： 识劫婉案　秦汉国家统治　民众生活　权威

秦汉国家通过郡县乡里的地方行政体系将民众纳入国家统治并征发赋役，又颁行律令约束官吏、民众，从而建立起秦汉国家统治秩序。对于这一国家视角的制度、统治、运作，学界已经积累了相当丰富的研究。但国家统治如何与

---

[*] 本文为古文字与中华文明传承发展工程规划项目"中国文书简的理论研究与体系建构"（批准号：G1424）的阶段性成果之一。

[**] 清华大学人文学院历史系博士研究生。

作为个体的民众的生活发生关系，给他们的生活带来了什么影响，以及他们如何因应此种统治，目前似乎还相当缺少民众视角的观察。① 这一状况很大程度上是受史料的影响。在目前能掌握的秦汉史料中，正史及其他传世文献关注的人往往是上层的政治或文化精英，只有吉光片羽能够偶然闪现一般民众的生活；而出土材料中，律令简和文书简虽能看到不少底层的状况，但反映的都是国家如何规定和管理民众，也缺乏民众生活真实、生动的细节。

在这种情况下，《奏谳书》和《为狱等状四种》等司法文书，为我们展现了一些当时民众生活的片段，也就显得弥足珍贵。当然，此类材料是官府制作的，其间的词句显然也被官府规范化了，但仍能为我们提供许多信息。其中，岳麓秦简《为狱等状四种》的"识劫婉案"（简108～136）②值得我们特别寓目。只是如何使用材料更关系到研究者自身的注意力或视角。自《岳麓书院藏秦简（叁）》在2013年出版以来，"识劫婉案"备受学者关注，但更多还是对文书内容"各取所需"，将其切割为赀税、司法、奴隶等具体"专题"的论证材料。③ 这些研究推进了相关问题的深入，

---

① 侯旭东对中国村落研究的学术史及其"两个基本思路与三种基本分析框架"进行了总结和反思，即关心村落与外部世界的关系、村落内部问题两个思路，前者又分自上而下与自下而上两种框架，参所著《从田园诗到历史——村落研究反思》、《北朝村民的生活世界——朝廷、州县与村里》，商务印书馆，2005。最近鲁西奇以睡虎地十一号秦墓墓主人喜为主体，关注其生活世界，见所著《喜：一个秦吏和他的世界》，北京日报出版社，2022。

② 释文及图版见朱汉民、陈松长主编《岳麓书院藏秦简（叁）》，上海辞书出版社，2013，第153～162页。下文的引用和文末所附简牍全文，据陈松长主编《岳麓书院藏秦简（壹一叁）释文修订本》，上海辞书出版社，2018，第151～154页。

③ 赀税：贾丽英：《秦简〈识劫冤案〉反映的秦代赀产税》，《光明日报》2014年9月3日第14版；朱德贵、庄小霞：《岳麓秦简所见"訾税"问题新证》，《中国经济史研究》2016年第4期；齐继伟：《秦汉"訾税"补论：从岳麓秦简"识劫婉案"说起》，邬文玲主编《简帛研究（二〇一七春夏卷）》，广西师范大学出版社，2017。司法：肖洪泳：《秦代刑事诉讼程序新探——以岳麓秦简所见司法案例为中心的分析》，中国文化遗产研究院编《出土文献研究（第十四辑）》，中西书局，2015；张韶光：《秦汉简牍奏谳文书中"它县论"研究》，《咸阳师范学院学报》2016年第3期。组织：王彦辉：《从秦汉"单"的性质看国家与社会权力结构的失衡》，《中国史研究》2015年第1期。奴隶问题：杨鑫、朱红林：《秦简中的奴隶家庭》，《鲁东大学学报》2015年第3期；陈絜：《岳麓简"识劫婉案"与战国家庭组织中的依附民》，中国文化遗产研究院编《出土文献研究（第十四辑）》。人际关系：牛钧鹏：《出土简牍所见战国秦汉国家权力对人际关系的规制》，《青海社会科学》2019年第3期；李亚光：《再论"室人"与"同居"——以简牍为核心看战国秦汉时期的农业家庭》，《安徽农业大学学报》2018年第6期。爵制：陈松长、贺晓朦：《秦汉简牍所见"走马"、"簪袅"关系考论》，《中国史研究》2015年第4期。

但案件本身所涉及的人及其生活世界的意义，包括其与国家统治的关联，还有待开掘。① 因此，本文希望通过这一个案，以人为主体，关注其生命经历，探求此时民众生活与国家统治的关系，以理解秦的国家统治对民众的人生意味着什么。

一、 从妾到妻的身份变动过程及其确认

"识劫婉案"释文全文附于文末，此处引用其中"鞫"部分，② 以了解此案大致经过：

> ●鞫之：婉为大夫沛妾。沛御婉，婉产义∟、姨。沛妻危死，沛免婉为庶人，以为妻，有（又）产必∟、若。籍为免妾。沛死，义代为户后，有肆、宅。婉匿訾（赀）税直（值）过六百六十钱。先自告，告识劫∟。识为沛隶。沛为取（娶）妻，欲以肆、舍客室鼠（予）识。后弗鼠（予），为买室，分马一匹、田廿亩，异识∟。沛死，识后求肆、室。婉弗鼠（予），识恐谓婉，且告婉匿訾（赀）。婉以故鼠（予）肆、室。肆、室直（值）过六百六十钱。得。皆审。

婉最初是大夫沛之妾，生子后免为庶人，并成为沛妻，但在户籍上仍只是免妾。沛死后，婉子义为后，婉为避税而匿赀。识本是沛之隶，后沛为其置办家产并分户，但早先答应要转交给识的布肆、舍客室没有给他。沛死后，识知道婉匿赀，以此威胁婉将沛原先答应的肆、室给他。婉照办

---

① 对案件较为整体性的研究，见［日］柿沼阳平《岳麓書院藏秦簡訳註——「為獄等狀四種」案例七識劫婉案》，《帝京史学》第 30 号，2015；王彦辉《秦简"识劫婉案"发微》，《古代文明》2015 年第 1 期；［日］下仓涉著，陈鸣译《一位女性的告发：岳麓书院藏秦简"识劫婉案"所见奴隶及"舍人""里单"》，周卫东、朱腾主编《法律史译评（第五卷）》，中西书局，2017。

② 徐世虹认为"鞫"类文书是"对案件程序与文书核心内容的概括"，见所著《秦汉"鞫"文书谫识——以湖南益阳兔子山、长沙五一广场出土木牍为中心》，武汉大学简帛研究中心主办《简帛（第十七辑）》，上海古籍出版社，2018，第 275 页。

后，先自告，后告识劫婢。① 案件过程十分清楚，但官员们仍存在疑虑：

> 疑婢为大夫妻为庶人及识皋。穀（系）。它县论。敢谳（谳）之。
> ●吏议：婢为大夫□妻；赀识二甲。或曰：婢为庶人。完识为城旦，
> 絜（颎）足输蜀。

即婢是大夫沛之妻还是庶人，以及如何定识之罪。② 婢是否为沛之妻，是之所以需要奏谳及产生本份文书的重要原因，本节即讨论婢这一"妾"到"妻"的过程。

婢本是大夫沛之妾，即女性私奴，沛"御"婢，婢为沛产下一子一女。约在秦王政八年（前239），沛妻危死亡，沛没有续娶，而是在约两年后，也就是秦王政十年（前237）左右，"沛免婢为庶人，妻婢"。根据乡啬夫唐和乡佐更的话，"沛免婢为庶人，即书户籍曰：免妾"。沛到乡为婢变更了身份。里耶秦简8-1546：

> 南里小女子苗，卅五年徙为阳里户人大女子婴隶。③

此处苗的身份由"小女子"转变为"隶"，被记录在县廷的官文书中，可见当时的身份变动需要得到官府的承认和登记，这是国家行政"文书主义"④ 逻辑

---

① 关于此案的详细解说，可参［日］下仓涉著，陈鸣译《一位女性的告发：岳麓书院藏秦简"识劫婢案"所见奴隶及"舍人""里单"》，周卫东、朱腾主编《法律史译评（第五卷）》，中西书局，2017。

② 曹旅宁注意到量刑的问题，"为什么婢的身份高，识的量刑轻，婢的身份低，识的量刑反而重？"并认为是"书手在抄写过程中致误"，正确的文字应该是"婢为大夫沛妻，识为城旦，须足输蜀；或曰：婢为庶人，识赀二甲"，见所著《〈岳麓秦简（三）〉案例八识劫冤案中奏谳的法律适用问题》，2013年10月22日，简帛网http://www.bsm.org.cn/?qinjian/6119.html。这里是将婢的身份作为识量刑的前提，即婢的身份不同则识的量刑不同，如果这一逻辑成立，那么简文内容确实存在矛盾，但婢的身份与识的量刑也可能是两个并列而不存在相关性的问题，存疑。

③ 8-863+8-1504与此枚简的内容一致，见陈伟主编《里耶秦简牍校释（第一卷）》，武汉大学出版社，2012，第238、355页。

④ 据［日］冨谷至著，刘恒武、孔李波译《文书行政的汉帝国》，江苏人民出版社，2013，第113页。

和身份制度的必然要求。此外，据张家山汉简《二年律令·置后律》，"婢御其主而有子，主死，免其婢为庶人"①，在当时法律中，即便为主人产子之婢在主人生前未得免为庶人，主人死后也可自动免为庶人。同时也可进而推想，在时人观念中，为主人产子之奴婢，其身份、地位与一般奴婢不同，因为她们多了主人之子的母亲的身份。②

张家山汉简《二年律令·杂律》188 简，释读如下：

> 民为奴妻而有子，子畀奴主；主婢奸，若为它家奴妻，有子，子畀婢主，皆为奴婢。③

此处"主婢奸"所产子"畀婢主"，且"皆为奴婢"。姑且不论"奸"的问题，此处主人与婢所产之子也是奴婢，则奴婢之母又如何能异于其他奴婢呢？这似乎与上文的推论冲突。回到律文，从 2001 年出版的《张家山汉墓竹简（二四七号墓）》到 2007 年彭浩等重新释读之间的几个版本，均未有异议。但日本三国时代出土文字资料研究班在 2005 年的《译注稿》中即指出，"子畀奴主"的"主"字右下方的符号应是分隔符号"└"而非重文符号"＝"。④重新检视图版，特别是红外线图版，⑤本简"民为奴妻而有子"的"子"后重文符号与"主"后的符号差别十分明显，研究班的意见应该是正确的。

图版之外，我们也可从语法和文义上获得佐证。倘若将"主"后的符

---

① 据彭浩、陈伟、[日] 工藤元男主编《二年律令与奏谳书：张家山二四七号汉墓出土法律文献释读》，上海古籍出版社，2010，第 240 页。

② 陈絜据里耶户籍简中妾与户主之妻或母并列的现象认为，由于婚姻或生育等方面的因素，最终导致"妾"的身份地位有了明显的提高；张韶光认为，户籍简此现象很可能与其为户主生下子女有关。见陈絜《里耶"户籍简"与战国末期的基层社会》，《历史研究》2009 年第 5 期，第 36 页；张韶光《秦汉时期户籍中婚姻信息登记研究——以出土简牍为中心》，邓章应主编《学行堂语言文字论丛（第六辑）》，科学出版社，2018，第 153 页。

③ 引自彭浩、陈伟、[日] 工藤元男主编《二年律令与奏谳书：张家山二四七号汉墓出土法律文献释读》，第 166 页。

④ "三國時代出土文字資料の研究"班：《江陵張家山漢墓出土「二年律令」譯註稿その（二）》，《東方學報》第 77 册，2004，第 27 页。

⑤ 见彭浩、陈伟、[日] 工藤元男主编《二年律令与奏谳书：张家山二四七号汉墓出土法律文献释读》，第 21 页。

号认为是重文符号，则只能如原释文，释读作"主婢奸"。但这样就面临理解上的问题。一是婢女本就属于主人，乃至被认为是主人的"财产"，主人自然也就有对婢女的性权利，不论婢女是否嫁人，且婢女在拒奸过程中伤害了主人将被重判，① 直到清代乾隆以后，有夫之仆妇才在法律上有了反抗主人强奸的"权利"。② 如此，主人与婢女之间发生性关系，又如何能被称为"奸"呢？事实上，主、婢之间发生性关系被称为"御"，释文的误读，导致学者只能猜测主、婢之间"奸"和"御"在法律上或许是有区别的。③ 其二，姑且认为主、婢存在"奸"的方式，主人之子女竟然因为其父亲与身为婢女的母亲"奸"而生，便也成了奴婢。同时这个奴婢身份的孩子属于婢主（也就是其父亲），而主人又能自由免其奴婢为庶人，那么此规定的意义何在？其三，若释读为"主婢奸"，则后文的主语也就不可能是婢，而只能是"主"或"主婢奸"这件事，那么不论将"若"理解为"如果"抑"和"，"若为它家奴妻"都没有主语。除"主"的问题外，研究班将"若"理解为"如果"，④ 也就是只有当"为它家奴妻"的婢女与人奸，所生子才"畀婢主，皆为奴婢"，那么无夫之婢与人奸和"为它家奴妻"的婚生子的归属和身份呢？这样在理解上也就存在一定困难。因此，此处的若应该理解为"和"的意思。本简应当重新释读为："民为奴妻而有子，子畀奴主ㄴ；婢奸若为它家奴妻，有子，子畀婢主，皆为奴婢。"律文与主、婢所产子无关，在父系社会，⑤ 主、婢之子也不太可能只是奴婢身份。⑥

---

① 参瞿同祖《中国法律与中国社会》，中华书局，1981，第 238~240 页。

② 胡祥雨：《清代"家长奸家下人有夫之妇"例考论——满、汉法律融合的一个例证》，《法学家》2014 年第 3 期。

③ 王彦辉：《从张家山汉简看西汉时期私奴婢的社会地位》，《东北师大学报》2003 年第 2 期，第 18 页。

④ "三國時代出土文字資料の研究"班：《江陵張家山漢墓出土「二年律令」譯註稿その（二）》，《東方學報》第 77 册，2004，第 27 页。

⑤ 侯旭东指出，在西汉初年父方、母方亲属并重，母亲、妻子、女儿的地位也较后世更高，父系意识有一个逐渐成长的过程，见所著《汉魏六朝父系意识的成长与"宗族"》，载《北朝村民的生活世界——朝廷、州县与村里》。但从赘婿群体的低贱地位等现象来看，父系意识已不弱，只是尚不及后世这么强。

⑥ 陈絜认为，秦人的身份主要取决于其父的社会地位，见所著《里耶"户籍简"与战国末期的基层社会》，《历史研究》2009 年第 5 期，第 36 页。

　　回到婉的供词，值得注意的是，在沛"免婉为庶人"的同时，也"妻婉"。即在婉的认识中，在自己被免为庶人那一刻，就成为了沛之妻。沛也应对她有过这样的承诺和确认。在婉产下义、姣之后，长期未有生育，但在被免为庶人后的两年内，即产下子必、女若，或许即与此有关。同时，沛本来的妻子危已死，且从案件全文来看，危应该也没有诞下子女，那么在家庭中，除去沛，也只有他们的子女和隶识。① 而识的年纪不大，也是由沛抚养长大，其身份也不可能与婉相比。可以说，婉在家内事实上是家庭女主人，即妻的位置，这一状况更多与大夫沛家的独特环境相关。这些在家内的切实生活体验，无疑会让婉认为自己已经是沛之妻。

　　但婉的妻身份在里内、宗内的正式确认，还要等到两年后，大约是秦王政十二年（前235）：

> 居二岁，沛告宗人、里人大夫快ˋ、臣、走马拳、上造嘉ˋ、頡曰：沛有子婉所四人，不取（娶）妻矣。欲令婉入宗，出里单赋，与里人通歙（饮）食。快等曰：可。婉即入宗，里人不幸死者出单赋，如它人妻。

沛在婉入宗时，说的是"不娶妻矣"，也即是沛在此之前，不论是他自己的认知还是时人的理解，他在"妻婉"以后都可以再娶妻。那么婉的妻身份其实并非我们今人所理解的一夫一妻之"妻"。但我们也不能折中地认为婉的身份是地位较低的下妻，从里耶户籍简来看，② 下妻也是正式的户籍身份，而婉在户籍上只是"免妾"，可见时人生活中的切实地位未必与国家划定的身份相匹配。而未入宗，未出里单赋，也不能与里人通饮食。这种日常生活中的区别，婉不可能不清楚，但她仍称自己被免为庶人之后，沛即"妻"婉。反映出在她的理解中，"妻"内涵的复杂性。考虑到这是审理官吏撰写的正式司法文书，是将婉供词整理规范化后的表述，而非婉的原话，可见他们也默认沛免婉为庶人后即妻婉的可能性，应可以认

① 关于沛的家庭人口变化，可见陈絜《岳麓简"识劫婉案"与战国家庭组织中的依附民》，中国文化遗产研究院编《出土文献研究（第十四辑）》，第93页。
② 湖南省文物考古研究所：《里耶发掘报告》，岳麓书社，2007，第203~208页。

为这是时人普遍的观念。这是婒作为沛妻身份的第一层，即家内的确认。

但如前文所言，此份奏谳文书无法确定的问题之一是婒的身份，此处郑而重之地用较多笔墨叙述婒入宗、出里单赋，显然是将此作为婒是沛妻的主要证据。沛所告知之人，虽然都有爵位，但只言其宗人、里人的身份，而未标注有里典、里老等官方身份者。考虑到选任典、老以无爵、下爵者优先，[①] 这些人也不太可能有任典、老者，即便有，在文书中也没有点出，显示婒的入宗属于里内、宗内事务，与官府无涉。这五个人可以决定婒入宗之事，[②] 他们也应该是里内、宗内的领袖，在内部事务中有较高的声望。而沛提出的婒入宗的理由是，婒为其产下四个子女，而相对比的是，亡妻危未有任何生育。沛彻底打消另娶的念头即是为此，可能是考虑到了另娶之妻面对婒及其所生四子的尴尬状况及可能带来的家庭纷争，而宗人、里人的同意自然是出于对沛的尊重和继嗣的考虑。可见，女性的地位在当时主要是由生育决定的，婒正是以其生育能力实现了由"妾"到"妻"的转变。对婒而言，自此以后，她即如"它人妻"一样，成为宗、里的正式成员，她的身份得到了里内民众的正式确认，可以参与里、宗的活动。这也就是婒妻身份的第二层，社会对其身份的确认。

但是妻身份的确定还有一层，也就是官府，这是一种法律身份。秦的律令在婚姻问题上有明确的规定。岳麓秦简（伍）188~189简：

●十三年三月辛丑以来，取（娶）妇嫁女必参辨券。⌐不券而讼，乃勿听，如廷律。⌐前此令不券讼者，治之如内史律。·谨布令，令黔首明智（知）。　·廷卒□[③]

在秦王政十三年（前234）以后，婚姻必须以券书登记，若没有券书的诉

---

① 陈松长主编《岳麓书院藏秦简（肆）》，上海辞书出版社，2015，第115~116页。
② 下仓涉将此处五人的许可，与张家山汉简《二年律令·置后律》"诸当拜爵后者，令典若正、伍里人毋下五人任占"结合起来，认为两处都是五人并非偶然，见所著《一位女性的告发：岳麓书院藏秦简"识劫婒案"所见奴隶及"舍人""里单"》，周卫东、朱腾主编《法律史译评（第五卷）》，第60页。但此处并未提及几人的典、正等身份，而且也并非处理继承问题，似求之过深。
③ 陈松长主编《岳麓书院藏秦简（伍）》，上海辞书出版社，2017，第130~131页。

讼，官府"勿听"。此券的作用主要体现在"讼"上，即涉及需要确认夫妻身份的案件要以券为据。前文提到的两次婉的妻身份确认，分别在秦王政十年和十二年，均在此令前。但妻身份的官方确认还有一种途径，即户籍上的身份变更，① 这也就是乡啬夫、佐查阅户籍的原因。睡虎地秦简《法律答问》："女子甲为人妻，去亡，得及自出，小未盈六尺，当论不当？已官，当论；未官，不当论。"② "小未盈六尺"便"为人妻"的女子逃亡，"得及自出"后是否"当论"，其依据即在"已官"还是"未官"，"未官"的婚姻不受国家保护和追责。一般认为睡虎地秦简律文颁行的时间较早，③ 而婉的时代离秦统一已不远，自受此限制。也就是说，为以后处理纠纷的方便和有据可凭，在文书主义的逻辑下，婚姻的达成必须要有官方文书、簿籍的登记，否则其婚姻及相关的权益将不受国家的保护。

在"识劫婉案"中，婉作为沛妻的身份得到了家内和所生活社会的承认，却没有在官府登记，从而给案件的审理带来争议。那么，为什么婉在户籍中的身份没有更改，这又反映了当时民众生活的何种面貌？

二、 秦婚姻的户籍变更方式与婉"不为妻"

对于婉没有在户籍上登记为"妻"的原因，有研究者认为这可能与当时"无以妾为妻"的观念有关，并举了《左传》、包山楚简和《唐律疏议》的例子。④ 我们确实可以看到，在先秦两汉时期，特别是儒家，一直

---

① 王彦辉：《秦简"识劫婉案"发微》，《古代文明》2015 年第 1 期，第 77 页；张韶光：《秦汉时期户籍中婚姻信息登记研究——以出土简牍为中心》，邓章应主编《学行堂语言文字论丛（第六辑）》，第 137~146 页。

② 陈伟主编《秦简牍合集（壹）·睡虎地秦墓竹简》，武汉大学出版社，2014，第 263 页。

③ 睡虎地秦简的整理者笼统地提出，《语书》是秦始皇时期的文件，但其他写得早的，可能是战国后期，见睡虎地秦简整理小组编《睡虎地秦墓竹简》，文物出版社，1990，第 1 页。有学者认为部分律文的颁行可以早到商鞅变法前或公元前 4 世纪，见［日］江村治树《雲夢睡虎地出土秦律の性格》，《春秋戰國秦漢時代出土文字資料の研究》，汲古書院，2000，第 683~686 页；［日］高村武幸《文書行政のはじまり》，籾山明/ロ一タール・フォン・ファルケンハウゼン编《秦帝国の誕生：古代史研究のクロスロード》，六一書房，2020，第 74~83 页。

④ 张韶光：《秦汉时期户籍中婚姻信息登记研究——以出土简牍为中心》，邓章应主编《学行堂语言文字论丛（第六辑）》，第 136~137 页。

对"以妾为妻"持反对态度，① 在晋武帝泰始十年（274）诏"不得登用妾媵以为嫡正"②，到唐宋时代以后，"以妾为妻"的禁令则见之于律令。③但包山楚简中"远乙讼司衣之州人苟齐，谓取其妾娈"，此处的"其"到底代指原告还是被告尚难确定；西汉末傅晏"坐乱妻妾位免"中的"乱妻妾位"是否即是"以妾为妻"亦需慎重。④ 且此两例与"识劫𡥾案"的政权、时间不一，应不能成为论者的证据。在秦汉时代，特别是秦及汉初，这一观念应该还没有入律，不然汉儒也不必反复陈述，晋武帝也不必为此特下诏书。同时，以上材料中"妾"的概念也未必一致。包山楚简中的"妾"是指私家女性奴隶，⑤ 是指一种贱人身份，即奴婢。而泰始十年诏的"妾"是与"嫡正"相对的概念，或许与里耶户籍简的"下妻"类似，其他材料中的"妾"应也是此意。"识劫𡥾案"中的"妾"是私奴婢的意思，与包山楚简类似。字虽同，义实异，将不同概念的"妾"放在一起讨论也是不合适的。

里耶秦简的相关记载：

　　☑隶妾如为妻。9－759
　　☑择手。9－759背⑥

虽然此简残断很多，但还是可以看到以隶妾如为妻的内容，且这是官文书的记载。此处的隶妾是指女性官奴婢，与"识劫𡥾案"中"妾"的概念一致，只是官私不同。虽然不知道此枚简中，以如为妻的是谁和什么身份，但妾，即女奴可以为妻这一点应没有疑问。除此之外，更重要的是"识劫𡥾案"与这一判断的矛盾。𡥾作为沛妻的身份业已得到里内、宗内的认可，说明在𡥾所生活的时间、空间内并没有强烈的不能"以妾为妻"的观

---

① 参王捷《包山楚司法简考论》，华东政法大学博士学位论文，2012，第54~56页。
② 程树德：《九朝律考》卷三《晋律考中》，中华书局，2006，第270页。
③ 刘厚琴：《汉代夫妻关系研究》，曲阜师范大学硕士学位论文，2018，第24页。
④ 认为这两条材料与"以妾为妻"相关的研究，分见王捷《包山楚司法简考论》，第54页；刘厚琴《汉代夫妻关系研究》，第23页。
⑤ 陈伟：《包山楚简所见几种身分的考察》，《湖北大学学报》1996年第1期，第101页。
⑥ 陈伟主编《里耶秦简牍校释（第二卷）》，武汉大学出版社，2018，第200页。

念。而乡啬夫唐、乡佐更所说的"沛后妻媛，不告唐、更"，是沛没有申报，潜在含义是如果申报了就可以更改户籍。且案件的争议点在于媛的户籍身份，倘若律令已经规定不得"以妾为妻"，沛妻媛从根本上就已违法，自然不可能修改户籍身份，那么审理者判断的依据也就不在户籍上。

不过这种不应"以妾为妻"的观念或许可以在一定程度上解释沛在妻媛及使其入宗上的犹豫。时人觉得"以妾为妻"不是一种很合适的行为，有一些忌讳或鄙弃，虽然未必很强烈，但还是对沛的心理产生了一定压力。在"妻媛"后，沛没有正式告知宗人、里人，可能正是因为担心他们对此不认可。直到媛再次为他产下两子，媛才正式入宗，"如它人妻"，重继嗣的观念压倒了不"以妾为妻"的观念。

要理解为何媛的户籍身份没有被修改，我们需要看当时婚姻导致的户籍变更的形式。在里耶秦简中，我们可以看到如下与婚姻相关的材料：

> ☑庚子朔癸丑，启陵乡赵敢☑之：酉【阳】☑Ⅰ
> ☑□陵□里大□□婷为妻，移数☑Ⅱ
> ☑□谒酉阳受径入。敢言之。☑Ⅲ 9 - 1095
> ☑□守丞膣之敢告酉阳丞主：写移。敢告☑
> ☑日入，高里士五赤以来。/□半。☑9 - 1095 背[1]

虽然本简残断，但对我们理解其内容和文书过程并无影响。酉阳县某男子娶迁陵县启陵乡某里的女子婷为妻，启陵乡啬夫请迁陵县廷将婷的"数"移交给酉阳县，迁陵县守丞照办，"写移"给酉阳丞主。可见，婚姻达成后，需要将妻子的户籍从原籍（一般是父母家）迁移到夫家的户籍上。具体方法就是到妻子原户籍所在乡提出申请，将妻子的"数"在原户籍注销，然后在夫家的户籍上登记写入。[2] 此处新婚夫妻双方原户籍在不同的县，因此涉及县乡、两县之间的文书往来，从而产生了此枚简，让我们得

---

[1] 陈伟主编《里耶秦简牍校释（第二卷）》，第 256 页。
[2] 可参张荣强《读岳麓秦简论秦汉户籍制度》，《晋阳学刊》2013 年第 4 期，第 53~54 页；张韶光《秦汉时期户籍中婚姻信息登记研究——以出土简牍为中心》，邓章应主编《学行堂语言文字论丛（第六辑）》，第 139~141 页。

以窥见秦代婚姻带来的户籍变动方式。但这种跨县的婚姻在当时应该比较少见，更多的婚姻双方不会有这么远，乃至就是同乡，[①] 也就不会产生此种文书。[②] 但仍需要经乡将新婚妻子之"数"从原籍注销，写入夫家，这是结婚需要到官府完成的程序。

户籍是国家统治民众的根本依据，具体而言，需要据此征发赋役以汲取资源、编制什伍以维系治安。因此民众的户籍发生变动，需要及时掌握。如里耶秦简 16 - 9：

> 【廿】六年五月辛巳朔庚子，启陵乡庠敢言之。都乡守嘉言：渚里不☑
> 劾等十七户徙都乡，皆不移年籍└。令曰：移言。·今问之劾等徙☑
> 书，告都乡曰启陵乡未有枼（牒），毋以智（知）劾等初产至今年数☑
> 【皆自占】，谒令都乡自问劾等年数。敢言之。☑ 16 - 9
> □□迁陵守丞敦狐告都乡主以律令从事。/逐手。即☑
> 甲辰，水十一刻刻下者十刻，不更成里午以来。/犀半☑ 16 - 9 背[③]

原属启陵乡的劾等十七户迁徙到都乡，但"不移年籍"，因此要求启陵乡将他们的年籍移交给都乡，但启陵乡也不知道他们的年数，只能让都乡自己问。可见户籍变动是需要将年数等相关信息一并移交，而此处关心年数，应与徭役有关，乡必须掌握这一信息才能依此派发徭役。

结婚带来的户籍迁移行为，是官府出于统治的目的，民众的婚姻并非其关注的重心。因此，民众达成婚姻后与官府的联系，只是户籍迁移及迁

---

① 当代学者 1988 年在湖北省麻城市王福店乡农村所作的社会调查显示，当地婚姻距离在 7.5 公里以内的占绝大多数，20 世纪末的中国内地农村的婚姻距离尚且如此之近，两千多年前的情况也大致可想而知，见邱泽奇、丁浩《农村婚嫁流动》，《社会学研究》1991 年第 3 期。"通婚圈"的概念和研究可参考唐利平《人类学和社会学视野下的通婚圈研究》，《开放时代》2005 年第 2 期。

② 根据张家山汉简《二年律令·户律》民众户籍等须"副上县廷"来看，乡的户籍修改必然要告知县廷修改其副本，其间应也会产生文书往来。但乡为民众另立户籍和上报县廷都集中在某一时间进行，前者在汉初是八月，后者可能是一枚文书简附带一牒簿籍的形式，而非此种为一个人的户籍迁移而特地行文，为避繁琐，此不展开详论。

③ 里耶秦简博物馆、出土文献与中国古代文明研究协同创新中心中国人民大学中心编《里耶秦简博物馆藏秦简》，中西书局，2016，第 208 页。

移过程中的新婚妻子身份变更，而并没有一个到官府进行专门"婚姻登记"的程序。而从前引岳麓秦简（伍）188~189 简来看，直到后来才规定，秦王政十三年三月辛丑日后"娶妇嫁女必参辨券"，"婚姻登记"才从户籍迁移中独立出来，成为一道专门的程序。

沛妻婗及婗入宗皆在令前，两人的婚姻也比较特殊。婗本是沛之妾，后免为庶人，再成为里内、宗内承认的沛妻，其户籍一直都在沛的家内。沛之前与亡妻危结婚，应也迁移了户籍，他自然知道婚姻需要迁移户籍。但婗完全不同，本就在户籍之内，也就不涉及迁移的问题。对国家的资源汲取、治安管理也没有影响，乡自然没有动力和必要来让婗更改户籍身份。对沛而言，既然婗本就在户籍上，无需迁移，在其意识中也没有一个专门的"婚姻登记"程序，自然也就没有更改婗的户籍身份，从而在此案的审理上产生争议。

因此我们从沛与婗的例子看到，当时男女双方及双方家庭同意即可达成婚姻。此外，夫妻在一定的社会环境中生活，还需要取得社会的承认，通过某种仪式（如婚礼或此处的入宗）和履行对社会的义务（如出里单赋），妻子才能正式加入丈夫的生活网络。而官府这一层，在秦王政十三年之后，才有专门登记程序，且从岳麓秦简（伍）188~189 简来看，官府的登记，最大的作用体现在"讼"上。但在民众日常生活中，"讼"的需要本就不多，更何况是婚姻相关的"讼"。对民众而言，最重要的是获得生活所在社会的承认，具体而言，也就是里内、宗内的承认，这才是关系到其日常生活和感受的最重要的环境。即便到今天，人们观念中也一般以举行婚礼而非结婚登记作为婚姻的标志。这也应该是婗的户籍身份没有更改的另一重要原因：正常情况下，在沛、婗及其他人的观念中，户籍上的身份是"妻"还是"免妾"对其日常生活没有影响。婗在入宗后长达六年的时间内，都是以沛妻的身份生活，却"不知户籍不为妻"，对此没有一点儿察觉，可见户籍身份在她的日常生活中并不重要。而沛之所以"不告婗"，显然是他也对此毫无留心。

而且在司法上，这种民间习俗在事实上也可能取得官方的承认。从前文所引律令看，官府应以其掌握的户籍所载身份或是否有三辨券，作为司法受理和判决的唯一根据，即"不券而讼，乃勿听"。但在"识劫婗案"

中，婉在官方户籍上的身份不是沛妻，按律令的规定，可以直接判决而无需奏谳。但审理的官员却犹豫不决，文书最后的"吏议"也持有两种不同的意见。此案没有最后的判决意见，但已出简牍中还有类似的案件。张家山汉简《奏谳书》简17~27，① 汉高帝时，齐国临淄狱史阑娶被徙到关中的故齐国田氏南，并准备逃回齐国，但在出关的时候被发现。针对这一案件的处理办法，一是"以从诸侯来诱论"，一是"当以奸及匿黥舂罪论"。按照当时规定，"它国毋得娶它国人"，以"禁从诸侯来诱者"，第一种判法也就是承认两人的婚姻，从而认为阑是"诱汉民之齐国"。第二种将二人关系描述为"奸"，也就是不承认他们的婚姻。最后廷尉裁决阑"当黥为城旦"，是按"娶亡人为妻"定罪。② 阑娶南本就非法，自然不可能在官府登记，但在司法中还是承认了两人的婚姻。这种与法律不合的民间惯习倒逼国家承认的例子，在古代中国也并不罕见。③

沛与婉婚姻的层次性提示我们，对个体的民众而言，他的注意力是有层次的，外界对其生活的影响也是有层次的。注意最多和影响最大的，无疑是最亲近的家庭及其成员。其次是家庭之外，日常生活的里内社会。人必须与社会交通，以获得物质资源和情感满足，而时人能接触到的社会主要就是里。对婉而言，入宗、出里单赋和与里人通饮食，这些负担和日常小事却是其获得社会认同的重要内容和标志，此后便能和"它人妻"一样有尊严地生活。至于更外面的国家，在大多时候对其生活的影响是较小的，对其关注相对于周围的环境而言，自然也就更小了。

三、 隶识的生活、斗争与不确定的命运

"识劫婉案"的另一位主角识，"自小为沛隶"，从小作为"隶"由主

---

① 彭浩、陈伟、[日] 工藤元男主编《二年律令与奏谳书：张家山二四七号汉墓出土法律文献释读》，第338~339页。

② 原见彭浩《谈〈奏谳书〉中的西汉案例》，《文物》1993年第8期；此据彭浩、陈伟、[日] 工藤元男主编《二年律令与奏谳书：张家山二四七号汉墓出土法律文献释读》，第341页。

③ 如后代交易中的红契、白契问题，官府规定判案以官府出具的红契为据，但在实际的司法案件中，白契仍不得不被承认有法律效力，参任志强《宋以降白契现象研究》，《前沿》2011年第22期。

人沛抚养长大。一直到三年前，也就是大约秦王政十五年（前232），"为识娶妻"。而所取之妻为"上造羽子女黔"，由沛拜托中人上造狗求娶，并允诺"以布肆、舍客室予识"，由此"羽乃许沛"。一年以后，也就是大约秦王政十六年（前231），沛"异识"，并为其"买室，价五千钱；分马一匹、稻田廿亩"，但却没有将之前答应的布肆、舍客室予识，识当时也对此并无异议。随后识外出从军，在这段时间内，他的原主人沛去世，而他的公士爵位，应该也是在这期间立功获得的。识"军归"后，知道婉为其子义"匿不占吏为赀"，以此为要挟，向婉索要之前沛答应给他的肆、舍。婉答应了识的要求，但后来却告识劫婉，从而有了此案。

首先需要注意的是，识与黔成婚时，识的身份是沛隶。关于"隶"的身份，过去多将其视为奴隶，① 但后来的学者越来越否认这一认识。虽然对"隶"的具体理解存在差异，但基本都认为"隶"不同于奴婢，而是更接近民的家内隶属身份。② 虽然接近民，但毕竟仍是隶属身份，在文书中提及隶时，都要在前面加上所隶户人的身份和名，③ 可见其依附性质。而黔父羽有上造的爵位，但沛在允诺将布肆、舍客室予识后，羽即答应将黔嫁给识，这种身份差距并不影响两人的婚姻。同时，两人成婚一年以后沛才"为识买室，分识马、田，异识"，与之前的承诺有所不同，可见这种沛与羽的约定只是口头上的，并无券书之类的约束。羽在婚前并不担心沛会反悔，表明在他们眼中，沛无私地给隶识置办家产是很正常的事。识的婚姻都不受其"隶"身份的影响，可以推想，他在里内的日常生活、交往应也不受多少影响。

羽愿意将女儿嫁给识，更多应是出于财产或经济层面的考虑。材料所

---

① 相关认识的梳理，见吴方基《里耶"户隶"简与秦及汉初附籍问题》，《中国史研究》2019年第3期，第57~58页。

② 贾丽英：《小议"隶"的身份》，《中国社会科学报》2009年9月10日第5版；孙闻博：《秦及汉初的司寇与徒隶》，《中国史研究》2015年第3期，第80~83页；陈絜：《岳麓简"识劫婉案"与战国家庭组织中的依附民》，中国文化遗产研究院编《出土文献研究（第十四辑）》，第87~92页；陈伟：《秦汉简牍中的"隶"》，《秦简牍校读及所见制度考察》，武汉大学出版社，2017，第166~180页；吴方基：《里耶"户隶"简与秦及汉初附籍问题》，《中国史研究》2019年第3期，第57~62页。

③ 孙闻博汇集了涉及隶的记载，见所著《秦及汉初的司寇与徒隶》，《中国史研究》2015年第3期，第80~81页。

显示的，沛有布肆、舍客室，并曾与几位舍人"市贩"并贷给他们六万八千三百钱，而后来娙为告识直接放弃了这笔债务，可见六万多钱的巨额财富（沛为识买的"室"也只值五千钱）对沛家而言并不是特别重要。由此管中窥豹，沛的家产定然十分不菲，这正是他敢于向有上造爵位的羽提出将黔嫁给自己的隶识的底气所在。因此沛也在提出婚约的时候特地讲明了要分给识的财产内容，而羽也果然答应了。可见在现实生活中，虽然国家以包括爵制在内的身份制度划定了民众的尊卑等级及相应的秩序，但实际上民众更在意的、在其生活中更重要的，是财富的有无、多少。

沛为识娶妻、立户、分产，很容易让人想到当时父母为子女析户分产的惯习，[①] 而沛对识也更像父子。[②] 这一关系可能与沛的特殊家庭状况相关。在娙为其生下子女之前，沛与亡妻危没有子息。娙长子义在案发时，即秦王政十八年（前229）的身份是"小走马"，同时至少生于十年前，则义的年纪应在十岁到十五岁之间。[③] 而识在约秦王政十五年结婚，次年分户并从军，则十六年时至少十八岁左右。[④] 即使案发时以义十五岁、识二十岁计算，沛至少在无亲子的情况下抚养了识五年，其间的感情自然是十分深厚，有如身生孩子。甚至可以怀疑，在娙生子之前，或许沛有养育识继承家业的念头。

上造羽愿意在没有正式契约的情况下相信沛的承诺，将女儿嫁给隶识，上造狗也愿意做中人，说明他们均对沛、识的感情和关系了然于胸。可见在现实生活中，具体的人与人之间的情感及其生活，是超越一般的国家身份制度的。"隶"之外，即便是身份悬殊的主奴，国家制度也一定程度上承认其超越身份的亲近关系，张家山汉简《二年律令·置后律》规定：

---

① 参王彦辉《论汉代的析户分产》，《中国史研究》2006 年第 4 期。

② 贾丽英、陈伟认为识类似沛的子女或家庭成员，见贾丽英《秦汉家庭法研究》，中国社会科学出版社，2015，第 186 页；陈伟《秦汉简牍中的"隶"》，《秦简牍校读及所见制度考察》，第 173~175 页。

③ 秦汉时期"小"的年龄界限尚有一些争议，但一般认为在 15 岁左右，参凌文超《秦汉魏晋"丁中制"之衍生》，《历史研究》2010 年第 2 期；张荣强《"小""大"之间——战国至西晋课役身分的演进》，《历史研究》2017 年第 2 期。

④ 关于秦代的傅籍标准，凌文超最新的研究认为先后（秦王政十六年"自占年"先后）应是身高六尺七寸、年十八岁，识从军正是在秦王政十六年或十七年，应是以年龄为主要标准。傅籍标准也还有其他意见，均见凌文超《秦代傅籍标准新考——兼论自占年与年龄计算》，《文史》2019 年第 3 期。

死毋后而有奴婢者，免奴婢以为庶人，以庶人律予之其主田宅及余财。奴婢多，代户者毋过一人，先用劳久、有夫（?）子若主所信使者。①

主人死而无后，可以将奴婢免为庶人，由其按律继承田宅、余财。倘若奴婢不止一人，则挑选的标准除因简牍残断而含义不明的"有夫（?）子"外，另两条"劳久"和"信使"，均是以主奴之间关系为依据。

识成年分异、成婚后，即面临从军的役事。这一经历一方面使他"军归"时获得了公士的爵位，这一爵位在后来他被告受审时发挥了关键作用，免于可能遭受的黥劓之刑；② 另一方面，在他从军期间，从小抚养他长大的沛去世了，等他回来，沛与娿之子义已代户、袭爵，而他除了之前获得的田、宅、马之外，别无所得。在沛在世时，待他有如亲子，但这种亲近只存在于他和沛两人之间，一旦沛亡故，这段关系自然也就随之终结，之前可以获得的资源转瞬与他无关。事实上沛之前答应要分给他的布肆、舍客室，在"异"识的时候，就被替换成了田、宅、马，价值应不及前者。按娿的说法，是沛生前"弗欲以肆、舍客室予识"。我们无从得知沛究竟出于什么原因，又或者其间发生了什么，致使沛在一年之内就改变了原来的主意。但给或不给，以及将什么给识，完全由沛的心意决定，识在当时也"弗求"，可能是不敢求，也可能是准备留待将来再求，但沛在他从军在外的时候去世了。虽然识作为隶不影响其生活，乃至能获得比一般人更好的生活条件，但这些都是建立在对沛的依附上，完全依沛的情感、意愿和状况而定，并不稳固。而稳固的，是他从军所获得的爵位，及通过官府登记、公证获得的身份与田、宅、马。在这个时候，国家对他生活的意义浮现出来了。

或许是心有不甘，识还是向娿索要了在他看来本应属于他的布肆、舍客室，但显然娿并不愿意给他。我们不知道识与娿在沛生前的关系如何，但从两人后来的生死相向来看应该并不和睦。沛将识视若己出，而沛的亲子由娿所生，其间的微妙关系今人或可推想一二。识认为"沛未死时言以

---

① 彭浩、陈伟、［日］工藤元男主编《二年律令与奏谳书：张家山二四七号汉墓出土法律文献释读》，第239页。

② 整理者认为，识拥有公士爵位，免除黥刑，仅判完为城旦。可从。见朱汉民、陈松长主编《岳麓书院藏秦简（叁）》，第165页。

肆、舍客室与识"，因而"欲得"，但媛咬定"沛死时不令与识"，所以
"识弗当得"。可能经过了一些争执，而识本就是沛家的成员，熟知家内情
况，威胁"媛不以肆、室予识，识且告媛匿赀"。最后，媛妥协，将肆、
室予识。在这一过程中，起决定作用的是"匿赀"的威胁。

在被威胁将肆、室交给识后，媛宁愿"为建等折弃券，弗责"，放弃债
务，也要自告并告识"劫"。单从利益角度考量，既然识已不告媛，媛完全
没必要放弃高达六万八千三百钱的债务；或者既然媛后面已经放弃了债务，
那她在被识威胁的时候就可以折券，使识无从威胁，也就不必予识肆、室。
也就是说，很可能是媛故意答应识的要求，以坐实识"劫"的罪名，然后折
券以免责，向官府告发识劫媛。当然媛也不一定考虑得如此深远，可能开始
将肆、室予识只是单纯出于对匿赀罪的恐惧，后来才决定折券并告识劫媛。
审案官员在"问"和"鞫"中，均强调肆、室值过六百六十钱。根据睡虎地
秦简《法律答问》简 1~2 和张家山汉简《二年律令·盗律》简 55，这是
"科罚基准的最高额"，[1] 在秦汉两代，会被处以"黥劓以为城旦"（秦）或
"黥为城旦舂"（汉）的重罚。[2] "吏议"对识的量刑，其一也是"完为城
旦"。不论媛是不是有意让识获得肆、室，她放弃巨额债务告发识的行为
均可视作有意利用律令来报复识，同时也可能想借此拿回肆、室。

识与媛在相互的斗争中，都是运用了国家或律令的权威。识是利用律
令对匿赀的打击。虽然今人看不到直接的关于匿赀的处罚规定，但张家山
汉简《二年律令·市律》规定"市贩匿不自占租，坐所匿租赃为盗"[3]，
匿租为盗，即按盗罪判处。所以文书中也特意记下"媛匿赀税值过六百六
十钱"，一旦识真的告发，媛也将面临与后来识一样的处罚，而且她还没
有爵位抵罪。识在审理官员的讯问下，承认自己"恐"了媛且自己"实弗

---

① ［日］下仓涉：《一位女性的告发：岳麓书院藏秦简"识劫媛案"所见奴隶及"舍人""里
单"》，周卫东、朱腾主编《法律史译评（第五卷）》，第 49 页。秦代关于盗窃罪的赃
值分等及其量刑参彭浩《谈〈二年律令〉中"鬼薪白粲"加罪的两条律文》，武汉大学
简帛研究中心主办《简帛（第二辑）》，上海古籍出版社，2007，第 439 页。

② 分见陈伟主编《秦简牍合集（壹）·睡虎地秦墓竹简》，第 193 页；彭浩、陈伟、［日］
工藤元男主编《二年律令与奏谳书：张家山二四七号汉墓出土法律文献释读》，第 112 页。

③ 彭浩、陈伟、［日］工藤元男主编《二年律令与奏谳书：张家山二四七号汉墓出土法律文
献释读》，第 196 页。

当得"肆、室，但其言语多少显得有些无奈和委屈。大概在他看来，肆、室本是自己所应得，他也并未真有告发之心而只是一种策略，他是"以沛言求肆、室，非劫婉"，并未真的想要告发婉匿赀，后来也确实没有告发，他应也未想到自己的行为触犯了"劫"罪。识在其间无意识地利用了国家或律令的权威来为自己的需求服务，虽然后者并未"出场"，但却发挥了决定性的作用。国家权力及其统治并非一定体现在具体的官僚机构、人员组织、行政运作或司法审判上，也在这些"不在场"的场合、在民众的日常行为和观念中发挥作用、得以实现。

而婉的利用自然更加明显，直接告识"劫"，将之前识对她的威胁反过来实现在识身上。她为告识作了精心的准备，先是与建等人折券，然后自告匿赀，最后才告识"劫"罪。因为此案审理官员的疑问只在"疑婉为大夫妻为庶人及识辠"，关于婉是否有罪、是否需要惩罚及可能会如何惩罚均在"它县论"的范围中，① 也难找到相关的律令规定，因而并不清楚。但既然她敢于自告，那么在预先的设想中，即便须受惩罚应也较轻。② 她在告发的时候，显然对律令的相关规定十分熟悉，清楚地知道应该如何利用国家实现目的并最大可能地减少自己的责任。只是婉没想到的是，自己在户籍上的身份并非沛妻，而是免妾，从而可能影响对识的惩罚，也可能会给自己带来不测的风险。

在案件中，国家虽然表面上是高高在上的审理者，但其实也是被动卷入的被利用者，双方的目的是为实现各自的利益和心理需求。鲁昭公六年（前536）子产铸刑书时，叔向已经预言到了这一现象，"民知有辟，则不忌于上，并有争心，以征于书"③ 可见民众绝非只是被动受国家和律令统治、约束的对象，他们有充分的智慧和勇气将此种统治转化为争取自己需求的工具或途径。

但同时，识与婉的这种利用，其倚仗的正是国家或律令的权威。两人是在律令规定的框架内斗争，两人，特别是婉比对着律令的要求来报复，

---

① 关于"它县论"，可参张韶光《秦汉简牍奏谳文书中"它县论"研究》，《咸阳师范学院学报》2016年第3期。
② 柿沼阳平倾向认为婉未被定罪，但也认为有可能被另案处理，见所著《岳麓书院藏秦简訳註——「为狱等状四种」案例七识劫婉案》，《帝京史学》第30号，2015，第224页。
③ 杨伯峻：《春秋左传注》，中华书局，1981，第1275页。

因而这一"利用"过程事实上也是国家影响和塑造民众生活、行为的过程。国家与民众互动之间，双方"各得其所"。同时，一旦国家出现，对民众生活和命运的影响就将是决定性的。识因为媛的告发，将面临难以确定的命运，即要么"赀二甲"，要么"完识为城旦，黥足输蜀"。若是前者，二甲约需 2 688 钱，① 约为其室价值的一半，尚能承受。但倘若是后者，他将丧失现在所拥有的一切，如无意外的话，还将在险恶的异乡和漫长的余生中被无休止地役使。他也可能有幸得到国家赦免，也可能有机会熬到秦统治崩溃，还可能在去蜀地途中或劳役期间逃亡或去世。而对媛来说，她当然是胜利者，可以拿回肆、室并报复成功。但也正是此次告发，官府和其他人知道了她妻身份没有在户籍上登记，如果必要的话，其业已享有的权利随时有被剥夺的风险。同时，如果她被认定为"免妾"，以此身份匿赀和自告，其面临的惩罚未必会如预想的那么轻。因这一场告发引起的审判，识与媛都将面临不确定的命运。

四、总　　结

在"识劫媛案"中，媛与识的身份转变，主要是因为与其主人沛的关系，由沛决定。前者是因生育了四子，后者则由于从小被沛抚养，视若亲子。媛在沛妻危死后，实际上在家内就有着妻的地位，而隶识长大后也并不影响他娶妻、分得财产，两人原本的身份都不影响他们在家内、里内的生活。而这种状况也有其独特的原因。因沛妻危生前未有生育，危死后家内独特的人员构成使得媛实际上有了家庭女主人的地位，而识则由此得以在一段时间内得到主人沛的感情倾注。但是这种关系又是不稳固的，媛在入宗以前被排斥在里内、宗内集体生活之外，而识则因沛的心意改变和死亡没有拿到沛本来允诺的布肆、舍客室。

在个人的关系之外，媛、识的生活也受到周围社会、观念的影响。沛与媛的婚姻是里、宗内部事务，需要得到里内、宗内有声望者的共同承

---

① 秦律赀罚中甲的价格为金 2 两 1 锤或 1 344 钱，见于振波《秦律中的甲盾比价及相关问题》，《史学集刊》2010 年第 5 期。

认，婠才能"如它人妻"一样融入里内生活。而婠在沛答应以她为妻两年后，再生育了二子才得以正式入宗、出里单赋、与里人通饮食，很可能是时人"无以妾为妻"的观念（但并未入律）带来的压力，而这里的宗、里也是民众内部的自发组织。但婠最终得以成为里内、宗内承认的沛妻，也是因为时人的观念——重后嗣的观念压倒了"无以妾为妻"的观念。识之所以能够娶上造之女为妻，是因为所隶属的沛拥有的财富，及财富在民众生活和观念中的重要性在某种程度上超过了国家的爵位、身份等级。

但国家及其律令秩序、权威在两人的生活中绝非不重要。婠免为庶人、识"异"都是经过乡来完成的，这种官府的登记在生活中相比个人关系而言，更具有稳定性。也只有在沛向上造羽承诺将会"异识"，羽才愿意将女儿嫁给识。婠在户籍上免妾而非妻的身份，有可能会给其生活带来意想不到的风险。而识与婠的斗争也是在律令框架内进行，可见其对民众生活的渗透与约束，哪怕国家并不"在场"。同时，一旦走上司法，国家权力介入，对生活的影响将是决定性的，两人因此而面临不确定的命运。

户籍登记与司法之外，也可在其他地方看到国家的影响。沛使婠入宗时，所告的宗人、里人应在宗内、里内有较高地位，而他们均是有爵者，[1]可见国家赐予的爵位在民间自生秩序中仍具有相当的作用。而且这些有爵者在文书中是按爵位高低的顺序排列的，虽然此种排列可能是由文书书写造成，但也不可能不对民众的心理带来影响，似乎形成了某种里内"爵制秩序"。[2] 此外还有国家不时向民众征发的赋役，无不在彰显国家的存在，并影响民众的生活。婠就是因为匿赀少交赋税而被威胁，设计出这一场告发；识更是因服役从军而离开乡里，回来时沛已死，沛所承诺的肆、室无从讨要而只能通过威胁婠获得，因而可能面临重罚，而他得以减罪的公士爵位也是从军获得的。纳税匿赀与服役从军的经历，与其他因素一起，彻底改变了婠和识的人生。

但在国家统治之下，民众也仍有相当的空间。如婚姻在当时更多被认为是社会内部的事务，在秦王政十三年之前，国家虽然也通过户籍迁移、登记

---

①　陈松长、贺晓朦认为，"走马"作为爵称在秦始皇二十六年被废止，由"簪袅"代替，见所著《秦汉简牍所见"走马"、"簪袅"关系考论》，《中国史研究》2015年第4期。

②　参［日］西嶋定生著，武尚清译《中国古代帝国的形成与结构：二十等爵制研究》第四章"爵制秩序的形成"，尤其是此章第五节"由赐爵而形成里的秩序"，中华书局，2004。

的形式来确认婚姻，但并没有独立的婚姻登记程序，因此民众并不太有婚姻需官府承认的意识。婏因其婚姻并不需要迁移户籍，沛、婏也就没有意识到需要在官府变更身份，而这并不影响婏在里内的生活。更可以说明的是，在识与婏的斗争中，双方都利用律令及其权威来满足自己的利益或心理需求，可见律令在民众生活中并非不可侵犯的圣物，也是可以按需使用的工具。①

得益于与"基层"相关的简牍材料的不断出现，以及"眼光向下"的学术风气，秦汉的乡里基层得到了越来越多学者的关注。但不论是制度史、社会史还是经济史，更多都是关注专题本身，这当然主要是受史料的限制，但也可能与学者的注意力相关。一般民众具体究竟如何在这些制度、社会、经济下因应，他们作为一个人，一个"有情感、有爱好、有追求的现实中的人"②，具体怎么生活和理解所生活的世界，似乎并不在我们的注意和研究范围内。当然这也是各时段研究的普遍现象，以至于有学者感叹"人的消失"，③ 只是早期史因史料的特点而更加困难。因此，本文尝试以"识劫婏案"中的两个人物，即识与婏的经历为线索进行梳理和讨论，希望由此展现其中国家统治与民众生活之间的互动与复杂状态。因为将重心或注意力放在人身上，故而用了较多的笔墨对一些细节、偶然，及其中人物的情绪、情感、关系、认知进行描写。当然，关注作为主体的人不能没有整体的思考，一份研究应该有其"公共"的价值，这也是本文希望努力达到的。不过还是需要强调，人的"琐碎"的喜怒哀乐也并不仅仅因是与"整体"相关才重要和值得关注。④

---

① 宋怡明提到，"操纵体制的现象很可能普遍存在于人类社会之中"，"要承认百姓有能力知悉自己与国家的关系，并应付自如。换句话说，他们有能力创造自己的历史"。见宋怡明著，钟逸明译《被统治的艺术：中华帝国晚期的日常政治》，中国华侨出版社，2019，第12页。夫马进等学者注意到中国古代民众的"健讼"现象，称之为"诉讼社会"，参所著《中国诉讼社会史概论》，[日]夫马进编，范愉、赵晶等译《中国诉讼社会史研究》，浙江大学出版社，2019。
② 侯旭东：《宠：信-任型君臣关系与西汉历史的展开》，北京师范大学出版社，2018，第255页。作者此语针对的对象是皇帝，但这也是所有人共同的特点，皇帝与一般民众均如此，对皇帝的理解尚且不能做到这一点，更遑论一般民众。这里作者提倡的重视活生生的、个体的"人"的学术取向，值得史学研究者留心。
③ 王汎森：《人的消失?! ——兼论20世纪史学中"非个人性历史力量"》，《思想是生活的一种方式：中国近代思想史的再思考》，北京大学出版社，2018。
④ 近年中文学界注意到"情感史"的研究方向，如《史学月刊》组织了一批"情感史研究和当代史学的新走向"的笔谈文章，对这一方向作了梳理和讨论，可参该刊2018年第4期。

附录： 岳麓书院藏秦简《为狱等状四种·
识劫婉案》释文

【敢谳（谳）】之：十八年八月丙戌，大女子婉自告曰：七月为子小走马义占家訾（赀）。义当□大夫建、公卒 108 昌、士五（伍）積└、喜└、遗钱六万八千三百，有券，婉匿不占吏为訾（赀）。婉有市布肆一└、舍客室一└。公士 109 识劫婉曰：以肆、室鼠（予）识。不鼠（予）识，识且告婉匿訾（赀）。婉恐，即以肆、室鼠（予）识，为建等折弃 110 券，弗责。先自告，告识劫婉。111 婉曰：与义同居，故大夫沛妾。沛御婉，婉产义、女姨└。沛妻危以十岁时死，沛不取（娶）妻。居可二 112 岁，沛免婉为庶人，妻婉。婉有（又）产男必、女若。居二岁，沛告宗人、里人大夫快└、臣、走马拳、上造嘉└、頡曰：113 沛有子婉所四人，不取（娶）妻矣。欲令婉入宗，出里单赋，与里人通歈（饮）食。快等曰：可。婉即入宗└，里 114 人不幸死者出单赋，如它人妻。居六岁，沛死。义代为户、爵后，有肆、宅└。识故为沛隶，同居。沛 115 以三岁时为识取（娶）妻。居一岁为识买室，贾（价）五千钱，分马一匹、稻田廿亩，异识。识从军，沛死。来归，116 ⌈谓⌉婉曰：沛未死时言以肆、舍客室鼠（予）识，识欲得└。婉谓：沛死时不令鼠（予）识，识弗当得。识曰：婉 117 匿訾（赀），不鼠（予）识，识且告婉。婉以匿訾（赀）故，即鼠（予）肆、室。沛未死，弗欲以肆、舍客室鼠（予）识。不告婉，不智（知）户 118 籍不为妻为免妾故。它如前。●识曰：自小为沛隶。沛令上造狗求上造羽子女黔为识妻。119 令狗告羽曰：且以布肆、舍客室鼠（予）识└。羽乃许沛。沛巳（已）为识取（娶）黔，即为识买室，分识马、田，120 异识，而不以肆、舍客室鼠（予）识。识亦（？）弗（？）求（？），识巳（？已）受它。军归，沛巳（已）死。识以沛未死言谓 121 婉：婉不以肆、室鼠（予）识，识且告婉匿訾（赀）。婉乃鼠（予）识，识即弗告。识以沛言求肆、室，非劫婉。不智（知）122 婉曰劫之故。它如婉。●建└、昌└、積└、喜【└】、遗曰：故为沛舍人。【沛】织（贷）建等钱，以市贩，共分赢。市 123 折，建负七百└，昌三万三千└，積六千六百└，喜二万二千└，遗六千。券责建等，建等未赏（偿），识欲告124娸，娸即折券，不责建。它如娸。●姨、快、臣、拳、嘉、颉言如娸。●狗、羽、黔言如识。●义└、若小不讯。必死。125●卿（乡）唐、佐更曰：沛免娸为庶人，即书户籍曰：免妾。沛后妻娸，不告唐、更。今籍为免妾。不智（知）它。126●诘识：沛未死，虽告狗、羽，且以肆、舍客室鼠（予）识，而后不鼠（予）识，识弗求，巳（已）为识更买室，分识田、马，127异识└。沛死时有（又）不令└，义巳（已）代为户后，有肆、宅，识弗当得。何故尚求肆、室曰：不鼠（予）识，识且告娸128匿訾（赀）？娸即以其故鼠（予）识，是劫娸，而云非劫，何解└？识曰："□欲得肆、室，娸不鼠（予）识。识诚恐谓且告娸，娸乃鼠（予）129识。识实弗当得。上以识为劫娸，皋识，识毋（无）以避。毋（无）它解。皋。它如前。●问：匿訾（赀）税及室、肆，臧（赃）直（值）130各过六百六十钱。它如辤（辞）。●鞫之：娸为大夫沛妾。沛御娸，娸产义└、姨。沛妻危死，沛免娸为庶人，以131为妻，有（又）产必└、若。籍为免妾└。沛死，义代为户后，有肆、宅。娸匿訾（赀）税直（值）过六百六十钱。先自告，告132识劫└。识为沛隶。沛为取（娶）妻，欲以肆、舍客室鼠（予）识。后弗鼠（予），为买室，分马一匹、田廿亩，异识└。沛死，133识后求肆、室。娸弗鼠（予），识恐谓娸，且告娸匿訾（赀）。娸以故鼠（予）肆、室。肆、室直（值）过六百六十钱。得。皆审。疑134娸为大夫妻为庶人及识皋。毄（系）。它县论。敢瀗（谳）之。135●吏议：娸为大夫□妻。赀识二甲。或曰：娸为庶人。完识为城旦，纍（縲）足输蜀。136

（责任编辑：刘自稳）

附记：本文的写作及修改，蒙孙家洲、侯旭东、韩树峰、姜守诚、张忠炜、冯渝杰、刘自稳、张欣毓等师友指教和帮助，后提交清华大学历史系第101次读简班（2020年10月）讨论，受侯旭东、祁萌、陈韵青、张琦、成鹏、张欣毓、陈琪丰等师友批评。谨此一并致谢！

《中国古代法律文献研究》第十六辑

2023 年，第 135~164 页

从单条诏至法律集：
秦汉法律抄本中的附文框架

［德］史　达（Thies Staack）　著　李婧嵘　译*

摘　要： 得益于秦汉法律文献的不断出土，我们对秦汉法律体系的了解不断增进。本文将通过分析诏、令、律抄本中的"附文"（paratexts）从新的视角来论证，诏、令、律并非三种不同的法律形式，它们应处于法典化的不同演变阶段。本文分别比较研究了单条诏的抄本与律令集抄本，指出它们"附文框架"的不同。在诏、令、律被重复抄写与编辑的过程中，附文的字数不断减少，并且"证明性"的附文（比如颁布日期与颁布程序）逐渐被"组织性"的附文（比如标题、标号）取代。附文的这些变化适应了单条诏的抄本发展为法律集的过程，也见证了处于法典化的不同演变阶段的诏、令、律。

关键词： 法律抄本　附文框架　法典化　诏　律　令

一、引　言

公元前 221 年，秦以军事征服数千平方公里的辽阔土地后，并灭六国，

---

*　史达（Thies Staack），德国汉堡大学写本文化研究中心；李婧嵘，湖南大学法学院副教授。

秦王政即秦始皇建立秦帝国。为了有效统治其领地，秦王政及其臣僚创设了复杂的行政机构，并建立邮传系统以保证行政文书可以在君主、高层官吏及低层官僚之间高效传递。之后，汉在很大程度上继承秦制，并对其进一步改善。

秦汉官吏作为帝国统治的代表者和执行者，其日常工作由具体的行政与刑法规范进行指引。这些法律规范皆源于作为最高立法者的皇帝。但是，每条法律虽需由皇帝授权颁布，新法律的制定或已有法律的修订通常由丞相/相国[①]或是御史大夫提出。[②] 一旦皇帝批准这些规则，它们的内容就成为具有法律效力的皇帝诏令。[③] 如诏并非为一次适用的措施，而是设立了反复适用的规则，除非诏被废除，诏从其颁布之时起即具有长期法律效力。由此来看，由皇帝颁布之诏的原始文书应被作为档案保存，以供日

[①] 汉时，公元前 196 至前 190 年为"相国"，参见 Anthony J. Barbieri-Low and Robin D. S. Yates, *Law, State, and Society in Early Imperial China: A Study with Critical Edition and Translation of the Legal Texts from Zhangjiashan Tomb no. 247*, Brill, 2015, p. 1163, n. 140。

[②] 关于秦汉立法程序，参见广濑薫雄《秦漢律令研究》，汲古书院，2010，第 92~95、143~158 页；大庭脩《秦漢法制史の研究》，昭文社，1982，第 201~234 页；Ōba Osamu, "The Ordinances on Fords and Passes Excavated from Han Tomb Number 247, Zhangjiashan." Translated and edited by David Spafford, Robin D. S. Yates, and Enno Giele, with Michael Nylan, *Asia Major* (Third Series), 14.2 (2001), pp. 128 – 129；徐世虹主编《中国法制通史第二卷：战国秦汉》，法律出版社，1999，第 258~263 页。实际上，秦汉鼓励地方官吏因事请奏制定新法律，只是他们不得直接向皇帝上书。他们需将提议上报其所属二千石官，再由其呈报于丞相、御史大夫，并由其将提议呈奏皇帝。关于相关汉律的讨论，参见 Anthony J. Barbieri-Low and Robin D. S. Yates, *Law, State, and Society in Early Imperial China: A Study with Critical Edition and Translation of the Legal Texts from Zhangjiashan Tomb no. 247*, pp. 82 – 83。

[③] 本文研究使用"诏令"（decree），其意为"具有法律效力的权威决定"（"an authoritative decision having the force of law"），参见牛津在线英语字典"decree"的解释，牛津大学出版社，https://www.oed.com/view/Entry/48429，最后访问日期 2022 年 7 月 14 日。如据此解释，秦汉"诏令"指成文法的各种形式，即包括"诏（书）""制（书）"及"命"（此术语为秦帝国建立前使用）。同时，本文讨论的"诏令"与法律的其他两种形式"律"与"令"相区别。关于如何区分这三者，详见下文讨论。需指出的是，秦帝国建立前，"令"也有"君主命令"（order of the ruler）的意思，而后帝国建立，"君主命令"则被改称为"诏"。因此，此种意义的"令"（order）应与之后作为法律形式的"令"（ordinance）区别开来。秦帝国建立前后"令"含义的变化，参见南玉泉《令的演化及其在法律形式中的地位》，《考古与文物》2005 年第 2 期，第 57~60 页。"制书"和"诏书"的详细讨论，参见 Enno Giele, *Imperial Decision-Making and Communication in Early China: A Study of Cai Yong's Duduan*, Harrassowitz, 2006, pp. 202 – 267；徐世虹《秦律研究》，武汉大学出版社，2017，第 60~74 页。

后查阅。①

新法律颁布后，还需将其传播至帝国范围内各地，或至少将新法律传至其所需使用的各官吏。在法律传播的过程中，新法律被抄录而产生了众多抄本，并借助于官僚体系及邮传系统分别传送这些抄本。② 从秦代材料来看，法律传播的过程兼有"由上至下"与"由下至上"的文书传递活动：不仅可由上级官府将法律抄本下达至其属下官府，也可由下级官府指令其官吏行至上级官府制作或接收法律抄本。③ 从理论上来说，法律传递过程中以不同方式制作的法律抄本皆源于其共同的原本：朝廷档案室保存的皇帝诏令。

自 1970 年代以来，墓葬中出土了前所未见的秦汉律令集以及各种法律文书，这些法律文书中也间或引用秦汉律令。④ 初期研究多将这些律令集视作秦汉"法典"（code of law）的摘抄或不完整抄录，⑤ 近期研究则更为关注出土秦汉律令集与"法典"之间的细微差别。⑥ 墓葬出土秦汉法律文献的性质与作用尤为学界讨论的热点，因为此问题不仅关系到法律抄本为何会被放置于墓中，也关系到法律抄本因其作为随葬品的性质在多大程度

---

① 法律原本的档案保存措施，见于《商君书》第二十六章《定分》，参见 Yuri Pines, *The Book of Lord Shang: Apologetics of State Power in Early China*, Columbia University Press, 2017, pp. 245 - 246；汪桂海《汉代官文书制度》，广西教育出版社，1999，第 121~124 页。

② 帝国早期的邮传系统，参见纪安诺《「邮」制攷——秦汉时代を中心に》，冨谷至译，《東洋史研究》2004 年第 63 卷第 2 期，第 203~239 页；Y. Edmund Lien, "Reconstructing the Postal Relay System of the Han Period." In Antje Richter (ed.), *A History of Chinese Letters and Epistolary Culture*, Brill, 2015, pp. 17 - 52. 关于秦汉法律的传播，参见朱腾《秦汉时代律令的传播》，《法学评论》2017 年第 4 期，第 182~196 页。

③ 参见周海锋《秦律令之流布及随葬律令性质问题》，《华东政法大学学报》2016 年第 4 期，第 46~47 页。

④ 出土秦汉律令的简介，参见 Anthony J. Barbieri-Low and Robin D. S. Yates, *Law, State, and Society in Early Imperial China: A Study with Critical Edition and Translation of the Legal Texts from Zhangjiashan Tomb no. 247*, pp. 39 - 46；Ulrich Lau and Thies Staack, *Legal Practice in the Formative Stages of the Chinese Empire: An Annotate Translation of the Exemplary Qin Criminal Cases from the Yuelu Academy Collection*, Brill, 2016, pp. 6 - 12。

⑤ 秦汉法典的提法，参见 Anthony F. P. Hulsewé, *Remnants of Ch'in Law: An Annotated Translation of the Ch'in Legal and Administrative Rules of the 3rd Century B. C. Discovered in Yün-meng Prefecture, Hu-pei Province, in 1975*, Brill, 1985, p. 1；Li Xueqin and Xing Wen, "New Light on the Early-Han Code: A Reappraisal of the Zhangjiashan Bamboo-slip Legal Texts", *Asia Major* (Third Series) 14. 1 (2001), pp. 125 - 146。

⑥ 有学者认为，用"法典"这个概念讨论中国早期帝国法律并不合适，参见张忠炜《秦汉律令法系初编》，社会科学文献出版社，2012，第 78~86 页。

上将影响律令的抄写形式及文本内容。① 即使不考虑这些法律文献的墓葬原境（funerary context），许多其他相关问题也有待解决：比如，是谁编纂了这些法律集，这些法律集是"官方"抄本还是"私人"处理日常事务的抄本；编纂者在多大程度上重新编辑、减省或重复抄录了法律文本。②

学者讨论的另一个焦点则集中于法律不同形式之间的关系。传统观点将律视为法典化后具有稳定性的法律，将令或诏令视为稳定性不如律的法律；③ 又或将律和令视为法律的两种基本形式，而将诏令视为源于君主的广泛意义上的官府文书。④ 但近来研究逐步发现，诏、律、令三者之间的界限很难划清，在有些情形下，他们之间区别不明显或并无正式的区别，只是用诏、律、令三个不同的法律术语来分别表示法律。此外，出土简牍还反映，令或律都可源于诏令，令也可转化为律。⑤ 比如青川郝家坪出土

---

① 关于此方面问题的讨论，参见 Anthony J. Barbieri-Low and Robin D. S. Yates, *Law, State, and Society in Early Imperial China: A Study with Critical Edition and Translation of the Legal Texts from Zhangjiashan Tomb no. 247*, pp. 106 – 109；Robin D. S. Yates, "Reflections on the Foundation of the Chinese Empire in the Light of Newly Discovered Legal and Related Manuscripts"，载陈光祖主编《东亚考古学的再思——张光直先生逝世十周年纪念论文集》，台北"中央研究院"，2013，第 299～325 页；张忠炜《墓葬出土律令文献的性质及其他》，《中国人民大学学报》2015 年第 5 期，第 41～50 页；周海锋《秦律令之流布及随葬律令性质问题》，第 49～54 页。

② 广濑薰雄也提出了类似的问题，参见广濑薰雄《秦汉律令研究》，第 10 页；另见徐世虹《文献解读与秦汉律本体认识》，《"中央研究院"历史语言研究所集刊》2015 年第八十六卷第二分，第 258～260 页；张忠炜《墓葬出土律令文献的性质及其他》，第 47～48 页。

③ 参见陈梦家《汉简缀述》，中华书局，1980，第 278～279 页；徐世虹主编《中国法制通史第二卷：战国秦汉》，第 64～65 页；徐世虹《秦律研究》，第 93～103 页。

④ 李均明将诏令（"制书"和"诏书"，参见第 136 页脚注③的讨论）视为"书"大类下的子类，与"律令"类相区别，参见李均明《秦汉简牍文书分类辑解》，文物出版社，2009。南玉泉则认为汉"令"的内涵比"诏"更为狭窄，他指出"有些诏可补令、入令；有些诏可补律、入律；有些诏只是单纯的一项命令"。南玉泉：《秦令的演化及其在法律形式中的地位》，第 58 页。

⑤ 孟彦宏：《秦汉法典体系的演变》，《历史研究》2005 年第 3 期，第 28～33 页；张忠炜：《秦汉律令法系初编》，第 124～132 页；周海锋《浅析秦律之生成问题》，载《里耶秦简与秦文化国际学术研讨会论文集》，2017，第 66～72 页。广濑薰雄指出，秦汉律也是通过皇帝诏令分条单独制定，律的制定程序本身就是令的制定程序。但是，令直接反映诏令的原本形式，而律则可以视作令或诏令的正文部分，此部分并不包括本文归类的"附文"（详见下文）。参见广濑薰雄《秦汉律令研究》，第 171 页；徐世虹的观点相较之更为保守，她认为根据诏令的性质与内容，诏文的某些规定或可成为令或律。参见徐世虹《秦律研究》，第 72 页。——译者注：作者引述的观点位于本书第 2 章，该章撰写者为南玉泉。

木牍所载秦诏（见本文第 2. 1 部分）与张家山 247 号汉墓出土汉律集（见本文第 3. 1 部分）简 246～247 上的"田律"内容大同小异，即为例证。因诏、令、律的形式与内容存在重合的情况，有学者新提出，诏、令、律处于秦汉时期法典化的不同演变阶段，①它们并非不同的三种法律形式。②

本文将通过分析诏、令、律抄本中的"附文"（paratexts）来论证上述新观点。附文这一术语由热奈特（Gérard Genette）创设，用于理解正文之外或围绕正文、引导读者阅读并理解正文的文本元素。③附文最初是用于研究文学作品，但这个概念也被其他文本研究所使用并逐渐得以发展，这其中就包括了法律文本研究。④学者也开始在写本研究领域中挖掘附文概念的研究潜能。⑤尤其是近来的早期中国文学研究中，使用了附文的概念来研究文本的层次并重新诠释作者的概念，研究成果丰硕。⑥就笔者目前了解，中国秦汉法律中的附文现象还未被专门研究过，尽管这为研究早期法典化过程及写本文化相关方面，尤其是法律抄写过程中附文的变化提供

---

① 现代法律字典将法典化表述为：1. 将某部分、某部门法律汇编、整理、体系化后，有序编入法典（"The process of compiling, arranging, and systematizing the laws of a given jurisdiction, or of a discrete branch of the law, into an ordered code"）；2. 产生于以上过程的法典（"The code that results from this process"）；参见 Bryan A. Garner（ed）, *Black's Law Dictionary*, 8th ed., Thomson West, 2004, p. 275。根据这一定义，本文中所讨论的秦汉律集并非法典化的最终产物。因这些法律集通常未体现有计划的、体系化的整理，可以视作法典化过程中的早期产物。

② 关于此观点，参见孟彦弘《秦汉法典体系的演变》，第 28～33 页；于洪涛《论敦煌悬泉汉简中的"厩令"——兼谈汉代"诏"、"令"、"律"的转化》，《华东政法大学学报》2015 年第 4 期，第 141～150 页。

③ Gérard Genette, *Paratexte: Das Buch vom Beiwerk des Buches*, 6th ed., Translated by Dieter Hornig, Suhrkamp, 2016.

④ 比如罗马法律书籍中附文的研究，参见 Matthijs Wibier, "The Topography of the Law Book: Common Structures and Modes of Reading." In Laura Jansen（ed.）, *The Roman Paratext: Frame, Texts, Readers*, pp. 56–72。

⑤ 从写本研究角度对附文概念的介绍，参见 Giovanni Ciotti and Lin Hang, "Preface." In Giovanni Ciotti and Lin Hang（eds）, *Tracing Manuscripts in Time and Space through Paratexts*, De Gruyter, 2016, pp. vii–xii。

⑥ Du Heng, "The Author's Two Bodies: Paratext in Early Chinese Textual Culture", Doctoral dissertation, Harvard University, 2018; Du Heng, "The Author's Two Bodies: The Death of Qu Yuan and the Birth of *Chuci zhangju* 楚辭章句", *T'oung Pao* 105. 3–4（2019）, pp. 259–314.

了新的方法。①

这篇文章将会比较研究分别传播的单条诏的抄本与律令集抄本。本文分析将集中于诏、律、令的"附文框架"（paratextual frame），即诏、律、令文中起首、中间过渡及结尾部分的文本，这些文本并非为具法律效力的命令部分。这种"附文"包括了诏、律、令颁布的过程、参加制定过程的官吏、颁布日期等。本文认为，这些附文框架可用以论证单条诏可转化为律或令，又或由诏发展为令再转化为律。此外，可能是因诏、律、令被重复抄写与编辑而出现了不同的附文框架。尤其是附文字数减少且"证明性"（documenting）的附文被"组织性"（structuring）的附文取代，② 反映了法典化的前期过程，在此过程中单条诏的抄本发展为法律集。

二、 单条诏的抄本

在目前所见秦汉传世文献与出土文献中都有单条诏的抄本，它们不仅提供了关于当时立法程序的重要信息，且多数情形下还在很大程度上保留了诏令文书颁布时的原本形式。③ 下文将以三个例子来讨论单条诏的抄本：分别为战国、秦及西汉的三条诏。

2.1 出土于郝家坪 50 号秦墓的战国秦诏抄本

1979 年至 1980 年之间，位于四川省的郝家坪 50 号秦墓出土了一块长46 厘米、宽 2.5 厘米的木牍，其上抄写有一条秦武王（前 310~前 307 年在位）时期的诏。④ 诏的文本如下：

① 有学者关注并讨论了秦汉律和令的命名问题，比如陈松长《岳麓秦简中的几个令名小识》，《文物》2016 年第 12 期，第 59~64 页。但是，其研究只是涉及了秦汉法律附文中的一个方面。
② 关于附文的作用和分类，参见 Giovanni Ciotti and Lin Hang, "Preface.", p. vii。
③ 现存汉诏的概述，参见 Michael Loewe, *The Men Who Governed Han China: Companion to A Biographical Dictionary of the Qin, Former Han and Xin Periods*, Brill, 2004, pp. 522–546。
④ 考古报告，参见四川省博物馆、青川县文化馆《青川县出土秦更修田律木牍——四川青川县战国墓发掘简报》，《文物》1982 年第 1 期，第 1~21 页。

二年十一月己酉朔朔日，王命丞相戊（茂）、内史匽氏、臂更脩（修）《为田律》："田广一步，袤八则，为畛。晦（亩）二畛，一百（陌）道。百晦（亩）为顷，一千（阡）道。道广三步。封高四尺，大称其高。埒（埒）高尺，下厚二尺。以秋八月，脩（修）封埒（埒），正疆畔，及发千（阡）百（陌）之大草。九月，大除道及阪险。十月为桥，脩（修）波隄，利津□鲜草。虽非除道之时，而有陷败不可行，辄为之。"章手①

此秦诏用以规范如何设立与修缮田道、田界及其他设施，如堤坝及桥梁。秦诏文本中的标灰部分为当下讨论的重点，此部分作为诏令的附文，可以视作诏令正文内容的框架。附文提供了关于秦诏的丰富信息：（1）诏的颁布时间；（2）负责修改此条秦诏的官吏；②（3）此条新诏的内容所属法律类别；（4）负责处理青川出土秦诏的官吏人名，很可能是他将此诏抄于最终放置于墓中的木牍上。总体来看，附文字数约占秦诏正文字数的四分之一。

此条秦诏是为数不多的一个例子，既证实了秦律背后的立法程序，其内容还包括了现存最早的一条秦律文本。③目前已发现的秦汉律集中，附文信息通常限于如《田律》《盗律》等律名，这些或为单条律名或为律种类名（详见本文第3部分）。仅有为数不多的例子中，律起首处的附文即

---

① 本文视为附文的文本部分均以灰色标记。此条秦诏的释文与图片，参见陈伟主编《秦简牍合集（贰）》，武汉大学出版社，2014，第190、276~277页（释文标点有所改动）。

② 从此条诏令的文本来看，并不清楚是由秦武王还是其高层官吏起草修改了"为田律"。但此项工作更有可能由丞相与内史负责完成。

③ 关于此条秦诏与张家山汉简《二年律令》简246~247上的"田律"之间的关系，参见 Anthony J. Barbieri-Low and Robin D. S. Yates, *Law, State, and Society in Early Imperial China: A Study with Critical Edition and Translation of the Legal Texts from Zhangjiashan Tomb no. 247*, p. 710, n. 47。睡虎地秦简《为吏之道》的两条战国魏律中也有类似附文。此两条魏律制定于公元前252年，抄写于《为吏之道》简16~28的第五栏上。《为吏之道》的释文和图片，参见睡虎地秦墓竹简整理小组编《睡虎地秦墓竹简》，文物出版社，1990。关于战国、秦、汉时律的颁布程序，参见广濑薰雄《秦汉律令研究》，第146~158页。张忠炜指出，青川木牍秦"为田律"及两条魏律为早期律的"雏形"。张忠炜：《秦汉律令法系初编》，第126页。

习用语"自某年某月某日以来"说明了律颁布的日期。①

2.2 石刻秦诏的两种形式

流传下来的金刻与石刻秦诏中，琅琊石刻尤为有名，刻于秦始皇石刻之侧。秦二世元年巡视琅琊时，颁布了此条秦诏。② 当秦二世看到其父亲秦始皇所立刻石，③ 认为有必要在其上再刻诏以彰显父亲的功绩：

皇帝曰："金石刻尽始皇帝所为也。今袭号而金石刻辞不称始皇帝，其于久远也如后嗣为之者，不称成功盛德。"

丞相臣斯、臣去疾、御史大夫臣德昧死言："臣请具刻诏书金石刻，因明白矣。臣昧死请。制曰："可。"④

此条秦诏被逐字记载于《史记》。⑤ 此外，此条秦诏的类似版本还刻于许多

---

① 周海锋搜集了龙岗6号墓残秦简及岳麓秦简《亡律》简中包含日期信息的秦律。周海锋：《浅析秦律之生成问题》，上海辞书出版社，2016，第66~72页。其他三个包含日期信息的秦律例子，参见陈松长主编《岳麓书院藏秦简（肆）》，上海辞书出版社，2016，第53、64页。在此感谢劳武利，他指出因龙岗秦简残损严重，很难判断秦简中是否只包含秦律，或也可能混有秦令。岳麓秦简中也存在同样的问题。尽管由《亡律》标题来看，其只含有秦律，但也有可能有关秦令之后被编入此秦律集，但律集的标题并未更改。岳麓秦简《亡律》的部分文本或源于其他种类的律或令，参见彭浩《谈〈岳麓书院藏秦简（肆）〉部分竹简的归类》，载马聪、王涛、曹旅宁主编《出土文献与法律史研究现状学术研讨会论文集》，暨南大学出版社，2017，第1~6页。此外，郝家坪秦"为田律"和睡虎地秦简魏律也可证明存在包含颁布日期信息的秦律。叶山甚至提出，如睡虎地秦律那样不包含日期信息的律为"不完整的"抄录。参见叶山《秦的法律与社会——关于张家山〈二年律令〉等新出土文献的思考》，载郭齐勇主编《儒家文化研究》第一辑，生活·读书·新知三联书店，2007，第311页。
② （汉）司马迁：《史记》卷六《秦始皇本纪》，中华书局，1959，第267页。
③ 关于这些石刻秦诏的研究，参见 Martin Kern, *The Stele Inscriptions of Ch'in Shih-huang: Text and Ritual in Early Chinese Imperial Representation*, American Oriental Society, 2000。
④ 严可均主编：《全上古三代秦汉三国六朝文》，中华书局，1958，第123页。秦二世诏的琅琊山遗存石刻拓本及泰山两块残存石刻拓本，见 Martin Kern, *The Stele Inscriptions of Ch'in Shih-huang: Text and Ritual in Early Chinese Imperial Representation*, p. 24 and p. 16。重刻于公元993年的峄山石刻的拓本，见 Lothar Ledderose und Adele Schlombs（eds）*Jenseits der Großen Mauer: Der Erste Kaiser von China und seine Terrakotta-Armee*, Bertelsmann Lexikon Verlag, 1990, p. 245。
⑤ （汉）司马迁：《史记》卷六《秦始皇本纪》，第267页。在此需感谢石安瑞（Ondřej Škrabal），他发现琅琊山令中提到了金刻与石刻，但在《史记》版本的诏令中记载为"请具刻诏书刻石"。这说明当时可能分别有两次请奏，一次为请奏石刻，一次为请奏金刻。

秦权或其所附"诏版"上：

> **元年制诏丞相斯、去疾：** "法度量尽始皇帝为之，皆有刻辞焉。今袭号而刻辞不称始皇帝，其于久远也，如后嗣为之者，不称成功盛德。刻此诏故刻左，使毋疑。"①

将以上两个版本的秦诏相比较，其主要文本大体相同。但是，刻于秦始皇所立石刻上的秦诏版本为"金石刻"，刻于秦权或其所附"诏版"上的秦诏则为带有刻辞的"法度量"。两种版本的秦诏实际上都是加刻于秦始皇已有刻文上，但应该是为了适应秦诏所刻不同载体而导致两者的文本存在细微差异。② 值得注意的在于这两个版本的秦诏结尾部分，将秦诏刻于载体（与已有始皇刻文相关）的指令稍有不同，并再次强调秦诏制定的目的。但第二个版本的秦诏中，其指令本源自皇帝高层官吏的奏请已不再明显。③

以上两条秦诏附文框架的不同更值得注意，因由其可以了解诏的颁布程序。虽然两条秦诏最初皆由秦二世颁布，但琅琊秦诏的立法程序为三个步骤：一为皇帝的方案；二为高层官吏"请"；三为皇帝"制曰可"。④ 秦权诏的立法程序则省为"制诏"。⑤ 此外，秦权诏只提到了两位丞相名，琅琊秦诏还提到了御史人大名。此两条秦诏皆未提供日期信息，但秦权诏指明了"元年"。

---

① 此处引用的秦诏文本，参见严可均主编《全上古三代秦汉三国六朝文》，第59~60页。此版本的秦诏也见于现存的诏版，参见王辉《秦铜器铭文编年集释》，三秦出版社，1990，图161~173。秦权拓本，见 Lothar Ledderose und Adele Schlombs（eds），*Jenseits der Großen Mauer: Der Erste Kaiser von China und seine Terrakotta-Armee*, p. 231, Fig. 182。

② 因诏令的第一种版本提到了金刻与石刻，应该也将铜所铸度量上的金刻包括在内。

③ 两条秦诏的这部分内容属于"诏文"还是属于"附文"，也值得讨论。但因秦汉诏常由高层官吏提出议案（如本文 4.1 及 4.2 讨论的秦令）而制定，其议案提出的术语为"请"，琅琊秦诏及秦权诏中"请"的内容应视为"诏文"。并且，这部分也是秦诏下令的内容。

④ 此种制诏对应大庭脩总结汉代制诏的第三种形式，参见大庭脩《秦漢法制史の研究》，第230页；广濑薫雄《秦漢律令研究》，第93页。

⑤ 关于术语"制诏"的解释，参见 Enno Giele, *Imperial Decision-Making and Communication in Early China: A Study of Cai Yong's Duduan*, p. 215。

总之，第一个版本的秦诏被刻于纪念石刻上，后又为《史记》记载，构架其内容的附文共计 27 字。[1] 第二个版本的秦诏则被刻于众多秦权上，其内容所附附文简短得多，不超过 9 字。相较之，两个版本的秦诏附文字数与秦诏正文字数比分别为 1∶2 与 1∶5。由此来看，秦诏抄本的功能或地位也影响了其所附附文长度。在众多秦权上制刻秦诏的实际状况也有可能是促使秦诏抄本的附文框架减省的原因。其所源自的秦诏原本的结构应更为精巧，并被用于其他场合，如在重要仪式场合的已立石刻上再增刻纪念刻文。

2.3　西北边境官署出土的汉令抄本

本文讨论的第三个例子是《元康五年诏书册》，这是目前所见汉诏最完整的抄本。据大庭脩复原，该诏书册应由 8 枚长度为 23 至 24 厘米的木简组成。1930 年，简册出土于古代边境肩水候官的遗址（A33），位于汉帝国的西北边境即今天的甘肃省境内。[2] 此条汉诏与公元前 61 年的夏至仪式相关：

御史大夫吉昧死言，丞相相上大常昌书言："大史丞定言：'元康五年五月二日壬子日夏至，宜寝兵，大官抒井，更水、火，进鸡鸣。谒以闻，布当用者。'臣谨案：比原泉御者，水衡抒大官御井，中二千石、二千石令官各抒，别火（10.27）官先夏至一日，以除隧取火，授中二千石、二千石官在长安、云阳者，其民皆受，以日至易故火。庚戌寝兵，不听事尽甲寅五月。臣请布。臣昧死以闻。"（5.10）制曰："可。"（332.26）

元康五年二月癸丑朔癸亥，御史大夫吉下丞相。承书，从事。下当用者，如诏书。（10.33）

---

[1] 因秦汉简牍中"大夫"常被写作一字，故算为一字。琅琊秦诏中的"大夫"也被写作一字，见拓本照片右数第九行第二字，Martin Kern, *The Stele Inscriptions of Ch'in Shih-huang: Text and Ritual in Early Chinese Imperial Representation*, p. 24。

[2] 参见 Bo Sommarström, *Archaeological Researches in the Edsen-gol Region, Inner Mongolia. Volume 2*, Statens Etnografiska Museum, 1958, pp. 315 – 340。

二月丁卯，丞相相下车骑将军、将军、中二千石、二千石、郡太守、诸侯相。承书，从事。下当用者，如诏书。少史庆、令史宜王、始长。（10·30）

三月丙午，张掖长史延行太守事，肩水仓长汤兼行丞事，下属国、农、部都尉、小府、县官。承书，从事。下当用者，如诏书。／守属宗、助府佐定。（10·32）

闰月丁巳，张掖肩水城尉谊以近次兼行都尉事下候、城尉。承书，从事。下当用者，如诏书。／守卒史义。（10·29）

闰月庚申，肩水士吏横以私印行候事下尉、候长。承书，从事。下当用者，如诏书。／令史得（10·31）①

此汉诏由三个主要部分构成，这些部分也见于其他类似的诏中。第一部分（简 10.27 及 5.10）为御史大夫丙吉（逝于前 55 年）向汉宣帝（前 74~前 49 年在位）请奏，并向皇帝上奏了由大史丞定呈送的奏文，提出以元康五年五月二日壬子日为夏至日，应行寝兵、改水火等事项。御史大夫丙吉据此奏议，更为详细地描述了各级官吏应采取的措施。汉诏的第二部分（简 332.26）内容简短，为皇帝的许可，如上文所举例子，以"可"批准诏令。此两部分反映了汉诏订立的一种程序，由高层官吏提出议案并获得皇帝许可。② 汉诏的第三部分（简 10.33 至简 10.31）则为诏的下行传递记录，此诏经由数次抄录，最终由邻近西安的中央朝廷传至汉帝国遥远的西北边境。

从元康五年汉诏可见诏中附文框架可以增加的范围与程度。由诏的第

---

① 简 5.10，10.27，10.29，10.30，10.31，10.32 和 10.33 的图片和释文，参见简牍整理小组编《居延汉简（壹）》，"中央研究院"历史语言研究所（台北），2014，第 17、36~37 页；简 332.26 的图片和释文，参见简牍整理小组编《居延汉简（肆）》，"中央研究院"历史语言研究所（台北），2017，第 28 页。（释文标点有所改动）

② "元康五年诏"的制定程序与上文两个版本的秦诏稍有不同。秦诏的制定由皇帝根据自己的意志提出议案。

一、二部分来看，很难确定大史丞定呈奏的内容是为诏令的正文还是附文。如将其算作附文，则此诏的正文为67字。① 此正文的附文包括了起首与结束部分，总计68字，反映了诏的订立程序及其相关的官吏。上文讨论的例子中也有与之类似的附文框架形式。诏的第三部分全为附文，长达193字，记载了诏的传播，如何由中央朝廷传至西北边境。2000余年后元康五年诏正是在此地出土。总之，67字的诏正文附随了261字的附文。②

由目前所知对汉代邮递和文书传递系统的了解来看，这些在边境官署遗址出土的诏令抄本并非为中央朝廷制作，更非在皇帝的直接监管下制作。官府收到诏令抄本后，一般不会将此抄本下行传至其他官府，而是将其作为档案保存，再制作新的诏令复本用于下行传递。③ 这也就是说，此处讨论的元康五年诏为诏抄本的抄本的抄本（等等）。据纪安诺统计，中央朝廷的丞相府至少需制作约120份诏抄本，才可将诏传遍至长安、各郡及王国的官府。④ 郡廷收到诏抄本后，分别再制作诏抄本下行传至其辖内各县。⑤ 总之，在诏的传递过程中，至少应由不同级别的官府制作了数以百计的诏抄本。遗憾的是，因目前还未发现中央朝廷保存的元康五年诏原本，我们也就无法将诏原本与讨论的此份诏抄本相比较。但据边境出土的此诏抄本中的许多特征来看，它与诏原本在许多方面应是相似的，比如诏的文本及其布局。

蔡邕（133~192）的《独断》中记载了官吏上奏皇帝与皇帝下诏的各种文书标准。此处讨论的诏令正好部分反映了这些文书格式。接下来需要讨论的就是，可以区分御史大夫上奏与皇帝下达命令这两者的文本布局方式（参见图1）。

---

① 因原简上代以重文符号的字不计入字数，此处字数有所减省。
② 需要强调的是，因不同官府所处地理位置不同，官府收到的诏抄本中关于其下行传递记载的内容与字数长度也有所区别。
③ Tsuchiguchi Fuminori 土口史記, "Relaying and Copying Documents in the Warring States, Qin, and Han Periods." In Nagata Tomoyuki (ed.), *Documents and Writing Materials in East Asia*, Institute for Research in Humanities, Kyoto University, 2014, pp. 29 – 51.
④ Enno Giele, "Signatures of 'Scribes' in Early Imperial China", *Asiatische Studien/Etudes Asiatiques* 59.1 (2005), pp. 353 – 387. 此传递步骤，参见简10.30上的记录。
⑤ 此传递步骤，参见简10.32上的记录。

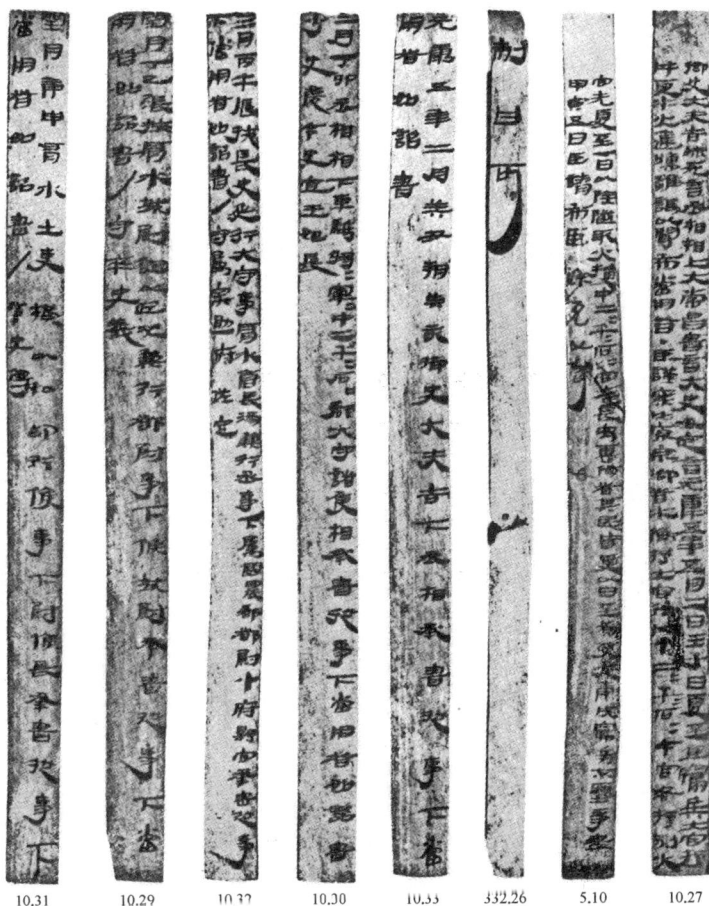

图1 居延遗址 A33 出土的《元康五年诏书册》（大庭脩复原）①

　　与其他简上的简文顶头书写不同，前两枚简上的简文缩进书写。此种书写布局下，皇帝的许可除以大号字体书写外，其在简册上书写的位置也高过其臣下上奏的议案。② 并且，此诏的奏文中提及了御史大夫、丞相及其

---

①　这张图片见于大庭脩《秦漢法制史の研究》。简号为本文所添加。

②　蔡邕将其文本的此种布局特征称为"需头"，参见 Enno Giele, *Imperial Decision-Making and Communication in Early China: A Study of Cai Yong's Duduan*, p. 309. 此处讨论的元康五年诏抄本应为现存最早的一个例子，除皇帝的许可外，其余文本大部分都缩进书写（诏的传递记并未缩进书写）。其后，此种布局特征还使用于石刻诏文上；参见冨谷至《文書行政の漢帝国：木簡、竹簡の時代》，名古屋大学出版会，2010，第32~37页。此外，秦时也有例子显示，诏文中除了"始皇帝"的称号外，其余文本内容皆为缩进（转下页注）

他官吏名,在奏文原本中也应包含这些信息。① 诏奏文的起首和结束部分皆有习用敬辞"昧死闻"及"臣昧死以闻"。秦时,就已有使用相同或类似的敬辞。② 这些文本布局特征与习用敬辞的使用都体现了皇帝权威,它们的使用使得皇帝所下之诏文及其诏文抄本皆具权威性。③ 实际上,诏抄本中传递皇帝权威的这些文本特征正与本文此处研究相关,因其也可视作诏附文框架中的一部分。④ 此份元康五年诏的抄本中,附文框架约占全文的三分之一。

将本文讨论的诏抄本与汇编有众多律令的法律集抄本相比较,两者的附文框架具有明显的差别。如下文3、4部分将看到的,法律集中的律与令文带有比较简略的附文框架。可见,诏颁布之后,其附文显著减少。

三、律 集 抄 本

自 1970 年以来,在中国中部尤其是湖北省的墓葬中陆续出土了抄有秦

(接上页注②)书写,由此来看,很早之前,此种布局特征已为诏文书写所使用。比如,秦权上所抄的诏（即本文 2.2 中讨论的第二个版本）。拓片见于 Lothar Ledderose und Adele Schlombs (eds), Jenseits der Großen Mauer: *Der Erste Kaiser von China und seine Terrakotta-Armee*, p. 231, Fig. 182。

① Enno Giele, *Imperial Decision-Making and Communication in Early China: A Study of Cai Yong's Duduan*, p. 310. 上文讨论的秦诏中就有使用此类敬辞。

② 据《独断》记载,习用语"昧死言"的使用可追溯至秦代,参见 Enno Giele, *Imperial Decision-Making and Communication in Early China: A Study of Cai Yong's Duduan*, p. 311。上文 2.2 中讨论的秦诏（第一个版本）为一例证。

③ 此处需要指出,文本布局与习用敬辞虽体现了皇帝权威,但这些特征并不足以证明官府所接收的诏抄本的真实性。当时,判断诏抄本的真伪主要依据其上的封印,也就是发出诏抄本的官吏在封泥上所留之官印。即使诏抄本上的封印与中央朝廷官吏所用之封印并不相同,但诏抄本仍可据其传递记录中记载的一连串抄写过程溯源至中央朝廷保存的诏原本。

④ 有学者认为,从物理和视觉层面,用于改变阅读文本空间的特征如字母的大写皆为附文特征。Laura Jansen, "Introduction: Approaches to Roman Paratextuality." In Laura Jansen (ed.), *The Roman Paratext: Frame, Texts, Readers*, pp. 10 - 11. 根据此解释,文本的布局特征比如缩进书写也可视为附文。参见 Gérard Genette, *Paratexte: Das Buch vom Beiwerk des Buches*, translated by Dieter Hornig, p. 14。在早期中国,文本布局特征及敬辞应由"式"所确定,诏令抄本也需遵从"式"的要求。在此感谢马增荣提出此建议。"式"的形式,参见 Anthony J. Barbieri-Low, "Model Legal and Administrative Forms from the Qin, Han, and Tang and their Role in the Facilitation of Bureaucracy and Literacy", *Oriens Extremus* 50 (2011), pp. 125 - 156;邢义田《从简牍看汉代的行政文书范本——"式"》,载《治国安邦》,中华书局,2011,第 450~472 页。由这些看来,"式"不仅影响了附文,而且附文本身也是"式"所设立的一系列文本特征中的重要组成部分。

汉法律的律集。绝大多数墓葬的年代为公元前 3 世纪至公元前 2 世纪。到目前为止，总共有六个墓中发现了抄写于简上的秦汉律集（见表1），[①] 其年代约为公元前 220 年至公元前 150 年的 70 年间。从写本特征来看，这些墓葬出土的十一个简册惊奇地相似：皆由长 27 至 30 厘米、宽 0.5 至 1 厘米的竹简制成，并以三根编绳编连起来。[②] 下文将主要讨论表中加粗的三个简册。其中一个简册，除律以外，还包括了许多令。[③]

表1 出土竹简所见秦汉律集概览（以下葬年代为顺序排列）[④]

简册编号	出土墓葬	下葬年代	竹简数	简长（cm）	简宽（cm）	编绳数
1	**睡虎地 11 号秦墓**	**约公元前 217 年**	**201**	**27.5**	**0.6**	**3**
2	睡虎地 11 号秦墓	约公元前 217 年	60	27	0.6	3
3	睡虎地 11 号秦墓	约公元前 217 年	42	27.5	0.6	3
4	不详（岳麓）	约公元前 3 世纪末	105	29～30	0.5～0.6	3
5	**不详（岳麓）**	**约公元前 3 世纪末**	**178**	**27.5**	**0.5～0.6**	**2**
6	王家台 15 号秦墓	公元前 278～前 207 年	72	>34.5	0.7～1.1	3

---

① 此表中所列的岳麓秦简（编号4、5）的来源不详，由湖南大学岳麓书院从香港文物市场购得。不过，岳麓秦简来自湖北地区的被盗掘古墓的可能性较大。参见史达《岳麓秦简〈廿七年质日〉所附官吏履历与三卷〈质日〉拥有者的身份》，《湖南大学学报》2016 年第 4 期，第 10～17 页。表1 "出土墓葬" 这列中以 "不详（岳麓）" 表示岳麓秦简。

② 例外的情形为，表1 中 6 号的王家台 15 号墓出土简册抄于较长的竹简上，5 号的岳麓秦简简册由两根编绳编连。

③ 关于秦汉令的编纂，参见本文第 4 部分。

④ 表中简册 1、2、3，见云梦睡虎地秦墓编写组编《云梦睡虎地秦墓》，文物出版社，1981；睡虎地秦墓竹简整理小组编《睡虎地秦墓竹简》；简册 4、5，见陈松长主编《岳麓书院藏秦简（肆）》；简册 6，见荆州地区博物馆《江陵王家台 15 号秦墓》，《文物》1995 年第 1 期，第 37～43 页；王明钦《王家台秦墓竹简概述》，载艾兰、邢文主编《新出简帛研究》，文物出版社，2004，第 26～49 页；简册 7，见中国文物研究所、湖北省文物考古研究所编《龙岗秦简》，中华书局，2001；简册 8，见彭浩、陈伟、工藤元男编《二年律令与奏谳书——张家山二四七号汉墓出土法律文献释读》，上海古籍出版社，2007；简册 9，见荆州地区博物馆《江陵张家山两座汉墓出土大批竹简》，《文物》1992 年第 9 期，第 1～11 页；简册 10、11，见湖北省文物考古研究所、云梦县博物馆《湖北云梦睡虎地 M77 发掘简报》，《江汉考古》2008 年第 4 期，第 31～37 页。

续　表

简册编号	出土墓葬	下葬年代	竹简数	简长（cm）	简宽（cm）	编绳数
7	龙岗 6 号秦墓	公元前 208～前 200 年	293	28	0.5～0.7	3
8	**张家山 247 号汉墓**	**约公元前 186 年**	**526**	**31**	**0.6**	**3**
9	张家山 336/136 号汉墓	公元前 173～前 167 年	372	30	0.6	3
10	睡虎地 77 号汉墓	公元前 157～前 141 年	306	27～27.9	0.55	3
11	睡虎地 77 号汉墓	公元前 157～前 141 年	544	27.5	0.5	3

尽管这些简册最终的功能都是作为随葬品被放置于低级官吏的墓中，但它们表现的文本结构和汇编形式应非只限于墓葬环境。至少墓葬出土的有些简册很可能曾被墓主或其他人用于日常事务。[①] 但是，由目前已知秦代的律集来看，它们并不是以体系完整或固定的形式抄写后再传播到不同级别的官府。[②] 因此，这些简册中收录律的种类不同，其结构形式也并不同。

3.1　张家山 247 号汉墓出土的汉律集

本文讨论的第一个秦汉律集为 1983～1984 年出土于张家山 247 号汉墓的《二年律令》，简册由至少 526 枚竹简构成。[③]《二年律令》简文含《田律》《盗律》等 27 种律，另有 18 条《津关令》令文。[④]《二年律令》中，

---

① 如周海锋指出，岳麓秦简上有校雠标记。参见周海锋《秦律令之流布及随葬律令性质问题》，第 51～52 页。李安敦和叶山则认为，张家山 247 号汉墓（下文 3.1 讨论的简册 8）出土的律令集《二年律令》及其他墓葬中出土的律令集，或最初制作为练习文本，后被卖作随葬品，又或由葬品制作工室专门为了随葬而抄写。参见 Anthony J. Barbieri-Low and Robin D. S. Yates, *Law, State, and Society in Early Imperial China: A Study with Critical Edition and Translation of the Legal Texts from Zhangjiashan Tomb no. 247*, p. 107。
② 参见张忠炜《秦汉律令法系初编》，第 78～86、91～94 页。广濑薰雄指出，目前出土的律集并非以官方形式传播，而是官吏摘选或编纂法律文本的结果，因此带有一定的私人性。参见广濑薰雄《秦汉律令研究》，第 172 页。
③《二年律令》简的图片和释文，参见彭浩、陈伟、工藤元男编《二年律令与奏谳书——张家山二四七号汉墓出土法律文献释读》。
④ 下文 4.1 将重点讨论《津关令》。

同属一类的律条和令条排列于一起，② 每类律、令皆以末简另简单独书写有律、令名副标题，且其上以正方形符号突出显示（图 2）。

除各类律、令名外，《二年律令》简文中随附的附文还有写于首简上的律集题名"二年律令"，③ 以及由经整理小组复原的末简上所写用于总结律集内容的"律令二十□种"。

如果算上《二年律令》中"律"这一部分的所有附文，即律名副标题与简 81 上的标记，④ 27 枚简上的附文总计 66 字，其余 459 枚简上则没有任何附文。与上文讨论的修改订立"为田律"的郝家坪秦诏相比，《二年律令》简文中的附文没有提供律的颁布日期和订立程序等相关信息。⑤

遗憾的是，《二年律令》是目前为止唯一全部出版的汉代律集。但据张家山 336/136 号汉墓及睡虎地 77 号汉墓的考古发掘报告中提供的少量信息，也可

图 2
张家山 247 号汉墓出土《二年律令》简 439 的"金布律"标题简（局部）。①

---

① 李安敦和叶山指出，《二年律令》中的空白简应是用于分隔不同类的律条。Anthony J. Barbieri-Low and Robin D. S. Yates, *Law, State, and Society in Early Imperial China: A Study with Critical Edition and Translation of the Legal Texts from Zhangjiashan Tomb no. 247*, pp. 48 – 49。

② 此张彩图，见张家山二四七号汉墓竹简整理小组编《张家山汉墓竹简〔二四七号墓〕》，文物出版社，2001。

③ 多数学者认为，此二年为"吕后二年"（前 186）。叶山和李安敦回顾了学界对这一问题的研究，总结认为尽管律集中包含了经过很长时间制定或修改的律、令，此律集的时间只可能是公元前 186 年。Anthony J. Barbieri-Low and Robin D. S. Yates, *Law, State, and Society in Early Imperial China: A Study with Critical Edition and Translation of the Legal Texts from Zhangjiashan Tomb no. 247*, p. 64.

④ 《二年律令》简 81 的"盗律"标题简上另写有"郑□书"，应为书手题名。关于此标记的不同理解，参见 Anthony J. Barbieri-Low and Robin D. S. Yates, *Law, State, and Society in Early Imperial China: A Study with Critical Edition and Translation of the Legal Texts from Zhangjiashan Tomb no. 247*, pp. 458 – 460。

⑤ 《二年律令》简 246~247 的"田律"与郝家坪秦诏的内容大致相同，但其文本稍有改动。参见 Anthony J. Barbieri-Low and Robin D. S. Yates, *Law, State, and Society in Early Imperial China: A Study with Critical Edition and Translation of the Legal Texts from Zhangjiashan Tomb no. 247*, p. 710, n. 47。

作出一些相关推测。① 这三个墓葬中出土发现的律集所包含的律种类相似，并且属于同类的律也归于一起，且由标有方形框号的律名副标题予以区分。因此，目前所知的汉代律集的文本组织结构原则相同，皆以附文即不同种类的律名副标题对其所属律条分组。②

3.2　睡虎地 11 号秦墓出土的秦律集

秦代的律集与上文讨论的汉律集区别明显。目前已知最早的秦律集在45 年前于睡虎地 11 号秦墓出土。③ 此墓出土的各简册年代应早于公元前217 年，相较《二年律令》已是至少 30 年前。墓中随葬的最大律集为《秦律十八种》，原无题名，由整理小组命名。④《秦律十八种》原由约 200 枚竹简组成，含有 109 条秦律，分别属于十八种律。但相较上文讨论的《二年律令》，《秦律十八种》并没有专门带律名副标题的简。每条秦律末附随有简短的附文，用以指明其所属律名，并且同于《二年律令》，其秦律律文中也没有其颁布日期与订立程序的相关附文信息。

整理小组编辑《秦律十八种》时，将书写有相同律名的律条归于一起。因此，整理后的《秦律十八种》以六条"田律"为首，其后为三条"厩律"，依次如此排列下去。尽管初看上去，此种简序排列方式颇有道理，但可能并未真实反映此律集的原本结构。⑤ 整理小组只在《凡例》中简要说明了他们是"根据文句衔接情况和出土位置"编排简序。⑥ 除此之外，只有考古报告中的一张图粗略显示了竹简被放置于墓主身体旁边，因此，读者只有相信整理小组编排的简序。⑦ 并且，由同时代的岳麓秦律集

---

① 考古报告，参见荆州地区博物馆《江陵张家山两座汉墓出土大批竹简》，第 1～11 页；湖北省文物考古研究所、云梦县博物馆《湖北云梦睡虎地 M77 发掘简报》，第 31～37 页。

② 如《二年律令》中的附文如律集题名与文本内容小结，是否也在其他汉律集中普遍存在，目前还难以断定。

③ 考古报告，见云梦睡虎地秦墓编写组编《云梦睡虎地秦墓》。

④ 《秦律十八种》的图片与释文，参见睡虎地秦墓竹简整理小组编《睡虎地秦墓竹简》。

⑤ 永田英正对整理小组作出的秦律排序提出了质疑，指出并不能将其编排出来的释文看作完整无缺的东西。他指出，有可能《秦律十八种》的简原本是作为两个简册。永田英正：《居延汉简研究》，张学锋译，广西师范大学出版社，2007，第 462～463 页。

⑥ 睡虎地秦墓竹简整理小组编：《睡虎地秦墓竹简》，第 3 页。

⑦ 云梦睡虎地秦墓编写组编：《云梦睡虎地秦墓》，第 13 页。

来看，《秦律十八种》的简序编排确实存在疑问。

3.3 岳麓书院藏秦律集

此部分讨论的最后一个律集，为岳麓书院所收藏。这批秦简由湖南大学岳麓书院于 2007 年从香港文物市场购得，岳麓秦简很可能是由位于湖北的一个秦墓中盗掘出土，后流传于香港文物市场。据岳麓秦简中的三份质日来推测，岳麓秦简的年代应为公元前 3 世纪晚期。① 其中一个简册由至少 178 枚竹简组成，抄有属于十九种不同律的 62 条秦律。② 与上文所讨论的睡虎地秦简《秦律十八种》相同，此律集中的每条律都另起新简书写，并被归于一种律。但是，较之睡虎地秦律，此律集中的附文位于秦律正文前而以"律曰"的形式指明其所属律种类。此外，相较于《秦律十八种》，此秦律集的简序编排更为可信。③ 初看起来，此律集与《秦律十八种》非常相似，但这个律集中同类的许多律条却分散于律集的不同位置。比如说，《金布律》《司空律》《内史杂律》《具律》和《兴律》的律条分列于简册的两处位置，《田律》和《徭律》的律条甚至分列于简册的三处位置。此外，律集中还含有近乎相同的两条"田律"，一条位于卷首处，另一条则近于卷末处。④

---

① 岳麓秦简的初步报告，参见陈松长《岳麓书院所藏秦简综述》，《文物》2009 年第 3 期，第 75~88 页。

② 岳麓秦简的照片与释文，参见陈松长主编《岳麓书院藏秦简（肆）》。整理小组将此简册本命名为"第二组"。

③ 岳麓秦简此卷册许多简的简背上可见其他简正面文字的反印文。因反印文体现了卷册原有的立体三维结构，借助于其提供的线索，可以大致复原卷册中的简序，也就是律集中律条的排序。关于以反印文复原简册的方法，参见史达《岳麓秦简〈为狱等状四种〉卷册一的编联——依据简背划线和简背反印字迹复原卷轴原貌》，李婧嵘译，《湖南大学学报》2013 年第 3 期，第 20~25 页；卷册复原考虑的其他因素，参见陈松长主编《岳麓书院藏秦简（肆）》，前言。

④ 简 115 和简 280，见陈松长主编《岳麓书院藏秦简（肆）》。"田律"的两个版本都规定，近田地居住的黔首不得向田农卖酒。实际上，负责书写近卷末处这条"田律"的书手应该是意识到了其所抄的"田律"与卷首"田律"相近，因此他还特地在律末书了附文"第乙"，应用于表示此为那条"田律"的第二个版本。书手决定抄写此版本的"田律"，也许是因为其律文虽与第一个版本相近，但并非完全相同，而他抄写时又无法确定哪个版本的"田律"律文正确。律文版本稍有不同的秦律也见于睡虎地秦简《秦律十八种》中，但在有些情况下这些秦律分属于不同种类的律。参见江村治树《雲夢睡虎地出土秦律の性格をめぐって》，《東洋史研究》1981 年第 40 卷第 1 期，第 1~26 页；佐佐木研太《出土秦律书写形态之异同》，《清华大学学报》2004 年第 4 期，第 48~55 页。

看上去，此秦律集的编纂并未形成体系，更像是日常工作中形成的抄本。作出此判断的主要原因在于，此律集中的同类律条并未如汉《二年律令》及其他律集那样，归于一起。但此秦律集与上文讨论的其他秦汉律集在有点上是相同的，即他们都没有关于秦汉律颁发日期与订立程序的附文信息。

3.4　秦律集与汉律集的对比分析

就如上文所见，秦律集的律条编排方式及其原因仍不清楚，而且睡虎地秦简《秦律十八种》现有的律条排序只是整理小组整理的结果，不一定反映其原有简序。假设同类秦律本就归于一起，那么更合理的方式则是，如汉律集那样，由书手或律集的汇编者为这些秦律设立律名副标题。这样不仅有助于对同类律条分组归类并确定其位置，也可缩减重复出现的附文。即使秦已将律条归类并命名，但目前仍未有证据显示，如后来的汉那样，秦将不同类别的律分组归于副标题之下，再汇编入律集。①

由秦到汉，律集汇编总体朝着更具系统性与一致性的方向发展。换言之，汉代律集编纂时应已有一个具体的计划，这体现在律的合理分类、更具有选择性或针对性的律名副标题的附文，以及综合性标题的使用上。至少目前出土的部分秦律集并没有类似的编纂计划。由岳麓秦简的秦律集来看，律并非依据其所属种类分组排列。为单条秦律分别使用律名附文，实际上反映了律条编排依据的是其他原则，如更有可能是根据年代编序。②

---

① 表1中所列出土睡虎地秦简简册2和岳麓秦简简册4也提供了例证，秦将律分类后归入其所属律名下。这两个简册分别只含有秦《效律》和《亡律》律条，但单独律条则未被命名。秦简的图片和释文，见睡虎地秦墓竹简整理小组《睡虎地秦墓竹简》；陈松长主编《岳麓书院藏秦简（肆）》。康佩理通过细致分析睡虎地秦简《效律》，发现其律条之间存在互相援引的现象。Ernest Caldwell, *Writing Chinese Laws: The Form and Function of Legal Statutes Found in the Qin Shuihudi Corpus*, Routledge, 2018, pp. 99 – 104. 关于汉代《二年律令》中律条援引的现象，参见张忠炜《秦汉律令法系初编》，第99~104页。律条援引说明律在被汇编入律集时曾有过编辑过程。比如，岳麓秦简《亡律》在完成后经过了多次补充，并且其所补充律文明显与《亡律》内容相关。参见纪婷婷、张驰《〈岳麓秦简亡律〉编连刍议》，《出土文献》第十三辑，中西书局，2018，第231~276页。岳麓秦简《亡律》也可以发现律条之间的互相援引，这有可能是新律条被补入《亡律》的结果。参见欧扬《岳麓秦简〈亡律〉日期起首律条初探》，《法律史译评》第八卷，中西书局，2020，第55~71页。

② 根据年代顺序对令进行编排的例子，参见徐世虹主编《中国法制通史第二卷：战国秦汉》，第266~269页。

不同的编序方式也可反映律集的不同制作模式。汉律集，更有可能是经由一个持续的抄写过程完成，秦律集则有可能是经过长时间的不同阶段而逐步汇编完成。如上文讨论的岳麓秦律集就有可能是由一段时间内如一年甚至多年内新制定或修改的秦律汇编而成。① 不难想象，这样的汇编模式，基本上会造成大量大同小异的律集。其中也应包括了官吏出于实用目的而编纂的具"私人"特征但与其事务相关的法律集抄本。这些律集不一定都经由官府校雠。至少，目前已知的秦律集更有可能由此产生。相较之下，汉律集变化较大，法律颁布与传播的方式有所不同，司法官吏将这些法律编纂入律集的方式也有所不同。②

四、令集的抄本

如上文2部分讨论，绝大多数令都源于皇帝的诏。但令与诏不同之处在于，令与律相似，经过了分类与汇编的程序，并由此被命名及被标号。③下文主要讨论令集的两个抄本，一个是上文讨论过的张家山汉简《二年律令》，另一个是岳麓秦简中的令集。

4.1 张家山247号汉墓出土的汉令集

除了大量汉律以外，《二年律令》中还包含了被归入《津关令》的18

---

① 为避免抄写法律过程中出现错误，且保证法律得以准确传播，秦建立了每年定期校雠法律的制度。校雠过程中，可由地方官府将其律集或令集呈交上级官府进行校雠。因秦代官府需抄写其职事范围所涉的秦律，在法律校雠过程中，也有可能对单独的律条分别予以校雠。参见陈中龙《从秦代官府年度律令校雠的制度论汉初〈二年律令〉的"二年"》，《法制史研究》（台北）2015年第27期，第203~236页。
② 从汉律分类与编排来看，汉律集结构上的统一性，是值得研究的问题。有学者将罗马法律书籍的统一结构称为"地形学"（topography）。参见 Matthijs Wibier, "The Topography of the Law Book: Common Structures and Modes of Reading." In Laura Jansen (ed.), *The Roman Paratext: Frame, Texts, Readers*, p. 72。
③ 关于秦和西汉令的汇编，参见 Anthony J. Barbieri-Low and Robin D. S. Yates, *Law, State, and Society in Early Imperial China: A Study with Critical Edition and Translation of the Legal Texts from Zhangjiashan Tomb no. 247*, pp. 84－85；广濑薰雄《秦漢律令研究》，第96~116页；张忠炜《秦汉律令法系初编》，第108~118页。

条汉令。① 其内容多与汉时的边关检查相关。以标号 15 的"津关令"为例：

> 十五、相国、御史请："郎骑家在关外，骑马节（即）死，得买马关中，人一匹，以补。郎中为致告买所县道。县道官听，为质〈致〉告居县，受数而籍书（513）马职（识）物、齿、高，上郎中。节（即）归休、繇（徭）使，郎中为传出津关。马死，死所县道官诊上。其詐（诈）贸易马及伪诊，皆以詐（诈）伪出马令论。其（514）不得买及马老病不可用，自言郎中。郎中案视，为致告关中县道官，卖、更、买。"制曰："可。"（515）②

与上文讨论的秦汉诏相同，这条汉令的令文带有附文构架，且附文字数与正文字数比例为 1：10。但与上文 2.3 的汉诏不同，令文未以缩进书写的形式同令文末皇帝的许可区分开来，而是以小圆点符号相区分。而在《津关令》的有些令中，既无小圆点符号，也无皇帝的许可。③ 此外，此令虽包含原呈奏皇帝的奏文，构架令文的附文却使用了较为中性的措辞，而并未使用本文第 2 部分中秦汉诏中所见的习用语"臣昧死言/请/以闻"。此令中所用的是"请"，即由相国、御史大夫请奏皇帝许可此法律。《津关令》的其他令也使用了习用语，如高级官吏上奏所用的"言"及"以闻"，但并没有使用敬辞如"臣昧死"。这也可证明《二年律令》中的《津关令》并非为高级官吏向皇帝呈奏奏文底本的逐字抄录，因奏文原应以第一人称措辞的方式呈奏，但《津关令》中的附文更像是从第三人称角

---

① 《津关令》简的图片和释文，见彭浩、陈伟、工藤元男编《二年律令与奏谳书——张家山二四七号汉墓出土法律文献释读》；关于《津关令》的早期研究概述和部分令文的翻译，参见 Ōba Osamu, "The Ordinances on Fords and Passes Excavated from Han Tomb Number 247, Zhangjiashan." Translated and edited by David Spafford, Robin D. S. Yates, and Enno Giele, with Michael Nylan, pp. 119–141. 李安敦和叶山认为，有可能《津关令》并非如整理小组的排序那样位于《二年律令》简册的末尾。参见 Anthony J. Barbieri-Low and Robin D. S. Yates, *Law, State, and Society in Early Imperial China: A Study with Critical Edition and Translation of the Legal Texts from Zhangjiashan Tomb no. 247*, p. 1112.

② 释文与图片，参见彭浩、陈伟、工藤元男编《二年律令与奏谳书——张家山二四七号汉墓出土法律文献释读》，第 320 页。（释文标点有所改动）

③ 《津关令》中以皇帝"制诏"形式颁布的汉令中，通常没有包含皇帝的许可。关于诏的第二种形式，参见本文 2.2。

度所作的总结。并且，与秦汉诏不同，汉令的附文中也并未提及丞相/相国或御史大夫的人名，这点也可说明其附文并非逐字抄录了底本。此外，《津关令》中的汉令都不含关于令传递记载的附文，但所有的令前皆有标号。其标号为 1 至 23 之间，很有可能《津关令》为据其标号顺序被编排于简册中。① 但《津关令》现存仅 18 条令，这有可能是因简册的破损而致，更有可能是因《二年律令》中的《津关令》本为摘抄。

由以上来看，《津关令》中的汉令应源自本文第 2 部分中所讨论的类似汉诏，但在汉令的选择与编纂过程中，其附文框架有了很大的变化。当然，我们目前仍无法确定其他汉诏是否也像《元康五年诏书》那样，附有诏的传递记录，由此产生了大量附文。从秦和西汉的其他例子来看，传递之初，单条诏皆含有丞相/御史大夫的人名及典型的敬辞，但《津关令》的令文中并没有包含这些信息。此外，诏起首部分通常含有诏令颁布日期（或至少是年代）信息，同样也不见于令中。总之，尽管令添加了标号形式的附文，但其整体附文框架得以显著减省。令删除了传递皇帝权威及记载立法程序的附文信息，而增加了在令集中编排令条顺序的重要附文信息。

令的编纂过程中，出于实用考虑，显然需改变其附文。对于收悉令的另一方而言，敬辞、令制定过程的具体细节以及令颁布的历史背景并非其需立马关注的重要信息，删除或省略这些信息应更为合理。如此，《津关令》的编纂者仍然部分余留了令中的原附文框架，则值得注意。每条令起首处仍含有其颁布程序的基本信息，且多数令也以皇帝的许可结尾。严格意义上来看，令的结尾部分尤其无关紧要，因皇帝的许可是令得以颁布并被传递的前提条件。即使编纂者大量删减了令中的附文框架，但也部分保留了附文信息。当然，虽然这些附文信息初看都是多余的，但在单条诏的抄本中应更为详尽。

4.2 岳麓书院藏秦令集

本文最后讨论的岳麓秦简秦令集简册最初至少由 100 余枚长 27.5 厘

① 需要指出的是，根据《二年律令》竹简出土位置示意图，李安敦和叶山对《津关令》的竹简排序提出了质疑。Anthony J. Barbieri-Low and Robin D. S. Yates, *Law, State, and Society in Early Imperial China: A Study with Critical Edition and Translation of the Legal Texts from Zhangjiashan Tomb no. 247*, p. 1113.

米、宽 0.6 厘米的竹简构成。① 如前文所述，岳麓秦简的出土地不详，可能是出土于湖北的一个墓中，距张家山汉简的出土地不远。② 选择此简册予以讨论，是因为岳麓秦简含有秦令的简册中，③ 此简册的简序复原应比较可靠。④

岳麓秦简的此令集含有大概 30 条秦令，多数秦令皆有标号。与《津关令》中汉令的排序相同，这些秦令依据其标号排序，且其标号也非完全连续。令集中的秦令标号始于 2，接其后则为标号为 9、13 的秦令。此外，此令集中含有两组秦令，第一组秦令的标号在 2 至 36 之间，第二组秦令的标号在 3 至 21 之间。令集中不同的秦令所附的附文框架有所不同，且其字数悬殊也较大。某些秦令的附文中含有秦令颁布日期、参加颁布的官吏、皇帝的许可、标号信息；在某些秦令中，其附文则只含有标号信息。以下引两条秦令为例：

> 制诏御史："闻狱多留或至数岁不决，令无辠者久毄（系）而有辠者久留，甚不善，其举留狱上（59/1125）之。"御史请："至计，令执法上寂（最）者，各牒书上其余狱不决者，一牒署不决岁月日及毄（系）者人数，为（60/0968）寂（最），偕上御史，御史奏之，其执法不将计而郡守丞将计者，亦上之。"制曰："可。"　卅六（61/0964）⑤

> 诸有辠当卷（迁）输蜀巴及恒卷（迁）所者，辠已决，当传而欲有告及行有告，县官皆勿听而亟传诣（33/1123）卷（迁）轮〈输〉所，勿留。十九（34/0966）⑥

---

① 竹简的图片和释文，参见陈松长主编《岳麓书院藏秦简（伍）》，上海辞书出版社，2017。整理小组将此简册称为"第一组"，因其为此卷发表三组竹简中的第一组。

② 参见史达《岳麓秦简〈廿七年质日〉所附官吏履历与三卷〈质日〉拥有者的身份》，第 10~17 页。

③ 据陈松长介绍，2 000 枚岳麓秦简中超半数简上抄有秦令。因岳麓秦简仍在陆续发表与出版中，目前仍不清楚究竟抄写有秦令的简册有多少个。参见陈松长《岳麓书院所藏秦简综述》，第 75~88 页。

④ 岳麓秦简各简册的复原存在许多问题。这主要是因为其构成文本单位（如秦令）的内容简短且一般另起新简书写，此外，也缺乏岳麓秦简原有简序相关的考古信息。但是此处讨论的简册，仍可据其反印文复原其基本结构。

⑤ 陈松长主编：《岳麓书院藏秦简（伍）》，第 58~59 页。

⑥ 陈松长主编：《岳麓书院藏秦简（伍）》，第 49~50 页。

上引两条秦令都属于同一简册中的令集。第一条秦令起首为"制诏御史"，皇帝听闻，狱案或淹留数岁不决，以致对涉案之人产生了不利影响，于是皇帝命令，将淹狱奏报其亲自处理。据此命令，御史大夫呈奏了请议及此秦令的初稿，并最终由皇帝许可生效。秦令末标号为"卅六"，表示此令为令集两组秦令中一组标号为"三十六"的秦令。第二条秦令除标号"十九"外，无其他附文。① 除这两种情形外，这个令集中还有些秦令，则以"某年某月某日以来"② 或简单以"自今以来"的附文起首。③ 此外，简56~58上的秦令附文中出现了两位丞相名及第一人称的谦辞"臣""敢请"，说明其附文应逐字抄写了秦令原本。④

尽管这些秦令中，附文框架中标号的使用保持一致，但不同秦令的其他附文部分多有差异。因令集中各条秦令的附文框架各种各样，这个令集的汇编者似乎并没有统一编纂秦令的附文框架。值得追问的问题则是，为何有些秦令仍保留了较长的附文，有些秦令则只有简短的附文或是没有附文。有可能是因为令集收录了订立时期不同或属于不同"演变阶段"的秦令。这个现象至少可以说明，单条秦令虽作为秦令集的一部分，实际上是被令集的汇编者视为单独的文本单位。

由岳麓秦简中令集简册可见，从一定程度上来说，秦令附文框架内容与字数的改变是灵活的。多数情况下，重复抄写的秦令两个抄本上，只有附文有所不同。⑤ 如某些秦令末尾有简短的附义，含有令名与标号信息，如"卒令丙第二"⑥。与这些秦令的"副本"相比，其区别仅在于一个抄

---

① 这两条秦令的附文字数与正文字数比，分别约为 1:1 及 1:20。

② 参见简 1 和简 30 上的两条秦令，陈松长主编《岳麓书院藏秦简（伍）》，第 39、48 页。这两条秦令的日期分别为公元前 221 年 1 月 23 日和公元前 221 年 2 月 10 日，证明此令集应为公元前 221 年 2 月 10 日后制作并抄写。参见徐锡祺《西周（共和）至西汉历谱》，北京科学技术出版社，1997，第 1241 页。

③ 参见简 12，陈松长主编《岳麓书院藏秦简（伍）》，第 42 页。欧扬认为，提供日期信息的这种附文已为减省后的版本，与原颁布的版本应不同。参见欧扬《岳麓秦简〈亡律〉日期起首律条初探》，第 55~71 页。

④ 参见简 56~58，陈松长主编《岳麓书院藏秦简（伍）》，第 57~58 页。

⑤ 在有些情况下，重复抄写的秦令上写有附文"重"字。陈松长主编：《岳麓书院藏秦简（陆）》，上海辞书出版社，2020，第 170 页；周海锋：《秦律令之流布及随葬律令性质问题》，第 51~52 页。

⑥ 参见简 108，陈松长主编《岳麓书院藏秦简（伍）》，第 103 页。

本以附文"令曰"起首，而另一个抄本则直接以令文正文起首。①

五、结　论

由本文第 2 部分关于秦汉单条诏抄本的讨论可知，至少在公元前 221 年秦帝国建立至公元前 1 世纪的这段时期内，诏附文框架的使用相对稳定，包括了诏令颁布程序、参加颁布的官吏等信息。本文 2.1 部分讨论的秦诏年代为公元前 4 世纪，相较之后的诏很相似，区别也只是在于习用语的使用有所不同，因秦帝国建立时确立了文书标准术语如"制"和"诏"。

本文开头提到，有学者认为诏、令、律应视为法典化过程中的不同阶段，并非为法律的不同形式。本文对附文框架的分析，从新的视角推进了这方面的研究。虽然目前可供研究的秦汉简册数量有限，以致无法全面研究秦汉法律，但仍然可以从本文研究中得出一些基本的结论。

从附文框架内容与字数来看，简册上抄录的秦汉诏、令、律这三者差别明显。单条诏的抄本具有精巧的附文框架，主要用于记载立法程序（有时为传递程序）、展示皇帝权威，而律令集中的律和令则以简短的附文框架为其特征。尤其是，奏文原本中含有的敬辞和参加颁布程序的官吏人名，并未被抄于秦汉的令中。但相较诏，令的附文也有其增加的部分，如组织令文文本的简短附文，比如其附文含有其所属令名。此外，取决于被归类的令数量，单条令中还可加入单独的标号信息，也可加入标号与干支信息。②

由本文讨论的例子来看，诏的附文与正文字数比一般在 1∶1 到 1.5 之内，若加入诏的传递信息则可至 4∶1，令集中令的附文与正文字数比则在

---

① 参见简 100～101、109～110、131～132 的秦令，其起首皆有"令曰"，陈松长主编《岳麓书院藏秦简（伍）》，第 101、104、111 页。这三条秦令重复抄于简 215～216、222、224～225 上，皆无"令曰"，陈松长主编《岳麓书院藏秦简（伍）》，第 167、169～170 页。

② 秦汉令的编号，参见凡国栋《秦汉出土法律文献所见"令"的编序问题——由松柏 1 号墓〈令〉丙第九木牍引发的思考》，《出土文献研究》第十辑，中西书局，2011，第 160～169 页。关于岳麓秦简的秦令名以及秦令中干支、标号的使用，参见陈松长《岳麓秦简中的几个令名小识》，第 59～64 页；陈松长《岳麓秦简中的令文模式初论》，载马聪、王涛、曹旅宁主编《出土文献与法律史研究现状研讨会论文集》，第 7～14 页。

1∶1到1∶20之内。显然，当诏被编入令集中成为令后，其附文内容大量减少。①

秦汉律集中，附文框架的减省更为明显。一般情况下，秦汉律中的附文只保留了其所属律名。汉代较为普遍的作法为，根据律的内容（而不是年代顺序）将不同种类的律汇编入律集，即将同类的律以添加律名副标题的方式归组，因此其使用附文的更为减少。

总之，将诏、令、律三者视作法典化过程中不同演变阶段所出现的法律形式，最有利于解释它们附文框架的不同。② 也就是说，诏令被汇编为律或令时，或律或令被汇编时，其文本中的附文呈现明显的减少趋势。因此，附文框架的不同至少可以作为划分法典化过程中三个不同阶段的主要标准之一。首先，附文长度即具有说服力，虽然诏和令的附文也可能长度相近。其次，附文的某些特征提供的证据则更为清晰，如表示令编排方式的数字标号和干支记号，应为令中附文的显著特征。③ 此外，许多情形下，附文如"令曰"或"律曰"则清楚指明了某法律规则为诏、令或律。这些附文信息，皆可用于划分法典化过程中的特定阶段。④

本文关于诏、令、律抄本的讨论也可证明，附文的不同功能可以变化。关于附文的近期研究指出附文具有三大功能："组织性"（structuring）、"注释性"（commenting）及"证明性"（documenting）。⑤ 由本文讨论的例子来看，随着时间发展，用以反映法律颁布程序以及以用词和文本布局形式展现皇帝权威的证明性附文，被减省或被全部删除，组织性附文如标号或律

---

① 大庭脩讨论了汉代描述此过程的文书用语，如"具为令"等。参见大庭脩《秦汉法制史の研究》，第128~129页。但是到目前为止，仍然没有证据显示秦已有大庭脩所提及的令形成模式。

② 需要承认，本文第2部分讨论的有些诏看上去只用于解决一次性的事务，并不具有长期效力。有可能是因为并没有必要汇编这些诏，所以它们保留了所附的附文框架。如上文例子所示，也可推知，之后需要被汇编的诏在其最初颁布时也附有相同或类似的附文框架。

③ 陈松长：《岳麓秦简中的令文模式初论》，第12~13页。岳麓秦简中唯一一具有干支信息的一条律为"田律"，用于标记此条为"田律"的重复抄本或另一版本，参见上文3.3的讨论。

④ 在此感谢唐俊峰，他指出，有些附文可理解为对诏令、令和律分别所作的"标记"。

⑤ Giovanni Ciotti and Lin Hang, "Preface.", p. xii.

令名则被添加。① 换言之，诏被颁布之后，书手抄写诏时，逐渐由忠实性抄录变为实用性地抄录。前者的抄写形式应由"式"指引，② 而后者的抄写形式则更为灵活地适用于各种特殊情形，如满足使用者的不同需求，或满足不同书写载体的需求等。③

目前来看，仍然不大清楚究竟是谁又因何种原因设立或修改了附文框架。但可以肯定的是，法律新抄本的制作是附文框架变更的契机。也可推知，日常使用律令集的官吏应该不允许更改法律内容的正文。毕竟，从法律意义上来看，这是君主或皇帝的命令。但显然，律令集的汇编者和书手无需同样尊重其中的附文框架。如前所述，附文中常含有不必要的信息，且抄写附文还会增长法律文本，因此抄写法律也需耗费更多的工作量与制作材料（如木头与竹子）。从经济及实用的角度考虑，汇编法律过程中附文框架的减少也符合逻辑。④

上文讨论的《津关令》及岳麓秦令集中抄录的令条并未连续标号，证明用于组织文本的这些附文并非为这两个简册设立，它们所代表的应该是适用于多个简册的一个"元整理体系"。但是，到底"元整理体系"是由中央朝廷还是郡级甚至是县级官府设立，并不清楚，当然也有可能在某些

---

① 感谢叶山向笔者指出，附文也可区分为新颁布法律中已有的附文及颁布后添加的附文。前者主要包括证明性附文，后者主要包括组织性附文。法律传递过程的记录是法律颁布后唯一再添加的证明性附文。

② 参见第 148 页脚注④。

③ 需要注意的是，根据现有出土材料来看，至少在秦代，单条的诏应该是抄于单块木牍上，以用于传播，而律集或令集则抄于简册上。单条诏的例子，如本文 2.1 讨论的郝家坪秦诏，再如兔子山 9 号古井中出土的秦二世诏。湖南省文物考古研究所、益阳市文物处：《湖南益阳兔子山遗址九号井发掘简报》，《文物》2016 年第 5 期，第 32～48 页。康佩理认为，编连好的简册有利于律集的更改或更新。参见 Ernest Caldwell, *Writing Chinese Laws: The Form and Function of Legal Statutes Found in the Qin Shuihudi Corpus*, p. 183。

④ 目前所见法律集中的部分令和基本所有律的附文框架中，并未含有其颁布日期信息，由此来看，日期信息也是律集汇编者有意省略的内容。具有日期信息的令或律通常只提到了某年，但并未指明为哪位君主或皇帝的统治期间。因此，君主的去世也为再次制作法律抄本提供了契机，对其颁布的法律规范中的附文框架进行再加工。但需要指出，某些律或令的附文依然保留了法律颁布日期，及文末带有字数总结的记录，很可能本属于汉诏的附文框架。参见 Lai Guolong, "Textual Fluidity and Fixity in Early Chinese Manuscript Culture", *Chinese Studies in History* 50（2017），p. 172。至少还有部分附文则是在颁布它们的皇帝去世后才书写的，因其中使用了皇帝谥号。

情形下此整理体系为多种体系的混合。① 对岳麓秦令所属的令种类的更新，很可能为官方核查的结果，② 至少可以排除其整理体系为私人所为的可能性。③ 虽然法律内容具有官方性，但某些律令集则有可能专门为私人使用而制作。这样的律令集可避免定期被官方核查的限制，也就兼具官方和私有文献的特点。在这种情况下，很有可能产生了不同的"文本工艺"（textual craftsmanship）如减省文本、重新组织文本内容、交叉援引等等。④"文本工艺"应并不限于附文，在法律的主旨未作改变的前提下，律或令的正文文本甚至也有可能被改动。在此种模式下，法律文本不断被抄写与编纂，逐步促成了法典化的过程。⑤ 地不爱宝，未来秦汉法律简册的发现与出版也将为讨论这些问题提供更多的材料。

法律内容中附文框架的变化也有可能对研究其他早期中国的文献与文化产生广泛的影响，因其为我们提供了例证以了解当时的整理者如何将小

---

① 徐世虹在关于秦汉令的研究中，提出了类似的问题，参见徐世虹《百年回顾——出土法律文献与秦汉令研究》，《上海师范大学学报》2011 年第 5 期，第 76 页。广濑薰雄则认为，律名和令名很有可能由私人或地方官府命名，其并非在整个帝国范围内有效，参见广濑薰雄《秦漢律令研究》，第 172 页。关于中央朝廷颁布的专门用于特定地区或官府的官方令集，如挈令，参见张忠炜《秦汉律令法系初编》，第 114~118 页。

② 周海锋：《秦律令之流布及随葬律令性质问题》，第 51 页；Ernest Caldwell, *Writing Chinese Laws: The Form and Function of Legal Statutes Found in the Qin Shuihudi Corpus*, pp. 68 – 71。如岳麓秦简 353/0081+0932 上秦令种类由"己"更新为"辛"；简 390/1131 上的秦令种类由"庚"更新为"壬"，见陈松长主编《岳麓书院藏秦简（伍）》，第 212、224 页。

③ 同时，这也说明这些简册有可能并非只是为随葬而抄，其随葬前有可能曾用于处理官府工作。参见周海锋《秦律令之流布及随葬律令性质问题》，第 51~52 页。

④ 周海锋认为，睡虎地 11 号秦墓竹简和岳麓秦简的汇编者有可能是有意减省并重新编辑了某些律条文本。周海锋：《从岳麓书院藏〈司空律〉看秦律文本的编纂与流变情况》，《出土文献》第十辑，2017，第 149~155 页；另见徐世虹《秦律研究》，第 183~187 页。另外，编纂者在加入评论或解释性文本时，有可能并未作相关标记。汉代之前，还未形成以字体大小区分正文和注释性附文的习惯。佐佐木研太提出，睡虎地秦简中，注释通常以黑圆点符号标记。佐佐木研太：《出土秦律书写形态之异同》，第 48~55 页。

⑤ 张忠炜指出，"律令集合体"是走向法典编纂的关键步骤，因为将不同的律令汇编于一起，将容易发现各篇法律内容之间是否存在矛盾，并概括、提炼出共同的法律原则和精神。参见张忠炜《秦汉律令法系初编》，第 97~98 页。根据不同或同类律之间的条文援引，康佩理也有类似发现。Ernest Caldwell, *Writing Chinese Laws: The Form and Function of Legal Statutes Found in the Qin Shuihudi Corpus*, pp. 161 – 173. 但是，根据韩树峰的研究，直到公元 3 世纪早期时候，中国才完成了法典化的历程，法典化减省了法律内容，并改革了法律的编纂结构。参见韩树峰《汉晋法律的清约化之路》，《"中央研究院"历史语言研究所集刊》2015 年第 86 卷第 2 分，第 271~315 页。

单位的文本抄写并汇编为大单位文本，并对文本作出再加工与整理。① 此外，附文研究也有助于了解早期中国写本中的知识是如何被组织的。附文框架更改的某些方法，如文本汇编中与内容相关的副标题的使用与发展，也有可能影响了行政文献以外的其他文献的制作。

附记：本文研究受德国研究协会（DFG）资助，并于海德堡大学协同研究中心 933 "物质文本文化" 完成。劳武利（Ulrich Lau）、马增荣、石安瑞（Ondřej Škrabal）、唐俊峰及叶山（Robin D. S. Yates）曾对本文的初稿提出了有益的批评、建议、指正，特此致谢。本文原以 "From Copies of Individual Decrees to Compilations of Written Law: On Paratextual Framing in Early Chinese Legal Manuscripts" 为题发表于 Antonella Brita, Giovanni Ciotti, Florinda De Simini, Amneris Roselli（eds）, *Copying Manuscripts: Textual and Material Craftsmanship*, Università degli studi di Napoli "L'Orientale", Dipartimento Asia, Africa, e Mediterraneo; University of Hamburg, Centre for the Study of Manuscript Cultures, 2020, pp. 183 – 240。特别感谢好友李婧嵘将此文翻译为中文。

（责任编辑：张传玺）

---

① 需要承认，在早期中国，多数其他种类的文献尤其是文学文献并未含有精巧的附文框架。不过，已有学者应用附文研究文学文献，参见 Du Heng, "The Author's Two Bodies: Paratext in Early Chinese Textual Culture." Doctoral dissertation, Harvard University 2018; Du Heng, "The Author's Two Bodies: The Death of Qu Yuan and the Birth of *Chuci zhangju* 楚辭章句", pp. 259 – 314. 对比研究汇编者如何处理规范性强的法律文献以及规范性较弱的其他类型文献，如医药文献和数学文献，具有重要意义。因墓葬出土文献并不仅限于法律集，还有其他类型的文献，张家山 247 号汉墓即为典型例证。

《中国古代法律文献研究》第十六辑

2023 年，第 165~196 页

秦汉治狱之"鞫"与"鞫狱"犯罪

张传玺[*]

摘　要：得益于丰富的简牍材料，学界对秦汉治狱程序的新见频出，其中，"鞫"乃至"鞫狱"有广狭二义之说值得深入讨论：作为治狱之一环节，"鞫"与"论"环节的主体相同，故"鞫"有"有论断权限者的调查"的狭义指称，但"鞫审"不一定"论定"，"谳狱"程序下的"论"可能不确定，"鞫"不能进而指称裁判整体；概言"鞫狱"，或可统指治狱程序整体，但无法进一步推论"鞫"单字可指称治狱整体；具言"鞫狱故纵/不直"罪名，以之论证"鞫狱"广义上指称裁判整体的思路需予再析："故纵/不直"可存在于治狱程序不同环节，所形成的各具体罪状及其刑罚彼此或有不同，"鞫狱故纵/不直"和"论狱故纵/不直"犯罪应分别解为出现在"鞫""论"环节的"故纵/不直"犯罪，作为罪名组成成分，"鞫狱"与"论狱"应予明确区分，罪名中的"鞫狱"难以在广义上指称裁判整体；故而，运用"'鞫'有广义、可指称整个诉讼程序"之说去解释岳麓秦简（肆）15 简"为会鞫罪不得减"的做法亦有探讨余地。

关键词：鞫　"上/谳狱"　"鞫狱故纵/不直"　论狱　岳麓秦简（肆）15 简

---

[*]　中国政法大学法律古籍整理研究所副教授。

《史记·酷吏列传》记有："（张）汤掘窟得盗鼠及余肉，劾鼠掠治，传爱书，讯鞫论报，并取鼠与肉，具狱，磔堂下。"① 这则"劾鼠"故事记录了张汤模拟官吏身份处置家中老鼠盗肉案，呈现了从抓捕罪人、起获赃物，到举劾讯问、判决上报，最后公开行刑的治狱（罪案追究）一般流程。史籍常事不书，今人难以获知其时一般法律规定，惟"劾鼠"故事是为彰显张汤少时即熟习治狱业务的事迹，故得以完整记录汉代盗罪治狱程序，从中可知"鞫"与"捕""劾""讯""论""报""执行"等并列，应与其他环节有别；但记载简略，"鞫"之所指不可确知。传世文献中治狱之"鞫"辞例丰富，注家解释颇多歧义，大体有二侧重方向：一为"穷治罪人"，② 二为"以辞决罪"。③ 两者共通之处是都强调对犯罪事实的调查、确认；两者不同之处是，"以囚辞决罪之鞫"更强调事实确认是以犯罪人供述为据。④ 两者都指向治狱的事实调查确认环节，笼统而言自无不妥，但不能据以分辨"张汤劾鼠"故事中治狱程序之"鞫"与其他环节，尤其是同属事实调查的"讯""问"的界限何在，"鞫"程序意义为何。

秦汉出土法律简牍既有律令，又有司法文书，还有问答式释疑文本，其中涉及"鞫"与"鞫狱"的材料不少，学者得以更深入讨论"鞫"之所指。本文尤为关注以下观点："鞫"与"讯""问"等皆有事实调查确认之意，"鞫"的特别之处在于其主体是"有论断权限者"，"鞫审"则"论定"，"鞫"是治狱程序的核心；进而"鞫狱"可指代整个诉讼程序或裁判整体，秦汉简牍所见"鞫狱故纵/不直"犯罪指代整体裁判有误的事实即为其证；故治狱程序之"鞫"可区分出广狭二义，狭义指称有论断权限者进行的事实调查，广义指称裁判整体；进而，歧见颇多的岳麓书院藏秦简（肆）15简"为会鞫罪不得减"之"鞫"可取广义，指称整个诉讼程序。

---

① （汉）司马迁：《史记》卷一二二《酷吏列传·张汤传》，中华书局，2014，第3809页。

② 如《尔雅·释言》："鞫、究，穷也。"注曰："皆穷尽也。"参（清）阮元校勘《十三经注疏》第八册《尔雅注疏》卷三，台北艺文印书馆，2001，第38页下栏。《说文解字》："鞫，穷治罪人也。"参（清）段玉裁撰《说文解字注》，中华书局，2013，第501页。

③ 如《汉书·刑法志》记宣帝诏"遣廷史与郡鞫狱"，如淳注"以囚辞决狱事为鞫"，参（汉）班固《汉书》卷二三《刑法志》，中华书局，1962，第1102页。

④ "鞫"之更多辞例及解释，可参（清）段玉裁撰《说文解字注》，第501页"鞫"段注。

以上观点似皆有可补充之处。拙文拟以秦及汉初简牍材料为基础，对其时治狱程序之"鞫"，"鞫狱故纵/不直"犯罪与治狱程序其他环节的犯罪的关系，以及岳麓秦简（肆）15简之"鞫"的释义等问题试加说明。拙文草就，敬请指正。

一、"鞫"作为治狱程序：诸说梳理

目前秦汉"告书""劾书/劾状""讯狱文书"等治狱程序中各环节的文书文本已有所见，"鞫书"亦有踪迹可寻：《奏谳书》案例十七是秦王政二年的"讲乞鞫未谋盗牛"一案，毛盗牛被捕获，审讯中被迫攀诬讲与其谋盗牛，讲因而被处肉刑，经乞鞫得以覆视故狱并平反。105~106简在记述毛改变供词以诬讲盗牛的经过后，有"其鞫曰：讲与毛谋盗牛，审。二月癸亥，丞昭、史敢、铫、赐论，黥讲为城旦"①。作为覆视故狱时对初审鞫辞与论断结果的概括，"其鞫曰"说明鞫辞应有独立记录文本，即部分学者所谓"鞫书"；② 汉注家之"读鞫"事例也说明"鞫状/鞫书"的存在。具备"鞫书"载体的事实也印证了"鞫"在治狱程序中有独立意义，而上引注家"穷治罪人""以囚辞决狱"式的宽泛释义对理解"鞫"之特点无甚裨益。学界的深入讨论也由此展开。

对作为治狱程序环节之"鞫"之性质，学者所论颇多，大体可归纳为"对事实的调查确认（确认作为适用律令前提的行为）"③，据诸说，"鞫"应是治狱程序中讯问、调查事实的司法行为及其结果，这可视为"狭义的'鞫'"。陶安先生基于对司法程序和鞫狱/论狱犯罪的分析，在认可"鞫"有狭义的基础上，认为"鞫狱"有指称裁判整体的广义用法。2009

---

① 释文见张家山二四七号汉墓竹简整理小组《张家山汉墓竹简［二四七号墓］》（释文注释修订本），文物出版社，2006，第100页。

② 陶安先生将里耶秦简牍 J1⑧1743+J1⑧2015 和 8-209 作为"鞫书"实例。参［德］陶安あんど《"鞫書"と"鞫状"に関する覚書》，http://www.aa.tufs.ac.jp/users/Ejina/note/note07(Hafner).html，最后访问日期：2022年5月8日。

③ 陶安先生曾列举了池田雄一、张建国、宫宅洁、籾山明、饭岛和俊、彭浩、万荣、劳武利和吕德凯、小嶋茂稔、徐世虹、李均明和高恒等学者的观点，可参［德］陶安あんど《"鞫書"と"鞫状"に関する覚書》。

年他提出"在狭义上，鞫应被定义为有论断权限者的讯问"①；而在绝对的定刑主义下，有论断权限者以讯问确认事实，就会机械地确定法定刑，"因此，'鞫'这一讯问成为了断狱程序的核心，在广义上，'鞫狱'除了讯问之外，还包括论断在内，也指由论断权限者进行的整个裁决"，并以《二年律令》93简、107简为据论证"鞫狱"与"论"一样都指有论断权限的人进行的整个审判。② 2014年，陶安先生总结了池田雄一等学者对"鞫"的观点，分析了里耶秦简牍鞫文书格式，并重申：与狱吏等人进行的事前调查不同，"鞫"是指拥有论断权限的县令和丞等官长的调查。③ 其说对"鞫"之主体、"鞫"与"论"关系的解释符合目前秦汉司法文书所见县道治狱程序记录，受到重视。

据陶安先生之说，"鞫"处于治狱程序的核心，"鞫审"则"论定"，因此"鞫狱"在广义上可被视为裁判整体；这超越了"鞫"之"讯问"狭义。但陶安先生观点中"广义"限指"鞫狱"而非"鞫"，引文本未言及"鞫"单字有广义，亦未提供"鞫"单字指称裁判整体的辞例。

"鞫"单字在讯问、调查的狭义义项外，能否指称裁判整体，以及"鞫"文书内容是否包括论断在内的裁判整体的问题，亦为学者所注意，并以文书命名与性质加以论证。高恒先生主要依据《奏谳书》材料，提出"'鞫'即法官对审讯案件作出的结论：所审问的案情是否真实、行为是否构成犯罪，以及罪行的性质、轻重，适用何种法律，应判何种刑罚"，并依据案例一、十四、十五、十六，将"鞫"后文字视为"案件的鞫文"，包括"① 已审定的事实。② 适用的律令条文。③ 对案件的断处决定"。④

---

① "狭义においては、'鞫'は、上述のように、論断権限者による訊問と定義しなければならないが。"陶安先生在更早一篇论文中已提出此说，见〔德〕陶安《试探"断狱"、"听讼"与"诉讼"之别——以汉代文书资料为中心》，载张中秋编《理性与智慧：中国法律传统再探讨——中国法律史学会2007年国际学术研讨会文集》，中国政法大学出版社，2008，第67页。

② "そのため、'鞫'という訊問は、断獄手続の核心となつており、広義においては、'鞫獄'は、訊問に加えて論断を含めて、論断権限者による裁き全体を指すこともある。"见〔德〕陶安あんど《秦漢刑罰体系の研究》，東京外國語大學アジア・アフリカ言語文化研究所，2009，第392～393页注35。

③ 参〔德〕陶安あんど《"鞫書"と"鞫状"に関する覚書》。此文指出里耶秦简牍J1⑧1743+J1⑧2015所记迁陵县令拔和守丞敦狐"诣讯"强调了有长官亲自出席调查的情形。

④ 高恒：《秦汉简牍中法制文书辑考》，社会科学文献出版社，2008，第456～457页。

是说将奏谳文书中"事实+法条＝论断"的三段论式推拟判决意见的过程记录都视为"鞫文"。不过《奏谳书》收录的是上、谳狱文书，构成层次有特殊性；其所举②③，尤其是"③对案件的断处决定"恐怕是扩大了"鞫文"范围。

　　年代更后的材料中亦有与"鞫"有关的文书文本，有学者据以讨论"鞫"文书包含判决（意见）、"鞫"指代判决整体的可能性。长沙五一广场东汉简木双行 2010CWJ1③：223 见有"鞫状"，① 李均明先生认为记有汉安帝永初三年张雄等五人不承用诏书案的长沙五一广场东汉简木牍 CWJ1③：201—1② 正是"鞫状"，内容包括了从确认劾状真实性到作出判决的整个审判程序。③ 徐世虹先生认为益阳兔子山遗址所出张勋主守盗案文书（J3⑤1、2）与五一广场简张雄等五人不承用诏书案文书（CWJ1③：201—1）同为"'鞫'文书"，提出鞫辞包括被告信息、犯罪事实、劾、判决，张雄等案还包括调查，"这样的鞫辞，包括了一个刑事案件审判的主要程序，包含了判决所应具备的基本要件，因此并不妨碍将其视为具有判决书性质的文书"，并征引前引陶安先生观点，认为"陶安则以广狭之义区分鞫的用法，指出……'鞫'这一讯问便成为断狱程序的核心，在广义上包含了加以讯问的论断，有时也指由论断者做出的整体裁定"；进而以《法律答问》93 简与《二年律令》93 简等所见涉论狱、鞫狱犯罪来论证"鞫"不能只理解为调查、确认事实，"鞫狱""是指对整个案件的审理过程及其程序。换言之，鞫可以指代所审判的案件"。④ 徐先生后又另文申说，鞫包

---

① 释文见长沙市文物考古研究所等编《长沙五一广场东汉简牍（贰）》，中西书局，2018，第183页。

② 释文作：

　书考问 朗 平备等辞皆曰正月十五日文罪定朗纯具鞫状署逢未论决文其
　日暮再殴后都亭部男子庆枇斗伤张湘殴鸣逢出追朗纯以为文已 署

见长沙市文物考古研究所等《长沙五一广场东汉简牍选释》，中西书局，2015，第220~221页。

③ 其说认为："'鞫'字以下是'鞫状'的全部内容，包括：一、确定直符户曹史盛所提交'劾状'的真实性。二、做进一步的核实调查。三、提出量刑意见及理由。四、做出判决。"见李均明《长沙五一广场东汉简牍"劾"与"鞫"状考》，载邬文玲主编《简帛研究 二○一七秋冬卷》，广西师范大学出版社，2018，第195页。

④ 徐世虹：《秦汉"鞫"文书谫识——以湖南益阳兔子山、长沙五一广场出土木牍为中心》，载武汉大学简帛研究中心主办《简帛》第十七辑，上海古籍出版社，2018，第271~272页。

含程序之义、指代之义和文书之义三种意向，认为指代之义在内涵上大于单一的程序意义，可以包含一个案件的全部诉讼程序。①

与高恒先生提出"鞫文"包含判决的看法近似，李均明、徐世虹先生提出的"鞫状""鞫文书"之文书载体包含裁判整体，和"鞫"有"指代案件全部诉讼程序"的广义指称的看法，都颇具启发性，不过也留有追问空间：

在文书层面，张雄等不承用诏书案和张勋主守盗案文书性质如何，似有疑问。陶安先生基于里耶秦简牍鞫文书与居延汉简劾文书的结构分析，提出里耶秦简牍"鞫书"正面载有讯问内容正式记录，背面是描绘询问状况的"鞫状"。② 据此定义和里耶秦简牍所见实例，无法将包括论断在内的整体审判过程的记录看作是"鞫状"内容。西汉末和东汉的张勋案与张雄案文书简牍都是在记录了确认相关事实的"鞫文"段落后，另起段落写明判决。这是这些文书制作时的既有判决即"论"之结果，被附于"鞫文"后，其与"鞫文"来自"鞫"环节的来源和产生时点都不同。因此，虽然这几件文书皆有突出"鞫"标题形式的特征，但都不宜视为"鞫书""鞫状"本身，而应将其视为李均明和徐世虹两位先生已指出的那样，是审判机关上报长沙国相府（张勋案文书）或太守府（张雄等案）的上行文书。加之"鞫书"或"'鞫'文书"不是文书自名，无法确定张勋主守盗案文书木牍J3⑤1正"鞫"单字是否标示文书性质，牍背所记内容是否应全部

---

① 徐世虹：《西汉末期法制新识——以张勋主守盗案牍为对象》，《历史研究》2018年第5期，第5页。于洪涛先生在总结张建国、程政举、闫晓君、欧扬等学者观点后亦提出"鞫"的广义指称，但不同于陶安和徐世虹先生"鞫狱"或"鞫"之广义指称是以"鞫"之狭义指称为前提的思路，于说认为《酷吏列传》中的"讯鞫论报"皆是刑事诉讼中的广义概念，"鞫"是秦汉时期刑事诉讼的庭审阶段，"鞫"与"论"是两个不同的诉讼阶段，全部的庭审过程都称之为"鞫"，其中包括了讯问、诘问、诊问、验等四个环节。参于洪涛《秦汉法律简牍中的"鞫"研究——兼论秦汉刑事诉讼中的相关问题》，载邬文玲、戴卫红主编《简帛研究 二〇一八春夏卷》，广西师范大学出版社，2018，第113页以下。此说或未尽妥当，尤其是在治狱程序各环节对应的文书载体及特定行为在程序节点的法律效果这两方面，"鞫"实有"狭义"指称。在文书载体方面，"告/劾""讯狱""鞫""当"等环节皆有独立文书，奏谳类文书则包含此前环节文书概要，"鞫辞"前后不完全是"鞫书"内容，不能将奏谳文书"鞫辞"扩大涵盖整个庭审内容摘要；在特定行为在程序节点的法律效果方面，犯罪逃亡自出发生在"已鞫""未鞫"阶段的法效果的规定是为其例。因此"鞫"仅为广义概念的看法或有讨论余地。

② 参［德］陶安あんど《"鞫书"与"鞫状"相关觉书》。

被视为"鞫辞"、是否包括"案件的全部诉讼程序"也令人存疑。① 就此而言，难以将两件文书记录的所有信息都如高恒先生所说般归类为"鞫文"，也难以佐证"鞫"能够指称案件的全部诉讼程序。②

至于诸家论证的前提（"鞫"决定"论"，绝对定刑主义）本身是否成立，所用其他文献材料能否佐证"鞫"单字有广狭二义，"鞫"或"鞫狱"可指称一个案件的全部诉讼程序，也存疑问：其一，虽然一般治狱程序中"鞫""论""执行"各环节前后相承、彼此无明确区隔，③"鞫审"则"论定"，但从该事实无法推进到"鞫"本身含有论断确定之意，尤其是在"讯鞫论报"等有明确程序节点色彩并具备"鞫书/鞫状/鞫文"文书载体的意义上，"鞫"仅体现了狭义；何况特定类型案件"鞫审"后并不直接"论定"，甚或有部分案件在"鞫审"后，其处置仍欠缺可预期性。其二，"鞫狱"有广义指称的观点基于学者对"鞫狱故纵/不直"罪名的理解，而"罪名/罪状"层面的"鞫狱"是指称裁判整体还是专限"鞫"之环节，有讨论必要。

以下次第说明这两点。

---

① 牍背第一段"鞫：……审"是为鞫辞，大概无问题。第二段"元始二年……收入司空作"记录了益阳县治狱者将本案判决内容报告给长沙国相府，这是对既有判决的记录而非判决本身；且J3⑤1牍背只记录了这些内容，并无完整诉讼程序还应包括的"劾"与"劾状"、狱史等的"讯问"记录等。因此J3⑤1牍本身不应被视为"判决书性质的文书"，而仅是一件上行文书。五一广场木牍CWJ1③：201—1在格式与内容上与J3⑤1有一定差异，尤其是牍正最后一段文字是对治狱者作出判决的记录。其文书性质尚有讨论空间。

② 拙稿完成后蒙郭伟涛先生评议并惠示意见："兔子山J3⑤：1简正面单书'鞫'字，表示的应该是背面的所有内容，此'鞫'应该有广义的指代整个审判过程的含义。"至于秦及汉初律令简牍中"鞫"多狭义，西汉晚期J3⑤：1牍正"鞫"为广义的原因，"一方面可以从文本性质上考虑，即法律意义上，'鞫'的含义很明确，就是指其中一个程序，但在实际判案和行政文书中，'鞫'的含义就变得宽广起来。二是从历时的角度考虑，睡虎地秦简、岳麓秦简、张家山汉简等都比较早，而益阳兔子山简、五一简时代在西汉末、东汉早中期，或许随着时代的变化，'鞫'的含义逐渐宽广起来"。是说很有启发性，特补述于此。从是说看，即使西汉末期判案、行政文书之"鞫"为广义，也难以直接串联秦及汉初律令、《法律答问》文本中的"鞫"例，进而更难将其"广义"推及岳麓秦简（肆）15简等秦律令文本。

③ 陶安先生言"断狱程序没有一个独立的判决成分，程序以行刑结束，这又与现代诉讼概念大相径庭"，见［德］陶安《试探"断狱"、"听讼"与"诉讼"之别——以汉代文书资料为中心》，第73页。

二、"鞫审"与"上/谳狱"： 狭义之"鞫"

"鞫"在秦及汉初治狱程序中的环节位置尚有讨论余地。一般案件经由县道"鞫审"后即得"论定"，但亦有"鞫""论"环节不直接相承者，"鞫审"不意味着唯一且必然的"论定"结果。其中部分案件"鞫审"后可能会因确认特别事实而不再"论"，或给定特别裁判如"不论""除罪""遇赦"等，之后结案、再无后续程序；更常见的情形则是，特定案件经县道官初审"鞫审"后不能直接"论定"，需经上报下达的后续程序才可正式"论定"。以目前材料所见，秦及汉初县道不能径行论断疑罪、人命重罪，及主体或犯罪类型特殊的罪案，对此类案件，县道初审后需按不同要求向上级机构报送处理。这类案件可见于《奏谳书》《为狱等状四种》和里耶秦简牍等材料中。对奏谳类文书类型及其所载案件性质，学者已有深入研究，所论范围从应否及如何从"谳疑狱"类文书剥离出其他类型奏书到各类上奏文书及案件性质特点，对不同文书所反映的程序差异多有揭示。① 梳理

① 撮其要者，如张家山汉墓竹简（247 号墓）整理小组提出："谳是议罪，《奏谳书》是议罪案例的汇编。"见张家山二四七号汉墓竹简整理小组《张家山汉墓竹简［二四七号墓］》（释文注释修订本）第 91 页；张建国先生将《奏谳书》案例分为"奏书"与"谳疑狱"的"谳书"两类，并讨论了文书格式，参张建国《帝制时代的中国法》，法律出版社，1999，第 295 页以下；邬勖先生承袭张建国先生的设想，进一步对《奏谳书》《为狱等状四种》案件性质细致分析，将案件分为"谳类""奏类""覆类"，并作了相应的文书类型分析，参邬勖《〈奏谳书〉篇题再议——以文书类型和案件性质的考察为视角》，http://www.bsm.org.cn/?qinjian/6140.html，最后访问日期：2022 年 8 月 16 日；陶安先生总结了整理小组、彭浩、张建国、邬勖等学者关于张家山汉简《奏谳书》及岳麓书院藏秦简（叁）《为狱等状四种》中案件性质与文书类型之歧见，对秦汉材料中"奏"字义变化、各类文书类型特点、奏谳类文书中"谳书"与"奏书"成立与否等问题皆有所论，参［德］陶安《〈为狱等状四种〉标题简"奏"字字解订正——兼论张家山汉简〈奏谳书〉题名问题》，中国政法大学法律古籍整理研究所编《中国古代法律文献研究》第八辑，社会科学文献出版社，2014，第 22～48 页；亦有论者补充谳狱案件中有特别案情或身份特殊者，并分析了岳麓书院藏秦简（伍）中用以规范"上奏""狱奏"的秦令所见"谳狱"文书的组成结构。参温俊萍《秦"谳狱"补疑——以"岳麓书院藏秦简"为视角》，《上海师范大学学报》2017 年第 6 期，第 50 页以下。此外于洪涛先生将"断狱"分为三类：一是县级机构直接论处者，二是由上级机构判处的"谳狱"，三是"乞鞫"案件。参于洪涛《秦汉法律简牍中的"鞫"研究——兼论秦汉刑事诉讼中的相关问题》，第 117 页。

诸家分歧及陈说鄙见或容另文叙述；此处欲强调的是，治狱的初审机构"鞫审"后不能径行论断，而需上移案件的程序仍可细分，据此可观察"鞫"在此类程序中的环节位置。

一方面，部分案件犯罪事实清楚，法律适用也无疑问，但法律明文规定县道官不能径行论断，需移送上级机构复案无误后再正式由县道作出论断。[①] 对一般犯罪主体而言，典型者为《二年律令·兴律》396、397 简所见人命及死罪案件治狱程序规定：

> 县道官所治死罪及过失、戏而杀人，狱已具，毋庸论，上狱属所二千石官。二千石官令毋害都吏复案，问（闻）二千石官，二千石官丞谨掾，当论，乃告县道官以从事。彻侯邑上在所郡守。[②]

本条的程序用语为"上（狱）"，程序特征是初审机构"狱已具"后并不正式论断，而是上报上级机构复案，确认案件"当论"后，县道官受令作出正式论断。初审县道官的职能是上"具狱"，其中应包含三段论式结构中的事实调查结果之"鞫审"与法条适用之"当"，惟不能作出正式判决之"论"。在适用"上狱"程序的案件中，"论"的结果其实在县道"鞫审"后即已确定，刑罚唯一且可预期，不存在"议罪"余地。就此而言，此类案件的适用程序不是"谳狱"，而是"上—复案"，即上报复核。

另一方面，与"上（狱）"不同，"鞫审"后"谳狱"的结果多是不确定的，其罪需"议"。此类"鞫审—谳"至少包括三种情形：

其一，"谳疑狱"，即事实确认无误，法律适用有疑者。此为最常见的"鞫审、谳"适用情形。

其二，郡级机构核查县道初审案件时发现存在可能影响判决结果的事实之疑时，指示县道补充或重新调查，全案再行"鞫审，谳"。如岳麓秦

---

① 此类程序中或许包括罪人有高爵或为官等特别身份的上请案件。上请规定在秦汉传世文献和简牍材料中都有所见，但上请是否具有减免刑罚的一般效果、处置是否可预期，尚有申说空间。此处暂不讨论。

② 张家山二四七号汉墓竹简整理小组：《张家山汉墓竹简［二四七号墓］》（释文注释修订本），第62页。

简（叁）《为狱等状四种》案例三与四的文书皆无"疑罪"标示，本非法律适用有疑的"疑狱"，但仍有"鞫审、谳"要求，采以首尾"敢谳之"文书格式。① 两则案例中上级机关指示县道另行"鞫审、谳"的原因分别为初审中赃值认定主体未明确，和罪案适逢赦令、录狱时要求全案复核。它们正是依上级机关指令对已经初审处理的个案适用"鞫审、谳"程序的，具有特定事实调查或全案复核色彩的案件。在此类案件中，再次"鞫审"的结果与初审"鞫审"可能有异并导致案件结果有不同，这种不确定性决定了上级机关有"议"之动作的可能性。

其三，另有犯罪情节特别因而有"谳"之特殊程序要求者，如《法律答问》72简记有：

> "擅杀、刑、髡其后子，谳之。"·可（何）谓"后子"？·官其男为爵后，及臣邦君长所置为后大（太）子，皆为"后子"。②

父母不得以家内权威对其子擅行"杀、刑、髡"等专属国家的身体刑罚权，违者有罪，其中父母"擅杀子"的，如系他人告发，"黥为城旦春"。③ 不过父"擅杀、刑、髡子"本为"不为公室告""非公室告"之罪，家内卑幼成员告发的，官府不予受理。④ "谳"程序可能是专对"非公

---

① 两则案例释文见朱汉民、陈松长主编《岳麓书院藏秦简（叁）》，上海辞书出版社，2013，第19~26页。
② 睡虎地秦墓竹简整理小组：《睡虎地秦墓竹简》，文物出版社，1990，第110页。
③ 《法律答问》69、70简：
"擅杀子，黥为城旦春。其子新生而有怪物其身及不全而杀之，勿罪。"今生子，子身全殹（也），毋（无）怪物，直以多子故，不欲其生，即弗举而杀之，可（何）论？为杀子。
释文参睡虎地秦墓竹简整理小组《睡虎地秦墓竹简》，第109页。
④ 《法律答问》103简：
"公室告"【何】殹（也）？"非公室告"可（何）殹（也）？贼杀伤、盗它人为"公室"；子盗父母，父母擅杀、刑、髡子及奴妾，不为"公室告"。
104简：
"子告父母，臣妾告主，非公室告，勿听。"·可（何）谓"非公室告"？·主擅杀、刑、髡其子、臣妾，是谓"非公室告"，勿听。
释文参睡虎地秦墓竹简整理小组《睡虎地秦墓竹简》，第117、118页。

室告，勿听"的例外规定，即当父母所擅杀、刑、髡之子为后子时，家内卑幼告发的，官府亦得听告，但需"谳"。72 简未提及"鞫审"之类的前提程序要求，则此"谳"可能是县道官听告后，知有后子身份时即应进行；当然更可能的是初审"鞫审"确认擅行身体刑和后子身份等事实后进行"谳"。擅刑、髡后子这类非人命案件本不会有《二年律令·兴律》396、397 简般"县道官狱具毋论，上狱属所二千石官复案"的程序要求，因此"后子"被父"擅杀、刑、髡"案件皆需"谳"的原因应与"后子"身份特殊有关。中国政法大学中国法制史基础史料研读会据《二年律令·捕律》142 简"死事者，置后如律"认为，"确立继承人应依律进行，其具体规定可参考《二年律令·置后律》369～371 简（死事者置后顺序）……。正因为'后子'是经官方认可的具有爵位继承或户主继承权的继承人，因而若擅自伤害乃至剥夺其生命，就已不单纯是'擅杀子'的问题，故需呈报"①。其说似可补充如下：本条讨论父擅杀后子的处理程序，说明"后子"身份是父在世时就已设置；"官其男为爵后"和"臣邦君长所置太子"的限定说明"后子"是有爵者或蛮夷君长之子，为其父自主设置而非依"死事置后"的法定顺序设置，且系专对爵位及臣邦君长身份继承而言。这几点与《二年律令·捕律》142 简"死事者，置后如律"和《置后律》对"疾死""死事"置后的法定继承规定有本质不同。"后子"可被界定为有爵之父在世时自主置立并已登记丁户籍簿册的男性爵位继承人，在父子关系中，相对其他子男而言，他们不仅身份上有独立性，②而且父子相犯会影响爵位的稳定传承：父擅杀、刑、髡其子的刑罚或将导致

---

① 中国政法大学中国法制史基础史料研读会：《睡虎地秦简法律文书集释（八）：〈法律答问〉61～110 简》，中国政法大学法律古籍整理研究所编《中国古代法律文献研究》第十三辑，社会科学文献出版社，2019，第 20 页。

② 《二年律令·收律》174、175 简：

　　罪人完城旦舂、鬼薪以上，及坐奸府（腐）者，皆收其妻、子、财、田宅。其子有妻、夫，若为户、有爵，及年十七以上，若为人妻而弃、寡者，皆勿收。

释文见张家山二四七号汉墓竹简整理小组《张家山汉墓竹简［二四七号墓］》（释文注释修订本），第 32 页。说明子之爵位可规避父重罪之收。

父爵将被削夺，① 而后子作为其爵的未来继承人，本是受益者，却又是其罪的受害人；何况后子被擅杀、刑、髡时可能本身已有小爵，"杀、刑、髡"之国家刑罚样态又受爵位优待影响。因此至少就后者而言，父擅杀、刑、髡后子的缘由与后果应有"谳"之必要。

至此可再观看治狱程序中的"谳"。宫宅洁先生认为秦简牍文本中的"谳"是"上报"之意，汉初《奏谳书》之"谳"同样取此广义。② 邬勖先生不赞同此说，认为秦"谳"含义宽泛，不限于"谳疑狱"，而汉"谳"义项收缩为"谳疑狱"。③ 汉代文献中"谳"多是在"疑狱"语境下使用，但也有"谳"非仅用于"疑狱"者，如景帝中五年九月诏有："诸狱疑，若虽文致于法而于人心不厌者，辄谳之。"④ 诏文"若"为"或"之意甚明，则此诏令谳之狱有二，一为"疑狱"，二为"虽文致于法而于人心不厌之狱"。第二种需谳之狱与疑狱并列，有法条依据、县道初审可拟定判决意见，但适用法条恐有负面社会影响。⑤ 其实从字面意思看，"谳

---

① 至少"父擅杀子"之刑罚为"黥为城旦"，"父擅刑、髡子"刑罚不明。常人相斗犯罪中，与"髡"类似的缚而拔人须眉和以剑斩人发结皆为"完城旦"刑，考虑有"缚""以剑斩"的加重情节，则一般的"髡"恐怕应处耐刑。若父擅髡子亦处耐刑，则其爵亦应随身份贬抑而被削除。"斗，缚而拔人须眉、以剑斩人发结"的处置，见于《法律答问》81、84 简，释文见睡虎地秦墓竹简整理小组《睡虎地秦墓竹简》，第 112、113 页；斗而以兵刃伤人作为一般斗伤人的加重情节，见于《二年律令·贼律》27 简，释文见张家山二四七号汉墓竹简整理小组《张家山汉墓竹简［二四七号墓］》（释文注释修订本），第 12 页。有爵者有耐罪时无法以爵优待减免刑罚的规定，见于里耶秦简牍 8‐775+ 8‐805+8‐884+9‐615+9‐2302：

　　上造、上造妻以上有罪，其当刑及当城旦舂，耐以为鬼薪白粲。其当【耐罪各】Ⅰ以其耐致耐之。其有赎罪各以赎读论之。Ⅱ

释文见陈伟主编《里耶秦简牍校释》（第二卷），武汉大学出版社，2018，第 164 页。

② ［日］宫宅洁撰，徐世虹译：《秦汉时期的审判制度——张家山汉简〈奏谳书〉所见》，载杨一凡主编《中国法制史考证》丙编第一卷，中国社会科学出版社，2003，第 311 页。

③ 参邬勖《〈奏谳书〉篇题再议——以文书类型和案件性质的考察为视角》。

④ （汉）班固：《汉书》卷五《景帝纪》，第 148 页。

⑤ 《通典》录有"防年杀继母"案：

　　汉景帝时，廷尉上囚防年继母陈论杀防年父，防年因杀陈，依律，杀母以大逆论，帝疑之。武帝时年十二，为太子，在旁，帝遂问之。太子答曰："夫'继母如母'，明不及母，缘父之故，比之于母。今继母无状，手杀其父，则下手之日，母恩绝矣。宜与杀人者同，不宜与大逆论。"从之。

见（唐）杜佑撰，王文锦等点校《通典》卷一六六《刑法四·杂议上》，中华 （转下页注）

疑狱"之"谳"也是"上报",因此除了为区分"奏书""谳书"文书类型而将"谳书"限定为"谳疑狱"案件的目的外,两种认识本可协调。本文则关注"上报"背后的"谳"之功能意义。如前所述,奏谳类文书所见案件,无论是因需要核定新的事实还是法律适用有疑,"谳狱"案件的处置结果基本都是待确定的,因此需要上级机关作出实质性的"议"行为,确定处置结果。此"议"不同于初审机关将案件审理终结后报送上级机关,由上级机关实施的备案或复核行为。前注引张家山汉墓竹简(247号墓)整理小组解题《奏谳书》为"谳是议罪,《奏谳书》是议罪案例的汇编",其说不再附加"谳疑狱"的限定,就颇为可取。

进而可对陶安先生"鞫""论"关系的看法稍作框定。一般情形下,"鞫"确是治狱程序的核心环节,"鞫审"即"论定";但至少在"谳狱"情境中,初审机关"鞫审"不代表"论定",决定"论"的是上级机关。不过,无论"上狱""谳狱",上级机关回复后,正式判决之"论"的作出还是县道之权责。因此,秦汉治狱的"绝对的定刑主义"本不绝对,仍受有限制,"鞫审"不一定"论定"。"鞫"就不能个别性地指称包括"论"在内的裁判整体。

至此可见,"鞫"作为治狱程序之一环节,确乎体现为司法动作;欲确认其是否还有概言"诉讼程序整体"的意义,尚需检视作为论据的其他材料。

(接上页注⑤)书局,1988,第4288~4289页。单看防年杀继母的事实,其罪刑律文昭明,本非疑狱;但继母先杀其父,依律以大逆论则属"文致于法而人心不厌"者。周寿昌据《通典》言"正此年事",意即景帝中五年令谳狱诏与此事有关;王先谦"补注"引周寿昌,言"案周说所引是也"。见(汉)班固撰,王先谦补注《汉书补注》,上海古籍出版社,2008,第214页。武帝为太子断防年案的真实性历来备受质疑,《通典》与《西汉年纪》所记武帝断案年份与年龄亦不一,《西汉年纪》据《武帝故事》记为中三年事,"太子时年十岁",见(宋)王益之撰,王银林点校《西汉年纪》卷九《景帝》,中华书局,2018,第168页;因此即使防年案属实,其是否景帝中五年事,与令谳狱诏是否有关,尚待考实。不过仍可知,周寿昌、王先谦等学者也正是在非疑狱的意义上去理解"文致于法而人心不厌"之狱的。两汉文献中与"防年案"类似的案件并不乏见,文献所见"春秋决狱"事例多相类似,都是案件符合既有法条规制,但有特定情状,导致适用既有法条有"人心不厌"即背离社会观感或正统伦理标准之虞。

三、"故纵/不直"犯罪非"鞫狱"独有

如前所述，"鞫"单字只有"有论断权限者的调查"这一狭义用法，不能推出"鞫"有广义。陶安等学者另有思路，认为"鞫狱"可指裁判整体。陶安先生言：

> 例如《二年律令》93简和107简。与后世所说的"故出入人罪"大致对应的罪状是"鞫狱故纵、不直"或"鞫之不直，故纵弗刑"，两条除了提到"鞫狱"之外，均未提及"当"等与论断有关的其他程序要素，就是因为鞫狱是在这个广义上使用的。简107进一步提及诸如"失出入人罪"之类的罪状，并将其定义为"论而失之"，但将故意使用的"论而失之"的概念用于过失"论"，由此可以进一步清楚地证明，"鞫狱"和"论"都是指有论断权限的人进行的整个审判。①

徐世虹先生亦提出：

> 《法律答问》《二年律令》所见涉及论狱、鞫狱的罪名，有鞫狱故不直、鞫狱故纵。这里的鞫如果只是理解为调查、确认事实，显然无法匹配"故不直""故纵"的意义指向。无论不直还是纵囚，都已是司法官对审理案件所作出的违法裁定，因而与此组合的"鞫狱"，自然是指对整个案件的审理过程及其程序。②

以《二年律令·具律》93、107简和《法律答问》涉及"鞫狱"与

---

① ［德］陶安あんど：《秦漢刑罰体系の研究》，第392~393页注35。在更早一篇论文中陶安先生已提出此说，见［德］陶安《试探"断狱"、"听讼"与"诉讼"之别——以汉代文书资料为中心》，第72页。

② 徐世虹：《秦汉"鞫"文书谫识——以湖南益阳兔子山、长沙五一广场出土木牍为中心》，第271~272页。

"论狱故纵/不直"的简文为主要材料，将"鞫狱故纵/不直"与"论狱故纵/不直"相联系，将"鞫狱"与"论"一样视为有论断权限的人进行的整个审判，大概是论证"鞫狱"有广义指称的基本思路。但前述"鞫狱"辞例皆为"鞫狱故纵/不直/不审"罪名，实际上"故纵""不直""失不审"可能发生在治狱程序不同环节，具体罪状乃至刑罚可能有异，"鞫狱故纵/不直"罪名不能将其全部涵盖。前列《二年律令》93～98简、107简的"鞫狱故纵/不直"犯罪，仍应解为"鞫"环节犯罪为宜。

"故纵""不直"是治狱犯罪罪名的核心部分，《法律答问》93简言"不直""纵囚"乃是"端"之故意行为，《二年律令·具律》93、95、112、113简共同说明"纵""不直"皆为"故"；①而"纵囚/之"和"不直"是在描述其故意的主观意图是出入人罪。它们亦可与其他治狱程序中的行为搭配构成罪名。治狱程序由"告/劾""诊/讯/问""鞫""论"等不同环节构成，每一环节都代表对应的司法行为，行为违反职责要求、具有罪刑出入的主观故意或过失因素，就可能构成"不直""故纵""失不审"等犯罪。至于具体罪名与刑罚的确定，是以哪种司法行为存在"不直""故纵""不审"等要素为据，邬勖先生就将"罪过形态"划分为"故""失"，与司法过程中的"告/劾""鞫狱""诊报辟""论狱""证"等行为相结合，构成"诬告/故不劾/劾故不直""鞫狱故纵/不直""诊报辟故弗穷审""论狱故纵死罪/不直而刑""证财物故不以实/证不言情"，②其做法颇具启发性。治狱某一环节的"故纵""不直"，罪名不同，刑罚也可能有异。例如：

其一，官吏劾人以启动治狱程序时的错误劾人行为。对常人错误告发罪人者，秦汉有"诬告"和"告不审"罪名，即出于刑罚出入的主观故意或过失而做出的错误告发，《二年律令·告律》126、127简规定了"诬

---

① 下文所引《二年律令·具律》93简"故纵、不直"与95简"失不审"相对，可见系主观故意；113简有"治狱者，各以其告劾治之。敢放讯杜雅，求其它罪，及人毋告劾而擅覆治之，皆以鞫狱故不直论"，见张家山二四七号汉墓竹简整理小组《张家山汉墓竹简［二四七号墓］》（释文注释修订本），第24页。言"求"言"擅"，可见得以参引"鞫狱故纵不直"罪刑规定，亦以主观故意为基础。

② 见邬勖《"故""失"辨微：结合出土文献的研究》，载王沛主编《出土文献与法律史研究》第一辑，上海人民出版社，2012，第178页。

告，反其罪"与"告不审，减所告罪一等"的一般罚则，① 《法律答问》
38~48 简涉及罪名确定及一般罚则的解释与修正，② 《二年律令·具律》
121、107~109 简等亦有刑罚修正的规定。③ 与常人告罪人不同，官吏主体
之"劾罪人"存在"不直"犯罪，此即《二年律令·具律》112 简言"劾
人不审，为失；其轻罪也而故以重罪劾之，为不直"④。在罪名方面，其准
确罪名是"劾人失（不审）"和"劾人不直"。前者作为独立罪名之例可
见里耶秦简牍 8－1344 简正，据何有祖先生释文为"☑□。问器劾失，
鞠，审。·二月☑"⑤，"劾失"为其罪名。在刑罚方面，据悬泉汉简
Ⅰ0112①∶1∶"·囚律，劾人不审为失，以其赎半论之。"⑥ 劾人失不审是
施加所劾罪名对应之赎的一半金额的财产刑，与《二年律令·具律》96 简
"（鞠狱纵、不直，）非故而失不审，以其赎论"相比，赎刑数额减半，这
恐怕不能归结为同一罪刑罚的时代差异，而应是二罪在主体、在治狱程序
中的所处环节、主观意图和实际后果等方面本就不同，恶性有差异——
"劾人不直"仅具出入其罪的主观意图和劾人罪名不确的行为，无法左右
"鞠""论"环节，对判决结果不产生直接和实质影响，因此危害性较

---

① 释文见张家山二四七号汉墓竹简整理小组《张家山汉墓竹简［二四七号墓］》（释文注
释修订本），第 26 页。
② 诸条释文参睡虎地秦墓竹简整理小组《睡虎地秦墓竹简》，第 102~104 页。
③ 该条释文为：

　　　城旦舂、鬼薪白粲有罪耐、耐以上而当刑复城旦舂，及曰黥之若刑为城旦舂，及奴
　　婢当刑畀主，其证不言请（情）、诬告，告之不审，鞠之不直、故纵弗刑，若论而失之，
　　及守将奴婢而亡之，篡遂纵之，及诸律令中曰与同法、同罪，其所与当刑复城旦舂，
　　及曰黥之，若鬼薪白粲当刑为城旦舂，及刑畀主之罪也，皆如耐罪然。其纵之而令亡城
　　旦舂、鬼薪白粲也，纵者黥为城旦舂。

见张家山二四七号汉墓竹简整理小组《张家山汉墓竹简［二四七号墓］》（释文注释修
订本），第 23 页。简序、简文及标点有改。对本条的解说，可参刘欣宁《张家山汉简
〈二年律令〉简 121—107—108—109 释读——兼论汉律中的量刑原则》，武汉大学简帛研
究中心主办《简帛》第六辑，上海古籍出版社，2011，第 399 页以下。另可参拙文《秦
及汉初逃亡犯罪的刑罚适用和处理程序》，《法学研究》2020 年第 3 期，第 197 页。
④ 律未言及"劾人故纵"，恐怕是既言"劾人"，已是以罪举劾，没有"出人罪"的空间。
释文见张家山二四七号汉墓竹简整理小组《张家山汉墓竹简［二四七号墓］》（释文注
释修订本），第 24 页。
⑤ 何有祖：《里耶秦简牍释读札记（五则）》，载中国文化遗产研究院编《出土文献研究》
第十五辑，中西书局，2016，第 115 页。
⑥ 释文见胡平生、张德芳编撰《敦煌悬泉汉简释粹》，上海古籍出版社，2001，第 17 页。

"鞠""论"环节的"不直"为轻,刑罚恐怕不会落入《二年律令·具律》93 简为"鞠狱不直"规定的"死罪斩止为城旦,它罪各以其罪论之",而会更轻。

其二,在治狱的追捕罪人阶段上书请求减罪人罪的"篡遂纵囚"行为。张家山汉简《奏谳书》案例十八记载,秦始皇二十七年,攸县三次征发新黔首往击群盗,前两次未成功,且第二次作战中领兵的令史义等战死。在攸县令庫追究前两次作战失利的新黔首"儋乏不斗"之罪时,三次参战的新黔首名册混杂、不能区分出哪些是犯有"儋乏不斗"的罪人,新黔首多恐慌外逃,治狱程序因而暂时中止。庫本应等待主管名册而在逃的令史盭到案后,辨别并追捕罪人,再依法展开讯问、鞠、论等后续治狱程序,但庫在此阶段直接上书皇帝请为新黔首减罪。在讯问庫时其行为被称为"释纵罪人",判决时其罪名被认定为"篡遂纵囚"。"儋乏不斗"是死罪,篡遂纵死罪囚者应黥为城旦,庫有爵上造以上,被易刑为耐为鬼薪。① 上书奏请皇帝处置地方事务的行为本身应无问题,但此案中庫是在未依法履行职权的前提下就请求法外减罪,这超出其职权而构成"篡遂纵囚"罪。可见此罪是指(或至少包括)在依职权进行"鞠""论"之前的司法程序中,超出职权实施的、意图不追究罪人的行为。② 此案中庫的上书请求减罪的行为构成"篡遂纵囚"罪,但这既未实质性破坏治狱结果(如窜改犯罪事实认定之"鞠",易狱),能否最终达成纵放罪人的实际结果也不确定(赖于皇帝敕裁),这与"鞠狱故纵"有本质区别。因此"篡遂纵死罪囚,黥为城旦"轻于"鞠狱故纵死罪,斩左止为城旦",恐怕也不能简单归结为秦到汉初同一罪的刑罚差异,两者"罪""刑"可能皆不相同。

其三,在究治盗罪之狱时,故意拖延值赃的行为。《法律答问》33、34 简和 35、36 简两条问答是其例:

---

① 释文见张家山二四七号汉墓竹简整理小组《张家山汉墓竹简〔二四七号墓〕》(释文注释修订本),第 103~105 页。

② 本案中,庫提及他曾听说其他县令处理这类事件时以"夺爵令戍"的判决意见上书皇帝,("闻等上论夺爵令戍")似乎说明他提议"裁黔首罪"时是以"夺爵令戍"的轻罚取代"儋乏不斗"罪的死刑,以安抚新黔首。严格说这不是纵出罪人、使其完全逃脱制裁。

士五（伍）甲盗，以得时直（值）臧（赃），臧（赃）直（值）过六百六十，吏弗直（值），其狱鞫乃直（值）臧（赃），臧（赃）直（值）百一十，以论耐，问甲及吏可（何）论？甲当黥为城旦；吏为失刑罪，或端为，为不直。（33、34简）

士五（伍）甲盗，以得时直（值）臧（赃），臧（赃）直（值）百一十，吏弗直（值），狱鞫乃直（值）臧（赃），臧（赃）直（值）过六百六十，黥甲为城旦，问甲及吏可（何）论？甲当耐为隶臣，吏为失刑罪。甲有罪，吏智（知）而端重若轻之，论可（何）殹（也）？为不直。（35、36简）①

"狱鞫乃值赃"意味着值赃是在"鞫"阶段进行中或完结后才进行；此时值赃导致论罪有误，提示此"鞫"专指"论"前之"鞫"环节。依简文文义，盗罪值赃当在"得时"就进行，若"狱鞫"方值赃，本系程序瑕疵，据此二条，认定赃值的变动导致错判肉刑者入于"失刑罪"罪名。值赃的程序瑕疵不一定导致刑罚出入，刑罚有出入者亦不一定导致肉刑出入，也就不一定构成犯罪，或不构成"失刑罪"之罪。② 可注意者，值赃错误导致肉刑出入的"失刑罪"或"不直"的主体并不必然是"鞫/论"之"有论断权限者"，而是负责值赃之吏，此类官吏在盗罪罪犯归案时就需值赃，而在此阶段，县令、丞等"鞫/论"主体未必参与其中。因此落实到33、34简中，若吏故意拖延值赃（"端为"），使当黥城旦者论为耐（"罪当重而端轻"），此"值赃不直"之罪既非"鞫/论"主体所犯，又非"鞫""论"环节之"鞫狱/论狱不直"；惟其主观意图是故意追求行盗者甲的刑罚有出入，此为其与其他环节之"不直"罪相通之处。至于"值赃不直"刑罚是与"鞫狱不直"一样"以其罪论之"还是另有规定，尚不可知。

至此可见，有"故纵/不直/不审"等主观意图和客观行为的犯罪可能

---

① 睡虎地秦墓竹简整理小组：《睡虎地秦墓竹简》，第101~102页。
② "失刑罪"所指是判处肉刑有失，还是过失判处刑罚之罪，抑或是判处刑、罪有失，甚或另有他解？此罪究竟涵盖哪些罪状？《法律答问》此二条值赃有误是对"失刑罪"范畴的具化例举还是扩张解释？诸疑皆无确解；或容另文申说。

出现于治狱程序的不同环节，各犯罪的恶性程度与损害后果不尽一致，本就无法归入某一犯罪名下、适用同一罚则。所以秦汉律令体系针对“告/劾失不审”“诬告/诬加”“劾不直”“诊、报、辟弗穷审”“鞫故纵、不直”“论失”等治狱程序中的犯罪，个别性地加以规定。

四、“故纵/不直”：“鞫狱”有别“论狱”

鉴于诸说以“论狱”等同于“鞫狱”，“鞫狱故纵/不直”与“论狱故纵/不直”犯罪的关系尤需辨析。概言治狱“纵、不直”之罪时，因在“鞫”与“论”中任一环节都可能直接导致出入人罪的“纵”“不直”的犯罪结果，一般情况下作为鞫、论主体的治狱者会是相同的人，“鞫狱”“论狱”犯罪不必区分，刑罚规则也应相同，因此可以等同讨论。但在具体案件中，需具体化罪名，有时可落实到“鞫狱故纵/不直”，有时则需落实到“论狱故纵/不直”。

对“鞫狱故纵/不直”言，里耶秦简牍记有“鞫狱纵/不直”“鞫狱不审”之例：

> 卂（讯）敬：令曰：诸有吏治已决而更治者，其罪节重若☑ J1⑧1832+J1⑧1418
>
> 益轻，吏前治者皆当以纵、不直论。今甾等当赎 J1⑧1133
>
> 耐，是即敬等纵弗论殹。何故不以纵论【敬】J1⑧1132 正
>
> 等？何解？辤（辞）曰：敬等鞫狱弗能审，误不当律。J1⑧0314
>
> 甾等非故纵弗论殹（也）。它如劾。J1⑧1107
>
> 赎 J1⑧1132 背[①]

讯问者所引秦令言及罪案再审后更改判决的，概言初审责任者是“以纵、不直论”，未言其为“鞫”或“论”有误。此则材料中，作为治狱者的敬

① 复原方案据何有祖《里耶秦简牍缀合（八则）》，http://www.bsm.org.cn/?qinjian/6033.html，最后访问日期 2022 年 6 月 4 日。陶安先生认为该文书不是“鞫书”，而是狱史讯狱的记录。参［德］陶安あんど《“鞫書”と“鞫状”に関する覚書》。

等"鞫不审"才导致"论狱纵而弗论"的结果，"论"匹配"不审之鞫"，"论"本身无所谓对错，"鞫""论"相承、不必区分。敬等辩称其鞫狱弗审，是事实确认有误，即未达"鞫审"标准而"误不当律"，不是故纵弗论，大概是为争取适用《二年律令·具律》97、98 简"非故而失不审，……赎耐……赀一盾"般的规定。^① 但细观《二年律令·具律》93 简"鞫狱故纵/不直"，恐怕并不一定要达致错误之"论"才能成罪，"不直"者更不一定要求已执行、出现实质损害后果；如"已鞫未论"时出现"故纵、不直"，即使后续论断乃至行刑因其他因素被中止，仍应构成本罪。

对"论狱故纵/不直"言，在特定场景下，治狱者对法条适用的看法或有不同，若因此论断出现不直，各人责任也不相同。此时就需区分出独立的"论"之环节。《法律答问》94 简记有："赎罪不直，史不与啬夫和，问史可（何）论？当赀一盾。"^② 问答是在讨论"不和"刑罚，可见预设的情境是"不直"判决已经论定。中国政法大学中国法制史基础史料研读会讨论啬夫刑罚时引《具律》93~98 简"鞫狱不直，各以其罪论之"的罚则。^③ 不过，"鞫"环节是为确认事实，事实只能确认唯一，不存在治狱者"不和"的空间；论断环节则可出现不同吏议意见，秦及汉初奏谳类文书中疑罪案件中的"吏议"多见，《法律答问》中"议曰""或曰"等可能就是在"鞫审"后的论断环节产生的不同吏议意见。至于本条问答，被概言为"啬夫"的县道或都官等有治狱权限的机构之啬夫及史（令史、狱史等）之间的"不和"即应发生在"论断"环节。

至此可转回《法律答问》93 简问答对"论狱不直、纵囚"罪名的界定。该条为：

> "论狱【何谓】'不直'？可（何）谓'纵囚'？罪当重而端轻之，当轻而端重之，是谓'不直'。当论而端弗论，及伤其狱，端令不致，

---

① 目前未见秦律对"鞫狱失不审，赎耐"的处置，《二年律令》为罚金一两，秦或为大体相当的"赀一盾"。对此，本文所引《法律答问》94 简"赎罪不直，不与啬夫和"之史被"赀一盾"，或可参考。
② 睡虎地秦墓竹简整理小组：《睡虎地秦墓竹简》，第 115 页。
③ 中国政法大学中国法制史基础史料研读会：《睡虎地秦简法律文书集释（八）：〈法律答问〉61~110 简》，第 48 页。

论出之,是谓'纵囚'。"①

虽然有时"论狱不直"可能有广义而涵盖"鞫""论"环节,② 但单看93简,"论狱"应取狭义为宜,专指治狱程序中的"论断"环节。就"纵囚"言,实际上目前所见秦汉法律文本中,依犯罪行为是否依权限施行,至少存在三种纵放犯罪者的罪名:其一为"篡遂纵罪人/囚",即擅权纵放在逃或在押的犯罪者,③《二年律令·具律》121、107~109简有"篡遂纵之",前述《奏谳书》案例十八有"篡遂纵罪人/囚",皆非发生在"鞫""论"环节。其二为"鞫狱故纵",是在行使职权进行调查(鞫)时出脱犯罪者,《二年律令·具律》93简"鞫狱故纵",107简"鞫之故纵"即是。其三为"论狱故纵",是在行使职权进行论断(论)时出脱犯罪者,即《法律答问》93简所述"论狱不直、纵囚"。"论狱纵囚"明显地指向论断阶段,盖因"当论而端弗论"只有在鞫审后才能判断是否当论,"易其狱、端令不致,论出"是以"易狱"为手段"论出",也是鞫审后才能操作的步骤。相应地,被解为"罪当重而端轻之、当轻而端重之"的"论

---

① 睡虎地秦墓竹简整理小组:《睡虎地秦墓竹简》,第115页。
② 岳麓秦简(伍)(陆)多见针对治狱者及其关系人收受财物导致"论狱不直"的令文规定。其"论狱"恐怕是强调最终判决有出入,出入原因可能发生"鞫""论"环节。
③ 诸家通常引《汉书·成帝纪》"篡囚徒"、《晋书·刑法志》"正篡囚弃市之法"等文例,分别注解"篡""遂",如见〔日〕冨谷至编《張家山二四七号墓出土漢律令の研究》,朋友书店,2006,第73页,注4、5;彭浩、陈伟、〔日〕工藤元男主编《二年律令与奏谳书:张家山二四七号汉墓出土法律文献释读》,上海古籍出版社,2007,第136页。杨振红先生认为"篡遂"与"纵囚"系二罪名,"纵囚"与"故纵"为同一罪名:"遂,指实现、完成,指已经判定罪刑。篡遂,劫取已经判刑的囚犯。'纵囚'适用的律文,不是'篡遂纵之'的'纵之',或者'其纵之而令亡城旦舂、鬼薪白粲也'的'纵之',而是简107的'故纵弗刑'。……'篡遂'、'纵囚'应是两个罪名,而'纵囚'与'故纵'当是同一罪名。"见杨振红《〈南郡卒史复攸库等狱簿〉再解读》,载中国政法大学法律古籍整理研究所编《中国古代法律文献研究》第八辑,第121页。李安敦、叶山先生则据劳武利、吕德凯意见,将"篡"解为"擅权"(usurp authority),"遂"解为"使脱逃",则"篡遂纵之"意为"擅权使之脱逃或(故意)纵放也"。See Anthony J. Barbieri-Low and Robin D. S. Yates, *Law, State and Society in Early Imperial China: A Study with Critical Edition and Translation of the Legal Texts from Zhangjiashan Tomb no. 247*, Leiden: Brill, 2015, Vol. II, note 99 at p. 532. 本文从之,认为"篡遂纵"是一个动作,"篡囚"文例难以佐证"篡遂纵"之所指。

狱不直"就应指"论断"时给出轻重失当的刑罚。①

既然本简"论狱"专指论断环节，就不能用于指称裁判整体；何况其非"鞠狱"。因此本条不能用于论证"鞠狱"可指裁判整体之说。

此外应注意者，"鞠狱故纵、不直"强调的是为加减刑罚而故意实施错误之鞠，因此非出于变易刑罚的故意而在鞠之环节中认定事实有误，且刑罚与该当刑罚不异的，既非"鞠狱故纵／不直"，也不能等同于"鞠狱失不审"，其制裁也不是"以其罪论""以其赎论"。以鞠之环节中通常后果最严重的犯罪事实（罪名）认定有误为例，若非故意且刑罚轻重有异，依秦律令精神，恐怕不会给予实质性的制裁。对此《法律答问》119 简或可侧证。119 简：

> 完城旦，以黥城旦诬人，可（何）论？当黥。■甲贼伤人，吏论以为斗伤人，吏当论不当？当谇。②

119 简前部问答是在解释犯有实罪又犯诬罪的情形，后部以墨块引导出似不相关的治狱确定罪名有误的情形。③ 据《法律答问》44 简、79～84 简、86 简，《二年律令·贼律》25、27～28 简等，秦及汉初"贼伤人"与"斗伤人"刑罚不同，"贼伤人"刑罚统为黥为城旦舂，"斗伤人"刑罚则依情节在完为城旦舂到耐之间，可见凡是伤人，刑罚皆在耐以上。④ 据《二年律令·具律》93～98 简，对鞠狱有误导致刑罚有所出入的官吏，所涉刑罚在耐刑以上的，需区分主观意图上的"故""失"处以黥城旦、完城旦和耐之具有反坐性质的刑罚，或科以相应的赎黥、赎城旦、赎耐的

---

① "罪"为刑罚之意，此一理解符合司法文书常见的"论某人为某刑罚"的"论断"表达。

② 睡虎地秦墓竹简整理小组编：《睡虎地秦墓竹简》，第 121～122 页。119 简"甲贼伤人"前亦有墨块，整理者原释文未体现，现予补出。

③ 对 119 简墨块后简文的理解，可参中国政法大学中国法制史基础史料研读会《睡虎地秦简法律文书集释（九）：〈法律答问〉111～135 简》，载中国政法大学法律古籍整理研究所编《中国古代法律文献研究》第十四辑，社科文献出版社，2020，第 35 页，集释【2】按语。

④ 《法律答问》44、79～84、86 简释文见睡虎地秦墓竹简整理小组编《睡虎地秦墓竹简》，第 103、112～113 页；《二年律令·贼律》25、27～28 简释文见张家山二四七号汉墓竹简整理小组《张家山汉墓竹简［二四七号墓］》（释文注释修订本），第 12 页。

财产刑。① 而本简之"谇"并非刑罚处罚。可见如简文表面所示,本简吏之过错仅是"斗伤人"事实认定有误,最终判罚无出入。② 判罚无误的场景可能是在论的环节直接处以本匹配"贼伤人"的黥城旦刑;或者更可能的是,因确认特定事实而使"斗伤人"刑罚与"贼伤人"相同。对治狱之吏而言,其过误仅在犯罪事实认定有误,"谇"之可也。

进而可推想,在"鞫"时事实认定有误如爵位有误但刑罚不异时,也正是"鞫"有误但"论"得当。以 119 简后部情境为例,设若甲有爵上造以上,贼伤人本当论为黥城旦,吏错论为完城旦之斗伤人(如"斗而以釰及金铁锐锤椎伤人"),据前注引里耶秦简牍 8－775+8－805+8－884+9－615+9－2302 所示,秦上造以上爵位保有者皆可以"耐为鬼薪"替换"刑/完城旦"刑罚,则无论甲被论为"斗"抑或"贼",最终获刑皆为耐鬼薪。在此类事例中,所论罪名有误而不以改易刑罚为目的、亦无危害后果的,恐怕皆不构成"鞫狱故纵/不直"罪。因此"鞫有误"与"论有误"并不必然等同,只能说在此类"鞫狱故纵/不直"的特定罪名中,附加特别限定的"鞫"才有影响"论"的特质。

进而验看"鞫狱故纵/不直"犯罪的相关律文。《二年律令·具律》93 简"鞫狱故纵、不直"之"鞫狱"、107 简"鞫之不直、故纵弗刑"之"鞫"也都不是指裁判整体。93 简记有:

> 鞫(鞫)狱故纵、不直,及诊、报、辟故弗穷审者,死罪,斩左止(趾)为城旦,它各以其罪论之。③

与"故纵/不直"相同,"诊报辟故弗穷审"之"故"强调了主观故意,"弗穷审"强调了对罪、刑有出入之处不予纠查,说明此罪要件是追求与

---

① 释文见张家山二四七号汉墓竹简整理小组《张家山汉墓竹简〔二四七号墓〕》(释文注释修订本),第 22 页。
② 对罪名认定错误但最终判罚刑罚无误的情形,唐律《断狱》"官司出入人罪"条或可资参考,该条规定:"虽有出入,于决罚不异者,勿论。"见(唐)长孙无忌等撰、刘俊文点校《唐律疏议》,中华书局,1983,第 565 页。
③ 释文见张家山二四七号汉墓竹简整理小组《张家山汉墓竹简〔二四七号墓〕》(释文注释修订本),第 22 页。

"鞫狱故纵、不直"相同的罪刑出入结果。此罪与"鞫狱故纵、不直"并列，正说明并非案件全部环节皆为"鞫狱"，"鞫狱故纵、不直"罪名只能匹配拥有"鞫"权限者。93简"鞫狱"与"故纵/不直"等犯罪行为搭配时，基于特定而非全部情境下的"鞫审—论定"的顺承关系，"鞫狱"才能包含论断，才能指称裁判整体。至于无"鞫"权限的狱史等在讯问、诊等环节，上级机关官吏在回复县道报告或作出指示等环节的故弗穷审犯罪，正如93简将它们与"鞫狱故纵/不直"并列排布的形式所暗示的那样，皆非"鞫狱"犯罪。

前注引《二年律令·具律》107简将官吏治狱时的"鞫之不直，故纵弗刑"与"论而失之"犯罪并列。前注引陶安先生之说似是将"论而失之"解为与"失出入人罪"相类的罪状，试图以此说明"鞫狱"与"论"都指有论断权限者的整体审判。不过"论而失之"恐怕需在整条中理解。《具律》121、107~109简讨论的是错误判处城旦舂、鬼薪白粲及奴婢肉刑时对责任者的反坐规定，107简"鞫之不直、故纵弗刑"是官吏在"鞫"环节故意增减罪状，若"论而失之"之"论"涵盖"鞫"环节，则二罪罪状将有重复。因此本条中"论而失之"仍宜解为"论断"阶段有误，导致前述特别身份者的肉刑裁判失当；其中应处肉刑，出于故意而论断失当未处者，可入《法律答问》93简所见"论狱纵囚"罪名。

此外，有些治狱犯罪本未发生在"鞫狱"环节，但以"甲罪状以乙罪论"的形式参引"鞫狱故纵、不直/非故也而失不审"的规定，[①] 这类犯罪似乎限定在司法程序中"论断"之前的阶段。《二年律令》中，盗贼事发接告之吏留、匿所告（《捕律》146简），治狱时不依告劾、旁求它罪乃至无告劾而擅治（《具律》113简），以投书者言系治人（《具律》118简）等都不是发生在"鞫"环节，但都参引了"鞫狱故纵/不直"

---

① 在此意义上，秦汉律令"以某罪论"用语和唐律以降八字律母之"以（某罪论）"相同，都类于现代刑法上所谓"法律拟制（legis fictio）"。可明确者，虽然"以某罪论"与真犯同，但所同的是"罪—刑"结构中刑罚一端的处理方式，而非罪状一端的主体、行为、场景等事实因素的判断。

犯罪的规定。①

至此可见，在与"故纵/不直"搭配构成罪名/罪状的意义上，"鞫狱"与"论狱"亦有区别；"鞫""论"仍以各采狭义、专指特定司法动作及其代表的程序环节为宜。尤其是，即使在罪名层面上可作"鞫狱""论狱"的类比尝试以求其"广义"，也难以将这种尝试乃至"广义"推及罪名层面之外的领域，如律令文本中作为司法行为或环节出现的"鞫"。

五、"鞫"有广义？ 再说岳麓秦简（肆）15 简

澄清"鞫"与"鞫狱"的狭义指向，有助于理解某些法律文本疑难之处和秦汉治狱程序细节，以及提出新问题。以岳麓秦简（肆）15 简的研读成果为例。该简记有：

有罪去亡，弗会，已狱及已劾未论而自出者，为会，鞫，罪不得减。②

此简简文前有"弗会"，说明已经"狱论，令出、会（其罪之刑）"；后又有"已狱及已劾未论而自出，为会，鞫，罪不得减"，这与"论，令出、会之"的一般程序相抵牾，简文指向的情境为何，颇难索解。华东政法大学出土法律文献研读班将最后一句断读为"为会鞫，罪不得减"，并解读如下：

---

① 《二年律令·捕律》146 简：

群盗、盗贼发，告吏，吏匿弗言其县廷，言之而留盈一日，以其故不得，皆以鞫狱故纵论之。

《具律》113 简：

治狱者，各以其告劾治之。敢放讯杜雅，求其它罪，及人毋告劾而擅覆治之，皆以鞫狱故不直论。

118 简：

毋敢以投书者言毄（系）治人。不从律者，以鞫狱故不直论。

三条释文见张家山二四七号汉墓竹简整理小组《张家山汉墓竹简［二四七号墓］》（释文注释修订本），第28、24、25页。

② 释文见陈松长主编《岳麓书院藏秦简（肆）》，上海辞书出版社，2015，第74页。

所谓"会鞫"应指案件当事人参与或者赶上了其案件中的"鞫"程序。

另外，从律文内容来看，"会鞫"是秦律对本应在规定日期去官府参与其案件审判的犯罪者逃亡之后，在"已狱及已劾未论"阶段自首的定性。不同于一般的逃亡自首情形，其是在案件已经审理开始后才自首，对于这一行为，秦律特别规定不能予以减刑处理。如此解读，本条律文内容理解起来较为顺畅。如从整理者断读，则"鞫"字在此处似乎并无出现的必要，显得累赘。①

其说指出了整理者断读的问题所在，"会鞫"连读的格式也同于"论，令出、会某刑""会封"等标示符合司法进程中某些环节要求的语例，有其道理。但是说亦有启人疑窦之处："会鞫"连读暂无辞例；"会"是指示特定对象在确定的时空去履行给定动作的"义务"，本简"已狱及已劾未论自出"者，对应"论令出会"之"会某刑"即可通顺，研读班将"会鞫"连读、定性为自首之一种，则"会鞫"的程序意义难以捕捉；又，如前所述，"鞫""论"之间可以有时段存续，"未论"包含"已鞫未论"阶段，犯罪嫌疑人在"鞫而未论"阶段自出的话，难以理解如何算是"赶上'鞫'程序"；又，按研读班解读，对案件审理开始后自首者"不予减刑"，但即使是"论，令出、会之"而"不会"者，最后自出的也能够在本罪与亡罪刑罚叠加后减罪一等。因此本文暂不从"会鞫"连读的方案。

笔者曾撰文推测，在逃亡犯罪处置程序中，对犯耐为隶臣妾以下罪而逃亡者，适用"论，令出、会"程序，若"不会"其刑（不依令自出、领受其罪之刑罚），则拟制为主体在该刑罚已执行时逃亡来确定其最终刑罚，其本质是本罪与亡罪二项刑罚的叠加。② 对此可稍作展述如下：

其一，针对"有罪而亡"的"论令出会"程序中，本罪的罪与刑是确定的，因此官府可以"论"定而"令会其刑"；但官府无法全然掌握逃亡事实，因此在罪人被捕获或自出前的逃亡行为的最终罪名及刑罚是不确定

---

① 参华东政法大学出土法律文献研读班《岳麓秦简律令释读（一）》，载王沛主编《出土文献与法律史研究》第八辑，法律出版社，2020，第170页，15简"解读"。

② 参拙文《秦及汉初逃亡犯罪的刑罚适用和处理程序》，第201~202页。

的，如可能存在不盈卒岁之将阳（以亡日系城旦春），盈卒岁之阑亡（耐），乃至出逃秦国外的邦亡/亡出故徼（黥为城旦春）等罪刑。因此"不会其刑"后的"以亡律论之"也就是开放性规定，不存在某一确定刑罚。再考虑到其本罪刑罚，则在有罪逃亡者归案前，无法另行启动司法程序以"论"定其罪刑。

其二，《二年律令·具律》122～124 简前部规定了犯罪逃亡的追缉程序：

> 有罪当完城旦春、鬼薪白粲以上而亡，以其罪命之；耐隶臣妾罪以下，论，令出、会之。其以亡为罪，当完城旦春、鬼薪白粲以上不得者，亦以其罪论，命之。①

据此，犯耐隶臣妾罪以下而逃亡的，适用"论，令出会"程序。但需注意者，"论令出会"程序并非专限犯罪逃亡。实际上 123 简言及"以亡为罪"后又进一步限定了"当完城旦春、鬼薪白粲以上"者适用"论命"程序，已说明其他"以亡为罪"情形不适用此程序；其中就有适用"论，令出会"者，如迁者、迁者所包这类特殊主体单纯逃亡的就是"以亡为罪"，但也适用"论令出会"程序，此即如岳麓秦简（肆）71、72 简的规定。②因此可以说，某类主体有罪而亡，亡罪先发（首先为官府觉知）而"论令出会"时，本罪后发，主体在本罪"已狱及已劾"时自出的情形是有可能

---

① 张家山二四七号汉墓竹简整理小组：《张家山汉墓竹简［二四七号墓］》（释文注释修订本），第 25 页。标点有改。

② 岳麓秦简（肆）71～74 简：

> 诸卷（迁）者、卷（迁）者所包去卷（迁）所亡，□它□□县□得；卷（迁）处所去亡而得者：皆耐为隶臣妾。不得者，论，令出、会之。复付卷（迁）所县。卷（迁）者、卷（迁）者所包，其有罪它县道官者，罪自刑（刑）城旦春以下，已论报之，复付卷（迁）所县道官。卷（迁）者、卷（迁）者所包有罪已论，当复诣卷（迁）所；……

释文见陈松长主编《岳麓书院藏秦简（肆）》，第 62 页。本文试补出□它□□县□二字，对标点有修改，说见拙文《读秦汉简杂识》，载王沛主编，姚远执行主编《出土文献与法律史研究》第十一辑，法律出版社，2022，第 89 页。该条是对"迁者、迁者所包"逃亡的处置，仅言其"去迁所亡""迁处所去亡"，应系单纯逃亡，适用的却是"论、令出会"程序。

出现的。

其三，"论令出会"和"不会"适用场景的核心是"亡"，其自出减罪效果也受"亡自出"原则性规定的统辖。据《二年律令·亡律》166简："诸亡自出，减之；毋名者，皆减其罪一等。"除对特殊犯罪的排除性规定外，凡是自出皆得减罪。①

综上，按拙文设想，一旦"论令出会"后"不会"本罪刑罚，就意味着坐实了逃亡犯罪；就"不会某刑"而言，在罪人未归案时就另行启动司法程序、"论"其罪刑并不现实，对"不会某刑"的逃亡的处置就是等待主体被捕获或自出，而非另行启动司法程序。

以此观看15简。此例无排除性前提；对本罪已论而弗会、继续在逃者，官府无法确定其逃亡部分的罪与刑，事实确认之"鞫"尚无法完成，遑论所谓"审判全部结束"之"鞫"。因此拙文认为15简"鞫，罪不得减"之"鞫"是狭义，即动词意义上的确认事实之"鞫"；"弗会""为会"之"会"所指同一，都是针对官府认知中先发之亡罪的"论令出会"之"会"；"已狱及已劾未论"则针对后发之本罪而言。15简的适用情境就可以是：

在"已狱"或"已劾"但尚未"论，令出、会之"时自出的，即使自出发生在官府针对逃亡行为所给定的"会期"之内，本罪之刑仍不能减等。这可能是岳麓书院藏秦简（肆）15简的主旨，该简规定："有罪去亡，弗会，已狱及已劾未论而自出者，为会，鞫，罪不得减。"犯罪逃亡，在未会时本罪已进入审理程序或已被举劾但还未确定罪刑，此时自出的，即使此一自出行为尚符合规定的时空要求，仍要查清犯罪事实，本罪不得减刑。②

---

① 除非如岳麓秦简（肆）13、14简般，将特定犯罪逃亡后的自出规定为"不得为（如）自出"，排除减罪之适用。13、14简："子杀伤、殴詈、牧杀父母，父母告子不孝；及奴婢杀伤、殴、牧杀主、主子、父母及告，杀其奴婢及子：亡，已命而自出者，不得为自出。"释文见陈松长主编《岳麓书院藏秦简（肆）》，第43页。"牧"原释作"投（殳）"，现改；句读亦有修改。
② 参拙文《秦及汉初逃亡犯罪的刑罚适用和处理程序》，第206页。

据拙文，可设想出本条的一个典型情境：甲系"迁者所包"，犯黥城旦罪逃亡，其罪不为官府所知；官府就其逃亡之罪"论，令出、会"，在给定会期内，甲尚未自出（弗会），其黥城旦罪就被官府觉知，在论断前甲自出（已狱及已刻未论自出），此时尚未超出逃亡之罪会期（为会），逃亡之罪得以免除，黥城旦本罪"鞫审"者，不能减刑。①

对 15 简，中国人民大学法学院法律史料研读班提出与拙文不同的认识：

> 本简后文的"狱""刻"和"鞫"不应该是审理罪人本罪的司法程序，而是发生在其不会本罪之后的司法程序。"已狱及已刻未论而自出者，为会"即表示罪人在规定时间内没有会本罪，当对其"不会某罪"的罪刑进入"狱"或"刻"而没有到"论"的阶段，其自出的行为仍旧算作"为会"，其处罚结果是仍以其当会之罪处理。

若作如是解，"鞫"就无法被"理解为确定罪行的单一程序"，为此研读班提出，或可将此处"鞫"理解为"其指代之义即全部诉讼程序"，"鞫，罪不得减"意为"不会某罪的审判全部结束之后而自出的，不能减罪"。②

研读班认为针对"不会某罪"后会另启一"狱"的司法程序，笔者已另文说"狱"，讨论作为罪案追究程序之"狱"的起止、数目、各节点的法效果等方面问题，以说明此说有疑；研读班对"鞫，罪不得减"的解说也有讨论空间：

其一，此解需在"鞫"后意补简文本无的"自出"情节。

其二，若认为"论令出会"后"不会"是针对本罪而言，鉴于"已论"，则本罪已经过"鞫"之环节，本罪已无自新机会，故无论如何皆不会减。另行启动"不会"之狱时（假使可能的话），"鞫"只能是新

① 参拙文《秦及汉初逃亡犯罪的刑罚适用和处理程序》，第 206 页及注 68。
② 参中国人民大学法学院法律史料研读班《岳麓书院藏秦律令简集注（一）》，载邬文玲，戴卫红主编《简帛研究 二○二一春夏卷》，广西师范大学出版社，2021，第 194 页。

狱之"鞫"，"罪不得减"指"本罪与亡罪叠加后不减"。但如前注引拙文所述，据《二年律令·亡律》166简，凡是自出皆得减罪是一般原则，除非如岳麓秦简（肆）13、14简般将特定犯罪逃亡后的自出规定为"不得如自出"，排除减罪之适用；而15简此例并无排除特定犯罪的前提。

其三，"鞫"取常见狭义、标示治狱程序一环节时，可用于限定"自出"的时间节点，如岳麓秦简（肆）50简"狱未鞫自出"即是。① 而所谓指代全部诉讼程序之"鞫"难以用来确定自出的时间点；若言在所谓"审判全部结束"后的时间段自出，则使用"已论自出"即可，本简表述就将如华东政法大学出土法律文献研读班所言，"显得累赘"。

最后，秦律令对其他逃亡情形是否还有"令出会"程序要求尚不可知；但前例已提示"令出会"程序至少可适用于特定主体的一般逃亡行为。就此而言，将"有罪去亡，弗会"一概解为一般主体犯有耐为隶臣妾以下罪而逃亡、经"论令出会"而"不会"，排除本简主体与逃亡形态的其他可能性，尚嫌缺乏足够理由。

进而言之，正如岳麓秦简（肆）23、40、41、42简"不会"某刑罚诸例所展示的那样，"令会"之刑罚是明确具体的，这是在确定相关事实之"鞫"后，以量定刑罚之"论"所得出的结果。若逃亡者罪行不明，则无法"论"定具体刑罚来命令逃亡者"会之"。在一般情况下，逃亡者原籍地乡官和县道都难以确定其人是仅在本县、乡附近浮浪不满一年而构成"将阳"罪（刑罚为"系城旦舂，偿亡日"），还是逃往他郡县并将持续一年以上而构成"阑亡"罪（刑罚是"耐"），甚或（在秦统一前）是已逃出秦国的"邦亡"（刑罚是"黥为城旦舂"）；也就无法"论，令出会"或"论，命"。就此而言，对单纯逃亡事件，乡县"二级"官府只能登记在案、计算亡日、修改爵位保有状态等户籍信息而已。对此类逃亡者，既然不知其亡所，恐怕只能寄希望于严密的户籍管理、关津查验和循徼治安

---

① 岳麓秦简（肆）50简：

城旦舂司寇亡而得，黥为城旦舂，不得，命之，其狱未鞫而自出殹（也），治（笞）五十，复为司寇。

释文见陈松长主编《岳麓书院藏秦简（肆）》，第55页。

体制和奖励捕告、惩罚舍匿机制，将他们过滤出来、逮送官府。

至此可见，岳麓秦简（肆）15简之"鞫"仍似应取其狭义，解为治狱程序之一环节或对应的司法行为为宜。

结　语

最后可再检视诸说。《法律答问》"论狱故纵/不直"和《二年律令·具律》"鞫狱（鞫之）故纵/不直"诸条常被用作论据，但诸例"鞫狱"还是可以（或应当）限定于调查、讯问环节，与指向论断环节的"论狱"有别。盖因既然"鞫"是具有论断权限者的讯问，"鞫狱"实际上是这些官吏的"讯狱"行为，有论断权限者通过讯问之"鞫"，对犯罪者年、爵、主观意图、行为、赃值等客观损害结果等影响定罪与量刑的事实要素进行确认，确认后（"鞫审"），一般案件的处置随之浮现（"论"）。被视为"广义的鞫狱"例证的鞫狱之"故纵""不直"罪名，恰是存在于"讯问"环节的犯罪行为。对事实要素的增减扭曲（"故纵""不直"）皆发生在"鞫"环节，不及适用法条之"论"。因此与其说在"鞫狱故纵/不直"罪名中的"鞫狱"可指称裁判整体，毋宁说其在确认事实之"鞫"环节中的犯罪导致裁判错误而构成其罪，"鞫狱"仍是在其所谓"狭义"意义上存在。因此可以说，在罪名层面，"广义的鞫狱"之说本身既已存疑；即使特定语境下的"鞫狱"辞例而非"鞫"单字能够在广义上指称裁判整体，也无法从"鞫狱之广义"推出"鞫之广义"。

如欲更进一步，逆向将"鞫"单字指代"全部诉讼程序"之说推及律令文本解释，恐怕难度更大。以前析岳麓秦简（肆）15简为例，不仅从"广义'鞫狱'指诉讼整体"到"'鞫'有广狭二义，广义的'鞫'指审判"，再到"'鞫，罪不得减'之'鞫'指代全部诉讼程序"的论证似有脱环，字义跳跃是否能得出有效论证暂且不论，秦及汉初材料中"鞫"单字表全部诉讼程序的文例也未得见。以此为据讨论15简之"鞫"，或需补强论证。

附识：拙文对"鞫"之程序意义的思考受到徐世虹先生的启发和指

点。文中主要看法曾在"秦汉简牍中的法律制度"课程授课时和集体研读《二年律令·具律》93～98简时提交讨论，得到石佩、张香萍、郝田田、张驰强等同学指正，尤其得到陈新华同学在研读和翻译日文资料方面的帮助；并蒙郭伟涛先生惠赐评议意见。在此谨致谢意。

（责任编辑：刘自稳）

《中国古代法律文献研究》 第十六辑
2023 年，第 197~210 页

《汉仪》与何远

——从《宋书》《太平御览》所载尚书郎说起

张　雨*

摘　要：《宋书》载尚书郎初置情况，引《汉仪》而不详其作者，因而被误认为是卫宏《汉旧仪》。受此影响，唐人著述多以为西汉初置尚书郎。祝总斌已指出该部分文字应出于应劭《汉官仪》所记东汉制度，唐人旧说不确。实则《宋书》所引《汉仪》，指代不一，有关初置尚书郎的记载，应出于三国吴丁孚《汉仪》（《汉仪式》）。宋代类书《太平御览》在汉代尚书郎部分，则存在不加区分尚书郎与三署郎，及引用书名、人名错误（如误《晋中兴书》为《后汉书》，误何邃为何远）的情况，从而引起学者对尚书郎及郎曹出现时间的误解，也需加以辨正。

关键词：《宋书》　《汉仪》　《太平御览》　《晋中兴书》　何邃

　　秦汉是尚书组织发展演变的早期阶段，前辈时贤多有考论，其中涉及汉代尚书郎的初置时间。祝总斌指出尚书郎初置四人，见载于"述西京旧

---

　　*　中国政法大学法律古籍整理研究所副教授。

事"的今本卫宏《汉旧仪》中，① 故唐人著述多以为西汉初置尚书郎
（《晋书·职官志》《初学记·职官上》及《通典·职官四》）。② 不过，沈
约撰《宋书》时，称"汉成帝之置四尚书也，无置郎之文"。因此他虽引
"《汉仪》，尚书郎四人，一人主匈奴单于营部，一人主羌夷吏民，一人主
户口垦田，一人主财帛委输"之文，但却据"匈奴单于，宣帝之世，保塞
内附；成帝世，单于还北庭矣"，主张尚书郎"所主匈奴，是南单于"，故
称"置郎疑是光武时"。③ 祝先生认同沈说，并力证今本《汉旧仪》所记
尚书郎诸事，是后人将应劭《汉官仪》所载东汉制度误入其中的结果。故
主张尚书郎置于东汉初。④

　　笔者认同这一看法，故在论及尚书郎初置时间一事，尝径取祝说为
准。⑤ 近日重读此节，始觉祝先生在指出今本《汉旧仪》在尚书郎记事中
出现文字错简的基础上，认为该部分文字出于应劭《汉官仪》的看法有
疑。因为限于主旨，他并未涉及《宋书》所载《汉仪》的来源问题。加之
学界对尚书郎早期发展尚存在不同的认识，故围绕尚书郎及郎曹出现问
题，略作补论如下。

一、《宋书》所引《汉仪》及其所指

　　《宋书·百官志》在前引《汉仪》后，复引应劭"《汉官》云，置郎

---

① （清）纪昀等：《汉官旧仪提要》，及（汉）卫宏《汉旧仪》卷上，"尚书郎四人：其一郎
　　主匈奴单于营部，一郎主羌夷吏民，民曹一郎主天下户口垦田功作，谒者曹一郎主天下
　　见钱贡献委输"，见（清）孙星衍等辑《汉官六种》，周天游点校，中华书局，1990，第
　　29、64 页。孙星衍校书所用底本为四库馆臣辑《永乐大典》本卫宏《汉官旧仪》聚
　　珍本。
② 《晋书》卷二四《职官志》，中华书局，1974，第 731 页；（唐）徐坚：《初学记》卷一一
　　《职官部上·侍郎郎中员外郎》，中华书局，2004，第 268 页；（唐）杜佑：《通典》卷二
　　二《职官四·历代郎官》，王文锦等点校，中华书局，1988，第 603 页；（唐）李林甫等：
　　《唐六典》卷一《尚书都省》"左右司郎中"条，陈仲夫点校，中华书局，1992，第 6
　　页。四书皆直叙其事，而未引其所据文献名或作者名。
③ 《宋书》卷三九《百官志上》，中华书局，2018，第 1340 页。
④ 祝总斌：《两汉魏晋南北朝宰相制度研究》，北京大学出版社，2017，第 116~118 页。
⑤ 张雨：《两汉尚书分曹再探》，《南都学坛》2013 年第 2 期，第 5~9 页。

三十六人"①。祝先生以卫宏《汉旧仪》初置尚书郎四人之后所载尚书郎"宿留台中"诸事，亦见于蔡质《汉官典职仪》（亦省作《汉仪》）与应劭《汉官仪》为据，来说明今本《汉旧仪》所载尚书郎故事皆为误入的东汉制度。又以《北堂书钞》《太平御览》所引初置尚书郎及其职掌文字出处俱被注作应劭《汉官仪》（文字个别有出入）为由，指出上述文字肯定出自应劭之书，而被后人羼入《汉旧仪》中。无独有偶，《宋书》点校本修订本整理者也据《太平御览》卷二一五所引《汉官仪》来校正《宋书》底本中的衍字。② 值得注意的是，此条校勘记系修订本增补，中华书局1974 年点校本校记径删衍字，未引《汉官仪》为据。③ 这说明近代以来的研究者大多深受清人辑本《汉官六种》的影响。

然而，正如孙星衍所言诸书引"亦有彼此互舛，不可分别"而"并录"者，④ 因此更需要注意区分《汉仪》与《汉旧仪》《汉官仪》的不同。

"汉仪"见诸《宋书》，凡 14 处（见表 1）。⑤ 其中，点校本视作书名

---

① 《宋书》卷三九《百官志上》，第 1340 页。此志前文叙太常，已引"应劭曰：'欲令国家盛大常存，故称太常'"，第 1332 页。故此处《汉官》所指明确。但此句不见于今之辑本《汉官仪》。

② 《宋书》卷三九《百官志上》，第 1348 页。

③ 《宋书》卷三九《百官志上》，中华书局，1974 年，第 1241 页。前引"一郎主匈奴单于营部"中，"营部"前，底本原衍"也"字。1974 年点校本校记径删衍字，未引《汉官仪》为据，应系据本校而改。参见王仲荦《宋书校勘记长编》，中华书局，2009，第 990 页。点校本修订本增补校勘记："按《御览》卷二一五引《汉官仪》无此字，今删去。"（宋）李昉等编《太平御览》所引《汉官仪》，据其卷首《经史图书纲目》（即引书目），应指"应劭《汉官仪》"，而非"《汉旧仪》"，中华书局，1960，第 6 页。之所以校记引之，或是整理者取诸他校之例。

④ 《汉官仪》前所载孙星衍叙录，见《汉官六种》，第 119 页。

⑤ 列于表 1 者凡 13 处，另有 1 处，见《宋书》卷一八《礼志五》，大明六年（462），有司奏："《汉仪注》：'大驾卤簿，公卿奉引，大将军参乘，太仆卿御。法驾，侍中参乘，奉车郎御。'"整理者指出，"汉仪注"原作"汉注仪"。因卫宏《汉旧仪》原有注，魏晋人引之，亦称"《汉仪注》"，故订正如前。第 570、578 页。所谓魏晋人引卫宏书作《汉仪注》，应出于孙星衍撰《汉旧仪》叙录，见《汉官六种》，第 61 页。但此句卤簿故事并未被孙氏辑录于《汉旧仪》中，而是附于其所辑（汉）王隆撰、（汉）胡广注《汉官解诂》中，原出《后汉书》卷七九上《儒林列传》注引"胡广《汉制度》"，中华书局，1965，第 2546 页。孙氏案称："《汉制度》之名，不见于隋书经籍志。《续汉志·补注》引谢沈书曰：'太傅胡广博综旧仪，立汉制度，蔡邕因以为志。'今群书所引，附于《解诂》之后。"见《汉官六种》，第 23 页。因此，后人亦将此条附于蔡邕《独断》之中。故可知，无论是"汉注仪"，还是"汉仪注"，均不宜视作书名，故未将此条列入表 1。

者，仅 7 处，且原文皆未标明作者。这为判断此书的性质带来了困难。因为在《宋书》成书过程中，何承天、徐爰、沈约等人能见到的《汉仪》有两部：一为前揭汉卫尉蔡质"缀识时事"所著，一为吴太史令丁孚"拾遗汉事"而撰。①

蔡质、丁孚著书虽皆见于《南齐书》，但是否为当时目录书所载，今已不详。两书命运也颇有不同。蔡书至隋代仍存，见于《隋书·经籍志》："《汉官典职仪式选用》二卷（汉卫尉蔡质撰）"②。丁书亡佚于南北朝后期，故未被前志及《旧唐书·经籍志》著录，赖南朝梁刘昭为范晔《后汉书》及司马彪《续汉书》诸志作注时，与蔡质书并见征引，知其书名亦省作《汉仪》，或作《汉仪式》，已为孙星衍所辑。③

直至欧阳修撰《新唐书·艺文志》，丁孚之书始见于目录，但书名已与蔡质《汉仪》相混，分作"蔡质《汉官典仪》一卷""丁孚《汉官仪式选用》一卷"。④ 这应是宋人据史籍所见蔡、丁二书，将《隋书·经籍志》所存"《汉官典职仪式选用》二卷"析为二书的结果。⑤

---

① 《南齐书》卷九《礼志上》，"及至东京，太尉胡广撰《旧仪》，左中郎蔡邕造《独断》，应劭、蔡质咸缀识时事，而司马彪之书不取……吴则太史令丁孚拾遗汉事，蜀则孟光、许慈草建众典"，中华书局，2017 年，第 127 页。其中"旧仪"亦被视作书名，但如前注所引，应指"胡广博综旧仪，立汉制度"一事。而唐人引应劭书，亦偶作《汉仪》，见（唐）欧阳询《艺文类聚》卷七一《舟车部·车》，汪绍楹校，上海古籍出版社，2015，第 1236 页。按，应劭在《汉官仪》之外，另撰有《汉仪》，系删定律令而为之，凡 250 篇。此外，"又集驳议三十篇，以类相从，凡八十二事"。《后汉书》卷四八《应劭传》，第 1612~1614 页。故《晋书》卷三〇《刑法志》称此书为《汉议》，第 920 页。因该书所载非官制故事，兹从略。
② 《隋书》卷三三《经籍志二》，中华书局，2019，第 1096 页。
③ 孙星衍校集丁孚《汉仪》时，已据刘昭《补注》及《通典》辑录，凡 12 条。见《汉官六种》，第 217~220 页。参见该书《点校说明》，第 3 页。
④ 《新唐书》卷五八《艺文志二》，中华书局，1975，第 1476 页。
⑤ 马楠详细考证了《新唐书·艺文志》增补修订《旧唐书·经籍志》的文献来源，并于蔡质书下注曰："旧志无，据崇文总目补入"，而于丁孚书下注曰"不详"。见氏著《唐宋官私目录研究》所附《两唐书经籍艺文志合编》，中西书局，2020，第 240 页。然而四库馆臣所辑《崇文总目》卷三著录"《汉官典职仪式选用》一卷"，注曰"阙"。《景印文渊阁四库全书》第 674 册，台湾商务印书馆，1986，第 40 页。别本《崇文总目》著录为"《汉官典则仪式选用》一卷　蔡质撰"。钱绎按曰："《隋志》二卷。"（宋）王尧臣等编次、钱东垣等辑释：《崇文总目（附补遗）》卷二，中华书局，1985，第 58 页。两个版本书名略异，且均未著录丁孚之书。值得注意的是，欧阳修撰《新唐书·艺文志》的一个文献来源即史传文献所载唐时所当有书，但错漏颇多。见马楠前揭书，第 （转下页注）

不过,《宋书》所引《汉仪》并未出现在孙星衍校集的蔡质与丁孚《汉仪》之中,因此,还需要确定其所指。加之,《宋书》虽是沈约撰定,却成于众人之手,前后历时长达五十余年,因此存在一定的问题。① 如该书叙秦汉魏晋礼制、官制颇详,但往往笼统而言,并未指明所据文献出处。即便如《汉仪》这样指出依据的地方,也往往因未指明作者而需要加以判定。

表1 《宋书》所见"汉仪"文例资料表

序号	引 文	引者	引文出处	对 应 资 料	资料出处
1	旧时岁旦,常设苇茭桃梗,磔鸡于宫及百寺门,以禳恶气。《汉仪》,则仲夏之月设之,有桃卯,无磔鸡。	何承天或他人	卷一四《礼志一》,第370页	仲夏之月,……以桃印长六寸,方三寸,五色书文如法,以施门户。	《续汉书·礼仪志中》,第3122页
2	汉仪,立秋日,郊礼毕,始扬威武,斩牲于郊,以荐陵庙,名曰貙刘。其仪,乘舆御戎路,白马朱鬣,躬执弩射牲。太宰令以获车送陵庙。于是乘舆还宫,遣使以束帛赐武官,肄孙、吴兵法战陈之仪,率以为常。	何承天或他人	同上,第397页	立秋之日,白郊礼毕,始扬威武,斩牲于郊东门,以荐陵庙。其仪:乘舆御戎路,……兵、官皆肄孙、吴兵法六十四阵,名曰乘之。	同上,第3123页
3	汉仪五供毕则上陵,岁岁以为常。魏则无定礼。	何承天或他人	卷一五《礼志二》,第439页	五供毕,以次上陵。	《续汉书·礼仪志上》,第3102页

(接上页注⑤)65~78页;张固也《论〈新唐书·艺文志〉的史料来源》,载氏著《古典目录学研究》,华中师范大学出版社,2014,第118~125页。因此,一个合理的推测是,来源不详而被欧阳修最早著录的"丁孚《汉官仪式选用》一卷",其实是他据史籍所见蔡、丁二书,参照自己所参与撰修的《崇文总目》所载,将《隋志》著录的《汉官典职仪式选用》卷数及书名皆一分为二的结果。

① 《宋书》纪传及《百官志》等八志,是沈约在何承天等人所修宋国史基础上修成。苏晋仁:《论沈约〈宋书〉八志》,白化文等编《周绍良先生欣开九秩庆寿文集》,中华书局,1997,第31~46页;姚乐:《略说〈宋书〉八志的编修与得失》,《澎湃新闻·上海书评》2018年8月14日,网址:https://www.thepaper.cn/newsDetail_forward_2327854,访问时间:2021年5月27日。

续　表

序号	引　文	引者	引文出处	对应资料	资料出处
4	汉世朝臣见三公，并拜。丞、郎见八座，皆持板揖，事在《汉仪》及《汉旧仪》，然则并有敬也。	沈约	同上卷末"史臣按"，第445页	丞、郎见尚书，执板对揖，称曰明时。见令、仆射，执板拜，朝贺对揖。	《续汉书·百官志三》刘昭注引蔡质《汉仪》，第3598页①
5—6	今宗庙太尉亚献，光禄三献，则汉仪也……古礼虽由宗伯，然世有因革，上司亚献，汉仪所行。	朱膺之	卷一六《礼志三》，第466页	袁山松《汉·百官志》：郊祀之事，太尉掌亚献，光禄掌三献。	同左
7	魏氏三祖皆亲耕籍，此则先农无废享也。其礼无异闻，宜从汉仪。执事告祠以太牢。	何承天或他人	卷一七《礼志四》，第524页	不详	《续汉书·祭祀志下》："先农：县邑常以乙未日祠先农于乙地，……用羊豕。"第3204页。或与此有关。
8	汉仪，皇后亲桑东郊苑中。蚕室祭蚕神曰苑窳妇人、寓氏公主。祠用少牢。	何承天或他人	同上，第524页	是月，皇后帅公卿诸侯夫人蚕。祠先蚕，礼以少牢（《汉旧仪》曰："春桑生而皇后亲桑于苑中……祠以中牢羊豕，祭蚕神曰苑窳妇人、寓氏公主，凡二神"）。	《续汉书·礼仪志上》及刘昭注引卫宏《汉旧仪》，第3110页
9	《汉仪》曰："出称警，入称跸。"	何承天或他人	卷一八《礼志五》，第547页	初（淮南王）长居国骄恣，不用汉法，出称警，入称跸，自作法令。	荀悦《汉纪》卷七，②第102页
				（梁王武）得赐天子旌旗，千乘万骑，出称警，入言跸，拟于天子。	同上，卷九，第141页

---

①　此条亦见（唐）李林甫等《唐六典》卷一《尚书都省》"左右司郎中"条所引《汉官仪》，第9页。《唐六典》所引应为《汉官典仪》（即蔡质《汉仪》）之讹。见（唐）虞世南撰、（清）孔广陶校注《北堂书钞》卷八五《礼仪部六·拜揖》"对揖无敬"条，《续修四库全书》第1212册，上海古籍出版社，2002，第401页。

②　（汉）荀悦、（晋）袁宏：《两汉纪》，张烈点校，中华书局，2017。

序号	引　文	引者	引文出处	对 应 资 料	资料出处
10	《汉仪》，立秋日猎服细帻。晋哀帝初，博士曹弘之等议："立秋御读令，不应细帻，求改用素。"诏从之。	曹弘之等	同上，第549页	帻者，赜也，……迎气五郊，各如其色，从章服也（《汉旧仪》曰："凡斋，绀帻；耕，青帻；秋貙刘，服细帻"）。	《续汉书·舆服志下》及刘昭注引卫宏《汉旧仪》，第3671页
11	漆床亦当是汉代旧仪，而《汉仪》不载。	何承天或他人	同上，第565页	—	—
12	《汉仪》，尚书郎四人，一人主匈奴单于营部，一人主羌夷吏民，一人主户口垦田，一人主财帛委输。	何承天或他人	卷三九《百官志上》，第1340页	—	—
13	《汉仪》有丞相令史。令史，盖前汉官也。	何承天或他人	同上，第1342页	—	—

以表1中被视为书籍专名的7处"汉仪"为例，据现存文献可知，其中明确出自蔡质《汉仪》者仅1处（第4例）。① 其余出司马彪《续汉志》者1处（第1例），兼取司马彪书及卫宏书者1处（第10例），② 出荀悦《汉纪》者1处（第9例）。因此，这3处与其他"汉仪"文例相同，均可不加书名号（第11例虽出处不详，亦应同例视之）。

剩余2处"汉仪"出现于《宋书·百官志》所叙尚书官部分，且与《汉官》同时出现，因此将其视作书名是可以的。但该书是否与第4例一样同指蔡质之书，令人疑虑。

首先，以《百官志》为例，沈约称何书"证引该博者，即而因之"，自己只是对"其有漏阙，及何氏后事，备加搜采，随就补缀焉"。沈氏补缀的主要是何氏、徐氏所修书未及的"刘宋最后十五年的历史"（姚乐语），而对于漏阙部分，往往加"史臣案（按）"以别之："博士，班固

① 该例出于沈约所撰"史臣按"，且与《汉旧仪》并列，则知两者有别。
② 前引《南齐书·礼志》称"应劭、蔡质咸缀识时事，而司马彪之书不取"，故可知这几条均不出于蔡质书。

云，秦官。史臣案，六国时往往有博士，掌通古今。"① 因此可知，缺少"史臣案（按）"的第 12、13 例《汉仪》，应系何承天或他人所引，故与沈约所引第 4 例所指不同的可能性是存在的。

其次，虽然刘昭补注《续汉书·百官志》五卷，引用蔡质《汉仪》多达 40 条（其中，在尚书所属的少府部分，就有 16 条。引丁孚《汉仪》仅 3 条，且全部在大长秋所属官部分），且包含有"尚书郎初从三署诣台试，初上台称守尚书郎，中岁满称尚书郎，三年称侍郎。客曹郎主治羌胡事，剧迁二千石或刺史，其公迁为县令，秩满自占县去，诏书赐钱三万与三台祖饯，余官则否"的记载，② 但却未曾提及置尚书郎四人之事。因此，有理由怀疑，第 12、13 例《汉仪》并非出于蔡质之书，而是何承天等人初修时所引的丁孚《汉仪》。

由于丁书久佚，唐人注《汉书》虽偶有征引，名作"丁孚《汉官》"③，但应已不详其内容。至迟宋初编《太平御览》时，主事者便将东汉尚书郎故事全部系于"《汉官仪》"之下，视为出自应劭之书。④ 明

---

① 《宋书》卷一一《志序》、卷三九《百官志上》，第 228、1332 页。

② 《后汉书》志二六《百官志三》，第 3598 页。"客曹郎主治羌胡事"一句，虽与表 1 第 12 例相关，却与上下文语意不衔接，颇疑此句为错简乱入者。参见后文所据《初学记》引应劭《汉官》。即便此句无误，据《宋书》卷三九《百官志上》所引应劭《汉官仪》可知，"主治羌胡事"源出于东汉末年客曹尚书之职"掌羌、胡朝会"（第 1339 页）。故此"客曹郎"，应指客曹尚书所统尚书郎，如蔡质《汉仪》所提及的南主客曹、北主客曹职掌"天子出猎，驾，御府曹郎属之"（见《后汉书》志二六《百官志三》注，第 3597 页），并非尚书郎曹之谓。

③ 《汉书》卷八《宣帝纪》颜注引"丁孚《汉官》"以释内者令秩，中华书局，1962，第 236 页。此句正文作"内谒者令"，与注文不同。至于"谒"是否为衍字，学者多有讨论。参见袁传璋《王国维之司马迁"卒年与武帝相终始说"商兑》，载《袁传璋史记研究论丛》，安徽师范大学出版社，2015，第 102~111 页。又，司马彪《续汉书·百官志》载内者令秩六百石，刘昭注亦引应劭《汉官》所载内者令下属从事及属吏的设置情况。《后汉书》志二六《百官志三》，第 3596 页。这与颜师古注《汉书》所引丁孚《汉官》载内者令秩千石不同。颜注此条还分别引用了《汉书·百官公卿表》《续汉书·志》以说明内者令的统属及职掌情况，因此他应该了解刘昭注所引应劭《汉官仪》的情况，同时将丁孚书名引作《汉官》，或即源于此。另外，颜师古从何处征引丁孚书，是否转引自其他类书，目前不得而知。

④ 《太平御览》卷二一五《职官一三·总叙尚书郎》，第 1026 页。今本《北堂书钞》亦引置尚书郎四人之文，见《北堂书钞》卷六〇《设官部一二·尚书郎总》，"满岁为侍郎五选太尉"条："《汉官仪》云：尚书郎四人，一主匈奴单于营部，一主羌戎吏民，一主天下户口土田垦作，一主钱帛贡献委输。初上为郎中，满岁为侍郎，五岁迁太 （转下页注）

清以降，人们又将此数条混入卫宏《汉旧仪》辑本中。① 现在看来，上述置尚书郎四人故事所标记的出处"《汉仪》"，更大的可能是出于丁孚《汉仪》，并且应将初置尚书郎视为东汉制度。因此，需要将祝总斌所说后人将应劭《汉官仪》所载东汉制度误入卫宏《汉旧仪》的看法，更订为系将丁孚《汉仪》（《汉仪式》）误为《汉旧仪》的结果。

二、 三署郎给事尚书与尚书郎的出现

今本卫宏《汉旧仪》与《太平御览》的影响并不止于上文所述。再举一例，祝总斌对尚书郎初置于东汉的考证，在笔者看来已颇具说服力，但仍有一些学者受前书影响，主张尚书郎初置于西汉。如王素认为"主匈奴

（接上页注④）尉。"清人孔广陶校注曰："今案：平津辑本《汉官仪》谓：《书钞〔·设官部〕》《御览·职官部》引'戎'作'夷'，又注谓：'吏民'二字，当在'天下'二字之上，说见《通典》。又谓：'初上'三句，另为一条。今本篇上亦已另引矣（引者按：平津辑本即孙星衍校集之《汉官仪》，今本篇上即是书上卷，见《汉官六种》，第142页）。然考《初学记》十一引'一'下皆有'人'字，'戎'作'夷'，'民'作'人'，无'天下'二字，'土田〔垦作〕'四字作'垦田'，是又一说也。陈本'委输'上照《初学记》，末三句照本钞。"《续修四库全书》第1212册，第286页。〔〕内文字，系引者所补。《北堂书钞》是虞世南在隋朝任秘书郎编撰，但入宋之后流传已不广。此后，直至明万历年间始有陈禹谟校刻本问世，流传较广，但校刻者多有随意增删改动之处。故至清光绪中，孔广陶据孙星衍等校勘过的明人影宋钞本重加校订，是为目前通行的南海孔氏三十有三万卷堂本（参见王锷《山简乡品考——以〈北堂书钞〉版本异文为线索》，《中国史研究》2005年第3期，第47~55页）。《续修四库全书》所收即此本。参考孔氏案语可知，虽今本《北堂书钞》此条引《汉官仪》置尚书郎四人，但却是陈禹谟据《初学记》擅增之文（书名据《太平御览》），非虞氏原本，故其内容（"初上"三句）与事目不相匹配。而且《初学记》未引书名，故《宋书》所引《汉仪》置尚书郎四人，应是现存最早的记载。另，前文"太尉"，应作"大县令"，见《唐六典》卷一《尚书都省》"左右司郎中"条所引《汉官》，第9页。

① 祝总斌认为唐人著述多以为西汉初置尚书郎，是依从错简后的卫宏《汉旧仪》之故。但如前所述，将初置尚书郎四人的文字系于应劭《汉官仪》是宋初类书所为。唐人误以为西汉初置尚书郎，可能并非受卫宏书的影响。因为无论是《初学记》还是《唐六典》在记载西汉初置尚书郎时，均未提及书名，而径作"初西汉置尚书郎四人"或"尚书郎，汉初置四人"。这一表述应源于《晋书·职官志》"尚书郎，西汉旧置四人，以分掌尚书"。但唐初人修志，是否别有所本，不得而详。在笔者看来，《晋书》编修者只是在《宋书·职官志》文本上进行改写的结果，其着眼点在尚书初置4人和光武置郎36人之间提出自己的解释："及光武分尚书为六曹之后，合置三十四人，秩四百石，并左右丞为三十六人"，以区别于《续汉志》《宋书》置郎36人的记载。反而是明清人在重辑卫宏《汉旧仪》时，受唐人的影响，将相应文字视作西汉制度而收入前书之中。

单于营部"的尚书郎不待匈奴单于永久内附而后置，故主张尚书郎的初置时间为宣帝甘露三年（前51）呼韩邪单于初内附之后，进而推定尚书分曹亦在宣帝世。① 其后，他与陈仲安又提出，尚书分曹及增置尚书郎，均在汉武帝时。② 其依据之一是，张安世"少以父任为郎。用善书给事尚书，精力于职……上（武帝）奇其材，擢为尚书令"③。然而既谓"给事尚书"，则其所任之郎，应为三署郎（属光禄勋），非尚书郎。

类似情况亦见于东汉冯勤、樊梵。冯勤"除为郎中，给事尚书。以图议军粮，在事精勤，遂见亲识……由是使典诸侯封事……帝（光武帝）益以为能，尚书众事，皆令总录之"④。樊梵"为郎。每尝直事，驻车待漏；虽在闲署，冠剑不解于身……为郎二十三岁，未尝被奏，三署服其慎重"⑤。冯勤给事尚书，在建武二年正月前，应在初置尚书郎之前。故他与张安世一样，皆为三署郎而给事尚书。樊梵为郎时，虽然尚书郎早已存在，但其身份为三署郎，与尚书郎无关，可无疑问。故《太平御览》将冯、樊两人之事皆叙于尚书郎之下，皆误。而为了弥合这一错误，四库本《太平御览》更是将所引用《东观汉记》中樊梵"为郎"改作"为吏部郎"，更是错上加错。⑥

与樊梵直事待漏类似，《后汉书·朱晖传》载元和中（84~87），章帝诏诸尚书通议"尽封钱，一取布帛为租"。尚书仆射朱晖"因称病笃，不肯复署议"，"诸尚书不知所为，乃共劾奏晖。帝意解，寝其事。后数日，诏使直事郎问晖起居（注曰：直事郎，谓署郎当次直者），太医视疾，太

---

① 王素：《三省制略论》（增订本，初版1986），中西书局，2021，第3~5页。
② 陈仲安、王素：《汉唐职官制度研究》（增订本，初版，1993），中西书局，2018，第25~27页。徐复观亦有此看法，但其依据为卫宏与应劭之书，见氏著《汉代一人专制政治下的官制演变》，载《两汉思想史》第1卷（初版名《周秦汉政治社会结构之研究》，1972），九州出版社，2014，第210~211页。
③ 《汉书》卷五九《张汤传》附《张安世传》，第2647页。
④ 《后汉书》卷二六《冯勤传》，第909~910页。参见《太平御览》卷二一五《职官部一三·总叙尚书郎》，第1025页。按，司马光将冯勤典封事系于建武二年（26）正月庚辰条后，见《资治通鉴》卷四〇，中华书局，1976，第1294页。
⑤ 《太平御览》卷二一五《职官部一三·总叙尚书郎》引《东观汉记》，第1025页。参见《后汉书》卷三二《樊宏传》附《樊梵传》，第1124页。据此，樊梵为郎，始于明帝永平十年（67）其父去世之后。
⑥ 《景印文渊阁四库全书》第895册，第125页。

官赐食。晖乃起谢"。① 皇帝诏使直事郎问尚书仆射起居，可见此人与冯勤、樊梵皆为三署郎。唐人注曰"署郎"，应得其实。故关于尚书郎初置时间，陈、王之说，证据稍显不足。

不过，上述记载的意义在于揭示了制度发展的路径，即东汉初增置尚书郎，是在西汉以三署郎给事尚书的情况下发展而来的。严耕望《秦汉郎吏制度考》早已指出此线索。② 故至西汉末年，便已出现"直事尚书郎"。平帝元始四年（4），王莽任宰衡后，出行仪从包括"直事尚书郎、待御史、谒者"等。③ 此处的"直事尚书郎"，恐不应视作后来的尚书郎，而应参照张安世、冯勤之例，理解为给事于尚书的三署郎而又当次直事者，即直事于尚书之郎。

光武帝初置尚书郎是在三署郎给事尚书制度下发展而来。这一判断也与东汉尚书郎的选任方式相符。《初学记》引应劭《汉官》曰："尚书郎，初从三署郎选诣尚书台试，每一郎缺则试五人。先试笺奏，初入台称郎中，满岁称侍郎。故郎中、侍郎之名，犹因三署本号也。"④ 不仅尚书"郎中、侍郎之名，犹因三署本号"，而且尚书郎与三署郎之间亦可相互迁转，故有自孝廉先为郎中（即三署郎），再入尚书为侍郎者。⑤

这一复杂情况也造成后世常混淆尚书郎、三署郎的区别。唐人在《初学记》引前揭《汉官》后，特意注曰："西汉言郎者，多非尚书郎，……至东汉犹难分，有尚书及曹名冠首者即尚书郎，直言为郎亦三署郎。"⑥ 杜

---

① 《后汉书》卷四三《朱晖传》，第 1460~1461 页。
② 严耕望已指出两汉三署郎由给事诸署而形成定职，最终各自为官，不属三署的过程，尚书郎即其一例。见氏著《秦汉郎吏制度考》，台北"中央研究院"《历史语言研究所集刊》第 23 本《傅斯年先生纪念论文集》上册，1951，收入《严耕望史学论文集》，上海古籍出版社，2009，第 39~41 页。
③ 《汉书》卷九九上《王莽传上》，第 4068 页。
④ （唐）徐坚等：《初学记》卷一一《职官部上·侍郎郎中员外郎》引，第 269 页。参见前据《后汉书·百官志三》注所引蔡质《汉仪》。
⑤ 见东汉建宁四年（171）《孔君碑》："举孝廉，除郎中、博昌长。遭太守君忧，服竟，拜尚书侍郎、治书御史"，光和四年（181）《凉州刺史魏元丕碑》："（前缺）孝廉，除郎中，尚书侍郎、右丞。遭泰夫人忧，服阕还台，拜尚书侍郎……特拜左丞。"分见（清）叶奕苞《金石录补》卷三，中华书局，1985，第 26 页；（宋）洪适《隶释》卷一〇，中华书局，1985，第 119 页。
⑥ 《初学记》卷一一《职官部上·侍郎郎中员外郎》引，第 269 页。

佑亦有按语："自近代，皆谓郎官上应列宿，出宰百里，为尚书郎故事……征其失也，盖自梁陶藻《职官要录》，以汉三署郎故事通为尚书郎，循名失实，疑误后代。"① 即便有此说明，但宋初《太平御览》编纂者仍踵前误而不察，将樊梵、冯勤列于《总叙尚书郎》之下。

三、《后汉书》何远实为《晋中兴书》何邃

《太平御览》自身舛误造成学者结论偏差的情况不止于此，其一条引《后汉书》曰："何远，少有美望。公府中十辟，一无所就，由是名重华夏。起家为尚书主客郎。"② 黎虎据此认为尚书郎曹出现于西汉，并引据何远为例来讨论东汉主客曹的职掌。③ 因此黎著较诸王素等书据今本卫宏《汉旧仪》而认为尚书郎出现于西汉更进一步，故亦需加以说明。

东汉何远仅见于《御览》，他书未载。南朝亦有何远，萧齐时"释褐江夏王国侍郎"，后颇有令名，故其事迹得入《梁书·良吏传》，④ 但与《御览》所载何远事迹不同，显系两人。幸运的是，前引《后汉书》"何远"条，亦见引于清人所纂类书之中，但"远"字作"邃"，⑤ 抵牾之处，迎刃而解。

何邃，庐江人，仕晋至吴国内史，为宰相何充伯父，其女为温峤之妻，事迹略见于《晋中兴书》：

> 何邃，字彦伟，少有美名。太傅东海王越请为主簿……王演、刘望咸称欢之，以为有公辅之量。⑥

何充，字次道。年在童龀，伯父邃谓之曰："我为儿时，亡伯车

---

① （唐）杜佑：《通典》卷二九《职官一一·三署郎官叙》，第 806 页。
② 《太平御览》卷二一八《职官部一六·主客郎中主客员外郎》，第 1038 页。
③ 黎虎：《汉唐外交制度史》（增订本，初版 1998），中国社会科学出版社，2019，第 82 页。
④ 《梁书》卷五三《良吏传》，中华书局，2020，第 859~861 页。
⑤ （清）张英等撰：《御定渊鉴类函》卷七九《设官部一九·主客郎中（员外郎附）》引《后汉书》，《景印文渊阁四库全书》第 984 册，第 128 页。
⑥ （宋）孙逢吉：《职官分纪》卷五《总三师三公宰相官属·主簿》，"有公辅之量"条引《中兴书》，中华书局，1988，第 124 页。"欢"，或作"难"。

骑谓我汝后当与伯父争名，汝今器宇弘深，亦当名出我右。"由是少有名望。①

东汉一朝史事，亦被称作"汉中兴书""汉中兴史"。② 由此可知，前引"何远（邃）"条，本出于《晋中兴书》（《中兴书》），不知何人误此《中兴书》为《汉中兴书》，进而改作《后汉书》，《御览》等类书编修者不察，相沿而误（幸而清人引书所据本，书名虽误而人名不误）。故不可据之说明汉代尚书已有主客郎曹。

主客之事，西汉后期由"使主客"执掌。此职见于《汉书·金岑传》（事在成帝时），③ 及宣、元、平诸帝时的简牍文献中，担任者可以是郎（郎中、侍郎）、散骑光禄大夫、谏大夫等。使主客既可以制诏御史出给传信，也可以将外国使者的诉讼状移书地方郡守。黎虎认为，这是一种在中朝特设的负责外交政令的专职官员，地位远高于成帝以后的客曹尚书。它随着汉代外交收缩和中朝官制度的淡出而逐渐消失。④

需要说明的是，使主客的地位取决于其本官，未必一定高于客曹尚书，但据此可知，光武帝初年所置主匈奴单于营部与主羌夷吏民的尚书郎，与此前以三署郎等担任使主客的制度实践也有一定渊源。这也呼应着尚书郎设置于东汉初年的前说。

（责任编辑：马俊杰）

① 《太平御览》卷四四三《人事部八四·知人中》引《晋中兴书》，第2038页。此二条亦见引于（明）解缙等辑《永乐大典》卷一四六〇八《军府主簿（丞相主簿附）》，中华书局，1986，第7册，第6498页，文字略有不同。参见陈爽《出土墓志所见中古谱牒研究》，学林出版社，2015，第278~280、282~284页。
② （宋）薛季宣：《拟班固汉书叙》，张良权点校《薛季宣集》卷三〇《序》，上海社会科学院出版社，2003，第437页；（唐）刘知幾撰、（清）浦起龙通释、吕思勉评：《史通》卷一二《外篇·古今正史》，上海古籍出版社，2008，第244页。
③ 《汉书》卷六八《金日磾传》附《金岑传》，第2963页。
④ 黎虎：《汉唐外交制度史》（增订本），第88~94页。参见张德芳《悬泉汉简中的"传信简"考述》，中国文物研究所编《出土文献研究》第七辑，上海古籍出版社，2005，第65~81页；张俊民《悬泉汉简所见人名综述（二）——以少数民族人名为中心的考察》，载氏著《简牍学论稿——聚沙篇》，甘肃教育出版社，2014，第356~357页。

《中国古代法律文献研究》第十六辑

2023 年，第 211~222 页

南宋《名公书判清明集》性质再论

高柯立*

摘　要:《名公书判清明集》为地方官的地方施政提供了一手数据，是一部治理与施政资料汇编，而不仅仅局限于司法裁判。宋元之际《清明集》的增补刊刻是连续进行的，该书的性质没有发生变化。到张四维从《永乐大典》里面抄出《清明集》时，就有了新的变化，使得《清明集》的价值被重新阐释。张四维、盛时选把《清明集》的定位从为地方官府各方面事务（不仅仅是诉讼裁决）作指导的论述转变为对刑狱诉讼事务的审理、裁决，影响到后来的研究者（尤其是法制史研究者）对于其性质的判断。虽然《清明集》的编纂较为草率，分类也不够严谨，但却保存了宋代地方官书判的原貌。研究者在使用《清明集》时应充分意识到它的性质和编纂特点，考虑文本的复杂历史，对于探讨宋代法律的实践及其环境有重要的启示。

关键词:《名公书判清明集》　官箴书　书判

南宋《名公书判清明集》（以下简称《清明集》）一般被认为“是一部诉讼判决书和官府公文的分类汇编”①，是研究南宋中后期社会史和法制

---

*　北京科技大学科技史与文化遗产研究院副教授。

① 《名公书判清明集·点校说明》，中国社会科学院历史研究所宋辽金元史研究室点校，中华书局，1987，第 1 页。

史的珍贵史料。这种描述是根据《清明集》的内容和形式来总结的，但对于《清明集》到底是什么样的书，为何能出现，以及为何目的而编纂，前人研究中却较少涉及，由此也导致很多有争议的问题难以深入下去。从文献中直接抽取出材料，进行研究，而没有仔细地考察文献自身的特点及其历史，使得在使用文献中的具体材料时，会产生偏移或者误读，现在围绕《清明集》的部分争论就是源于此。故笔者不揣浅陋，对《清明集》的性质及其编纂特点进行一番考察，以期为使用《清明集》提供更确切的背景，敬企学界方家批评指正。

一、 学界关于《清明集》性质的分析

《四库全书总目》称《清明集》"辑宋元人案牍判语，分类编次"。《清明集》的点校整理者称其"是宋代一部诉讼判词和公文的分类汇编"，与四库馆臣的判断基本相同。这是对其内容和形式所作的全面概括。四库馆臣限于提要的体例，没有展开论述，《清明集》的点校整理者则进行了充分的分析，从中可以明了他们的依据和方法。首先，他们指出《清明集》所收"书判"来源于唐代的"判"，并将其与《龙筋凤髓判》和《文苑英华》中所收录的"判"文进行了比较，认为在文体上是相同的，但后者内容是虚构的，而《清明集》中所收"书判"内容是真实的。其次，他们也注意到北宋到南宋，出现了《疑狱集》《折狱高抬贵手》《棠阴比事》这样的审判案例汇编，士大夫注意保存所撰写的判词，或者编入文集，他们认为这两种现象会合引发了《清明集》的编纂和刊印。他们指出《清明集》卷一有不少诫喻文字，并不是诉讼的判决书，所以他们有上述的概述（"诉讼判词和公文的分类汇编"，公文即指此），这一点很重要（后文有详论）。最后，他们对《清明集》的内容进行了分析，认为"相当丰富，政治、经济、文化、法律等领域都有所涉及"，并称其为"宋代史料的一座宝库"。[①] 显然他们不仅仅把《清明集》看作法制史的史料，而是从更宽广的视野（尤其是社会经济的角度）

---

① 《名公书判清明集》附录七，第645~686页。

来认识这部文献。

《清明集》因其收入了大量的诉讼裁判案例而受到法制史研究者的重视，这些"书判"是记载这些案例的直接史料，详细呈现了当时的诉讼和裁判过程以及裁决的依据，既有情罪的辨析，也有法条的引述，为讨论法律的实际状况提供了丰富多样的史料，弥足珍贵。但《清明集》的发现是比较晚近的事，钱大昕时尚能见到元刊本，但其后很长一段时间里面未见言及，沈家本《历代刑法考》对历史上的重要法律文献都有论述（包括已经亡佚的），也没有提到《清明集》。宋本《清明集》首先引起了日本法制史研究者的关注，他们称其为"南宋时期的判决集"，认为可以补充《庆元条法事类》残本的不足，并指出《清明集》虽然延续了五代以来《疑狱集》《折狱高抬贵手》《棠阴比事》等判案集的传统，但取材与之不同，后者取材于正史和笔记小说，前者取材于判决原文。其次，他们注意到士大夫文集中的判决文，《作邑自箴》《州县提纲》等官箴书的刊行，是《清明集》编纂刊行的背景。①

虽然日本学者已经注意到宋代官箴书的刊印对于《清明集》有影响，但这还只是作为其背景，并没有展开讨论。梁庚尧撰写的《从宋代的官箴书看〈名公书判清明集〉的性质》一文，将官箴书与《名公书判清明集》进行了比较分析，认为《清明集》具有官箴书的性质，"是供地方官施政参考的书籍"。他从《清明集》残宋本序、明刻木卷一所收诸文书入手，分析其与官箴书的关联，认为《清明集》可以加深地方官对于地方行政与社会的了解。同时他指出，与一般官箴书中论述原则性的为官之道（属于通论）不同，《清明集》提供了大量具体的案例，属于专论。②

上述对于《清明集》性质的分析，都有其依据，但各自的侧重点不一样，《清明集》整理者是从社会经济史的角度来探讨其更广泛的史料价值，

---

① 高桥芳郎在滋贺秀三主编的《中国法制史——基本资料の研究》（东京大学出版会，1993年）中撰写的《清明集》综述，第361~382页。

② 此文收入武建国、林文勋、吴晓亮主编《永久的思念——李埏教授逝世周年纪念文集》，云南大学出版社，2011，第164~173页。柳立言在《评 Brian E. Monight and James T. C. Liu 译〈名公书判清明集〉》（《法制史研究》［台北］2001年第2期）中亦指出《清明集》除了"折狱"传统外，还有"吏治"的传统，梁文已经指出此点与其文有所呼应。

法制史学者则着重于对其中诉讼裁判材料的利用，梁庚尧着重对文献本身特点的比较分析。虽然说《清明集》本身所涉及的内容非常复杂，可以作为政治史、社会史、经济史和法制史等研究的史料，但在使用这些史料的时候，首要的还是要对《清明集》本来的性质有清楚的认识，这对于运用其中的史料有着直接的影响。比较而言，笔者认为梁庚尧的分析更加贴近《清明集》本来的面貌，即《清明集》是为地方官在地方的施政提供一手数据，而不仅仅局限于司法裁判。不过梁先生的分析还有需要斟酌的地方，值得进一步探索。

二、《清明集》的刊刻与流传

首先，对于《清明集》的版本有必要再作一番探究。一者《清明集》的编纂和刊刻有着密切的关联，不能孤立地看，二者《清明集》的刊刻所形成的版本影响了对其性质的判断，尤其是从宋本到明本的转变。关于《清明集》的版本，前人已有详细的论述，^① 这里不再赘述。下面只是在此基础上，就与本文主旨有关的部分作进一步的探讨。

既然要探究《清明集》本来的性质，当然需要回到宋刻本。^② 现存宋刻本虽然是残本，只有户婚门一门，明刻本的内容是宋刻本的近四倍，但宋刻本仍可以为探究《清明集》的性质提供关键的信息。这里主要讨论宋刻本序，下文还要讨论正文的内容。宋刻本的序也是残的，只言词组，仍值得推敲。梁庚尧已经指出，序中所言"毋乃以雕琢教玉人耶"，与胡太初《昼帘绪论》书末识语中的"教玉人琢玉，则吾岂敢"同义。不仅如此，序言接着又言："然人之有师，官之有□"，虽然有缺字，但对照上句的"人之有师"，下句应该包含了传授为官之道的意思，这可以与梁先生的发明相参照，即《清明集》是为指导地方官为官之道而写的。更重要的当然是序的作者，据陈智超的考证，序作者自署"幔亭曾孙"，福建崇安武夷山有幔亭峰，幔亭曾孙应是崇安人，可能姓詹，同时这个宋刻

---

① 参见中华书局点校本《名公书判清明集》的《点校说明》和附录七《宋史研究的珍贵史料——明刻本〈名公书判清明集〉介绍》。

② 现存宋刻残本《清明集》收藏在日本静嘉堂文库，本文所据为《续古逸丛书》影印本。

本当是建阳刻本。詹氏又是建阳地区比较有名的书商，所以应该是他刊印了《清明集》。① 所以，笔者先提出一个初步的判断，即《清明集》是由南宋建阳书商刻印的。

关于宋刻本，还有一点值得关注，就是正文首叶的花鱼尾（图1 "户婚门"三字上）。这种花鱼尾是在宋代建阳私人（书坊）刻书中开始出现的，并且多是民间所编通俗类书籍所有，意在装饰和提示（图2、3），而在经史著作和士大夫文集中甚为少见。这个花鱼尾可以进一步确证宋本

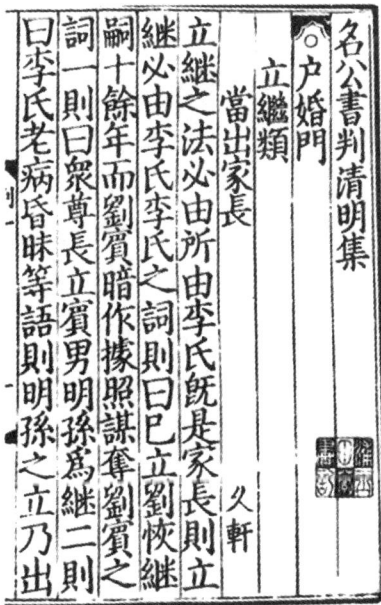

图1 宋刻本《清明集》

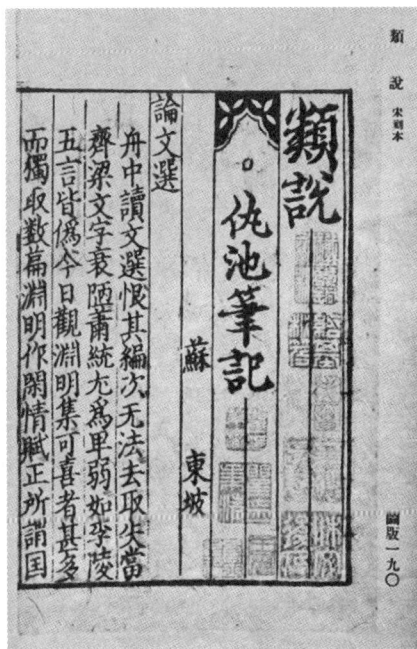

图2 宋刻本《类说》②

① ［美］贾晋珠著，邱葵等译：《谋利而印：11至17世纪福建建阳的商业出版者》，福建人民出版社，2019，第350、352、370~371页。该书在附录B中列有宋元时期建阳的私家和书坊刻书表，其中有詹光祖月厓书堂（宋淳祐间1种，元大德六年1种）、建安詹环（元1种）、詹氏进德书堂（元1种），宋元时期的书院、精舍刻书表，有詹氏建阳书院（元大德间1种），明代建阳地区的私家与书坊刻书表有詹氏者20条，可以看到詹氏刻书在宋代即已存在，到明代更加兴盛了。

② 《中国版刻图录》图版一九〇，文物出版社，1960，其《目录》注云："宋刻本，建阳"，"观版式刀法纸墨，知是南宋中叶建刻本"。

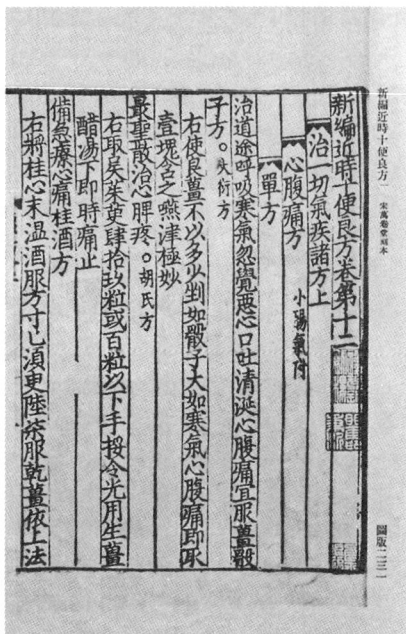

图3　宋万卷堂刻本《新编
近时十便良方》①

《清明集》是建阳书商私刻，而且应该是书商所编、带有通俗读物的性质，关于后者下文还要进一步论证。②

其次，要讨论宋刻本到明刻本的变化。这一变化可分为两个阶段，一是宋本到元本的变化，元刻本后来被抄入了《永乐大典》；二是《永乐大典》本到明刻本的变化。现在元刻本已经亡佚了，但仍可以了解其部分信息。宋本《清明集》在元代有所增修，补入了元人的判文，此即《四库全书总目》所著录的十七卷《永乐大典》本，故称其"辑宋元人案牍判语"③。据陈智超考证，《清明集》在景定二年幔亭曾孙编刊（今存之宋刻本即其残本）后不久即有增补，而且是单独成卷，元代对《清明集》的增修，就是在宋人书判后增补了元人书判。值得注意的是前述两次（不少于两次）增修都没有分类插入，而是直接在前本后补刻，这种粗率的增补方式只求便利，应是书商的编刻类书方

---

① 《中国版刻图录》图版二三一，其《目录》注云："宋万卷楼刻本，成都眉山地区"，"此为蜀本，万卷堂当是成都眉山地区书坊名号"。据此，花鱼尾标记南宋时在四川也有使用，并不局限于福建建阳。

② 此处关于宋刻本的花鱼尾，得到汪桂海老师的指点，刘鹏兄亦提供了重要信息：孙闻博《刘向〈列女传〉流传及版本考》指出元代建本的特点之一是"开始在正文小题之上使用鱼尾及'○'符号以为醒目"，《北大史学 15》，北京大学出版社，2010，第 42～45 页。显然这一特点在南宋就已经出现了。在此对汪、刘两位的指教谨致谢意。

③ 张升《〈名公书判清明集〉的版本及流传》（《图书馆杂志》2001 年第 7 期）认为不存在元代增修《清明集》，卢文弨《补辽金元艺文志》著录《清明集》为元人所作有误，四库馆臣称为"宋元人案牍判语"也是错误的。笔者以为不能遽下断言，卢文弨和四库馆臣必有所据。而且张四维、盛时选的序文中都称为"宋以来名公书判"，明白是包括元代人在内的，而他们是亲眼见到《永乐大典》所收入的《清明集》，当即清人编纂四库全书时所辑十七卷本的《清明集》，不过在他们刊印十四卷本的《清明集》时，把元代人所撰书判删去了，只保留了宋人书判，即今之所见明刻本。

式。宋元之际《清明集》的增补刊刻是连续进行的，由建阳地区的书商在推进，该书的性质没有发生变化。但到张四维从《永乐大典》里面抄出《清明集》时，就有了新的变化，一是元人的书判被舍弃了，二是刊印者从书商编成了士大夫官员。尤其是后者，使得《清明集》的价值被重新阐释。

张四维《刻清明集叙》① 中说他在校录《永乐大典》时发现了《清明集》，称其"皆宋以来名公书判，其原情定罪，比物引类，可谓曲尽矣"，这说明他关注的是宋代地方官审理诉讼案件的过程。他有指出虽然不见作者（指编者）姓氏，"其详不可考，然益足见古人用法权衡真锱铢必慎载"，他的学生盛时选看到此书后，"谓读律者必知此，庶几谳拟不谬"，请求加以校订刊印。盛时选的《清明集后序》② 也说"清明集乃宋以来诸公判案之书"，他看完后对张四维说"循是慎法，庶拟谳不谬"。虽然盛时选也强调"法以弼教"，称颂孔子晚年著《春秋》为儒家的"刑书"，认为"慎法"是《清明集》的中心内容，但这主要是一种说法，他真正关心的还是这些"名公书判"可以为地方官审理和裁决诉讼提供怎样的判文撰写可借鉴的范本。这就将《清明集》中对地方官府各方面事务（不仅仅是诉讼裁决）的指导论述转变为对刑狱诉讼事务的审理、裁决。这种变化也影响到后来的研究者（尤其是法制史研究者）对于此书性质的判断。值得注意的是，张四维和盛时选在校订《清明集》时将宋刻本的原序删去了，或许是对其中的内容感到不满。

三、《清明集》的分类和标题

梁庚尧认为《清明集》带有官箴书的性质，确实是一种卓见，但还需要作进一步的探讨。既要看到《清明集》与官箴书的内在关联，也不能忽视与法律文献的比较，如上所论，它的编纂方式与书商所编刊类书亦有不少关联。下面试从《清明集》的分类和标题入手，对《清明集》与上述不

---

① 《名公书判清明集》点校本附录一，第 563 页。
② 《名公书判清明集》点校本附录一，第 563~564 页。

同类型文献作具体的比较分析。

关于《清明集》与官箴书的关系，梁庚尧已有比较充分的比较分析，不再赘述。这里只就笔者所见，补充几点。一是北宋末年成书的《作邑自箴》，除了经验性的总结（如"正己""治家""处事"等篇）外，还收录了不少公文如《劝谕民庶榜》《榜耆壮》《榜客店户》《知县事榜》等。①这是它和其他官箴书明显不同的地方，《清明集》所收皆地方官判文原文（宋刻本所保留的公文格式更加贴近原件，详后文），可以说《作邑自箴》早已发其端了。二是《清明集》所收判文都是当时的原文，但其标题大都改了，并不是判文的原题，这可以通过比较刘克庄的判文标题与其文集原题就明了，如《清明集》卷三刘后村《州县催科不许专人》，在其文集中题作《饶州申备鄱阳县催科事》，这里不再赘列。想指出的是，这种标题的修改，既有概述内容（通常是某种行为或现象），也有提炼成禁诫语句的，后者即与官箴书中的标题相近。如《清明集》中的"狱官不可取受"（第24页）、"不许差兵卒下乡及禁狱罗织"（第67页）、"户贯不明不应收试"（第97页）、"契约不明钱主或业主亡者不应受理"（第132页）等，《州县提纲》中的"勿差人索逋""勿萌意科罚""判状勿多追人""禁扰役人"等，可相参照。只不过《清明集》更加详细具体，《州县提纲》更系统全面。

法制史学者将《清明集》视为判决集，不仅仅是从法制史研究的需要着眼，而且《清明集》的分类和编纂方式与此前或当时的法律文献确实有着千丝万缕的联系。前人已经指出各种法律文献的编纂刊印是《清明集》出现的重要背景，但这里想具体探讨这些法律文献与《清明集》的关联所在。汇编官员的判文在前代就已出现，唐代张鷟所编《龙筋凤髓判》就收入了当时的各类判文，但他是按照机构来编次的，而且所收判文都是骈文写成，内容也是虚构而非实事。《清明集》共有十四卷，分为七门：官吏门、赋役门、文事门、户婚门、人伦门、人品门、惩恶门，各门下又有小类。限于材料，这样的分类划分现在尚无法确定其依据、探讨其内在逻辑。但比对各种法律文献，可以找到不少关联，如"官吏门"与《宋刑

---

① 《宋代官箴书五种》，中华书局，2019，第3~59页。

统》中的"职制律"可相参照,"户婚门"之名当源自《宋刑统》中的"户婚律",当然《清明集》各门所涉及的内容,不可能与《宋刑统》各律一一对应,如"户婚律"中有不少是关于赋役制度的,对应的内容在《清明集》的"赋役门"中。郑克所编《折狱高抬贵手》分类汇编了历史故事或人物传记,取材于史志笔记,其分类包括释冤、辩诬、议罪、惩恶、核奸、钩匿、严明,虽然《折狱高抬贵手》的内容和取材与《清明集》差别甚大,但其分类却与之有可照应处。更重要的应该是《庆元条法事类》,它分类收入宋代的律、令、格、式等法条,其18门,包括职制门、选举门、文书门、榷禁门、财用门、库务门、赋役门、农桑门、道释门、公吏门、刑狱门、当赎门、服制门、蛮夷门、畜产门、杂门。虽然《庆元条法事类》所收皆为敕令格式等朝廷法条,与《清明集》所载截然不同,但是它的分类却与之颇有可呼应之处,特别是职制门、赋役门。①门下之小类(《事类》称别门)亦值得注意,《清明集》的"官吏门"下有"权摄""对移",《事类》的"职制门"下有"权摄差委""对移"。尽管对比《清明集》与上述法律文献,只有少数的照应,但这里既有材料上的局限,如《庆元条法事类》亡佚了15门,同时与《清明集》自身的编纂特点有关。

虽然《清明集》在目录类文献中或者被置于政刑类,与《唐六典》《庆元条法事类》归入同　类,②或者被置于总集类,③前者着眼于内容,后者着眼于文体。但从其编纂和刊刻来看,《清明集》与类书极为相似,或者可以视作一部专题性的类书。前文已经从刊刻的角度探讨了《清明集》的编纂者,认为应该是由宋元时期建阳书商刊刻的,具有坊刻本的明显特点,当时建阳地区书商比较热衷于编纂刊印通俗类书,④《清明集》的编纂刊印也受到了这种风潮的影响。首先,《清明集》的书名"名公书判清明集"与当时民间流行的各种类书书名有着相同的特点,就是张大其

---

① 文书门下推测应该还有户婚门等,现存《庆元条法事类》为残本,只有18门,实际上应有33门,其他15门已经亡佚。

② 《千顷堂书目》卷十、《补辽金元艺文志》皆如此。

③ 钱大昕《元史艺文志》卷四入"总集类",《丽宋楼藏书志》卷一一四著录在集部。

④ 刘天振:《明代通俗类书研究》,齐鲁书社,2006。该书在总论部分对宋元时期通俗类书的刊行进行了初步的考察,可以参看,第44~76页。

名、吸引读者瞩目，如《事林广记》《锦绣万花谷》《事文类聚翰墨大全》《居家必用事类大全》等，正如研究者指出的，《清明集》中既有真德秀、刘克庄这样的"名公"，也有不知名甚至不具名而只题官职者，可谓名不副实。其次，如上所述，《清明集》的分类和标题吸收了官箴书和官修法律文献的经验，但带有明显的主观性、随意性，相比官箴书和官修法律文献，不管是大的门类，还是门下小类，都谈不上周全和严谨，更像是编者按照所收集到的书判所作的分类，因陋就简而成。再次，如前所述，《清明集》每篇判文的标题都与原题不同，是编者另取的，这些新标题大都比较简洁、醒目，不同于公文格式化的原题，甚至有时候用判文中的夸张词句来作标题，如"恶贯满盈""十虎害民""二十状论诉""都吏辅助贪守罪恶滔天""讼师官鬼"等等，这都带有吸引读者关注的强烈意图，符合当时民间书商的习惯。《清明集》的上述特点也使得它无法得到当时士大夫的普遍认同，始终只是在民间流行，而不见于其他士大夫文人的笔下。

四、《清明集》的内容及其来源

《清明集》虽然名为书判，但这里的"判"与现在所理解的裁判书是不同的，从《清明集》所收书判来看，这些"书判"多是地方官对于下属官员呈交文书的批复，或者是给上级官员的申状，而不是给诉讼双方的裁决书。《清明集》卷一"申儆"类所收录的真德秀的三篇文书，前两篇是写给属官和所属州县官的，第三篇《劝谕事件于后》也主要是发给所属诸县知佐，同时还"帖诸县知、佐、石井监镇知委，并榜本州及七县市曹晓示"，那么这篇劝谕文最后是公之于众了。同卷蔡久轩的《监司案牍不当言取索》当是写给同路的转运司的牒文，其末云"除已具申督赞尚书外，并牒报运司"。卷四范西堂《使州送宜黄县张椿与赵永互争田产》，应是抚州崇仁县知县范西堂写给知州的申状（此案是知州发给范西堂审理的），其末云"欲乞照签厅元拟施行，再敢有词，重行照断"。刘后村《干照不明合行拘毁》原题作《饶州州院申潜彝招桂节夫周氏阿刘诉占产事》，显然是提刑刘克庄给饶州的批复。

上文指出《清明集》可能是书商收集到一批当时地方官的判文而加以排比、分类编纂而刊印的，那么这批判文来自何方呢？虽然当时已有个别的士大夫将任官期间的"书判"编入自己的文集，如黄干、刘克庄、文天祥等，① 但从《清明集》所呈现的书判面貌来看，这些书判不是从当时士大夫文集中摘录的，而是直接从官府的档案中获得或者抄出的。如《清明集》卷一的真德秀《劝谕事件于后》不见于其文集。研究者已经注意到，《清明集》所收刘克庄书判不止其文集所保存的，还有不少他在建阳知县任上的判词，而根据刘克庄自己的记述，在建阳县任上十余册判词在编纂文集时因为"不过民间鸡虫得失"被舍弃了，如《清明集》卷十四的《屠牛于庙》《宰牛者断罪拆屋》两篇。

《清明集》的编者在整理所收集到的判文时，并没有进行多少整理工作，而是直接抄入了《清明集》中，保留了不少判文的原来面貌。如《清明集》卷七《立继有据不为户绝》以下四篇是围绕一个案件形成的一组判文，司法拟（州司法参军所拟）《立继有据不为户绝》，末云："欲与移文通城县取会却作施行。……仍乞备申仓台照应。管见如此，取台判"，这应当是上给知州的申状，其后的通城宰书拟《双立母命之子与同宗之子》是通城县令收到知州的行文后提交的申状，然后是"仓司拟笔"，当是提举司属官所拟，提出了处理意见，最后是"提举判"，首云"所拟已当"，后云"照所拟牒州施行"，下面是发给州的裁决意见。这四篇判文实际上构成了一个审理裁决的过程。

在保留文书原件的问题上，宋刻本比明刻本更加贴近判文的原貌。这可以举出一个例子来说明。点校本《清明集》卷八有王留耕《立昭穆相当人复欲私意遣还》，末云："欲门示虞锥、虞继，仍帖县备示刘氏知委，非惟虞艾香火有归，亦可以息陈佐不已之词。奉台判，照所拟行，见知在人引唤读示讫，各放"，此处有校勘记说："奉台判：'台'，据明本补。'判'之下，原有'留耕'两字，应为衍字，据明本删。"但宋刻本的原文如图 4：

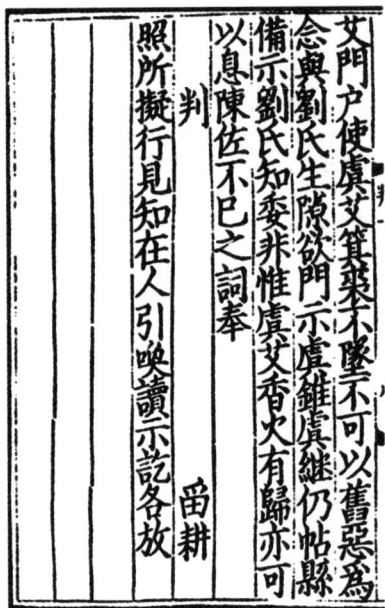

宋刻本所保存的应该是当时判文的原貌，明刻本修订时改错了，点校本则依据明刻本改宋刻本，就是以讹传讹了。在这个意义上，《清明集》宋刻本的价值应该给予新的认识和重视。

五、结　语

综上所述，《清明集》的性质到底是什么？似乎还不能最后下断言，但前人的判断无疑还有进一步的探讨余地。笔者以为《清明集》是南宋到元代时建阳书商编纂刊刻的一部专题性类书，是借鉴了官箴书和官修法律文献的分类，对所收集的地方官案牍判语加以排比编次而成，到明代又经过张四维、盛时选等人的修订，其本来面目被遮蔽起来了。虽然《清明集》的编纂较为草率，分类也不够严谨，加之成书或许较为仓促，全书充满了矛盾和差异，但却保存了宋代地方官书判的原貌，成为今天研究宋代政治、法律和社会经济的重要资料。今天在使用《清明集》时固然可以不顾上述编纂过程和特点，而直接加以引述，但如果充分意识到它的性质和编纂特点，考虑文本的复杂历史，对于把握研究的分寸必将有所帮助，对于探讨宋代法律的实践及其环境亦有重要的启示。

（责任编辑：王安宇）

图4

《中国古代法律文献研究》第十六辑

2023 年，第 223~254 页

金赵秉文《御史箴》研究

——法官箴言研究之十*

霍存福**

摘　要：以"太微执法，御史象之"开篇的《御史箴》，并非张养浩的作品，而是金赵秉文所著。张养浩从来没有写过"箴"这种文体，他的文集不收《御史箴》，张养浩任职御史也晚于鲜于枢书写《御史箴》楷书卷的时间。赵秉文《御史箴》在内容上借鉴了汉、晋《大理箴》《御史中丞箴》等法官箴，并为明薛瑄《大理箴》所效法。《御史箴》的内容，与撰写者兼书帖者赵秉文、受帖者师安石，具有直接的关系。赵秉文的三个御史朋友——杨云翼、雷渊和刘从益的经历和为官风格，都是赵秉文写作《御史箴》的近例，是他概括御史职守的材料源。

关键词：赵秉文　御史箴　法官箴言

---

* 本文为国家社科基金重点项目"古代法官箴言及其传承与创新研究"（19AFX003）阶段性研究成果。

** 沈阳师范大学法律文化研究中心主任，教授。

引言： 一桩公案

以"太微执法，御史象之"开篇的《御史箴》，明初程本立、稍后薛瑄，皆认为是元张养浩的作品。① 程本立《巽隐集》卷四收录该《御史箴》全文，小序云："此本元张文忠公所作。公为都御史时，有取焉。为添'如鉴之明，如弦之直'两句。"② 元张文忠公即元张养浩，程本立做过右佥都御史。就是说：程本立任宪官，对《御史箴》略微进行了改动，本意是锦上添花。后来，薛瑄也认为《御史箴》是元张养浩所作，并为之撰《御史箴解》，其《序》云："《御史箴》者，张文忠公所作也。公为御史时，尝著《风宪忠告》，以明风纪之要；又作是《箴》，并以致戒焉。"③ 显然，薛瑄比《巽隐集》又进了一步，认定《御史箴》有类《风宪忠告》的姊妹篇。

为与程本立《巽隐集》所收《御史箴》相对较，笔者查阅薛瑄《敬轩文集》及今人所编《薛瑄全集》，均有《御史箴解序》，却未收《御史箴解》（或称《御史箴集解》）。我一度以为其已经佚失，后查阅方知，国内许多地方尚存其单行本。

检索全国各地藏书，得到几则相关信息：其一，宁波市天一阁博物馆藏有明王廷相撰：《宪纲事类》一卷，《申明宪纲》一卷；元张养浩撰：《风宪忠告》一卷；明薛瑄集解：《御史箴》一卷。明嘉靖三十一年（1552）曾佩刻本，1册。其二，薛瑄集解《御史箴》一卷，明嘉靖三十一年曾佩刻本，南京图书馆、上海图书馆皆有收藏。其三，国家图书馆藏有元张养浩撰：《风宪忠告》一卷，《御史箴集解》一卷，明刻本，1册。

为尽快获得确信，我请在宁波工作的陈广秀博士到天一阁博物馆，请

---

① 我最初从薛瑄处发现《御史箴》。薛以为该箴为元张养浩所作，并为之作《御史箴解》一卷。以薛瑄当时的职官（监察御史）及志业看，甚合情理。但也只检索到《御史箴解序》。后又发现明初程本立《巽隐集》，也以该箴为张养浩所作。则张养浩作该箴，在明代并非薛氏孤论。

② （明）程本立：《巽隐集》卷四，影印文渊阁四库全书，第1236册，台湾商务印书馆，1986，第206页。

③ （明）薛瑄：《文清公薛先生文集》卷一三《序·御史箴解序》，载《薛瑄全集》第一册，孙玄常等点校，三晋出版社，2015，第446页。

北方工业大学文法学院章燕博士到国家图书馆查阅该书。宁波寻书无着，藏家说曾丢失过一些书，此书可能在其中；北京章燕博士找到了藏书，并复制了薛瑄集解《御史箴》一卷的图版给我。

与此同时，也检索得元书法家鲜于枢《御史箴》楷书残卷，并获悉该残卷与其摹本（钩添本）皆藏于美国普林斯顿大学艺术博物馆。但一个矛盾的信息是，该残卷署"赵秉文《御史箴》楷书卷"，与张养浩作该箴的说法相冲突。但即使如此，在看到《御史箴》楷书残卷后，我更想看到该《御史箴》的摹本（钩添本），因为它是在其尚完整时钩摹的，保存了鲜于枢楷书卷的全貌。为此，我曾先后问询了沈阳师范大学书法家杨宝林教授，也请台湾陈惠馨教授帮忙，未果。后来，沈阳师范大学法律史学研究生万文杰同学帮我获得了该《御史箴》摹本（钩添本）。

我曾一度相信张养浩撰《御史箴》之说，并在中国法律史学会2019年年会上，就此作了主题发言。我也曾几次翻检张养浩《为政忠告》（《三事忠告》）及今人所编《张养浩集》，但一直无着，颇感疑惑。按理说该有，却没有，这是问题之一。问题之二，中国书法界大都明确：元鲜于枢《御史箴》楷书卷，是抄赵秉文作品，一般都作"赵秉文《御史箴》楷书卷"，应该有所据。依此线索，我检索金赵秉文作品，在题为"金滏阳赵秉文著"的《闲闲老人滏水文集》卷十七《箴》中发现了《御史箴》，[①]将其与程本立、薛瑄所录之文对照，基本相同。由此才确信：该《御史箴》并非像明人所说的那样为元张养浩作品，而系金赵秉文所著。故"张养浩著《御史箴》"这桩公案，应该是一个因"道德政事名于天下"[②]的名声大而被明朝的名人张冠李戴的美丽传说。

一、《御史箴》文本的流传

金赵秉文《御史箴》，因赵之亲笔书帖，金末元初被人刻意收存，得

---

① （金）赵秉文：《闲闲老人滏水文集》卷一七《箴·御史箴》，商务印书馆，1937，第217页。

② （元）贡师泰：《牧民忠告序》，（元）张养浩撰：《为政忠告（三事忠告）》，载《吏学指南》（外三种），浙江古籍出版社，1988，第269页。

以传世。而元朝鲜于枢《御史箴》楷书卷的书写与流传，尚是其后来者。

（一）《御史箴》书帖在金元时期的流传

1. 赵秉文《御史箴》帖的书写、流传与摹本

元王恽《秋涧集》卷三十八《〈御史箴〉后记》云：

> 此帖闲闲公为师中丞仲安所书，乱余，李侯辅之掇于西台箸间，后为义士张伯宁所有。至元戊寅因获观于张邻野家。孝纯爱玩不已，命子远摹临，略不失笔意。壬午秋，予至京师，邻野子来谒，遂及曩之所摹，明日持以见赠。坠逸之余，仅得百一十八字。公之书，世固不少，论夫擘窠大书，雄劲瑰奇，体兼颜、苏，而自成一家者，此平生最得意书也。余性僻而好古，于书学嗜而不厌，故所欲见者，每每如意，岂欧阳子谓"物聚于好"然耶，抑亦有契分故耶？二十年癸未夏五月，雨中与子孺装潢，归藏春露堂，以为书林宝镇，且悌同志愿见之心。中议大夫、治书侍御史汲郡王恽谨记。①

依王恽所述，结合所言及的人与事，该帖的书写及流传过程是：

金宣宗（完颜珣）元光二年（1223）九月前，或哀宗（完颜守绪）正大二年（1225），礼部尚书（或翰林学士）、闲闲公赵秉文，为御史中丞师安石②手书《御史箴》帖。战乱之隙，开封县令（或右警巡使）李天翼，③在御史台的一个写字间里，将散佚的该箴帖收拾起来。其后辗转，

---

① （元）王恽：《秋涧集》卷三八，文渊阁四库全书本，第1200册，第483~484页。对该段"掇""箸间""坠逸"诸字词的理解，听从了沈阳师范大学书法家杨宝林教授的意见。

② "师中丞仲安"，据《金史》卷一〇八《师安石传》：师安石，字子安，宣宗（完颜珣）"元光二年，累迁御史中丞。哀宗即位，正大二年，复御史中丞"。是其两度为御史中丞。则赵秉文书箴，可以在元光二年或正大二年两个年份。元光二年，师安石"七月，上章言备御二事；九月，坐劾英王守纯附奏不实，决杖追官"，任职时间不长。而他"正大二年，复御史中丞。三年，工部尚书、权左参政"，时间也只是一年。中华书局，1975，第2393页。

③ 李天翼（字辅之）熟识赵秉文，曾有保护古代碑刻的举动。金正大五年（1228），东汉《韩仁铭》碑出土于河南荥阳县京襄城村。出土不久，荥阳县令李天翼派人将其移于荥阳县县署二门内东侧，并请翰林学士赵秉文、应奉翰林文字李献能作了题记。见张明申、秦文生《汉〈韩仁铭〉碑考释及历史价值》，《中原文物》1984年第2期，第62页。

为义士张伯宁①所有。元世祖至元十五年（1278），王恽在张邻野②家看到了该箴帖，十九年（1282）得到张邻野子张远临摹的箴帖，字迹掉落，仅剩下 118 字。二十年（1283），王恽与其子王公孺装潢了该帖收藏。其时，王恽的官职是行御史台的治书侍御史，品级为从六品。他是以书法爱好者兼御史台官的双重身份收藏《御史箴》这一摹本的。王恽为官生涯中，其御史及按察使身份比较显眼。③

2. 鲜于枢《御史箴》楷书卷的书写、流传与摹本（钩添本）

金朝书法大家赵秉文"平生最得意书"的《御史箴》书帖，被元朝书法大家鲜于枢书楷，从而出现金元两大书法家的隔空对话。鲜于枢是否知晓赵秉文《御史箴》书帖的存在，我们不清楚；但两个人各于晚年书写《御史箴》帖，相隔 70 余年（分别为 1225 年和 1299 年）。

鲜于枢（1246~1302），字伯机（一作伯几），号困学山民，寄直老人，渔阳（今天津蓟州区）人。至元十二年（1275）为大阳津河渡监河掾，十三年（1276）在汴梁掾"行御史府"（江北河南道按察司），十四年（1277）至十八年（1281）在扬州为"行台节（御）史台掾"，属案牍吏员。十九年（1282）任东平左尉。二十二年（1285）至大都，至元二十七年（1290）在两浙都转运司做幕职。成宗元贞间（1295~1296）任浙东道宣慰司都事。大德六年（1302）为江浙行省幕僚，授太常寺典簿，未及到任，逝于钱塘。④ 赵孟頫（1254~1322）对鲜于枢书法十分推崇，曾说：

① 义士张伯宁，金末元初人，事迹不详。金元好问有《朝中措·贺张伯宁家儿子犀郎晬日》词，元诗人张弘范有《跋张伯宁义士图》七言绝句。
② 张邻野，元初雅士，事迹不详。魏初《青崖集》卷一《七言律诗·寄商左山》序，言及"清明后数日，陪姚雪斋、张邻野雅集于匏瓜亭"。文渊阁四库全书，第 1198 册，第 703 页。王恽《秋涧集》卷四九《故南塘处士宋公墓志铭（并序）》云，处士宋珍，与"谐傲"的张邻野有交往，文渊阁四库全书，第 1200 册，第 661 页。
③ 《元史》卷一六七《王恽传》，元世祖至元五年（1268）建御史台，王恽是首任监察御史。十四年（1277）任河南北道提刑按察副使，十八年（1281）任行御史台治书侍御史，十九年（1282）春改山东西道提刑按察副使，二十六年（1289）授福建闽海道提刑按察使。中华书局，1976，第 3933~3934 页。
④ 戴立强：《鲜于枢〈困学斋杂录〉浅论》，《文献》2002 年第 1 期，第 74、80 页。戴立强：《初史之阙 辞翰俱佳——读鲜于枢〈张彦亨行状稿卷〉》，《中国书法》1999 年第 6 期，第 61~68 页。鲜于枢历官行御史台掾，出自商务说郛本《杂录》"辨冤狱"，及鲜于枢《张彦享（亨）行状稿卷》。

"余与伯机同学草书，伯机过余远甚，极力追之而不能及，伯机已矣，世乃称仆能书，所谓无佛出称尊尔。"二人书法当时并称"二妙"。鲜于枢书法成就，主要在于行草；草书学怀素并能自出新意。

（1）普林斯顿大学艺术博物馆藏鲜于枢《御史箴》楷书残卷及摹本（钩添本）

楚默主编《中国书法全集》第45卷《元代编·鲜于枢、张雨卷》（2000年版），戴立强执笔《作品考释》部分，关于鲜于枢《御史箴》，其介绍如下：

　　赵秉文《御史箴》楷书卷

　　鲜于枢书于大德三年（一二九九）。纸本。凡二十八行，计一〇八字。四九.七厘米×四〇九.六厘米。美国普林斯顿大学美术馆藏。

　　本卷书于大德三年（一二九九）七月。曾藏于溥仪在长春的伪皇宫。一九四五年八月日本投降，溥仪外逃，本卷散出，乱兵争夺，损为两段，现仅存后半段。普林斯顿大学美术馆还藏有本墨迹的全本（钩添本），可知本卷原共五十四行，现存二十七行半。

　　《御史箴》原载《闲闲老人滏水集》卷十七，作者赵秉文（一一五九—一二三二），字周臣，号闲闲居士，滏阳人。金兴定元年（一二一七）拜礼部尚书，改翰林学士。著名书画家。《御史箴》的大意是，作为国家的执法者，应当视历史上的典范为榜样，以惩恶扬善、维护法纪的尊严为己任，才能无愧于御史之名。梁巘《承晋斋积闻录·古今法帖论》载："吾曾见扬州监院内堂左有鲜于枢所书碑。今之监院在元为御史署，碑内皆御史事，字劈实而圆劲，大类右军。"鲜于枢曾在江南行御史台及下属机构任职，其书写此篇，当是有感而发。全卷中锋运笔，顿挫道劲，结体安稳，风骨外露，深得晋唐之法。赵孟頫跋曰："伯几书，笔笔皆有古法，足为至宝。"《石渠宝笈·初编》卷三著录。释文缺失部分据《闲闲老人滏水集》补。

　　释文（略）①

---

① 刘正成主编：《中国书法全集》第45卷《元代编·鲜于枢、张雨卷》，北京荣宝斋出版社，2000，第250页。本卷主编：楚默。戴立强：《作品考释·鲜于枢》。

上述说法，主要部分来自傅申（Shen C. Y. Fu）的考述。傅申是最早讲到《御史箴》是赵秉文作品的研究者，并根据残卷讲述该卷在清代的收藏、著录及民国间散失、流传之情况。

1977 年，傅申著《海外书迹研究》英文本出版，后有 1987 年中文版初版、2013 年修订版。其第一章"法书的复本与伪迹"第二节"专题研究"之六就是"鲜于枢《御史箴》"。关于鲜于枢《御史箴》的原作与复本情形，傅申云：

> 《御史箴》卷现存两种墨迹本。这两本极为相似。……复本在勾摹技术和体现总的神采方面都达到惊人的高度。
>
> 但经过更仔细的观察，即可发现第二种墨迹本不能令人满意之处。……在复制品中墨色几乎是均匀一致的；……
>
> 这一复本的制作意在以假充真，这是很明显的。复制者不署名，不题跋，也不用自己印章。鲜于枢的那些印章全是复制的，原作开头的 26 行已佚，而摹本内容齐全，共 54 行 204 字。原作归入清皇室收藏后，载于《石渠宝笈·初编》（1744—1745 年）中，当时此作品完整无缺。后经溥仪携至长春伪宫。1945 年抗日战争结束后，伪宫藏品散出，在兵荒马乱中此卷断缺卷首，故在归于张大千收藏之前，遗失了开头 26 行。复本一定是在遗失之前制出的。因为在当时的战争条件下，或在原作离开故宫如此短的时期内，不大可能进行复制。根据原作上的印章，梁清标（1620—1691 年）是在清代皇帝之前的最后一个收藏家。因此，这一复本最晚是在清朝初期制作的。①

在该书第四章楷书介绍中，傅申指出鲜于枢楷书帖的作者：

> 他书写的金代诗人、学者赵秉文（1159—1232 年）的大行楷《御史箴》，是他现存两件大字楷书作品之一。②

---

① （美）傅申：《海外书迹研究》，葛鸿桢译，贺哈定校译，故宫出版社，2013，第 23~26 页。参见傅申著、葛鸿桢译《鲜于枢〈御史箴〉》，载《书画世界》2014 年第 4 期，第 32 页。
② （美）傅申：《海外书迹研究》，第 149~150 页。

今查鲜于枢《御史箴》楷书卷残件，首为张大千题款：

> 鲜于伯几御史箴。世传第一。大风堂藏。乙酉花朝五亭湖上题。
> 爰翁。□（张爰私印）。□（大千）。

次为残卷，上有篆书"大风堂供养"方章，及"八德园"长方章。下为小字题款：

> 民国三十四年乙酉秋，溥仪为俄人俘去。于是伪宫散出古物千余
> 件，此卷其一也。乱兵争夺，裂损数行。而伯几大字传世仅有此卷，
> 仍当以天球河图视之也。己酉春。
> 爰翁。□（张爰大千父）①

从张大千书题看，自溥仪 1945 年（乙酉）从伪皇宫出逃而散失古物，到 24 年后，即 1969 年（己酉），该残卷辗转而入张大千手，随即书题入藏。即使不是立即书题，其间隔时间也不会太久。书题地点，位于张大千移居巴西圣保罗后所建的"八德园"，中有湖，建五亭环列"八德池"。"八德园"于 1969 年改建为水库。同年，张大千迁至美国卡米尔城"可以居"。残卷也随之至美国。

下面两图，分别为鲜于枢《御史箴》楷书残卷（右侧小字为张大千题款），及相应摹本部分。

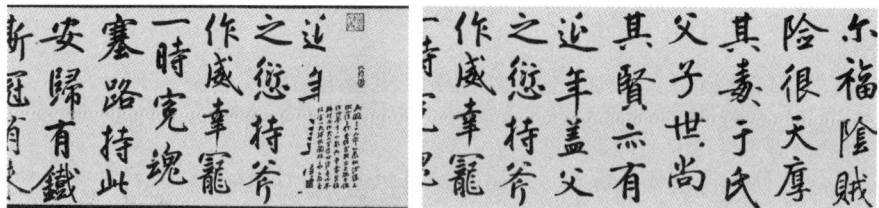

---

① 上述张大千题款，先后请教了中国政法大学王牧教授、沈阳师范大学杨宝林教授。向他们表示衷心感谢。

（2）北京故宫藏鲜于枢《御史箴》楷书卷"太微执法"四字残片

沈师法学院法律史学研究生万文杰同学向我提供了北京故宫藏鲜于枢《御史箴》楷书卷"太微执法"四字残片复制件（见右图）。

查阅"故宫博物院藏品总目"得知：该藏品题"鲜于枢楷书《御史箴》卷残片"；文物号：新00152367；分类：法书；年代：元。故宫博物院副研究馆员张剑虹帮我查阅故宫文物系统，得知：该残片是1963年收购入故宫的。

该藏品显然经过专家鉴定，与流落国外的残卷当属同一个。查其上字及印章，"太微执法"四字基本完整；右上方为"乾隆御览之宝"篆书方章印，存大半；下依次为"石渠宝笈"篆书小长方章；下为椭圆形"御书房鉴藏宝"小印。

很显然，这个四字断片，加上普林斯顿大学所藏《御史箴》楷书卷的下半段，则该卷当时至少是断为三截的，其中段已经下落不明。

（二）《御史箴》录文在明朝的流传

1. 程本立《巽隐集》收录《御史箴》

明程本立《巽隐集》卷四收录了赵秉文《御史箴》，序文指出是元张养浩所作。

按，程本立（？～1402），字原道，号巽隐，明浙江崇德（今属桐乡）人，宋儒程颐之后。洪武九年（1376），举明经、秀才，授秦王府典仪所引礼舍人，十三年（1380）任周王府礼官，二十年（1387）任长史。二十二年（1389），周王弃藩国至凤阳，程本立坐累，谪云南马龙他郎甸长官司吏目。得西平侯沐英、布政使张统的信任，行县典兵事，绥辑楚雄、大理、永昌、丽江等地凡九年，百姓安业。三十一年（1398）因荐，征为翰林，纂修《太祖实录》，擢为都察院右佥都御史。《实录》成，出为江西按察司副使。未行，靖难兵入京师，自缢死。著有《巽隐集》十卷，其曾孙程山于弘治时编，佥事吴昂刊行于闽。

《巽隐集》所录《御史箴》，其前小序，显然不是程本立口气，而是

《巽隐集》编者所加。意思是：程本立在建文帝朝做右金都御史之时，觉得该《箴》很好，奉为圭臬，但为其增添了"如鉴之明，如弦之直"两句话，以补其不足。这样，连同原箴的"如霜之清，如衡之平"，完整地表达了御史的"清、明、直、平"四种崇尚或四个理念。不过，这里增加的两句话，或许是程本立原意——他可能以为原箴仅有"清、平"两项，显得单薄了些，故有这样的修改。但程本立本人是否认为该箴属于元张养浩的作品，尚是一个问题。①

2. 薛瑄《御史箴解》所录《御史箴》

薛瑄《御史箴解序》云："《御史箴》者，张文忠公所作也。公为御史时，……又作是《箴》，并以致戒焉。大意谓：御史之职，关系甚重；任是职者，当思其重，而为所当为，戒所当戒。其言简，其理备，其词直，其义切，诚宪臣之药石也"。薛瑄还自谦云："余以菲才，备员风纪，恒诵是《箴》以自勉。暇日，复述前闻，以释其义。虽于文忠公作《箴》之意，未能尽得其蕴，然读是《箴》者，诚能因是训诂，以玩其词、求其意，体诸身心而自省，则当为、当戒者，固已不昧所从事。又能历览《忠告》全书而有得焉，则于风纪之职业，为可举矣。宣德四年岁次己酉正月望日，监察御史河东薛瑄谨序。"薛瑄还说："公既没，而其箴盛行于世。今内自台署，外及臬司，以至宪臣之家，靡不列之于屏、于几，以比韦弦之戒。"② 可见在明朝，都察院及按察使等京内外宪臣，大都认为该箴为元张养浩所作。

明杨鹤汇编《薛文清公年谱》载："宣宗宣德四年，先生四十一岁，

---

① 没有证据显示程本立认为该箴出自元张养浩。此外，也有人认为该《御史箴》为程本立所著，同样不足为据。（明）凌迪知撰《万姓统谱》卷五三："程本立（字原道，裔出伊川先生，今为桐乡人。笃志问学，造诣日深。洪武九年，举明经秀才，擢秦府引礼舍人。母忧，服除，改周府。寻以府事累，谪云南长官司吏目。……戊寅年，奏计京师，时修高庙《实录》，遂入翰林编纂。寻擢左金都御史，作《御史箴》自励。明年《实录》成，出为江西按察副使。未行，而北师渡江，本立悲哀自尽。）"见文渊阁四库全书，第956册，第812页。《滇略》卷五、《浙江通志》卷一六三、《云南通志》卷一九、《明儒言行录续编》卷一，所记虽详略不同，但均无"作《御史箴》自励"事。

② 国家图书馆藏《御史箴解序》，与后述《文清公薛先生文集》有文字差异。此处从国图本。参见（明）薛瑄《文清公薛先生文集》卷一三《序·御史箴解序》，载《薛瑄全集》第一册，第446页。

在沅州。是春作《御史箴集解》成，并序以自警。"① 则此事在宣宗宣德四年（1429），薛瑄的职务是监察御史，出监湖广银场，在湖南沅州。

总之，金赵秉文《御史箴》，是为当时御史中丞师安石所撰写，并书帖；元代王恽又以行御史台治书侍御史身份，关注并设法获得了元代藏家所临摹的赵氏该书帖；鲜于枢以大楷书写《御史箴》时，刚卸职宣慰司都事，此前做过转运司幕职，尤其曾任职于江南行御史台掾；明程本立为右佥都御史，为《御史箴》增加句子，使之更完善；薛瑄为监察御史，又为其作疏解。可见，从金至元、明，《御史箴》书帖以及其内容的流传，很巧合地与其喜好者的御史身份相关联。如果说，它在元代是以书法、内容两者兼具的形式流传，在明代则纯以其内容受推崇而流传。无论哪种流传方式，金、元、明御史监察职守的共鸣意味，在《御史箴》流传过程中都表现得比较浓厚。

3.《御史箴》非张养浩所作的几个证据

（1）张养浩文集不收《御史箴》，是其非张作品的证据

今人整理之《张养浩集》，以元刻本《张文忠公文集》为底本，以文渊阁四库全书本《归田类稿》，及周永年、毛堃校刻《归田类稿》为校本。其中《三事忠告》据四部丛刊所收钱谦益藏本及四库本校勘。该书所收，各种文体齐全，包括赋、拟雅、五言古诗、七言古诗、五言律诗、七言律诗、五言绝句、七言绝句、书（《时政书》）、序、记、铭（碑铭、表铭、碣铭、圹铭、堂铭、志铭）、表、传、书（《上董中丞书》）、疏、露布、操、文、词、赞、家训22类，以及著作《三事忠告》《经筵余旨》等，② 唯独没有《箴》这一品类。既然张养浩从来没有写过"箴"这种文体，自然也就没有写过《御史箴》。

（2）他书所记张养浩曾著《御史箴》一事的解释

明清山东省县志，先后有张养浩著《御史箴》的记载。

第一，明陆釴等纂修嘉靖《山东通志》卷二十九《人物二·济南府·元》："张养浩（字希孟，章丘人，以省荐为东平学正，改邑县令，毁淫祠，

---

① （明）薛瑄：《薛瑄全集》第三册，第1185页。
② （元）张养浩：《张养浩集》，李鸣、马振奎校点，吉林文史出版社，2008。

息盗贼，拜监察御史。疏时政万余言，累官翰林直学士、礼部尚书。以父老，乞归养。召为吏部尚书，不拜。父丧未终，复以吏部召，不起。及关中大旱民饥，特拜陕西行台中丞。泣祷华山，大雨如注。禾黍自生，秦民大喜。到官四月，未尝家居，遂疾卒。民哀之。至顺二年，赠柱国，滨国公，谥文忠。著《三事忠告》《归田类稿》《御史箴》诸书。子引，官至南台御史。）"①

第二，明叶承宗纂修崇祯《历城县志》卷十《人物·侨寓二十九》："元张养浩（字希孟，章丘人，以省荐为东平学正，改邑县令，毁淫祠，息盗贼，拜监察御史。累官礼部尚书。以父老，乞归养，徙家历下云庄，七聘不就。及关中大旱民饥，特拜陕西行台中丞。泣祷华山，大雨如注。到官四月，未尝家居，遂卒。民哀之。赠柱国，滨国公，谥文忠。著《三事忠告》《归田类稿》《御史箴》诸书。子引，官至南台御史。）"② 又卷十五《艺文·藏书·各家书板》："《三事忠告》《归田类稿》《御史箴》（俱元张养浩著）。"

第三，乾隆《历城县志》卷二十《艺文考二·集部一·元》："张养浩《归田类稿》三十八卷（孛术鲁翀序。岳《通志》作一卷，误），《文忠集》十八卷（见《国史·经籍志》，《云庄传家集》三册（见文渊阁书目），《御史箴》（见旧志，卷未详），《云庄乐府》一卷（据本书），《云庄六四余话》（见某氏《书目》），《牧民忠告》二卷（据本书），《风宪忠告》一卷，《庙堂忠告》一卷（以上俱据本书），《三事忠告》合刻四卷（据本书）。"③

通观上述三书记载，嘉靖《山东通志》谓张养浩"著《三事忠告》《归田类稿》《御史箴》诸书"，崇祯《历城县志》沿其说，也谓张养浩"著《三事忠告》《归田类稿》《御史箴》诸书"。两者皆在"人物志"谈及，仅是附述。至乾隆《历城县志》，因在"艺文志"论及，按惯例，除了书名外，还须列出卷数，但只说到"《御史箴》（见旧志，卷未详）"。"见旧志"指其著录的依据，因为明崇祯《历城县志》已经如此记载了；

---

① 嘉靖《山东通志》卷二九，山东省图书馆藏明嘉靖刻本，第16册，页19b。
② 崇祯《历城县志》卷一〇，崇祯十三年（1640）刻本、康熙增刻本，第5册，页29b。卷一五，第8册，页12b。
③ （清）胡德琳修，李文藻等纂：乾隆《历城县志》卷二〇《艺文志二》，《续修四库全书》史部地理类，第694册，上海古籍出版社，2002，第376~379页。以上均参见王光磊《张养浩年谱》，广西师范大学硕士学位论文，2003，第6页。

"卷未详"则是没有看到实物的书籍。这是老实话。

崇祯《历城县志》既然记载"各家书板"有《御史箴》书板，似乎有专门刻板，可见明人程本立、薛瑄所谓张养浩著《御史箴》并非空穴来风。但这些记载，尚不能确证张养浩曾创作了《御史箴》。该《箴》卷数不详，也难以凭信它实有其书。

（3）张养浩任职御史晚于鲜于枢书写《御史箴》楷书卷的时间

按，张养浩（1270~1329），字希孟，号云庄，山东历城（今山东济南）人，其出处大节、政事文章，皆为当代及后世所称扬，是有元一代名臣。世祖至元二十九年（1292），他"献书于平章不忽木，大奇之，辟为礼部令史，仍荐入御史台。一日病，不忽木亲至其家问疾，四顾壁立，叹曰：'此真台掾也。'"① 成宗大德元年（1297）任中书省掾，九年（1305）任堂邑县令；武宗至大元年（1308）拜监察御史，四年（1311）为中书省右司都事；仁宗皇庆元年（1312）为翰林待制，二年（1313）为翰林直学士；延祐二年（1315）任礼部侍郎，五年（1318）擢陕西行台治书侍御史，改右司郎中，礼部尚书，七年（1320），参议中书省事；英宗至治元年（1321）辞官还乡，并居父丧，朝廷屡召不起；文宗天历二年（1329），特拜陕西行台御史中丞，出赈饥民，卒于任。所著《为政忠告》（《三事忠告》），贡师泰序云"皆即其所行，著之简册"。

张养浩一生三进御史台，第　，世祖至元末任御史台掾，前后两任，共4年。第二，武宗至大元年（1308）至三年（1310）任监察御史。第三，文宗天历二年（1329），特拜陕西行台御史中丞。一般认为，《风宪忠告》作于监察御史任上。这是他对御史职责体会最深的时段。《御史箴》如果是他所作，也当为此时所作，薛瑄即如此推测。

而鲜于枢楷书《御史箴卷》，落款为"大德三年七月十七日书"，时元成宗在位，公历1299年。其时，张养浩只是中书省掾属（任该职共8年），职任不相关，他不会对御史一职有职业上的感觉，也不会作《御史箴》。既然该时间节点，远早于张养浩做御史的时间，因而，鲜于枢照录的，绝不会是张养浩所作的《御史箴》，而只能是早于此的作品，比如金

---

① 《元史》卷一七五《张养浩传》，第4090页。

赵秉文所著《御史箴》。同样，该箴也不会是张养浩作于至元末他出任御史台掾期间，尽管他的台掾任期也较长。

王昕《赵秉文研究述评》，讲明朝人剽窃金人文章，溯源时则提到元张养浩《御史箴》：

> 入明后，由于视金为秦越，一些人对金代诗文颇不以为然，也导致了对赵秉文的消极评价。一是不知赵秉文何许人，……"以赵秉文为元人"……此外，清施国祁《吉贝居杂记》抨击明人剽窃金人文章，"惟党、赵、王、元诸集，畏其大名，不敢公肆攘窃"。实际上，元人已开先例。明程本立《巽隐集》卷4《御史箴》注："此本元张文忠公所作，公为都御史时，有取焉。"薛瑄《御史箴解序》亦言："御史箴者，元张文忠公所作也。公为御史时，尝著《风宪忠告》，以明风纪之要。又作是箴，并以致戒焉。"然而，比对箴文，实即赵秉文之作，不过仅添"如鉴之明，如弦之直"8字而已。①

讲《御史箴》为赵秉文所作，正确；但溯源明人剽窃，追至元朝，又落到张养浩身上，却大不妥。张养浩曾为监察御史，有创作《风宪忠告》的大名，后人包括明人敬重张养浩为人、为文，出现张冠李戴，是一场误会。但《巽隐集》、薛瑄皆非有意作伪。而张养浩也并没有将金人作品据为己有的事情存在。明人的误会账，不能算在张养浩头上。

二、《御史箴》内容、特征与地位

金赵秉文（1159~1232）大约作于正大二年（1225）的《御史箴》，是历史上的第二个《御史箴》。西汉崔篆②撰《御史箴》，今仅存断文"简

---

① 王昕：《赵秉文研究述评》，《古籍整理研究学刊》2011年第3期，第109页。
② 崔篆，生卒年不详，约公元8年（王莽建国之年）前后在世，涿郡安平人，崔骃之祖父。王莽时，为郡文学。后任建新大尹，单车之官，"称疾不视事，三年不行县"，临去出狱囚二千余人。东汉建武初，辞归不仕。客居荥阳，闭门著书。有文集一卷。事见《后汉书·崔骃传》《后汉书·儒林上·孔僖传》。

上霜凝，笔端风起" 8 字。① 西晋傅咸②有《御史中丞箴》，但论题有局限，仅对中丞这一官职而非以全部御史为对象。南宋许月卿（1216～1285）也作《御史箴》，时间上晚于赵秉文，但与赵箴距离较大。

（一）金元明清《御史箴》诸本内容对照

附表 1　金赵秉文《御史箴》流传诸本一览

1. 金赵秉文撰：《滏水集》卷十七《御史箴》	2. 元鲜于枢：《御史箴》楷书卷（藏美国普林斯顿大学艺术博物馆）	3. 明程本立著：《巽隐集》卷四《御史箴》	4. 明薛瑄：《御史箴解》	5. 清同治《雩都县志》卷十三《艺文·御史箴》③	6.《中国书法全集》第45卷《鲜于枢〈御史箴〉楷书卷》④
太微执法，御史象之。周官小宰，则维其司。耳目之寄，纲之纪之。为其举错，戚休系之；为其邪正，善败随之。抑浊扬清，时汝之休；吐刚茹柔，时汝之羞。无玩法以偷，无怙势以仇；	太微执法，御史象之。周官小宰，则惟其司。耳目之寄，纲之纪之。惟其举措，戚休系之。□□□□，□□□□。□□□□，时汝之休；吐刚茹柔，时汝之羞。毋玩法以偷，毋怙势以	太微执法，御史象之。周官小宰，则维其司。耳目之寄，纲之纪之。为其举措，休戚系之。为其邪正，善恶随之。激浊扬清，时汝之休；吐刚茹柔，时汝之羞。毋玩法以偷，毋怙势以仇。	太微执法，御史象之。周官小宰，则维其司。耳目之寄，纲之纪之。为其举错，休戚系之。为其邪正，善恶随之。激浊扬清，时汝之休。吐刚茹柔，时汝之羞。毋玩法以偷，毋怙势以仇。	太微执法，御史象之。周官小宰，则维其司。耳目之寄，纲之纪之。为其举错，休戚系之。为其邪正，善恶随之。激浊扬清，时汝之休。吐刚始柔，时汝之羞。毋玩法以偷，毋怙势以仇。	太微执法，御史象之。周官小宰，则维其司。耳目之寄，纲之纪之。为其举措，戚休系之。 为其邪正，善败随之，抑浊扬清，时汝之休 吐刚茹柔，时汝之羞。无玩法以偷，无怙势以仇；

---

① （唐）徐坚：《初学记》卷一二《职官部下·御史大夫·事对·霜简》。见韩放校点《初学记》（上），京华出版社，2000，第446页；（宋）佚名《翰苑新书前集》卷一三《御史台·群书精语》，文渊阁四库全书，第949册，第108页。

② 傅咸（239～294），字长虞，北地泥阳（今陕西铜川耀州区东南）人，西晋文学家。曹魏扶风太守傅幹之孙，晋司隶校尉傅玄之子。晋武帝时，先后任太子洗马、尚书右丞、司徒左长史、车骑司马、尚书左丞、太子中庶子、御史中丞、本郡中正、兼司隶校尉等职。惠帝元康四年去世，时年56岁。死后追赠司隶校尉。

③ 江西雩都县志编纂委员会办公室校注：《雩都县志（同治版）》，江西雩都县志编纂委员会办公室，1986，第560页。

④ 刘正成主编：《中国书法全集》，楚默主编：第45卷《元代编·鲜于枢、张雨卷》，戴立强：《作品考释·鲜于枢·10赵秉文〈御史箴〉楷书卷（释文）》，第251页。

续　表

1. 金赵秉文撰:《滏水集》卷十七《御史箴》	2. 元鲜于枢:《御史箴》楷书卷（藏美国普林斯顿大学艺术博物馆）	3. 明程本立著:《巽隐集》卷四《御史箴》	4. 明薛瑄:《御史箴解》	5. 清同治《雩都县志》卷十三《艺文·御史箴》	6.《中国书法全集》第45卷《鲜于枢〈御史箴〉楷书卷》
斁我彝宪，时汝之尤。无噭噭沽名，无容容保禄，无毛举细事，无猬兴大狱。刚果正直，神介尔福；阴贼险狠，天厚其毒。于氏父子，世象其贤，亦有延年，盖持斧作威，幸宠一时，冤魂塞路，持此安归？有铁斯冠，有朱斯衣，德不称服，中心恶而。神草指佞，神羊触邪，顾汝劲松不屈，鸷鸟之无朋，如霜之清，如绳之平，不幸遇患，亦全令名。既铭汝前，实铭汝心，敢告司仆，敬服斯箴。	仇①；斁我彝宪，时汝之尤。毋噭噭沽名，毋容容保禄，毋毛举细事，毋猬兴大狱。刚果正直，神介尔福，阴贼险很，天厚其毒。于氏父子，世尚其贤，亦有延年，盖父之愆。持斧作威，幸宠一时，冤魂塞路，持此安归？有铁斯冠，有朱斯衣，德不称服，中心恶而。神草指佞，神顾羊触邪，汝之职耶？劲松不屈，鸷鸟之无朋，如霜之清，如衡之平，不幸遇患，亦全令名。匪铭汝前，实铭汝心，敢告司仆，敬服斯箴。	斁我彝宪，时汝之尤。毋噭噭沽名，毋庸庸保禄；毋毛举细事，毋猬兴大狱。刚果正直，神阴贼险狠，天厚其毒。于氏父子，世尚其贤，亦有延年，盖父之愆。持斧作威，冤魂塞路，持此安归？有铁斯冠，有朱斯衣，德不心恶忾，神草指佞，神顾羊忌畏避，汝之职邪？劲松不屈，鸷鸟之无朋，如霜之清，如鉴之明 如弦之直，如衡之平。不幸遇患，亦全令名。既铭汝前，实铭汝心，敢告司仆，敬哉斯箴。	斁我彝宪，时汝之尤。毋噭噭沽名，毋庸庸保禄；毋毛举细事，毋猬兴大狱。刚果正直，神介尔福，阴贼险狠，天厚其毒。于氏父子，世尚其贤，亦有延年，盖父之愆。持斧作威，幸宠一时，冤魂塞路，持此安归？有铁斯冠，有朱斯衣，德不心恶忾，神草指佞，神顾羊忌畏避，汝之职邪？劲松不屈，鸷鸟之无朋，如霜之清，如衡之平。不幸遇患，亦全令名。既铭汝前，实铭汝心，敢告司仆，敬服斯箴。	斁我彝宪，时汝之尤。毋噭噭沽名，毋玩庸保禄，毋毛举细事，毋猬兴大狱。刚果正直，神介汝福，阴贼险狠，天厚其毒。于氏父子，世象其贤，亦有延年，盖父之愆。持斧作威，幸窃一时，冤魂将其安归？有铁斯冠，有朱斯服，德不心怵怛，神草指佞，神顾羊忌畏避，汝之职邪？劲松不屈，鸷鸟之无朋，如霜之清，如衡之平，不幸遇患，亦全令名。既铭尔前，实铭尔心，敢告司仆，敬服斯箴。	斁我彝宪，时汝之尤。无噭噭沽名，无容容保禄，无毛举细事，无猬兴大狱。刚果正直，神介尔福，阴贼狡险，天厚其毒。于氏父子，世象其贤，亦有延年，盖父之愆。持斧作威，幸宠一时，冤魂塞路，持此安归？有铁斯冠，有朱斯衣，德不心恶而，神草指佞，神顾羊忌畏避，汝之职耶？劲松不屈，鸷鸟之无朋，如霜之清，如衡之平，不幸遇患，亦全令名。匪铭汝前，实铭汝心，敢告司仆，敬服斯箴。右御史箴，大德三年七月十七日书

---

① "以"下、"仇"上，原有"求"字，为衍文。已经被书家用"彡"（去除号）自涂掉。

根据上表，有两点值得强调。

1. 关于字数同异

金赵秉文撰《滏水集》卷十七《箴·御史箴》，共 214 字。元鲜于枢《御史箴》楷书卷，正文，残本存 94 字，佚失 104 字；钩添本共 198 字。与金本相比，中间缺"为其邪正，善败随之。抑浊扬清，时汝之休"16字，估计是在书写时，有意或无意地漏掉了。钩添本，因其字迹齐全，对校勘文字流传有重要意义。明程本立《巽隐集》卷四《箴·御史箴》，正文共 222 字，因特意增加了"如鉴之明，如弦之直"8 字，以丰富文义。明薛瑄《御史箴解》，正文基本与程本立《巽隐集》相同，共 214 字，没有程本所增 8 个字。清同治《雩都县志》卷十三《艺文·御史箴》，有源自薛瑄的痕迹，前半部尤其明显，后部个别字有异。《中国书法全集》第45 卷《鲜于枢·赵秉文〈御史箴〉楷书卷》，用赵秉文《滏水集》补足鲜于枢书录之缺，虽无校勘意义，但能反映书法界对该箴流传的看法。

2. 关于版本关系

从金至清《御史箴》的 5 个版本，并不是一个直线传播图。

（1）赵秉文《滏水集》卷十七《箴·御史箴》，金末元初刘祁《归潜志》曰："赵闲闲本喜佛学，然方之屏山（案屏山，李之纯之号也），顾畏士论，又欲得扶教传古之名，晚年自择其文，凡主张佛、老二家者皆削去，号《滏水隼》。首以中、和、诚诸说冠之，以拟退之《原道》。其为二家所作文及其葛藤诗句，另作一编，号《闲闲外集》，以与少林寺长老英粹使刊之。"① 则《滏水集》既经其"自择其文"，则其中《御史箴》也自然经过其手订，思想表达及用词造句不容置疑。

（2）鲜于枢书楷，依据的当不是赵秉文文集。除了比赵文缺少两句、共 16 字外，另外，从"维"作"惟"、"为"作"惟"、"错"作"措"、"无"作"毋"、"象"作"尚"、"绳"作"衡"、"既"作"匪"等大量用字不同于赵氏文集看，鲜于枢依据的可能是流传中的书帖，故而有一些差异。同时，最大的一个改变，是将"如绳之平"改为"如衡之平"，喻

---

① 《归潜志》卷九，此据《四库全书总目提要》卷一六六《集部十九·别集类十九·滏水集》。蒋志伟、任国祥主编：《国学经典丛刊》第 2 辑第 36 册，天津古籍出版社，2017，第 21672 页。

体"绳"变"衡"，由"绳墨"变衡秤，应当说比原作更准确了。绳墨一般是形容曲直的，《礼记·经解》："故衡诚县，不可欺以轻重；绳墨诚陈，不可欺以曲直；规矩诚设，不可欺以方圆。""平"即轻重（适当）之义，是由"衡"来担负的。值得注意的是，明人也作"衡"。不知是受其影响，还是另有所本。

（3）程本立、薛瑄显然不是依据赵秉文著作，否则不会发生将作者由赵秉文误作张养浩的错失。清同治《雩都县志》未言《御史箴》的作者及其出处，其字词多同明人，尤其核心字词"善恶随之"，与程本立、薛瑄同，而与赵秉文文集作"善败随之"不同，故显系明人版本系统。

（二）《御史箴》的特征

明薛瑄《御史箴解》一卷，对《御史箴》疏解详细、精到，故无必要再进行典故或出处的全面注解。但由于其是古文，这里仍需要将其内容通说一下，以便于分析与归纳。

仍以赵秉文撰《滏水集》卷十七《御史箴》为依据，并依照薛瑄解释，译成白话：

> 太微右垣星官之右执法，是御史大夫之象。《周礼》的小宰，是其在人间的相应职司。御史为人君之耳目，振职有纲举目张之效。其举措能举善纠恶，民臻于欢乐；若亲小人远君子，民至于忧愁。其身若正，众善皆至；其身若邪，贻患国与民。激浊扬清，惩贪奖廉，是御史的美善；吐刚茹柔，舍强凌弱，是御史的羞耻。不要以偷薄之心玩弄法律，不要倚仗势位公报私仇，败坏了法度，那就是你的罪过了。不要汲汲于沽名钓誉，不要庸庸碌碌固位保禄，不要吹毛求疵掇拾小事塞责，也不要苛刻罗织兴起大狱。刚强、果决、正派、直爽，神灵必然增大对你的福佑之施；阴暗、贼害、险戾、狠毒，上天必然加厚其毒恶之报。西汉于公、于定国父子，父持法平恕，子决狱无冤，世人皆以其忠厚贤德而叠受推崇；而杜周、杜延年父子，父议狱深刻，子议论持平，子覆盖了父之阴怨而获福报。绣衣直指持斧作威，固然受宠一时；但冤死的鬼魂充塞道路，持节者能得到善终吗？

御史戴獬豸冠、穿朱衣而行其职事，然而德不称服，心中惭愧不安呀。神草指向佞人，神羊碰触邪人，畏惧避让奸邪，岂是你的职任？劲松不屈风雪，鸷鸟搏击无敌，执法应像霜雪一样清澈，应像准绳一样公平。即使不幸遇到祸患，舍身取义、杀身成仁，美名也能载于青史。该箴不仅铭于你眼前，更是铭于你心中的。敬告上下人等，要尽心尽力服从此箴。

1.《御史箴》内容上的特征

我们可以回到薛瑄《御史箴解序》。薛瑄云："公为御史时，……又作是《箴》，并以致戒焉"；又曰："《御史箴》者……大意谓：御史之职，关系甚重；任是职者，当思其重，而为所当为，戒所当戒。……诚宪臣之药石也。"抛开他误认其为张养浩作品这一层，薛瑄两次讲到"戒"，一曰"致戒"，二曰"戒所当戒"，可以说他非常明确指出了《御史箴》的第一特征。御史"戒所当戒"，6个"无"，"无玩法以偷，无怙势以仇，无皦皦沽名，无容容保禄，无毛举细事，无猾兴大狱"，也即6个"不要"，是御史的6个职业忌讳。此外，"吐刚茹柔""顾忌畏避"二项，从按治对象的角度，提出不要欺软怕硬，不要畏惧避开有权有势者；"阴贼险狠"从御史居心、存心，"德不称服"从御史德行角度，提出了另外4个"当戒"。这使得"当戒"的事项增加到10个。套用一句古话，可以说是"深戒之"。

"戒"之外，是"为所当为"，包括御史职能比喻的"抑浊扬清"，工作原则比喻的"如霜之清""如绳之平"，以及御史品德、品行的"刚果正直"，三个层面都是应做或应达到的状态。

2.《御史箴》写作上的特征

薛瑄《御史箴解序》谓《御史箴》"其言简，其理备，其词直，其义切"[1]。这是写作上的四个特征。

（1）"言简"，谓其四字一句的骈文，配合个别五字一句的变化，同时

---

[1] （明）薛瑄：《文清公薛先生文集》卷一三《序·御史箴解序》，载《薛瑄全集》第一册，第446页。

又是与张养浩《风宪忠告》的散文体相比较而言。薛瑄以为《御史箴》为张养浩所作，而《风宪忠告》"言风纪要务凡十章"①，合 3 400 余字。与214 字的《御史箴》相比，自然简之又简了。

（2）"理备"，谓说理全面。"当为""当戒"的两大核心内容，从天人关系，到君臣关系；从职责之重，到职守崇尚；从应戒六事，到德行、榜样；从威福、命运，到德位相称；从物性类分，到操守、原则，乃至患难、名节，等等，娓娓道来，层层深入。赵秉文不愧为文章大家。

（3）"词直"，即直爽地说出来，不拐弯。"时汝之休""时汝之羞""时汝之尤""神介尔福""既铭汝前，实铭汝心"，这种直呼"尔、汝"的风格，可能一则由于长者对幼者，二则由于书者、受者很熟悉，三则由于期许之大、之深。还有就是口气，"冤魂塞路，持此安归"？"顾忌畏避，汝之职耶"？这两个诘问句式，虽似疑问，实则表达肯定的意思。

（4）"义切"，谓仁人之心，情真意切。元人林泉生说，余"重观是书，则叹曰：'文忠真仁人也。仁者耻独善于己。己为令长，得牧民之道，欲使天下牧民之吏人人尽其道；己为宪臣，能振纪纲，慎举刺，言人所难言，欲使天下为宪臣者人人皆然。公其心于天下，而不私其身，虽令尹子文之忠，不及此也。《传》曰：'仁人之言，其利博哉。'是书可谓仁人之言矣"②。这个评价，说的是张养浩及其所作《牧民忠告》《风宪忠告》。它应当也是薛瑄总结《御史箴》的基调，薛瑄是读过《风宪忠告》的。仁人者之仁心，也欲他人也仁义。

（三）《御史箴》的地位

1. 赵秉文《御史箴》在内容上借鉴了汉、晋《大理箴》《御史中丞箴》等法官箴

法官箴包括廷尉箴（大理箴）、御史箴两类。赵秉文《御史箴》内容上借鉴了汉、晋法官箴。

---

① （元）林泉生：《风宪忠告序》，（元）张养浩撰：《为政忠告（三事忠告）》，载《吏学指南》（外三种），第 311 页。

② （元）林泉生：《风宪忠告序》，（元）张养浩撰：《为政忠告（三事忠告）》，载《吏学指南》（外三种），第 311 页。

（1）箴文开篇方面，《御史箴》起首的"太微执法，御史象之"，借鉴了晋傅咸《御史中丞箴》首句"煌煌天文，众星是环；爰立执法，其晖有涣"，都讲太微垣的右执法星，是御史之象。

（2）基本职责方面，《御史箴》"抑浊扬清"，相当于晋傅咸《御史中丞箴》"肃清违慢"。按，金朝御史台"掌纠察朝仪、弹劾官邪、勘鞫官府公事。凡内外刑狱所属理断不当，有陈诉者付台治之"①。其"弹劾官邪"正是"抑浊"的一面，与"肃清违慢"相同。

（3）重要理念方面，"直"的理念，《御史箴》强调"刚果正直"，晋傅咸《御史中丞箴》云"既直其道，奚顾其身"，并强调"忧责有在，绳亦必直"。盖直的理念，是御史所必须秉持的，故二箴皆有强调。

（4）人物举例方面，《御史箴》"于氏父子""延年"父子两家的行为或事迹讲述，模仿了崔骃《大理箴》关于"释之"及"于公、定国"父子行事，所谓"释之其忠，勋亮孝文；于公哀寡，定国广门"。赵秉文《御史箴》则云"于氏父子，世象其贤；亦有延年，盖父之愆"，于氏父子，两皆褒扬；杜周、杜延年父子，贬前褒后。

（5）重要比喻及相应理念方面，《御史箴》"如霜之清，如绳之平"，借鉴了东汉崔骃《大理箴》的"如石之平，如渊之清"，只是喻体有所改变，由"石""渊"，改为"绳""霜"，都是喻意"平"和"清"二理念的。司法的"清、平"之喻是个传统。明初程本立，在两句中间增加"如鉴之明，如弦之直"，成为"如霜之清，如鉴之明；如弦之直，如衡之平"，增加"明""直"二理念。但是，"如霜之清"还在，"如绳之平"则改作"如衡之平"，喻体又变化了。后来的薛瑄也是如此。当然这是后话了。

（6）职守形容方面，《御史箴》"耳目之寄"，主要是源于唐朝。虽然《尚书·虞书》有"帝曰：臣作朕股肱耳目"，但这是广义的说法。御史为人君耳目的专门用法，唐代颇盛行。《旧唐书·韦思谦传》：思谦"擢授监察御史，由是知名。尝谓人曰：'御史出都，若不动摇山岳，震慑州县，诚旷职耳。'时中书令褚遂良贱市中书译语人地，思谦奏劾其事，遂良左

---

① 《金史》卷五五《百官志一》，中华书局，1975，第1241页。

授同州刺史。及遂良复用，思谦不得进，出为清水令。谓人曰：'吾狂鄙之性，假以雄权，触机便发，固宜为身灾也。大丈夫当正色之地，必明目张胆以报国恩，终不能为碌碌之臣保妻子耳"。又，"思谦在宪司，每见王公，未尝行拜礼。或劝之，答曰：'雕鹗鹰鹯，岂众禽之偶，奈何设拜以狎之？且耳目之官，固当独立也。'"①

又，《大唐新语》卷四《持法第七》："李承嘉为御史大夫，谓诸御史曰：'公等奏事，须报承嘉知；不然，无妄闻也。'诸御史悉不禀之，承嘉厉而复言。监察萧至忠徐进曰：'御史，人君耳目，俱握雄权。岂有奏事先咨大夫？台无此例。设弹中丞、大夫，岂得奉谘耶！'承嘉无以对。"② 这个故事，还有另一个类似的版本。《唐会要》卷六十一《御史台中·弹劾》载："长安四年三月，监察御史萧至忠，弹凤阁侍郎同凤阁鸾台三品苏味道赃污，贬官。御史大夫李承嘉，尝召诸御史责之曰：'近日弹事，不谘大夫，礼乎？'众不敢对。至忠进曰：'故事：台中无长官。御史，人君耳目，比肩事主，得各弹事，不相关白。若先白大夫，而许弹则可；如不许弹，则如之何？大夫不知曰谁也？'承嘉默然，而惮其刚直。"③ 总之，御史是君主的耳目之官，应当独立行事，即使在御史台中也不服从长官。

唐人的这一说法影响了金朝，金世宗即如此。《金史·刑志》载："武器署丞奕、直长骨赧，坐受草畔子财，奕杖八十，骨赧笞二十，监察御史梁襄等，坐失纠察罚俸一月。上曰：'监察，人君之耳目。事由朕发，何以监察为？'"④ 他不满意御史之失职。《金史·程辉传》："程辉，字日新，蔚州灵仙人也。…… 大定二十三年，拜参知政事。…… 二十四年，……会有司市面不时酬直，世宗怒监察不举劾，杖责之。以问辉，辉对曰：'监察，君之耳目。所犯罪轻，不赎而杖，亦一时之怒也。'世宗曰：'职事不举，是故犯也，杖之何不可！'辉对曰：'往者不可谏，来者犹可追。'"⑤

---

① 《旧唐书》卷八八《韦思谦传》，中华书局，1975，第 2861、2862 页。
② （唐）刘肃：《大唐新语》卷四，恒鹤校点，上海古籍出版社，2012，第 38 页。
③ 《唐会要》卷六一《御史台中·弹劾》，中华书局，1955，第 1069 页。
④ 《金史》卷四五《刑志》，第 1019 页。
⑤ 《金史》卷九五《程辉传》，第 2110～2111 页。

2. 赵秉文《御史箴》为明薛瑄《大理箴》所效法

薛瑄推崇《御史箴》，并特别为之作了"集解"；而重要的是，他后来作《大理箴》，在很多方面模仿了《御史箴》。下面，根据二箴内容的层次，列出下表。阿拉伯序号表示内容层次，《大理箴》依照原顺序，《御史箴》有串动。

附表 2　赵秉文《御史箴》与薛瑄《大理箴》对照表

金赵秉文《御史箴》	明薛瑄《大理箴》
1. 太微执法，御史象之。《周官》小宰，则维其司。	1. 惟左执法，廷尉象焉。稽古之职，士师庭坚。官曰大理，历兹有年。其名不一，其事则然。
2. 耳目之寄，纲之纪之。为其举错，戚休系之；为其邪正，善败随之。抑浊扬清，时汝之休；吐刚茹柔，时汝之羞。	2. 盖天之公，阳开阴阖。立法宪天，仁柔义遏。不率典彝，或过或恶。天讨以施，低昂斟酌。乃有准臬，职斯常刑。
5. 神草指佞，神羊触邪。顾忌畏避，汝之职耶。劲松不屈，鸳鸟无朋。如霜之清，如绳之平。不幸遇患，亦全令名。	3. 谳厥当否，则归廷平。廷平攸执，时惟鉴衡。鉴灼隐伏，衡持重轻。持照两得，克允克明。罚当民服，气协休征。惟刑弼教，圣所钦恤。死者弗生，绝者弗属。而居而官，宜何警肃？
3. 无玩法以偷，无怙势以仇；戢我彝宪，时汝之尤。无曒曒沽名，无庸庸保禄；无毛举细事，无猾兴大狱。	4. 勿徇货利，勿任憎欲；勿偏纵释，勿好刻酷。有一于兹，糜平糜烛。戢纪瘵官，赍痛饮毒。譬火销膏，辜亦已速。
4. 刚果正直，神介尔福；阴贼险狠，天厚其毒。于氏父子，世象其贤；亦有延年，盖父之愆。持斧作威，幸宠一时，冤魂塞路，持此安归？有铁斯冠，有朱斯衣，德不称服，中心恶而。	5. 邈哉千载，乃有良臣。释之、定国，持公体仁。曰民不冤，曰无冤民。功光简册，庆及子孙。高山宜仰，景行宜遵。
6. 既铭汝前，实铭汝心。敢告司仆，敬服斯箴。	6. 小子述诫，敬勖我人。

（1）箴文开篇方面，赵秉文《御史箴》起首的"太微执法，御史象之。周官小宰，则维其司"；薛瑄《大理箴》模仿之，曰："惟左执法，廷尉象焉。稽古之职，士师庭坚"，其句式、内容基本相同，都是讲天星、人官对应，廷尉古称士师。只是《大理箴》增加了"官曰大理，历兹有年。其名不一，其事则然"，历数汉初到东汉末，廷尉有时改称大理的演变史。

（2）职掌铺陈方面，赵秉文《御史箴》云"耳目之寄，纲之纪之。为其举错，戚休系之；为其邪正，善败随之。抑浊扬清，时汝之休；吐刚茹柔，时汝之羞"，讲了君主与御史的关系，御史行为与品行对其职业前途、个人命运的影响，御史称职与不称职的标准。薛瑄《大理箴》则曰："盖天之公，阳开阴阖。立法宪天，仁柔义遏。不率典彝，或过或恶。天讨以施，低昂斟酌。乃有准臬，职斯常刑"，直陈了大理寺是执法机构，是按照违法者过恶的大小，予以相应处罚的；且由于法律是效法天的意志的，故执法也是行天讨。

（3）职守形容及重要比喻与相应理念方面，赵秉文《御史箴》云"神草指佞，神羊触邪；顾忌畏避，汝之职耶"，"劲松不屈，鸷鸟无朋；如霜之清，如绳之平。不幸遇患，亦全令名"。讲神草辨别直佞，神羊辨别正邪，因顾忌而畏惧避让，那不是你御史的职守啊！霜雪压不弯劲松，鸷鸟搏击无敌。就像霜雪一样清澈，就像绳子一样持平。这样做了，即使遇到不测，也会有大名节。薛瑄《大理箴》则曰："谳厥当否，则归廷平。廷平攸执，时惟鉴衡。鉴灼隐伏，衡持重轻。持照两得，克允克明"，讲大理寺以镜鉴之明、衡称之平，为司法的两大象征符号。如此，"罚当民服，气协休征"。随之，又讲"惟刑弼教，圣所钦恤。死者弗生，绝者弗属。而居而官，宜何警肃？"即在恤刑政策下，在刑罚不可避免地造成伤害的前提下，又提出了大理官应该自我警示的那些行为。

（4）法官应警示的6种行为，赵秉文《御史箴》云"无玩法以偷，无怙势以仇；斁我彝宪，时汝之尤。无曒曒沽名，无容容保禄；无毛举细事，无猬兴大狱"。薛瑄《大理箴》则曰：大理寺官员应"勿徇货利，勿任憎欲；勿偏纵释，勿好刻酷"，即不贪污、不狠戾、不放纵、不苛刻。因为这4种行为，只要"有一于兹，靡平靡烛"，就达不到"平"和"明"的目标。而有了这些现象，"斁纪瘝官，赍痛饮毒。譬火销膏，辜亦已速"，就会败坏纪纲、旷废官职，就像尽情地痛饮毒药，犹如灯烛燃烧时耗费油膏，都是得罪最快的行为。

（5）法官应有的品质及其祸福报应，赵秉文《御史箴》："刚果正直，神介尔福；阴贼险狠，天厚其毒。于氏父子，世尚其贤；亦有延年，盖父之愆。持斧作威，幸宠一时，冤魂塞路，持此安归。有铁斯冠，有朱斯衣，德不称服，中心恶而。"薛瑄《大理箴》则曰："邈哉千载，乃有良臣。释之、定国，持公体仁。曰民不冤，曰无冤民。功光简册，庆及子孙。高山宜仰，景行宜遵。"讲起了大体相似的故事：距今千年之前，汉有执法良臣张释之、于定国，一个使"民不冤"，一个使"无冤民"，治狱以公正、仁恕为则，使得其功劳记录于史册，积德而使子孙因之而昌盛。这也是报应说中的善报说。

（6）赵秉文《御史箴》"既铭汝前，实铭汝心。敢告司仆，敬服斯箴"，讲铭文应该入心；薛瑄《大理箴》曰："小子述诫，敬勖我人"，这些诫约，大家都应勉励。

三、《御史箴》书帖者、受帖者与其内容的关系

《御史箴》的内容，与撰写者兼书帖者赵秉文、受帖者师安石，具有直接的关系。

（一）未曾任职法吏的《御史箴》书帖者赵秉文

《御史箴》书帖者赵秉文，同时也是该箴的作者，该箴收入其《滏水集》卷十七。

赵秉文（1159~1232），字周臣，号闲闲居士，晚号闲闲老人，磁州滏阳（今河北省磁县）人。金代官员、学者、诗人、书法家。世宗大定二十五年（1185）进士，调安塞主簿，迁邯郸令，再迁唐山令。章宗明昌元年（1190），丁父忧后起复南京路转运司都司判官，六年（1195），丁母忧起复为应奉翰林文字，同知制诰。因上书论宰相胥持国当罢，宗室守贞可大用，被鞫问，遂供出与修撰王庭筠、御史周昂、省令史潘豹、郑赞道、高坦等私议，致使诸人下狱决罚。后起为同知岢岚军州事，转北京路转运司度支判官。泰和二年（1202），召为户部主事，迁翰林修撰。卫绍王大安元年（1209）十月，出为宁边州刺史，二年（1210）改平定州刺史。前政苛于用刑，每闻赦将至，先捶贼死乃拜赦，而盗愈繁。秉文为政，一从宽简，旬月盗悉屏迹。岁饥，出禄粟倡豪民以赈，全活者甚众。大安三年（1211），曾有备边策。崇庆元年（1212）入为兵部郎中，兼翰林修撰，俄

转翰林直学士。宣宗贞祐初，建言时事可行者三：一迁都，二导河，三封建。朝廷略施行之。明年，上书愿为国家守残破一州，以宣布朝廷恤民之意。四年（1216）拜翰林侍讲学士，建议立回易务。兴定元年（1217）转侍读学士。后拜礼部尚书，兼侍读学士，同修国史，知集贤院事。翌年，知贡举。四年（1220）拜礼部尚书，兼前职。因知贡举坐罪夺官致仕。元光元年（1222）复起为礼部尚书，兼官如故。上言人主当俭勤、慎兵刑，以祈天永命。哀宗正大元年（1224），改翰林学士，同修国史，三年兼益政院说书官。进《无逸直解》《贞观政要》《申鉴》各一通。正大九年（1232），草《开兴改元诏》，闾巷间皆能传诵。正大间，同杨云翼作《龟鉴万年录》上之。又因进讲，与云翼共集自古治术，号《君臣政要》为一编以进焉。著有《易丛说》《中庸说》《扬子发微》《太玄笺赞》《文中子类说》《南华略释》《列子补注》《资暇录》《闲闲老人滏水文集》。生性好学，诗文书画皆工，在当时颇有文名。后人评价，"其文墨、论议以及政事，皆有足传"。在政治及文学上，前后主文坛四十年之久，成为金朝末期"文士领袖"。赵秉文书法，与同时代的党怀英、王庭筠、赵沨齐名。

赵秉文做官，地方则两任县令、两任州刺史，京官则兵部郎中、礼部尚书、翰林学士。因礼部尚书一职多"知贡举"，故数度掌科举取士；又兼翰林一职为皇帝的御用文人，故其翰林修撰、翰林直学士、翰林侍讲学士、侍读学士、翰林学士职务，多起草诏诰，赵秉文文集中收录其为皇帝所写的《拟元镇长庆新体戒谕》《谕陕西东西两路行省诏》《详问书》《答夏国告和书》《回宋国贺正旦国书》等一系列的谕、诏、书等。

这样的一位文臣，刘祁说："赵闲闲，以文学名一世，于吏事非所长。"①赵秉文做县令、州刺史，可能会涉及司法，但他不曾任职刑部、大理寺、御史台，不是法吏，故写作《御史箴》，不是依据自己的职业经历，显然是来自间接经验。

（二）《御史箴》受帖者师安石

师安石（？～1228），字子安，清州人。章宗承安五年（1200）词赋

---

① （金）刘祁：《归潜志》卷八，崔文印点校，中华书局，1983，第89页。

进士，初补尚书省令史。宣宗南迁，留平章完颜承晖守中都（燕都）。贞祐三年五月二日，承晖自杀前，以遗表托师安石使赴行在，安石间道走汴京以闻。宣宗嘉之，擢为枢密院经历官。其时哀宗在春宫，领密院事，遂见知遇。宣宗元光二年（1223），累迁御史中丞。其七月，上章言备御二事，包括战、守、避、和之策，以及间谍分化敌人之策。上嘉纳之。九月，坐劾英王守纯附奏不实，决杖追官。哀宗即位，正大元年（1224）擢为同签枢密院事。二年，复御史中丞。三年，工部尚书、权左参政。四年秋七月，进尚书右丞。五年三月，监察御史乌古论不鲁刺劾近侍张文寿、张仁寿、李麟之受敌帅馈遗，安石亦论列三人不已。上怒甚，有旨谓安石曰："汝便承取贤相，朕为昏主，止矣。"如是数百言。安石骤蒙任用，遽遭摧折，夏四月丙寅，疽发脑而死。①

师安石不负承晖之托，是忠信之人；宣宗、哀宗重用之，当也与此有关。官至尚书右丞，也被与雷渊齐名的御史康锡奏劾"非相材"，② 可见，就才具而言，有不认可其做宰相者。那么，他是否适合做御史中丞？

按《金史·百官志一》："御史台。御史大夫，从二品。掌纠察朝仪、弹劾官邪、勘鞫官府公事。凡内外刑狱所属理断不当，有陈诉者付台治之。御史中丞，从三品，贰大夫。"③ 师安石在两任御史台副职（御史中丞，从三品）中间，曾同签枢密院事（正四品），后又为工部尚书（正三品）、权左参政（参知政事二员，从二品），至尚书右丞（正二品）；赵秉文其时为礼部尚书（正三品）、翰林学士（正三品），二人的官职相当。因此，无论《御史箴》是赵秉文主动写给师安石的，还是师安石向赵秉文索要的，赵秉文希望师安石振职，不负皇帝重托，是顺理成章的。其时，师安石正受重用，正直老臣、长辈（大师安石十几岁）赵秉文也会希望其振职。

只是，师安石比赵秉文还早死四年，其两度做御史中丞，赵秉文皆在世，故该箴作于其两任中的任何一个任期，都有可能。但从师安石经历

---

① 《金史》卷一〇八《师安石传》，第2393页，卷一七《哀宗本纪上》，第380页。师安石，字子安，"师中丞仲安"，可能因其排行第二，故也称仲安。

② 《金史》卷一一一《纥石烈牙吾塔传》附《康锡传》，第2461页。

③ 《金史》卷五五《百官志一》，第1241页。

看，第一个任期是以不称职而结束的，"元光二年九月，坐劾英王守纯附奏不实，决杖追官"。此时，虽然失意人最应得到安慰，但若赵秉文为其写《御史箴》，对其进行正面鼓励，似乎与朝旨不合。而且从乱离后，他人从御史府掇拾《御史箴》书帖来看，则该帖写于第二任中丞期间的可能性更大。该箴放置在御史台衙署，应与受帖者的最近一个任期相关。

说一下这个英王守纯。《金史·宣宗本纪下》：元光二年九月"丁卯，权御史中丞师安石等劾英王守纯不实，付有司鞫治，寻诏免罪，而犹责谕之"①。英王守纯是皇太子完颜守绪（哀宗）异母兄，宣宗的儿子。当时的官职是平章政事。可见，师安石等人是在摸老虎屁股。但很可能得到了皇太子完颜守绪（哀宗）的支持。他本是哀宗以太子领枢密院事时的部属。后来哀宗即位后，他一路升官，与此经历有关。只是他经不起皇帝的责骂，一骂就死掉了。

（三）三个御史朋友对赵秉文的可能影响

赵秉文有三个御史朋友，他在《御史箴》中对御史的想象，有着他们现实的、活生生的例证。

赵秉文《御史箴》书于金哀宗正大二年（1225），他的御史朋友杨云翼做御史中丞，在宣宗兴定四年（1220）十一月；雷渊拜监察御史，在兴定（1217~1221）末；刘从益累官监察御史，起步于卫绍王大安元年（1209）登进士第，而他死于1224年。所有这些，皆在1225年前。

1. 御史中丞杨云翼

杨云翼（1170~1228），字之美，金平定乐平（今山西昔阳）人。章宗明昌五年（1194）进士第一，特授承务郎、应奉翰林文字。贞祐三年（1215）转礼部侍郎，宣宗兴定元年（1217）迁翰林侍讲学士，兼修国史，知集贤院事。兴定二年（1218）拜礼部尚书，四年（1220）改吏部尚书，十一月，改御史中丞。哀宗即位，摄太常卿，拜翰林学士。正大二年（1225）复为礼部尚书，兼侍读。卒谥文献。杨云翼数度任礼部尚书，主持科举30年，南渡后与赵秉文轮流执掌文柄，门生半天下，文章亦与赵秉

---

① 《金史》卷一六《宣宗本纪下》，第368页。

文齐名。

宣宗兴定四年（1220），杨云翼做御史中丞，受命出使鞫狱，是他处理的第一件大案：

> 十一月，改御史中丞。宗室承立权参知政事，行尚书省事于京兆，大臣言其不法，诏云翼就鞫之，狱成，廷奏曰："承立所坐皆细事，不足问。向大兵掠平凉以西，数州皆破，承立坐拥强兵，瞻望不进。鄜延帅臣完颜合达以孤城当兵冲，屡立战绩。其功如此，而承立之罪如彼，愿陛下明其功罪以诛赏之，则天下知所劝惩矣。自余小失，何足追咎。"承立由是免官，合达遂掌机务。①

杨云翼出京办案，发现被告承立（一名庆山奴，元帅左都监，权参知政事，行尚书省事）经查实的"不法"罪过，"所坐皆细事，不足问"；于是冒着不"依告状鞫狱"而获"故入人罪"的风险，主张舍弃小罪、问其大罪。按，金《泰和律》，"实《唐律》也"，修改不大。②按《唐律·断狱》"依告状鞫狱"条："诸鞫狱者，皆须依所告状鞫之。若于本状之外，别求他罪者，以故入人罪论。"③舍小取大，有违该条。大罪是什么？承立驻跸京兆府，坐拥重兵，不出兵御敌；驻鄜延（今延安）的完颜合达，出兵拒敌，屡立战功。杨云翼建议处罚承立的人罪，即军事上的逗留、瞻前顾后而不进击，而放弃其小罪。同时奖赏立功的完颜合达。希望金宣宗"明其功罪以诛赏之，则天下知所劝惩"，则其不仅大胆，其见识也不一般。承立在拥立金宣宗一事上有功劳，是皇帝倚重的武将。杨云翼主张功罪分明，从严用法，即使皇帝宠臣也不放过。

另有用法的一例，也当是杨云翼任中丞期间之事。

> 河朔民十有一人为游骑所迫，泅河而南，有司论罪当死，云翼曰：

---

① 《金史》卷一一〇《杨云翼传》，第 2422~2423 页。
② 《金史》卷四五《刑志》，第 1024 页。
③ （唐）长孙无忌等：《唐律疏议》卷二九《断狱》，刘俊文点校，中华书局，1983，第555 页。

　　"法所重私渡者，防奸伪也。今平民为兵所迫，奔入于河，为逭死之计耳。今使不死于敌而死于法，后惟从敌而已。"宣宗悟，尽释之。①

　　这是杨云翼从宽适用法律的事例。对象皆百姓，而且又有被兵追逼情形，不是有意逃往境外，故应纵释。

　　还有一件哀宗时的司法事，杨云翼已经不是中丞了：

　　　　哀宗以河南旱，诏遣官理冤狱，而不及陕西，云翼言："天地人通为一体，今人一支受病则四体为之不宁，岂可专治受病之处而置其余哉。"朝廷是之。②

　　他主张一视同仁，冤狱都要纠正，陕西也应包括在内。这都是重"法意"、推"情理"、探人情的显例。

　　2. 监察御史雷渊

　　雷渊（1184～1231），字希颜，金应州浑源（今山西浑源县）人。幼孤，入太学，发愤读书。有文名。卫绍王至宁元年（1213）词赋进士，调泾州录事，坐河南府治中高庭玉冤狱，几死。后改东平，河朔重兵所在，骄将悍卒倚外敌为重，自行台以下皆摩抚之。渊出入军中，偃然不为屈。不数月，闾巷间多画渊像，虽大将不敢以新进书生遇之。寻迁东阿令，转徐州观察判官。兴定（1217～1221）末，召为英王府文学兼记室参军，转应奉翰林文字。拜监察御史，因事罢去。久之，因宰相侯挚推荐，起为太学博士、南京转运司户籍判官，迁翰林修撰。初登第，摄遂平县事，年少气锐，击豪右，发奸伏，一邑大震，称为神明。尝擅笞州魁吏，州檄召之不应，罢去。后凡居一职辄震耀，亦坐此不达。

　　雷渊做监察御史的事迹，史书记载最详：

　　　　拜监察御史，言五事称旨，又弹劾不避权贵。出巡郡邑，所至有

　　　———————————

① 《金史》卷一一〇《杨云翼传》，第2425页。
② 《金史》卷一一〇《杨云翼传》，第2425页。

咸誉，奸豪不法者立棰杀之。至蔡州，杖杀五百人，时号曰"雷半千"。坐此为人所讼，罢去。①

元好问《雷希颜墓铭》称雷渊为少有的"宏杰之士"，且"能得小人根株窟穴如古能吏"，"其操心危、虑患深，则又似夫所谓孤臣孽子者"。②《金史·雷渊传赞》曰："渊为御史，权贵敛避，古之国士何加焉。……渊疾恶太甚，议者以酷讥之，瑕岂可以掩瑜哉。"③

3. 监察御史刘从益

刘从益（1182~1225），字云卿，金应州浑源（今山西浑源县）人。卫绍王大安元年（1209）登进士第，累官监察御史，因事去官。久之，起为叶县令。修学励俗，有古良吏风。叶县自兵兴以来，户口减少三分之一，贫瘠之田一万七千余亩，而岁入七万石如故。刘从益请于大司农，为之减一万，民甚赖之，流亡归者四千余家。不久，被召，百姓诣尚书省乞留，不听。入授应奉翰林文字，逾月以疾卒。④赵秉文谓"如君之才，无适不宜"，其"文章政术"，尚未来得及施展，就死了。其任御史、任县令，只是"小试所长"；⑤且"既有惠政，又有才干称"⑥，是循吏与能吏的结合。

《金史》本传云刘从益"官监察御史，坐与当路辨曲直，得罪去"。赵秉文《故叶令刘君遗爱碑》云其"任监察御史日，知无不言，与当途者辨曲直，以罪去"⑦，本传当是依从碑文。"当路、当途"指掌权者，一般指宰执，与他们辩论是非，肚量小的，当然会计较。《金史·宣宗本纪下》："兴定五年四月辛巳，监察御史刘从益以弹劾失当，夺官一阶，罢之。"⑧落到纸上的具体罪名，是"弹劾失当"。赵秉文《祭刘云卿文》称刘从益

---

① 《金史》卷一一〇《雷渊传》，第2435页。
② 姚奠中主编、李正明增订：《元好问全集》卷二一，山西古籍出版社，2004，第486~487页。
③ 《金史》卷一一〇《雷渊传》，第2436页。
④ 《金史》卷一二六《文艺下·刘从益传》，第2733页。
⑤ （金）赵秉文：《闲闲老人滏水文集》卷一八《祭文·祭刘云卿文》，第228页。
⑥ （金）赵秉文：《闲闲老人滏水文集》卷一二《碑文·故叶令刘君遗爱碑》，第172页。
⑦ （金）赵秉文：《闲闲老人滏水文集》卷一二《碑文·故叶令刘君遗爱碑》，第172页。
⑧ 《金史》卷一六《宣宗本纪下》，第357页。

"暂为御史，自信不疑。奋身直前，百谪不辞"，这与其"英英不羁"的独立性格，① 关系极大。

无疑，赵秉文的这三个御史朋友，杨云翼为御史中丞，"明功罪以诛赏之"、使"天下知所劝惩"的办案原则，以及重"法意"、推"情理"、探人情的法律适用原则；雷渊做御史"弹劾不避权贵"的执着；刘从益"为御史，自信不疑，奋身直前，百谪不辞"的精神，都是赵秉文写作《御史箴》的近例，是他概括御史职守的材料源。

（责任编辑：张雨）

---

① （金）赵秉文：《闲闲老人滏水文集》卷一八《祭文·祭刘云卿文》，第 228 页。

《中国古代法律文献研究》第十六辑

2023 年，第 255~274 页

第一部监察法典读本
《宪纲事类》略考[*]

向　辉^{**}

摘　要:《宪纲》一书是明代的监察法典，《宪纲事类》是集敕定《宪纲》、元张养浩《风宪忠告》、明薛瑄《御史箴集解》，以及《宪臣箴》《分司箴》等元明时期的监察文献为一书的宪纲辅导读本，是古籍中的合刻类型文献。《宪纲》的早期单行刻本难见其踪，《宪纲事类》在明代监察官员系统内部流传，并被他们刊刻、传播和收藏，故从后者的现存刻本出发考察该书的基本存藏情况和版刻情形实有必要。本文基于国内外现存古籍善本的调查和前贤版本学研究，对合刻文献所造成的历史困惑、张养浩《风宪忠告》的版本谜题予以辨析，对三种不同版本的嘉靖本《宪纲事类》和弘治本《宪纲事类》予以细致的版本学考察，明晰该书现存版本的基本情况，为进一步研究明代监察法制提供版本学的意见。本文还对《宪纲事类》的古籍分类作出初步的判断，即它是监察御史的专业读本，该书的性质是"政书"，并且是"职官"之书或"法令"之书，而非"官箴"之书。

---

* 本文的撰写得到了李致忠先生的指点，王强、李开升、陈雷、武心群诸位先生予以信息资料协助，特致谢忱。

** 国家图书馆研究馆馆员。

关键词： 宪纲事类　监察读本　古籍版本

监察机构单独的立法是我国文官制度成熟的标志之一。经由秦汉的创制、唐宋的探索，我国监察制度在明代形成了具有一代特色的监察法律及制度体系。其主要特点是，监察机关的地位与权能在官僚系统中得到了提升，监察官员的地位和职责在文官系统中得到了明确。就法制而言，明代形成了系统的规范的监察法典，它以《宪纲》的名义推行，监察官以此为据展开政治活动，不仅对整个政府组织的纲纪维系、立政建言、下情上达等有着法理依据，也对后世法治建设有着历史的启迪价值。故此，对明代《宪纲》进行深入研究，有助于我们理解明代的监察法理、监察意图和监察行动，有助于我们从中汲取古典的智慧。

《宪纲》在正统年间由中央政府颁发，其早期单行本如今难得觅见，或已失传。但它颁行 50 余年之后，弘治年间的监察官员为其编集了读本——《宪纲事类》，收录了《宪纲》及相关文献，为我们了解《宪纲》提供了古籍善本的资源，是我们进一步研究明代监察法制的重要历史文献。为了更好地了解古代监察法典，继承和弘扬中华优秀传统文化，有必要对此加以梳理，为学界研究提供必要的信息。笔者对现存《宪纲》辅导读物——《宪纲事类》的古籍刻本作一初步的考察，以为学术研究一助。

一、 合刻文献的历史困惑

《宪纲事类》是我国第一部完备的监察法典的辅导读本。《宪纲》一书虽然曾是明代监察官员的基本读物，有不同时期的多种刊本，但作为一代之典，由于它具有很强的实用性、针对性、专业性和时代性，后世未必珍视，故而传本稀见，不仅近代以来的法制史家难见其早期刊本，当代古籍研究者也未能对该书现存的历史样貌予以细致的揭示。故而存在诸多的误解。

从目前的古籍存藏来说，《宪纲事类》一书包括了《宪纲》《风宪忠告》《御史箴》等多种文献，是古籍版刻中较为典型的合刻本。《宪纲》为明英宗正统年间的敕书，《风宪忠告》为元人张养浩（1270～1329）的作品,《御史箴》则是薛瑄（1389～1464）注解的版本。由于是多种文献的合刊,如何归类就成为一个问题。我们看到《中国善本书提要补编》的编集者将《宪纲事类》列入"史部·政书类"之"职官"目。① 这与缪荃孙《清学部图书馆善本书目》"史部"的"职官之官制"不同,② 与赵万里《北平图书馆善本书目·史部》"政书类"之"法令"目不同。③ 而傅增湘《藏园订补郘亭知见传本书目》④《中国古籍善本书目》⑤ 和《中国古籍总目》⑥ 则认为该书可归于史部之"官箴"之属。也就是说,古籍编目学家对于《宪纲事类》的认识统一于该书是"政书",但究竟是职官之书、法令之书,还是官箴之书,目前来看尚存争议。之所以出现这样的情况,原因无非就是因为该书集合了若干种文献,令编目者迷惑:若以《宪纲》论,它是监察法典,可以归入"法令";若以《御史箴》《分司箴》论,它是为官之箴言,可入"官箴";若以风宪事宜论,它是都察院官员之书,可入"职官"。这就是合刻本古籍给我们带来的挑战之一。不仅今人有此困惑,古人也不例外。我们注意到几种不同版本的《天一阁书目》对处理此书时也各有不同的意见。

清嘉庆十三年（1808）,阮元资助出版了范邦甸（1778～1816）等编纂的《天一阁书目》十卷。该书目著录天一阁藏书 4 914 种 53 799 卷。该书目在"史部·职官类"著录:"《宪纲事类》二卷,刊本。元相国张文忠撰。"⑦ 张养浩并非《宪纲事类》的作者。范氏书目中所谓的"元相国张文忠撰",当为《宪纲事类》所收录的张养浩所撰《牧民忠告》及薛瑄集解《御史箴》两种文献,但后者在严格意义来说其作者当是薛瑄。该书

① 王重民:《中国善本书提要补编》,北京图书馆出版社,1997,第36页。
② 缪荃孙著,张廷银等主编:《缪荃孙全集·目录·清学部图书馆善本书目》,凤凰出版社,2013,第470页。
③ 赵万里:《北平图书馆善本书目:一九三三年》,人民文学出版社,2011,第829页。
④ 傅增湘著,傅熹年整理:《藏园订补郘亭知见传本书目》,中华书局,2009,第423页。
⑤ 中国古籍善本书目编辑委员会编:《中国古籍善本书·史部》,上海古籍出版社,1993,第1100页。
⑥ 中国古籍总目编纂委员会编:《中国古籍总目·史部》,上海古籍出版社,2009,第3219页。
⑦ （清）范邦甸等撰,江曦等点校:《天一阁书目》,上海古籍出版社,2010,第200页。

目又著录："《申明宪纲》二卷，明嘉靖十二年王廷相撰。"① "《宪纲》一卷。《风宪事宜》一卷。《宪纲事类》一卷。"② "《风宪忠告》《御史箴》一卷，刊本。"③

其后，薛福成（1838～1894）《天一阁见存书目》在"史部·职官类"著录："《宪纲》一卷，全。明正统年纂，卷首有御制敕谕。《申明宪纲》附《风宪忠告》一卷《御史箴》一卷，全。王廷相、张养浩、薛瑄纂。《宪纲事类》一卷，全。明正统年纂，卷首有御制敕谕。又一部同。"④

在这两部书目之前，有清康熙五十六年（1717）林佶（1660～1722）跋之抄本《天一阁书目》，在"史部·经济"类目著录"《宪纲》一本""《风宪事宜》一本""《风宪忠告》《御史箴》一本""《宪纲事类》二本""《申明宪录》一本""《三事忠告》一本"。⑤

我们从上述三部天一阁的藏书目录中可见，不同时代的学者对于"宪纲"类书籍的性质认定是不太一样的，到底归于古籍中的哪个门类，他们有不同的见解。而《宪纲事类》到底是一部什么样的书，其作者为谁，其内容如何，其卷次如何，书目著录也各不相同。书目编纂者未必都能一一核对原书，在编目过程中往往因袭，又或据己意加以编排，故而很容易出现这样令人迷惑的现象。

我们认为，之所以造成这种困扰的原因之一，就是合刻本文献带来的。所谓合刻本，就是多种不同文献的汇刊。它可区分出若干不同的情形，即其一，从刊刻时间来说有两种情况：（1）与不同内容的书籍合并在一起同时刊行，各书保持原来的书名，而合成一书有新名。（2）与不同内容的书合在一起不同时期刊刻，各书保持各自独立的书名，藏书家、编目者等拟定合成新书之名。其二，从书籍内容来说也有两种情况：（3）同一作者的不同作品汇刊。（4）不同作者的同类型作品汇刊。

---

① （清）范邦甸等撰，江曦等点校：《天一阁书目》，第201页。
② （清）范邦甸等撰，江曦等点校：《天一阁书目》，第203页。
③ （清）范邦甸等撰，江曦等点校：《天一阁书目》，第205页。
④ （清）薛福成：《天一阁见存书目》，国家图书馆藏稿本，善本书号12093，http://read.nlc.cn/OutOpenBook/OpenObjectBook?aid=892&bid=66124.0。
⑤ 《天一阁书目》，国家图书馆藏抄本，善本书号17987，http://read.nlc.cn/OutOpenBook/OpenObjectBook?aid=892&bid=162030.0。

　　古籍中合刻本从性质来说，是丛书本的一种，但合刻本的部头较小，往往是专门类别的文献合并汇刊。汪辟疆《丛书之源流类别及其编索引方法》谓清代丛书备胜——"丛书既备胜于晚近三百年间矣"，编目也就有了必要。① 他认为丛书可以分为总类和专类两部，总类有举要、搜异、景旧和辑佚四目，专类有专代、专地、专人、专学四目。② 谢国桢谓丛书从内容来看有六类：汇刻（即古今著述）、类刻（专刊，即经史子集诸部）、辨伪辑佚、自著、郡邑、族姓。③《中国丛书综录》即分汇编和类编两部，汇编包括杂纂、辑佚、郡邑、氏族和独撰五类，类编包括经史子集四类。我们通常对大型的丛书、汇刊有比较明确的认识，但对于专刊类则需要因书而论。

　　我们如今认识合刻本，往往只能以是否合函来看。王重民《中国善本书提要》（第 179~180 页）著录了美国国会馆藏嘉靖间刻本《大明律集解》、嘉靖间刻本《重修问刑条例》和万历间内府刻本《大明律附例》，北大图书馆藏明刻本《大明律附例》和《问刑条例》。王重民注意到，美国国会馆藏嘉靖本《大明律集解》与《重修问刑条例》是合装一函的古籍，而北大明刻本《大明律附例》与《问刑条例》亦合装一函。王重民《跋日本刻本大明律》谓："《大明律》三十卷《问刑条例》三卷，日本人物部观译刻本也。后有物部观跋，署享保七年，时为康熙六十一年（1722）。中国正遵用《大清律》，而日本学者犹译是书以传。此我国佚书，往往发见于日本之明例也。后五十二年开四库全书馆，内府既无《明律》，外省又未有以其本进者，故《四库总目》仅据《永乐大典》辑本著录。余既已见《明律》八九种，又见此本，不胜感慨，因书数语。（1946 年 8 月 19 日记）"④ 对于《大明律》《宪纲事类》之类的古籍而言，从事古籍研

---

① 汪辟疆：《目录学研究》，华东师范大学出版社，2000，第 109 页。
② 汪辟疆：《目录学研究》，第 111 页。
③ 谢国桢：《谢国桢全集第 5 册·明清笔记谈丛》，北京出版社，2013，第 448 页。谢氏的这一见解在古籍编目中已被贯彻，如阳海清《中国丛书广录》将丛书分为汇编和类编两大类，汇编细分为杂纂、地方、家族和自著四目，类编则以经史子集四部分。（阳海清：《中国丛书广录》，湖北人民出版社，1999，第 3 页）又如，《中国古籍总目·丛书部》即按照这样的分类思想编制，该书分丛书为杂纂类、辑佚类、郡邑类、氏族类和独撰类五大类目。
④ 王重民：《中国善本书提要·附录·题跋》，上海古籍出版社，1983，第 5 页。

究的学者，需要在多种不同版本的比较中才能发现其历史的价值。

二、《风宪忠告》的谜题

就"宪纲"类读本来说，《中国丛书综录》只收录《皇明制书》《为政忠告》（《三事忠告》）两种文献，① 并标明《贷园丛书初集》《如不及斋丛书》《丛书集成初编》《四部丛刊三编》等收录了《风宪忠告》。② 如果按照《中国丛书综录》的著录原则，《宪纲事类》亦当是小型的"丛书"。不过《中国丛书综录》《中国丛书广录》和《中国古籍总目·丛书部》皆不收录《宪纲事类》一书。原因何在？③ 这与我们对该书内容及其性质的认识有关。

由于文献存在这种合刻本的复杂情况，我们在利用书目著录时必须对各种情形加以分辨。《宪纲事类》一书的重要组成部分是张养浩的《风宪忠告》，我们先对此文献作一简要的梳理。

李修生考察元代监察官张养浩著述时注意到，张氏《牧民忠告》《风宪忠告》《庙堂忠告》三书既有张养浩文集本，还有单刻本和合刻本。④ 单刻本，从元至明，皆有刊本，如元后至元四年（1338）福建崇安邹从吉刻本《牧民忠告》；元至正十五年（1355）福州路学宫刻本《牧民忠告》，至正十五年福建闽海道庄某刻本《风宪忠告》，明洪武二十三年（1390）广东布政使司左参议靳颢刻本《庙堂忠告》等。

合刻本有两种情况，第一是张养浩个人著作的合集，也就是《三事忠告》本，第二是和其他文献合并的著作。（1）《三事忠告》本。元明刻本，明洪武二十七年（1394）广西按察司佥事黄士弘刻本，宣德六年（1431）

---

① 上海图书馆编：《中国丛书综录第一册》，上海古籍出版社，1982，第 682、683 页。
② 上海图书馆编：《中国丛书综录第二册》，上海古籍出版社，1982，第 472 页。
③ 《中国古籍总目·丛书部》编纂说明（第 1 页）谓："本部著录总聚众书且子目跨部之汇编丛书，同部类合编之丛书，均分归四部。"又谓："节录或摘编原书而汇刻之书，近于丛钞，前人或归入子部杂家类，兹仍作丛书著录。"《宪纲事类》既然已归史部，丛书部不予著录也是合理的。
④ 李修生：《张养浩著述考》，《文学与文化》2015 年第 1 期，第 103~111 页。

河南府知府李骥重刻本，正德十三年（1518）上蔡县郑瑛重刻本等。① 20世纪张元济编刊《四部丛刊》及 21 世纪国家编《中华再造善本》时皆收录了元刻本《牧民忠告》《经进风宪忠告》《庙堂忠告》。张元济《涵芬楼烬余书录》著录"《牧民忠告》二卷《经进风宪忠告》一卷《庙堂忠告》一卷。元张养浩撰。元刊本。二册。前牧斋、郭兰石旧藏"。这部书原为钱谦益绛云楼藏书，后归张元济，今藏国家图书馆。张氏注意到这三种书并非同时刊行，"第一种镌刻在前，故字体、椠工均不同"②。张氏抄录藏家郭氏跋文则认为这就是一部完整的书："右张文忠《三事忠告》。其言明且清，信能体而行之，虽一命之士，于物必有所济也。《牧民忠告》近有刻为单行本者。《风宪》《庙堂》二篇，则自元以来未有重刻本也。绛云楼焚，而此岿然如鲁灵光，意固当有神物护持乎。辛卯五月望，莆田郭尚先记。"③ 郭尚先（1785~1832）对书籍史并不熟悉，故而他的跋文也不够准确。所谓"《三事忠告》"的书名，乃是后人根据文献内容所拟，并非文献原本有的题名。傅增湘曾见此本，以为是元刻，记录此书"字大如钱，间有明补"④。版本学家李致忠认为，张养浩的这三部监察著作合刊当在明洪武时期，据《四库全书总目》当是"明洪武时黄士宏所为。然此本是否就是明洪武黄士宏广西刻本？不敢遽断。此本竹纸印造，字体近柳，棱角峭厉，当为闽建刻书风格。《牧民忠告》居前，字体风格为一种，《风宪忠告》及《庙堂忠告》居后，又是一种字体风格，但仍含闽建刻书韵味，因疑明初有人合前两种已刻之版，再补刻最后一种《庙堂忠告》，合而印之，以成此书。故自郭尚先、张元济以降，均著录此书为元刻本，而不认其为明刻本，今仍暂从旧说，以元刊定之"⑤。

总的来说，《三事忠告》是张养浩一人著述的合刊，著录起来尚不会造成很大的困扰。令人困惑的是（2）《风宪忠告》《御史箴》合刻本。此

---

① 李修生：《张养浩著作述考》，第 103~111 页。

② 张元济：《张元济全集第 8 卷·涵芬楼烬余书录》，商务印书馆，2009，第 287 页。

③ 张元济：《张元济全集第 8 卷·涵芬楼烬余书录》，第 287 页。

④ 傅增湘：《藏园群书经眼录》，中华书局，2009，第 399 页。

⑤ 中华再造善本工程编纂出版委员会编：《中华再造善本总目提要·金元编》，国家图书馆出版社，2013，第 1017 页。

本较为复杂。据古籍学者的调查，《风宪忠告》《御史箴（薛瑄集解）》《宪纲事类》三部书有同样的三个版本：明刻本、弘治四年陈瑞卿本、嘉靖三十一年曾佩本。如，《中国古籍总目》在"史部政书类·职官之属"的"官箴"目中著录了元张养浩《风宪忠告》一卷的多种版本：明刻本，国家图书馆；明弘治四年山东巡按陈瑞卿刻本，北平图书馆；明嘉靖三十一年曾佩刻本，上海图书馆、南京图书馆、天一阁博物院藏；《重刻合并官常政要全书》本，《三事忠告》本，《贷园丛书初集》本，《为政忠告》本（《经进风宪忠告》），《如不及斋丛书》本，《四部丛刊三编》本（《经进风宪忠告》），《丛书集成初编》本。① 也就是说弘治陈瑞卿、嘉靖曾佩，以及不知名的某位明代人分别刊刻了与《宪纲》有关的著作。那么，这是否意味着他们刊刻的书有好几种（单刻多种）呢？还是他们刊刻的书是丛书？还是说他们刻了一部，包括好几个部分呢？

我们从目录著录中也能发现一些端倪。比如，范邦甸等编纂的《天一阁书目》著录张养浩著作"《风宪忠告》《御史箴》一卷。刊本"，并录林泉生序。② 编者对原文作了删节处理。我们比勘该书目所录序文和现存古籍之序文，会发现其中有值得我们思考的问题。国家图书馆藏《风宪忠告》有元刻本（《中华再造善本》影印）和明刻本（善本书号：09470）。明刻本《风宪忠告》的序文为：

> 襄闻崇安令邹从吉甫能以忠信使民，民亦乐其治。予过崇安，会从吉，问所治何先。即出书一卷，曰："某不敏，粗效一官者，此书之力也。"予阅其书，则相国张文忠公为县令时所著，采此古人嘉言善行，自正心修身，以至事上惠下，摘奸决疑，恤隐治赋，凡可为郡县楷式者，无不曲尽其宜，且简而易行，约而易守，名之曰《牧民忠告》。及予客京师，尝于台臣家见所谓《风宪忠告》者，言风纪要务，凡十章，亦公为御史时所著也。今年予谒闽海，监宪张公出《风宪忠告》，将锓梓，以广其传，俾予序之。予得重观是书，则叹曰："文忠

① 中国古籍总目编纂委员会编：《中国古籍总目·史部》，第3218页。
② （清）范邦甸等撰，江曦等点校：《天一阁书目》，第205页。

公真仁人也。仁者耻独善于己，己为令长，得牧民之道，欲使天下牧民之吏，人人尽其道。己为宪臣，能振纪纲、慎举刺，言人所难言，欲使天下为宪臣者，人人皆然。公其心于天下，而不私其身，虽令尹子文之忠，不及此也。《传》曰：'人之言，其利愽哉。'是则可谓仁人之言矣。"时文忠公之子引来金闽宪，克济世德云。至正乙未秋林泉生序。（注：划线部分为《天一阁书目》未录文字）

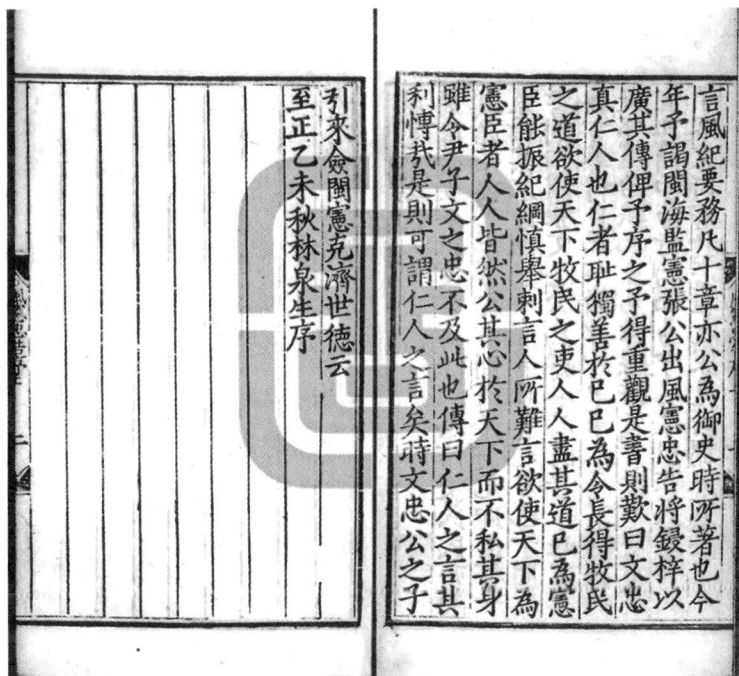

图 1　明刻本《风宪忠告》书影

　　经比勘，《天一阁书目》著录刊本、国图藏明刻本与元刻本林泉生序文基本一致，但也有细微的差别：明刻本"监宪张公出《风宪忠告》"，弘治四年刻本《风宪事类》之林泉生序同，而元刻作"监宪庄公出《风宪忠告》"。天一阁所藏原书，今不知其所在。

　　我们以国家图书馆藏明刻本《风宪忠告》一卷《御史箴集解》一卷来看，该书除了字体之外，版式、行款和内容皆与弘治四年《风宪事类》同。从版刻风格来看，该本刊刻时间当在弘治嘉靖间，因无序跋等相关信息，无从判定其准确的刻书时代。从该书将《风宪忠告》与《御史箴》两书合刻的情形，并在书末附《宪臣箴》《分司箴》，以及将"海监庄公"作"海监张公"而言，我们可以推测这部所谓的明刻本《风宪忠告》或即明弘治年间都察院御史陈璧合《宪纲》、张养浩《风宪忠告》和薛瑄《御史箴集解》等多种文献为一书（《宪纲事类》）之后的某一个刊本。

（4）《宪纲事类》本。据李修生的调查，台湾"央图"善目著录有张养浩撰《宪纲事类》一卷《风宪忠告》一卷，明弘治四年（1491）山东巡按陈瑞卿刊本。《中国古籍总目·史部》（第 3219 页）著录明薛瑄集解《御史箴》一卷，有明弘治四年山东巡按陈瑞卿刻本。李氏的意见是："台湾图书馆所藏明弘治四年（1491）山东巡按陈瑞卿刊本《宪纲事类》一书，可能即原藏北平之书，未查阅。《御史箴》，也未查阅。"① 限于各种条件，李氏未能目见该书。其实，李氏所谓台湾藏弘治四年山东巡按陈瑞卿刻本《宪纲事类》一卷《风宪忠告》一卷《御史箴》一卷就是"原北平图书馆藏甲库善本"。这批文献在抗战期间南迁，后运至美国，今寄存台北。2013 年，国家图书馆出版社出版《原国立北平图书馆甲库善本丛书》，其中第 451 册收录了弘治四年刻本《宪纲事类》。其后，由国家图书馆建设的"中华古籍资源库"发布了该书的全文影像数据。长期以来少为人知的这部书终于以影印本和电子版这两种新的样貌重新回到了书籍世界。这是我们能够对这部古籍展开细致研究的文献基础。

三、 嘉靖本《宪纲事类》

当代的法制史学家以收录《宪纲》的嘉靖刻本《皇明制书》作为该法典的底本依据加以整理。② 制书收录《宪纲》，是否会对《宪纲》文本作

---

① 李修生：《张养浩著述考》，第 103～111 页。

② 刘海年、杨一凡主编《中国珍稀法律典籍集成乙编第 2 册》（科学出版社，1994）中收录的《宪纲事类》即根据国家图书馆藏明嘉靖年间南直隶镇江府丹徒县刻《皇明制书》本点校整理而来。杨一凡编《中国监察制度文献辑要》（红旗出版社，2007）收录的《宪纲事类》一卷，底本为明万历七年张卤刊《皇明制书》。杨一凡认为，从今存的《宪纲》版本而言，有收入《皇明制书》的合刻法规本和收入《宪纲事类》的监察法典读本两种不同系统：中国国家图书馆、清华大学图书馆、日本名古屋的蓬左文库和京都（转下页注）

改动，在未校勘之前，我们不得而知。很明确的是，我们必须对《宪纲》的读本进行更加周密的调查和研究。首先，《宪纲》的读本要早于《皇明制书》的刊刻时间，如果我们对早期的版本进行研究，就能在文本方面有更加可靠的历史保障。其次，《宪纲》的读本还能为我们提供一些法典阅读的线索。如果我们能够对《宪纲》读本加以研究，就能够看到当时的监察官员是如何看待这部监察法典的，以及他们试图用什么样的方法来阅读这部法典。第三，《宪纲》的存世情况，经过古籍版本的调查，相关信息的揭示已足以让我们对它展开更加细致的研究。所以，我们认为，如果要对明代监察法制史进行梳理，就不得不对《宪纲》读本进行历史的考察。

从目前的古籍著录情况可知，《宪纲》一书自成化弘治以后，多以《宪纲事类》的名义出现。20世纪80年代，全国古籍工作者编制的《中国古籍善本书目·史部》（第1100页）在"政书类"的"官箴"目中著录了两种不同版本的《宪纲事类》，分别是：

（1）第12417号——"《宪纲事类》一卷、《申明宪纲》一卷（明王廷相撰）、《风宪忠告》一卷（元张养浩撰）、《御史箴》一卷（明薛瑄集解）。明嘉靖三十一年（1552）曾佩刻本。上海图书馆、南京图书馆（残本）、天一阁博物院藏（残本）"。《天一阁藏明代政书珍本丛刊》（2010）收录天 阁藏本，一册，66叶，版心上有"宪纲卜"字样。[①] 上海图书馆藏本，索取号：线善T339076。该馆藏本四周单边，版心上黑鱼尾、下线鱼尾。线鱼尾上方标页码。黑鱼尾上镌"宪纲上"和"宪纲下"。"宪纲上"为"宪纲"诸条例，内容包括：正统四年英宗"皇帝来谕礼部督察院"敕谕、"宪纲事类目录"；正文"宪纲"（34条）、"宪体"（15条）、

（接上页注②）的阳明文库藏明嘉靖年间南直隶镇江府丹徒县官刊《皇明制书》十四卷本；日本日比谷图书馆市村文库、东京大学东洋文化研究所藏该书本十四卷本万历四十一年（1613）镇江府知府康应乾补刻本；大连图书馆、美国国会图书馆和日本东洋文库、尊经阁文库藏有明万历七年（1579）保定巡抚张卤校刊《皇明制书》二十卷本；上海图书馆藏该书明嘉靖三十一年（1552）曾佩刻本；南京图书馆藏该书明刻本。但他们整理该书时，底本用的是明嘉靖年间南直隶镇江府丹徒县官刊《皇明制书》十四卷本。（杨一凡：《明代立法研究》，中国社会科学出版社，2013，第214页）

① 天一阁藏本相关信息经李开升先生查证获知，特致谢忱。

"出巡相见礼仪"（4 条）、巡历事例（36 条）、刷卷条格（6 条）。共 46
叶。题"宪纲下"者为《申明宪纲》《风宪忠告》和《御史箴集解》，附
《宪臣箴》《分司箴》，末有嘉靖三十一年曾佩序。共 66 叶。① 因此，这一
刊本可题为《宪纲事类》二卷。

（2）第 12418 号——"《宪纲事类》三卷，存一卷。明刻本。南京图
书馆藏"。南京图书馆藏本版心双对黑鱼尾，两鱼尾间上题"宪纲事类
中"，下标页数，内容为《宪纲》《宪体》等。② 这一版本版式与国家图书
馆藏明刻本《风宪忠告》相同，且书写字体极为相类，比勘两本可知，它
们的若干字的写法是基本相同的。这不得不让我们要对此书的版本有新的
看法。

有意思的是，《中国古籍善本书目》在上述这两种不同版本的《宪纲
事类》之后即著录国家图书馆藏本《风宪忠告》，即第 12419 号——"《风
宪忠告》一卷（元张养浩撰）、《御史箴》一卷（明薛瑄集解）。明刻本。
国家图书馆藏"。国家图书馆藏本版心双鱼尾，鱼尾间上题"风宪忠告上"
"御史箴上"，下标页数。也就是说，极有可能国家图书馆此《风宪忠告》
为三卷本《宪纲事类》之上卷，南京图书馆藏《宪纲事类》残本为三卷本
《宪纲事类》之中卷。而该书下卷则尚待发现。

我们并不清楚《中国古籍善本书目》编纂者当年何以将此三部书连续
编排，特别是为何要将国家图书馆藏本列于南京图书馆藏本之后。不管情
况如何，可以基本确定的是：南北两馆所存这两部不同的宪纲类古籍当为
一部三卷本《宪纲事类》上中两卷，然而不知何时它们分散开来，成为南
北两馆的善本珍藏。如今我们将这两部书合并著录，指明这是同一版本的
一部书的上中卷，亦当是古籍保护工作若干发现中的一个小小的见证吧。
这一刊本的具体刊刻年代没有相关的文献证据，从版式风格、字体等因素
分析，当是弘治嘉靖间的刻本。

因此，我们对《宪纲事类》的第二种刻本有了这样的认识：《宪纲事
类》三卷，明弘治嘉靖间刻本。今存上中二卷（国家图书馆存上卷、南京

---

① 上海图书馆藏本相关信息经陈雷先生查证获知，特致谢忱。
② 南京图书馆藏本相关信息经武心群先生查证获知，特致谢忱。

图书馆存中卷）。

就《宪纲事类》而言，尚有一北平图书馆藏本未著录于《中国古籍善本书目》。另外，"中研院"傅斯年图书馆亦有一种明刻本。其基本信息如下：

（3）"中研院"傅斯年图书馆藏明嘉靖十八年（1539）赣州府刊本《宪纲事类》。据该馆公布的信息可知，此书为三册，第一册为《宪纲事类目录》、《宪纲》34 条、《宪体》，第二册为《宪体》、《钦定风宪事宜》16条，第3 册为《风宪忠告序》《风宪忠告目录》《风宪忠告》《御史箴解序》《御史箴》《宪臣箴》。[①] 据该馆书目信息，此书的刊刻与嘉靖年间曾任左副都御史的王应鹏（1475~1536）有关。王应鹏，字天宇，号定斋，宁波鄞县人，王阳明弟子。正德三年（1508）进士。先后任嘉定知县（正德五年），福建监察御史（正德十年）、山东巡按（正德十五年）、河南按察司副使（嘉靖三年，1533）、大理寺少卿、佥都御史、保定巡抚、山西巡抚。嘉靖八年丁忧，嘉靖十年服阕起复，任都察院右副都御史。嘉靖十一年（1532），上疏言御史执掌十一事和礼仪四事。嘉靖十二年因事下诏狱，罢官归，卒于乡。王应鹏《定斋先生诗集》有嘉靖三十九年（1560）陆激刻本。（国家图书馆藏，善本书号 A01658。）王钫《定斋先生诗集序》称，王应鹏"至其官方，临向纪绩，随之岂弟，班于邑国山岳，动于观风，五教身师，文彪蔚，六师殰寇，严翼孔劭。晚总台章，朝纲凛立。大其立功立事，敷布昭升，沛泽流声后先今古，先生启处，莫遑侠矣"。

另外，天一阁博物院还存有嘉靖十一年刻本《都察院奏明职掌肃风纪册》不分卷，该书作者署名为王应鹏。[②] 此书已收入《天一阁藏明代政书珍本丛刊》第 22 册。

上述三部《宪纲事类》刻本，两种可以明确认定为嘉靖刻本，而另一种的刊刻时间与地点不详，并且该书上中下三卷只有两卷为我们所知存于南北两大图书馆，对此三卷本《宪纲事类》的研究尚待相关信息的进一步发现。

---

① 史语所数位典藏资料库整合系统，https://ihparchive.ihp.sinica.edu.tw/ihpkmc/ihpkm_op?. e02506A1120000A0000000010^00001000001000000000100036DE042d0。

② 中国古籍总目编纂委员会编：《中国古籍总目·史部6》，第 3216 页。

图2 "中研院"傅斯年图书馆藏明嘉靖十八年赣州府刊本《宪纲事类》

第四种《宪纲事类》是原北平图书馆藏弘治刻本。此书的基本信息已由古籍保护专家赵万里、王重民先生所揭示。以下我们对该书作进一步的考察。

四、 弘治本《宪纲事类》

原北平图书馆藏弘治刻本《宪纲事类》是目前所知最早的该书刊本。该书有"京师图书馆藏书"钤印，当出自清学部图书馆旧藏。缪荃孙《清学部图书馆藏善本书目》著录："《宪纲事类》一卷。洪武中御史台进，正统四年官刊本。"① 这里的著录并不准确。民国时赵万里编《北平图书馆善本书目》时对此有修正。该书目卷二"史部·政书类·法令之属"收录古籍二十余种，包括：《故唐律疏议》《重详定刑统》《御制大诰》《御制大诰

---

① 缪荃孙著，张廷银等主编：《缪荃孙全集·目录·清学部图书馆善本书目》，第470页。

续编》《御制大诰三编》《大诰武臣》《大明律》《大明律例》《律解辩疑》《律条疏议》《御制新颁大明律例注释招疑折狱指南》《淑问汇编》《刑部事宜》《宪纲事类 风宪忠告 御史箴集解》《风宪约》《督抚约》等。其中，《宪纲》著录为："《宪纲事类》一卷。《风宪忠告》一卷，元张养浩撰。《御史箴集解》一卷，明薛瑄撰。明弘治刻本。"① 这部书与其他数千种古籍善本一起于1934年被南迁到上海，之后运抵美国国会图书馆寄存。1965年，北平馆的这批寄存善本被运送至台湾，《"中央图书馆"善本书目（增订本）》著录为："《宪纲事类》一卷《风宪忠告》一卷，元张养浩撰。附《御史箴集解》一卷，明薛瑄撰。明弘治辛亥（四年）山东巡按陈瑞卿刊本。北平。"② 目前，这批善本寄存在台北故宫博物院。

傅增湘也曾藏此《宪纲事类》。其《藏园补邵亭知见传本书目》谓："《宪纲事实》一卷，不著撰人名氏。《风宪忠告》一卷《御史箴》一卷，元张养浩撰。明刊本，九行十八字，白口，四周双栏。《宪纲事实》前有正统四年敕，次目录，分宪纲三十四条，宪体十五条。《风宪忠告》前有至正乙未林泉生序。《御史箴》前有宣德四年薛瑄序。三书同册，页码分计。末有弘治辛亥周轸书《宪纲事类后》，言为陈瑞卿巡抚山东时所刊，则知此三书统名为《宪纲事类》。余藏。"③ 傅氏何以明确了周轸跋文后，尚定该书为明刊本？或许是因为尚未细考陈瑞卿履历事实之故。不过，傅氏已注意到既然周轸跋文称"宪纲事类"，则所谓三书合一当有《宪纲事类》之名。甚至，傅氏在行文中故意将前面两处"宪纲事类"写成"宪纲事实"也未可知。傅氏家藏之本是否与北平馆藏本有关？抑或是另外一本？由于没有相关信息，只能付诸阙如。

在傅增湘之后，为该书撰写提要者为王重民先生。其提要为：

　　《宪纲事类》一卷，附《风宪忠告》一卷《御史箴》一卷。一

---

① 赵万里：《北平图书馆善本书目：一九三三年》，第829页。
② 《"国立中央图书馆"善本书目（增订本）·史部》，台北"中央图书馆"，1967，第379页。据台北"中央图书馆"之"台湾书目整合查询系统"（https://metadata.ncl.edu.tw/blstkmc/blstkm？000A752AFBF503020000000000200A000000001000000000 ^ # tudorkmtop）标注："本馆前代管北平图书馆藏书，已移置故宫博物院，有微片。"
③ 傅增湘著，傅熹年整理：《藏园订补邵亭知见传本书目》，第423页。

册，北图。明弘治间刻本。九行十八字。23.5 cm×14.6 cm。明宣宗敕
定。《明太祖实录》洪武四年正月戊戌云："御史台进拟宪纲四十条，
上览之，亲加删定，诏刊行。"又六年四月戊戌云："重刊《律令宪
纲》，颁之诸司，从监察御史答禄与权言也。"然则《宪纲》在洪
武间，已一再刊行。此本有正统四年上谕云："《宪纲》之书，肇
于洪武，厥后官制不同，所宜因时改书。而中外宪臣，往往有任
情增益者。我皇考宣宗皇帝，敕礼部同翰林儒臣考定。凡出臣下
所自增者，并削去之。书成，先皇帝上宾，未及颁行。朕今于先朝
所考定中，益以见行事宜，而礼部即用刊印，颁布中外，诸司遵
守。"是此本为宣宗所定，英宗所颁行。后陈璧巡按山东，翻刻是
书，并附元张养浩《风宪忠告》，明薛瑄《御史箴》于后，即此本
是也。璧字瑞卿，高邮人，隶太原左卫军籍，成化八年进士。周轸
跋，弘治四年（1491）。①

王重民注意到该弘治刻本的主事者或者赞助人为御史陈璧（字瑞卿）。
雷礼《南京太仆寺志》卷十五、焦竑《国朝献征录》卷六十一、过庭训
《本朝分省人物考》卷九十九、《（乾隆）太原府志》卷三十六等皆有其传
记。《（乾隆）太原府志》的传记较为详细："陈璧，字瑞卿，阳曲人。成
化壬辰进士。知嘉兴、武邑二县，以强项著。擢监察御史，出按山东，辨
太保刘珝狱。转山东副使，备兵临清，为漕运地，奸弊丛生。璧至，裁省
殆尽。迁本省按察使，有倚法为奸者，立治之。迁南京太仆寺卿，清操皭
然。建栖云、环山二楼，携佳客讽咏竟日，有康乐、香山遗风。三年，擢
右副都御史，整饬蓟州边务，兼抚顺永三府。未几，以病告归。璧性抗
直，居家孝友，重行谊。为御史时，偶触兄怒，长跪谢过。为副史，有金
事某旧与隙，比卒，倾囊赙之。后膺节钺，遽赋遂初，急流勇退，其风节
尤足尚云。"② 过庭训的记录对于陈璧的任职时间记载最为详细："陈璧，
字瑞卿，太原左卫人。成化壬辰进士。授嘉兴知县，改武邑，擢监察御

① 王重民：《中国善本书提要补编》，第 36 页。
② 《（乾隆）太原府志》卷三十六，载安捷主编《太原府志集全》，山西人民出版社，2005，
第 1071 页。

史，巡畿郡、山东，刚直有威。弘治间，升山东按察司副使，整饬临清兵备。权贵过者，皆敛戢。升按察使，进南京太仆卿。正德初，升都察院右副都御史，整饬蓟州等处边备，兼巡抚顺天等府。以病致仕，寻卒，诏给祭葬。璧性戆直，居官无所屈挠，然刚而少容，人以是惜之。"①

据此可知，陈璧，字瑞卿，生卒年不详。山西太原左卫军籍，成化八年（1472）进士。曾任浙江嘉兴、武邑知县，成化二十年（1484）升江西道监察御史，弘治三年（1490）出按山东，后升山东兵备副使，弘治十五年（1502）任南京太仆寺卿，十八年（1505）擢都察院右副都御史、巡抚顺天。弘治间，陈璧为都察院监察御史，在出巡山东期间刊刻了《宪纲事类》。陈璧的同年、同僚周轸也参与其事，故有周氏跋文。据《莆阳进士名录》可知，周轸（1432~1514），字公载，号耻庵，明福建莆田人，成化八年（1472）进士，任户部主事、郎中、山东转运使、江西按察使。②

另外，《中国古籍总目》的著录与《中国古籍善本书目》的著录基本相同。而该书著录《宪纲事类》一卷，则有三种版本：① 明弘治四年山东巡按陈瑞卿刻本，北平图书馆藏；② 明嘉靖三十一年曾佩刻本，上海图书馆、南京图书馆（残）、天一阁博物院（残）藏；③ 明刻本，南京图书馆（存卷中）藏。其著录王廷相《申明宪纲》一卷，有明嘉靖三十一年曾佩刻本，上海图书馆、南京图书馆和天一阁博物院藏。其著录薛瑄集解《御史箴》亦有三种刻本，即① 明弘治四年山东巡按陈瑞卿刻本，北平图书馆；② 明嘉靖三十一年曾佩刻本，上海图书馆、南京图书馆、天一阁博物院；③ 明刻本，国家图书馆。③ 显然，所谓的三种不同版本的《御史箴》其实是两种完整的《宪纲事类》所附之书，而另外一种仅存《风宪忠告》《御史箴》的明刻本，也是《宪纲事类》三卷本的残存本。所以，薛瑄集解的《御史箴》，除了薛瑄本人文集收录之外，能够见到的版本基本都出自《宪纲事类》的不同版本。

总之，明弘治本《宪纲事类》是目前所知存世最早的完整的监察法读

---

① （明）过庭训：《本朝分省人物考》卷九十九，影印北京大学图书馆藏明天启间刻本，《续修四库全书》第535册，上海古籍出版社，2002，第682页。

② 林祖泉：《莆阳进士名录》，海峡文艺出版社，2013，第189页。

③ 中国古籍总目编纂委员会编：《中国古籍总目·史部》，第3219页。

本。之后有所谓的明刻本、嘉靖十八年刻本、嘉靖三十一年刻本等不同版本。

该书从内容上来说，从目前存世的古籍来看，最开始包括两个部分，即敕定《宪纲》和五种监察相关文献，即元张养浩《风宪忠告》、明薛瑄《御史箴集解》和《宪臣箴》《分司箴》。其后，编辑者又增加了嘉靖年间的监察事例文献，如《申明宪纲》之类。这几种文献构成了一部较为完整的《宪纲》读本，是一部反映古代监察思想与制度的文本，也是我们研究中国古代监察思想的重要文献。

"原北平图书馆甲库善本"中的《宪纲事类》末有明弘治四年周轸跋文——《书宪纲事类后》。周轸说：

> 《宪纲事类》，监察御史太原陈公瑞卿巡按山东时所刊行者。公持宪严甚，入而纠举，出而巡历，一遵《宪纲》成命。以是书颁自朝廷，得之少，而或雁于咎，非但为风宪者当知也，急急欲刊行之。又以元臣张养浩《风宪忠告》并《御史箴》皆所以羽翼乎《宪纲》，亦人所□□□，因以类附之。余读《元史》，摭元季之所□□竟，皆由于风宪。盖风宪所以肃百僚，百僚所以牧百姓而分庶务，其关系之重，有如此。虽然绳人以法，又不若教之，使之率德而改行□，仁人君子之用心，正养浩所谓深得风宪之体者。然则陈公之刊行是书，又附录之以类，其意当如何耶，其意当如何耶。弘治辛亥四月之望运使莆田周轸书。

在著录这部书的版本时，古籍工作者或据周轸跋文中的"《宪纲事类》，监察御史太原陈公瑞卿巡按山东时所刊行者"和"弘治辛亥（即弘治四年）"这两段话，将该书定为明弘治四年陈瑞卿刻本。

以上，是我们对《宪纲事类》一书的版本情况所作的初步考察。至于该书在古籍分类中的归属问题，我们认为既然它是御史的专业读本，该书的性质是"政书"，并且是"职官"之书或"法令"之书，而非"官箴"之书。之所以如此，其原因在于书名"《宪纲事类》"本身。所谓的"事类"，并非我们今天所理解的字面某某事归于一类，它其实是一个传统的法律概念。唐玄宗时，将律令格式等根据"事类"分门别类汇为一书，题《唐格式律令事类》。宋代有《淳熙条法事类》《庆元条法事类》《淳祐条法事类》等，这些律法汇编之书，是相关文件的总会，有申明、指挥、敕令等等。① 《宪纲事类》之所以有其名义，也是该书汇集了监察《宪纲》《宪体》《出巡相见礼仪》《巡历事例》《刷卷条格》等，乃是一都察院法典之合订本。至于书后再附录其他补充文献，仍就是为《宪纲》的补充读本，故可总全书为"《宪纲事类》"。近代以来，"事类"一词失去了法律的意涵，比如《辞源》"事类"条谓："事类。事物的相似性，类似之事。《韩非子·人主》：'今无术之主，皆明知宋、简之过也，而不悟其失，不察其事类者也。'《后汉书》四六《陈宠传》：'宠为（鲍）昱撰《辞讼比》七卷，决事科条，皆以事类相从。'《三国志·魏武宣卞皇后传》'少有才学'注引《魏略》曹丕答卞兰教：'赋者，言事类之所附也。'"② 在《韩非子》《后汉书》《三国志》中，"事类"的确是相似的事件的意义，但在法律方面，唐宋以至于元明，"事类"明显是一个合诸法条为一的概念。这也是何以赵万里在《北平图书馆善本书目》中将《宪纲事类》归于"法令"类目的依据。

（责任编辑：桂涛）

---

① 胡兴东：《宋朝立法通考》，中国社会科学出版社，2018，第729～737页。
② 何九盈等：《辞源》（第三版），商务印书馆，2015，第162页。

《中国古代法律文献研究》第十六辑

2023 年，第 275~300 页

日藏明《刻精注大明律例
致君奇术》析评[*]

李雪梅　　陈仁鹏^{**}

摘　要：明代律学繁荣的表现之一是私家注律的兴盛。日藏本《刻精注大明律例致君奇术》是成书于万历二十五年至二十六年间（1597~1598）的坊刻集合性律学著作，主体由《大明律例》《断律捷指》及《宋提刑洗冤录》等部分组成。该书集律例、集注、判语、告示、图表、歌诀等形式于一体，兼明代律学辑注、考据及司法应用等诸派之长，"精注"特色显著，是明代私家律著的代表之一。该书已引起中外学者的关注，但对成书时间、类别属性、史源出处等问题探索尚浅。因此有必要正本清源，剖析其外观、结构、内容和命名依据，并通过分析辑、校、刻者等关键信息以及弁言撰者的履历，求证成书时间。同时，考察该书各组成部分的史料来源与内容联系，可体现该书在明清私家律著中承前启后的历史地位。

关键词：大明律例　私家律著　精注　集合性

---

* 本文系国家社会科学基金中国历史研究院重大历史问题研究专项重大项目"中国古代地方治理的理论与实践及借鉴"（项目批准号：LSYZD21006）的阶段性成果。

** 李雪梅，中国政法大学法律古籍整理研究所教授；陈仁鹏，中国政法大学法律史学博士研究生。

一　解　题

（一）外观、结构、印章

现藏于日本东京大学东洋文化研究所的明刻本《刻精注大明律例致君奇术》（以下简称为《精注大明律》）包括首卷一卷，正文十二卷（第十二卷为《附刻宋提刑洗冤录》），总计十三卷，分六册装订。该书约成于明万历（1573~1619）中期，为福建建宁潭城余氏萃庆堂刻本。① 各册的编排和结构大致如下。

第一册封面题写"名例/自五刑至徒流迁徙地方/明律集解一"，内容包括首卷计49页，正文卷一计52页，加封面、扉页、封底等，共105页。

首卷内容依次为：洪武三十年（1397）五月《御制大明律序》《致君奇术弁言》（刑科给士罗栋书）、《为政规模节要论》《大明律集解附例目录》，以及《五刑之图》《丧服之图》等十个图表，即所谓"二刑图"和"八礼图"。而后为《大明律集解名例》"服制"部分，之后为《附六赃图》《附在京纳赎诸例图》《附在外纳赎诸例图》《附收赎钞图》《例分八字之义》及"有禄人""无禄人"条，以及《金科玉律》和弘治十年（1497）奏定《附真犯杂犯死罪》《六赃总数歌》，后署"大明律例首卷终"。

卷首较特殊之处有二：一是仅此卷为通栏版式，其余诸卷均上下层排列；二是卷首内容较杂，包括序、弁言、目录、诸图、诸论等内容。其中出现题名为《大明律集解名例》的5页内容（17~21页），实为"服制"部分。自《唐律》始，《名例》均以五刑、十恶开篇，"服制"独立于《名例》之外。《大清律例》亦是按律目、诸图、服制、例分八字之义、名

---

① 除日本东京大学东洋文化研究所藏有明刻本外，日本内阁文库亦藏有明萃庆堂刊《大明律例致君奇术》十一卷附《洗冤录》一卷。参见徐世虹《日本内阁文库及其所藏明律书籍》，载韩延龙主编《法律史论集》第3卷，法律出版社，2001，第556~574页。另据网上查询，陕西省图书馆亦藏有《刻精注大明律例致君奇术十一卷首一卷》二册，存六卷（一至三、九至十一），参见 http://www.guoxuemi.com/shumu/896225da.html。

例律等顺序编排。① 而卷首中出现的《大明律集解名例》首行"大明律集解名例"，书耳刻"首卷名例"，尾行刻"大明律集解名例终"。另卷首的《为政规模节要论》《例分八字之义》均再次出现于卷一，内容相同，书耳均标"致君奇术"。

同册装订的《精注大明律》卷一页码重新起止，每半页均有界栏，分上下两层。上层 18 行，满行 11 字；下层 10 行，满行 19 字，小字双行。上层有《五服歌》《六律总括》《六赃总论》《为政规模节要论》《例分之外十六字》《例分八字之义》《问囚则例》《比附杂犯罪律》《新增律颐断法》等文，书耳标为"致君奇术"；下层为《名例》篇，内含《问刑条例》内容。

第二册总计 116 页。下层主体内容为《大明律例》卷二《吏律》、卷三《户律》部分，其构成均为律文+集解+问刑条例+判语。个别条目无"问刑条例"，但几乎每条均有判语。上层为《断律捷指》，下列"选用军职""具小招""附告示"等体例。"选用军职""大臣专擅选官""贡举非其人"等为《吏律·职制》条目。条目下文字均为"假如……作何问断（各问何罪、代判署者如何、违者如何、各犯何拟）"，"断云：审得（断云：看得）……"式。"小招"以"议得"起词，多以赵甲、钱乙、孙丙、李丁、周戊、吴巳作虚拟指代，内多引"俱有《大诰》减等"之文；所附告示有兵部、吏部、巡按监察御史、钦差察院、刑部、都察院、礼部等。

第三册计 89 页，依次为"户律四卷""礼律五卷""兵律六卷"，其中卷六尾残缺；第四册总计 100 页，依次为"兵律七卷""刑律八卷"；第五册总计 129 页，依次为"刑律九卷""刑律十卷"；第六册总计 107 页，包括"刑律十一卷"为残卷，以及"洗冤录十二卷"。诸册、卷与《大明律例》相对应的上层，均为《断律捷指》；与《洗冤录》相对应者，为

---

① 《大明律》的《名例》里没有《服制》，但万历三十九年（1611）版《大明律集解附例》将《服制》放入《名例》中，《刻精注大明律例致君奇术》首卷遵循此例。《大清律例》直接将《服制》独立为卷三，列于《名例》前。《服制》作为对丧服图表的陈述与解释，在逻辑上理应与图表同列于《名例》前。以法学视角观之，《名例》中的规定大多符合法律规则的三要素，对假定条件、行为模式、法律后果有较详细的规定，但《服制》系对五服的类别及其分别统摄的身份关系进行表述，是一种事实陈述，故置于《名例》中，从法理看似不妥。

《包龙图断案》，计 20 余目。

根据日本皇学馆大学大庭脩教授有关"唐船持渡书"的研究，[①]《精注大明律》最迟应于德川时代流入日本。加贺藩第五代藩主前田纲纪（まえだつなのり，1643~1724）对明律有浓厚的兴趣。凭借丰厚的财力，加贺藩建立了尊经阁文库。该文库与明律有关的汉籍多达 28 部。前田纲纪对于到手的书是否最终纳入文库，还要与儒者们商量。如他曾在正德二年（1712）向室鸠巢、冈岛忠四郎和木下菊潭咨询《精注大明律》一书，朱子学派的代表室鸠巢认为此书杂驳不可取，但另一位江户时代的硕儒木下菊潭却认为：条例注释本稀少，虽略有杂驳亦足供参考。[②] 于是将此书收入书库。

现藏于东京大学东洋文化研究所的明刊本《精注大明律》扉页钤"服部氏印"。此"服部氏"有可能为服部宇之吉（はっとり うのきち，1867~1939），历任东京帝国大学教授、东方文化学院院长。他任东方文化学院院长期间，仁井田陞也任该学院研究助手。《精注大明律》首卷《御制大明律序》右下钤"仁井田博士遗爱"条印，同卷《大明律集解附例目录》右上钤"东洋文化研究所图书"方印，说明此书为东京大学名誉教授仁井田陞先生旧藏，后被收入东京大学东洋文化研究所"仁井田文库"。

各册中所见印文尚有古钟形"曼殊图书足印"和方圆形"山料印"。另书中残损处较多，如第一册卷一上下层均缺结尾部分；第五册"刑律十卷"内容不完整；第六册"刑律十一卷"为残卷，且脱"工律"卷。

（二）"刻精注"与"致君奇术"

关于此书，学界使用名称各异，较常见者有称为《大明律例致君奇术》，省略了书名中的"刻"或"刻精注"；或简称为《致君奇术》。《中国法制史书目》将此书名为"大明律例致君奇术"，书内另题作"精注大明律例致君奇术"，并对其版本情况介绍道：

---

① 日本江户时代将中国船称为"唐船"，将唐船载来的书籍称为"持渡书"。
② ［日］大庭脩著，戚印平译：《江户时代中国典籍流播日本之研究》，杭州大学出版社，1998，第 204~205 页。

【初版】六册，十二卷。书前有明末罗栋序，年分不详。明末余彰德书林萃庆堂刊印，刊印年分不详。

【作者】辑者明人，曾任考中官，年分不详。

校者明人，曾任大理丞，年分不详。①

书名中的"刻"与"镌""锲"同义，均为"刊刻"之意，常见于明代刻本书籍名称中。《精注大明律》卷一首页右下题"书林萃庆堂余彰德鼎梓"。"鼎梓""鼎镌"均强调新刻之意，如明崇祯年间刊刻的《鼎镌大明律例法司增补刑书据会》等。余氏萃庆堂出版的很多书目均以这种结构命名，如《镌王凤洲先生会纂纲鉴历朝正史全编》《锲旁注事类捷录》《锲古今名公诗调连腴》等。

书名中"精注"当是有所指向，也标明该书特色所在，主要体现在卷二至卷十一上层的《断律捷指》，以及相同卷中下层的《大明律例》所附"判语"，内容系对律文的阐发及对应的判、示文体，上、下层的内容也因此具有内在关联性。

"刻精注大明律例致君奇术"出现于卷一至卷十的通栏卷名中（见图1、图2），惟十一卷残，未见卷名。卷一至卷十二下层书耳随内容依次刻"名例一卷""吏律二卷""户律三卷""户律四卷""礼律五卷""兵律六卷""兵律七卷""刑律八卷""刑律九卷""刑律十卷""刑律十一卷"（脱工律）"洗冤录十二卷"，而相对应的上层书耳均刻"致君奇术"。

"致君奇术"取自北宋苏轼诗"读书万卷不读律，致君尧舜终无术"之句，② 意为律学对于为官为政者是必备技能。其中的"奇术"有夸大其词之嫌，但"致君"却是中性偏褒义词汇，意为辅佐国君使其成为圣明之主，且常见于唐宋明的诗文词赋中。如唐杜甫有"致君尧舜上，再使风俗淳"③ 之语；北宋田锡言："心常悬象魏，迹若参公侯。纵横致君术，思一

---

① 张伟仁主编：《中国法制史书目》第 1 册，"中研院"历史语言研究所，1976，第 27 页。

② （明）罗栋：《致君奇术弁言》，《刻精注大明律例致君奇术》首卷。

③ （唐）杜甫：《奉赠韦左丞丈二十二韵》，傅东华选注，董婧宸校订《杜甫诗》，商务印书馆，2019，第 41 页。

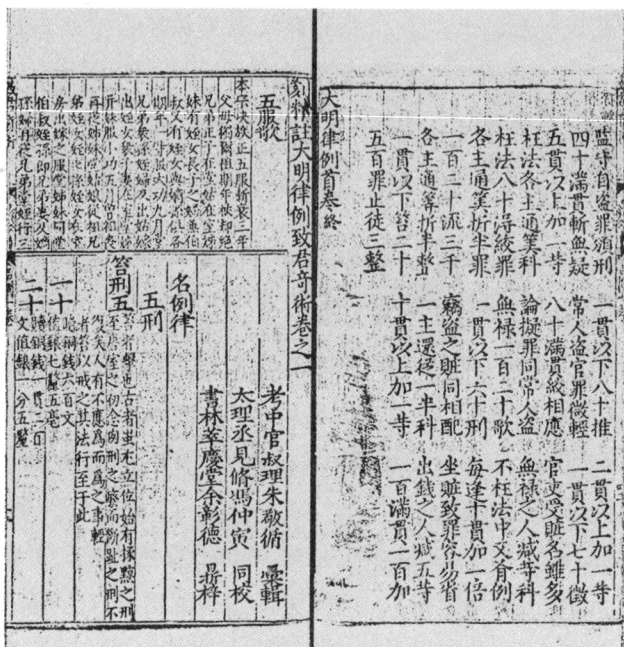

图 1　第一册卷首和卷一版面

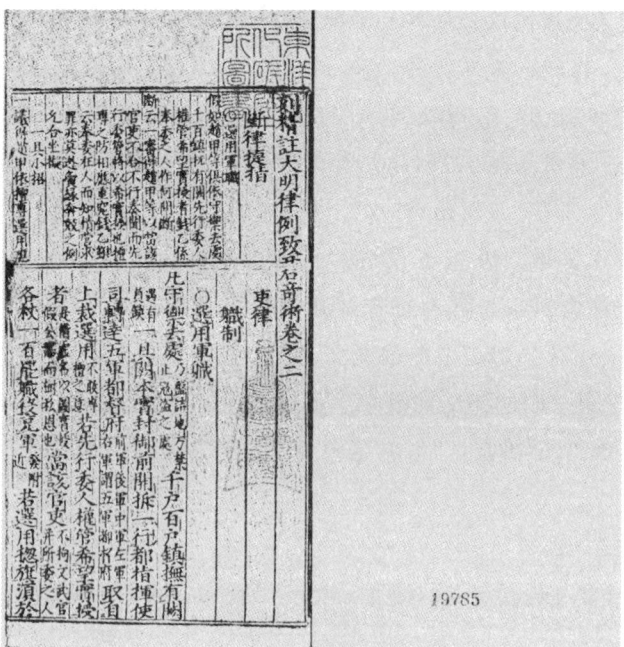

图 2　第二册卷二版面

伸良筹。"① 南宋陆游言"欲尽致君事业，先求养气工夫"②，明代李东阳也有"古来致君术，感格须至诚"③ 之语。其意上可匡国致君，下能安民济世，故成为不少士大夫追求的政治理想。

该书除首卷外，余十二卷均上下两层。两层布局并不均衡，其中下层《大明律例》约占三分之二的版面，居主导地位；"致君奇术"占三分之一版面，当起辅助律例之用。从"致君奇术"的内容看，由卷一《五服歌》《六律总括》《六赃总论》《为政规模节要论》《例分之外十六字》《例分八字之义》《问囚则例》《比附杂犯罪律》《新增律颐断法》，卷二至卷十一的《断律捷指》，卷十二的《附包龙图断案》等组成。其中篇幅最多的《断律捷指》，亦有助于解读"致君奇术"的用意（详后文）。

（三）辑校者朱敬循及其官职

《精注大明律》的辑校刊刻信息载于卷一首页右下：

> 考中官叔理朱敬循汇辑
>
> 大理丞见修冯仲寅同校
>
> 书林萃庆堂余彰德鼎梓

以下对该书的责任辑、校、刻、序者作一简单梳理。

汇辑者朱敬循（？～1607），字叔理，号石门，生于官宦之家。其父朱赓（1535～1609）万历二十九年（1601）官至礼部尚书召兼东阁大学士。④万历三十四年（1606），"赓独当国，年七十有二矣"，此为其人生最辉煌的时刻，没想到第二年其子朱敬循去世。据朱赓撰《祭亡男敬循文》载：

---

① （宋）田锡：《拟古》，罗国威校点《咸平集》，巴蜀书社，2008，第168页。
② （宋）陆游：《六言杂兴（其二）》，张春林编《陆游全集》下册，中国文史出版社，1999，第825页。
③ （明）李东阳撰，周寅宾、钱振民校点：《李东阳集》第1册，岳麓书社，2008，第115页。
④ （清）张廷玉：《明史》卷一一〇《宰辅年表二》，中华书局，1974，第3373页。

万历三十五年岁次丁未五月十日，闻吾儿敬循之讣，惊于地，痛割欲死。越十三日乙亥，乃设位于京郊，以牲礼庶羞遥祭……襄失二弟，壮犹可支；今兹龙钟，与尔相依，茕茕二孺，唯尔提携，丝丝家政，唯尔整齐。①

据上文可知，朱敬循卒于万历三十五年（1607），其父朱赓经历了两次白发人送黑发人的痛苦经历。先是其壮年时次子敬衡过世，后有其老年时长子敬循仙逝。

朱敬循的为官任职，自然会受到朱赓的影响。明代，"京官五府、六部首领官，通政司、太常、光禄寺、詹事府属官，由官荫生选"②。而朱敬循"由太常少卿而至右通政"③，其"官荫"身份是捷径。

关于朱敬循的为官经历，《陶庵梦忆评注》"治沅堂"一则注云："朱敬循，字石门，浙江绍兴人，历任礼部郎中，太常少卿，右通政使。著有《刻精注大明律例致君奇术》。系朱赓之子，作者（指张岱）舅祖。"④

刻本上署"考中官叔理朱敬循汇辑"，"考中官"当与朱敬循任职礼部有关。万历二十六年（1598）戊戌科状元赵秉忠的殿试卷是我国现存的唯一一份明代状元卷，该卷卷尾以朱笔写有"印卷官礼部仪制清吏司署郎中事主事臣朱敬循"大字一行。⑤ 明代殿试"印卷以本部仪制司官"⑥。此时朱敬循所任礼部郎中属北京礼部，而非南京礼部。

"考中官"是朱敬循升任"右通政"之前的职掌。朱敬循任右通政的

---

① （明）《朱文懿公文集》卷一二，《四库全书存目丛书》集部第 149 册，齐鲁书社，2001，第 470 页。

② （清）张廷玉：《明史》卷七一《选举志三》，第 1715 页。

③ "吏部推太常少卿朱敬循为右通政，以承芳贰之。敬循，大学士赓子也。赓言：'承芳臣同年进士，恬淡之操，世罕能及，臣子不当先。'帝许焉。"《明史》卷二二一《卫承芳传》，第 5826 页。"太常卿以下，部推。通、参以下，吏部于弘政门会选。"《明史》卷七一《选举志三》，第 1716 页。

④ （明）张岱著，淮茗评注：《陶庵梦忆评注》，生活·读书·新知三联书店，2013，第 149 页。

⑤ 山东省地方史志编纂委员会编：《山东省志·文物志》，山东人民出版社，1996，第 589 页。

⑥ （明）王圻纂辑：《续文献通考》卷四六《选举考》，现代出版社，1986，第 688 页。

时间当在万历三十三年（1605）之后。① 《明史》载："（朱赓）子敬循，官礼部郎中，改稽勋。前此无正郎改吏部者，自敬循始。终右通政。"② 如果从任官职掌分析，朱敬循最后任职的右通政，反而与《精注大明律》的汇辑关系更为密切。《明史·职官志》载通政使司的职掌道：

> 通政使一人，正三品；左、右通政各一人，誊黄右通政一人，正四品；左、右参议各一人，正五品……通政使掌受内外章疏敷奏封驳之事。凡四方陈情建言，申诉冤滞，或告不法等事，于底簿内誊写诉告缘由，贲状奏闻……凡议大政、大狱及会推文武大臣，必参预。③

清末沈家本在考证明代刑官制度时也将通政使、通政等单列一条，除引述《明史·职官志》的规定外，还解释称：

> 太祖承前制，设中书省，置左、右丞相。十三年正月诛丞相胡惟庸，遂罢中书省，析中书省之政归六部，以尚书任天下事，侍郎贰之。其纠劾则责之都察院，章奏则达之通政司，平反则参之大理寺，外设都、布、按三司，分隶兵刑钱谷，其考核则听于府部。此古今官制之一大变局也。④

通政使司的"申诉冤滞，或告不法"，并参与"议大政、大狱"等职责，要求为官者需谙熟律例审判等事宜。另《明史·职官志》载南京刑部"通政使司。通政使一人，右通政一人，右参议一人，掌收呈状，付刑部审理"⑤。朱敬循所任右通政即属南京通政使司。《明史·卫承芳传》载：

---

① 南炳文、吴彦玲辑校：《辑校万历起居注》第4册，天津古籍出版社，2010，第2302页。
② （清）张廷玉：《明史》卷二一九《朱赓传附子敬循传》，第5781页。
③ （清）张廷玉：《明史》卷七三《职官志二》，第1780~1781页。
④ （清）沈家本：《历代刑官考》，徐世虹主编《沈家本全集》第4卷，中国政法大学出版社，2010，第598页。
⑤ （清）张廷玉等：《明史》卷七五《职官志四》，第1834页。

卫承芳，历南京鸿胪卿。吏部推太常少卿朱敬循为右通政，以承芳贰之。敬循，大学士赓子也。赓言："承芳臣同年进士，恬淡之操，世罕能及，臣子不当先。"帝许焉。寻迁南京光禄卿。①

卫承芳入仕后主要在南京就职，并未任职于北京。因而可以推断朱敬循为南京通政使司右通政。较之北京通政使司，南京通政使司因其主要职事与法司相关，故与南京刑部、大理寺、都察院等并为一类，同属司法机构。《震川先生集》载："国家仿前代通进进奏银台司之制，为通政使司，领天下章奏。自永乐建北，其后诸司之在南者，并存而省其员数。故南通政使司不置使，而独有通政。"② 通政也只有右职一人，其下为右参议一人、经历一人。南京通政使司职事简要，无受理内外章疏敷奏封驳之责，惟"掌收呈状，付刑部审理"③。这也解释了为何朱赓惊闻敬循之讣时，只能"设位于京郊，以牲礼庶羞遥祭"④。

但刻本上朱敬循的官职并非"右通政"而是"考中官"，也即《精注大明律》的汇辑是在其任职礼部期间。此或可证朱敬循对自己的官职前景有清晰把握，故提前为进仕通政司进而"议大政、大狱"作必要的知识储备。

（四）校、刻者信息

《精注大明律》卷一首页刻有"太理丞见修冯仲寅同校"。太理丞即大理丞，为大理寺属官。《旧唐书》载：狄仁杰"仪凤中为大理丞，周岁断滞狱一万七千人，无冤诉者"⑤。《明史·职官志》载大理寺的职官设置为："大理寺，卿一人，正三品。左、右少卿各一人，正四品。左、右寺丞各一人，正五品。"⑥ 大理寺为明代三法司之一，所谓"刑部受天下刑名，都

---

① （清）张廷玉等：《明史》卷二二一《卫承芳传》，第 5826 页。

② （明）归有光：《震川先生集》卷一二《同馆诸进士再寿立斋王先生序》，上海古籍出版社，1981，第 287 页。

③ （清）张廷玉等：《明史》卷七五《职官志四》，第 1834 页。

④ （明）朱赓：《朱文懿公文集》卷一二《祭亡男敬循文》，第 470 页。

⑤ （后晋）刘昫等：《旧唐书》卷八九《狄仁杰传》，中华书局，1975，第 2886 页。

⑥ （清）张廷玉等：《明史》卷七三《职官志二》，第 1772 页。

察院纠察，大理寺驳正"①。其职责多与审判事务有关。②除了大理丞的身份外，有关冯仲寅的其他信息目前尚付阙如。

明代建阳著名刻书家余彰德，号泗泉，曾刊刻小说《新锲晋代许旌阳得道擒蛟铁树记》《锲五代萨真人得道咒枣记》及类书《锲旁注事类捷录》等，现存三十多种。余氏约卒于万历四十六年（1618）至泰昌元年（1620）间。③

余氏萃庆堂为明代福建建阳著名的刻书坊。自明嘉靖至崇祯的120多年间，余氏一族先后建立了33家书坊，是明后期建阳诸书坊中刻印数量最多的刻书大族，④余彰德经营的萃庆堂便是其中的重要一支。为扩大影响，所刻书籍往往冠以"新""奇""精"等字样，如万历三十六年（1608）刻《新锲簪缨必用增补秘笈新书》十三卷，封面上有"秘笈新书""补秘笈新书"等字样。

二、《致君奇术弁言》撰者身份与成书时间

《精注大明律》首卷开篇为洪武三十年（1397）五月《御制大明律序》，次为罗栋所撰《致君奇术弁言》。弁言述该书编纂目的道：

> 太祖高皇帝，御天统极，踔乎尧舜禹汤文武之君也。一时制作，如《圣政纪》《孝慈录》《大明会典》诸书，郁郁乎质文，咸有大都为劝善备耳。至惩恶，则取汉律法而参考之，六科为纲，比附为纬，仁义并行，臣工恪谨，于今二百余祀，不知几灾梨枣矣。余不佞，退食自公，方忧银海之昏，复戒亥豕之谬，爰订分章，因授镌刻。综以

---

① （清）张廷玉等：《明史》卷九四《刑法志二》，第2306页。
② "明官制，沿汉、唐之旧而损益之。自洪武十三年罢丞相不设，析中书省之政归六部，以尚书任天下事，侍郎贰之。而殿阁大学士只备顾问，帝方自操威柄，学士鲜所参决。其纠劾则责之都察院，章奏则达之通政司，平反则参之大理寺，是亦汉九卿之遗意也。"见《明史》卷七二《职官志一》，第1730页。
③ 陈旭东：《明代建阳刻书家余彰德、余泗泉即同一人考》，《明清小说研究》2007年第3期，第215页。
④ 方彦寿：《建阳刻书史》，中国社会出版社，2003，第283页。

公案，助识见也；结以判辞，收浮蔓也。夫士业诗书，则诗书之迂释
菜，学宫廷授陛辞行，且有君民之责矣。恶乎不可知此术也！昔苏轼
诗曰："读书万卷不读律，致君尧舜终无术。"彼李舒劾其言且讥刺，
余以为有味乎其言之也。因颜其弁，曰"致君奇术"。

弁言中的"六科为纲，比附为纬"之言，反映撰者对明代律例的核心要意
有精深了解；"几灾梨枣"，指明代律学书在社会上流行已久，质量参差不
齐；"综以公案，助识见也；结以判辞，收浮蔓也"一句，则揭示了书的
结构成因。弁言落款为"刑科给士罗栋"，未署时间。其中有两点信息，
一是"退食自公"，二是"刑科给士"，或许有助于推定弁言写就的时间，
进而确定该书的刊刻时间。

关于成书时间，黄彰健推断成书于万历朝，原因是替该书写序的刑科
给士罗栋，在万历二十年（1592）任官，并推断《精注大明律》之刊行或
在万历二十二年（1594）郑汝璧刊本《大明律解附例》之前。① 但检视罗
栋的履历（见表1），万历二十年正月至四月，其所在科属不详。即使罗栋
在刑科任职，也与"退食自公"不符。

"退食自公"语出《诗经·羔羊》，本指"从公门入私门，退朝而
食"②，后引申为减去公膳，③ 亦有辞禄、致仕之意。④ 遍览罗栋履历，发
现其自万历十九年（1591）入仕后并无隐退之时，而仅有一段等待补缺的
经历。是故，罗栋所谓"退食自公"应指万历二十四年（1596）待阙的情
形，亦说明该书刊刻于万历二十四年以降。现存史料证明，自万历二十四
年后他有两段时间任职刑科右给事中，分别为万历二十五年（1597）正月
至三月、万历二十五年八月至次年二月，之后便任礼科左给事中。由此可
证，《精注大明律》的成书时间应在万历二十五年至二十六年间（1597~
1598）。

---

① 黄彰健：《明代律例汇编》上册"序"，"中研院"历史语言研究所，1979，第45~46页。
② （汉）毛亨传、郑玄笺，（唐）孔颖达疏：《毛诗正义》上册，载李学勤主编《十三经注
疏》，北京大学出版社，1999，第84页。
③ 邢宪生：《全本诗经浅译》，暨南大学出版社，2015，第11页。
④ 邸永强：《诗辑训》上册，九州出版社，2018，第74~75页。

表1 罗栋履历表

时 间	罗 栋 身 份	科属	出 处
万历十九年六月	罗栋、吴鸿功、冯从吾、郭士吉二十二人为庶吉士。	翰林院庶吉士	《实录》卷212
万历十九年八月	甲辰试庶吉士十五名。上卷八名……，中卷七名，吴鸿功、罗栋……授科道等官。	户科	《实录》卷239
万历十九年八月	以户科给事中罗栋巡视京营	户科	《实录》卷239
万历十九年十二月	兵部覆临淮侯李言恭、兵科罗栋所奏。	兵科	《实录》卷243
万历二十年正月	庚午革神机副将任大同佐击方希贤任以贪肆不简，为巡视科道官罗栋等劾劾也。	不详	《实录》卷244
万历二十年四月	罗栋、郭士吉为右给事中	不详	《实录》卷247
万历二十年八月	兵部尚书石星以宁贼纵横倭奴猖獗东西征剿无功，为科臣罗栋所劾而乞罢。上谓：寇贼倡乱，本兵焦劳，匡定务底厥功，岂可因言阻挠。不允。	兵科	《实录》卷251
万历二十四年正月	乃数日前给事中罗栋、御史冯应凤、赵标到部题补原职，又未发下。夫来而不补则人益不来而官益少矣。	待阙	《敬事草》卷2
万历二十四年四月	至如给事罗栋、邵庶、刘为楫、御史冯应凤、赵标俱待次阙下，动至经年。	待阙	《实录》卷296
万历二十四年十月	给事中罗栋、项应祥、御史冯应凤、赵标等屡催屡搁，是不欲言官之入也。	待阙	《实录》卷303
万历二十五年正月	复除原任刑科右给事中罗栋原职	刑科	《实录》卷306
万历二十五年四月	礼科右给事中罗栋请修武备不报	礼科	《实录》卷309
万历二十五年五月	甲午，礼科右给事中罗栋乞举行皇长子冠婚大礼	礼科	《实录》卷310
万历二十五年八月	刑科右给事中罗栋因侍郎周思敬倡不救朝鲜之说，各疏论其罪，俱不报。	刑科	《实录》卷313
万历二十五年九月	刑科右给事中罗栋仍数星十二罪劾奏	刑科	《实录》卷314

时 间	罗 栋 身 份	科属	出 处
万历二十六年二月	《诗》三房，刑科右给事中罗栋，□□，江西丰城人，己丑。	刑科	《实录》卷 319
万历二十六年九月	礼科左给事中罗栋奏举缺谥名臣，以彰幽隐内，举原任兵部尚书伍文定、毛伯温，吏部左侍郎张元祯，南京刑部右侍郎吴悌，都御史鲁穆，大理寺卿夏时正，礼部侍郎田一俊，大理寺卿陈恪，尚宝司卿孟秋……等十三人，诏令礼部从公勘议。	礼科	《实录》卷 326
万历二十六年十月	先是御史乔璧星有明公论以定国是议，礼科给事中罗栋等有摘举缺谥名臣议	礼科	《实录》卷 327
万历二十七年正月	丙午，礼科左给事中罗栋题：臣等见皇上……	礼科	《实录》卷 330
万历二十七年二月	给事中罗栋、项应祥，御史冯应凤、赵标等屡催屡阁，是不欲言官之人也。	礼科	《万历疏钞》卷 12
万历三十一年七月	礼部奏言：议谥最难，而议谥于数十年之前尤难……据台臣乔璧星疏应议者七十余人，科臣罗栋疏应补者十五人，臣等看详。	礼科	《实录》卷 386
万历三十一年九月	又礼科左给事中罗栋题摘举缺谥名臣彰幽隐以昭激劝事。	礼科	《万历疏钞》卷 36

从表 1 所引资料看，罗栋担任过庶吉士①、户科给事中、礼科右给事中、左给事中和刑科右给事中。明朝六科给事中的品秩级别不高，② 但却是直属于皇帝的独立监察机构。其职责是掌侍从、规谏、补阙、拾遗，辅助皇帝处理奏章，稽查六部事务。"凡大事廷议，大臣廷推，大狱廷鞫，六掌科皆预焉。"③ 六科如与都察院的十五监察御史有不同意见，可"上疏

---

① 明初有六科庶吉士。洪武十八年（1385）使进士观政于诸司，练习办事。其在翰林院、承敕监等近衙门者，采《书》"庶常吉士"之义，俱改称为庶吉士。永乐后专属翰林院，选进士文学优等及善书者为之。三年后举行考试，成绩优良者分别授以编修、检讨等职；其余则为给事中、御史，或出为州县官，谓之"散馆"。明代重翰林，天顺后非翰林不入阁，因而庶吉士始进之时，已群目为储相。参见（清）福格《听雨丛谈》卷六《庶吉士散馆》，汪北手点校，中华书局，1984，第 134 页。

② 洪武十五年（1382）罢谏官，设六科给事中，以监察六部。明朝六科各设都给事中一人，正七品；左、右给事中各一人，从七品。给事中，吏科四人，户科八人，礼科六人，兵科十人，刑科八人，工科四人，均为从七品。万历九年（1581）裁兵科五人，户、刑二科各四人，礼科二人。参见（清）张廷玉等《明史》卷七十四《职官志》，第 1805 页。

③ （清）张廷玉等：《明史》卷七四《职官志三》，第 1806 页。

互驳，皆控御前"，由皇帝作裁决。明朝的六科给事中除上述主要职能外，还要充任各种差遣。如"乡试充考试官，会试充同考官，殿试充受卷官。册封宗室、诸藩或告谕外国，充正副使"①。而汇辑者朱敬循"考中官"的身份，可能使两人有所交集。

在此基础上，亦可反推朱敬循所署"考中官"究竟为何官职。朱敬循自万历二十年（1592）入仕后供职于礼部，万历二十七年（1599）初朱敬循改任吏部，②"管过考功、文选"③。在《精注大明律》付梓的万历二十五年至二十六年间，朱敬循为礼部仪制清吏司署郎中事主事。礼部仪制清吏司是负责科举考试组织工作的机构。④ 因此，"考中官"很有可能是"礼部仪制清吏司郎中"的别称。

三、 刻本特色与史料来源

（一）要论、图表、歌诀之史源

《精注大明律》一书有诸多明代律学著述的共同特征，如有大量的要论、图表、歌诀，"二刑图"和"八礼图"以及《附六赃图》《例分八字之义》等，也见于其他明代律学书籍中。哪些内容是该书所首创，哪些形式为该书所独具，是评判其价值的重要参考。相关内容的史源追溯或资料比对，能揭示该书的价值。

《精注大明律》首卷载有《为政规模节要论》，在卷一上栏小字部分又重复刊载此论。在明代中后期的律学文献中，此论是常见内容之一。如在嘉靖五年（1526）刻本《大明律直引》卷八、嘉靖二十三年（1544）邗江书院重刊本《大明律例附解》、万历初年的《大明刑书金鉴》中都已载

---

① （清）张廷玉等：《明史》卷七四《职官志三》，第1806页。

② 据董其昌记载："至己亥……吏部以礼部郎中熊钟文、朱敬循上请。……敬循别有援之者，竟得考功。"严文儒主编：《董其昌全集》第2册，上海书画出版社，2013，第673页。

③ 南炳文、吴彦玲辑校：《辑校万历起居注》第3册，第1766页。

④ 王炳照主编：《中国科举制度研究》，河北人民出版社，2002，第191页。

有此项内容。① 此外，在《精注大明律》首卷所载《金科玉律》，卷一至卷二上栏还有《六律总结》《六赃总论》《问囚则例》《比附杂犯罪律》《新增律颐断法》等内容，也广泛存于明代律学书籍和日用类书之中。明万历初王藻重刻本《大明律例》30卷附录1卷，附有《为政规模论》《金科玉律》《律难引用》《问囚则例》《听问招议次第》《题奏之式》等内容。

首卷中的"二刑图"和"八礼图"，在洪武二十二年（1389）所定《大明律》中已出现。② "二刑图"包括《五刑之图》和《丧服之图》；"八礼图"也称为"丧服图"，包括《丧服总图》《本宗九族五服正服之图》《妻为夫族服图》《妾为家长族服之图》《出嫁女为本宗降服之图》《外亲服图》《妻亲服图》和《三父八母服图》。将这些图置于律首的目的，朱元璋说："此书首列《二刑图》，次列《八礼图》者，重礼也。"③

《例分八字之义》也应首载于洪武二十二年定《大明律》中。朝鲜李朝在洪武二十八年（1395）撰写《大明律直解》时，正值明王朝行用洪武二十二年律时期，《大明律直解》载有"例分八字之义"。洪武三十年（1397）《大明律》继承了洪武二十二年律中"例分八字之义"，直至明末没有变化。④

《在外纳赎诸例图》首见于嘉靖十一年（1532）刊行的《大明律读法》，编撰者为湖广荆州府知府孙存。⑤ 之后在万历十三年（1585）舒化进呈《大明律附例》新刻本中，亦收有纳赎例图。

---

① 张伯元：《明代司法解释的指导书——〈大明刑书金鉴〉》，载《律注文献丛考》，社会科学文献出版社，2009，第310~311页；尤陈俊：《法律知识的文字传播：明清日用类书与社会日常生活》，上海人民出版社，2013，第164~165页。尤陈俊在考察的9种收有律例知识的明代日用类书中，有8种均收录有《为政规模节要论》。另嘉靖五年（1526）刻本《大明律直引》卷八称之为"为政规模节要比互假如论"，常有文字上的脱漏或错讹；嘉靖二十三年（1544）邗江书院重刊本《大明律例附解》写为"为政规模节要论"。

② 《明史》有载，洪武二十二年（1389）律制订时曾列二刑图、八礼图于《名例律》中。（清）张廷玉等：《明史》卷六九《刑法志一》，第2283页。

③ （清）张廷玉等：《明史》卷六九《刑法志一》，第2283页。

④ "例分八字"的知识也出现在明清讼师秘本中。约成书于明万历三十年（1602）的《新刻摘选增补注释法家要览折狱明珠》载有《八字须知》。清道光二十五年（1845）刻本《新刻校正音释词家便览萧曹遗笔》也载有"例分八字释义"。

⑤ 日本东京大学东方文化研究所藏邗江书院原板重刊《大明律例附解》，卷首载"在外纳赎诸例横图"，并注明该图系知府孙存编。明代律例刊本附有纳赎例图，系从孙存《大明律读法》开始。详见黄彰健《明代律例汇编》上册"序"，第24~25页。

（二）《断律捷指》和判语的关系

《精注大明律》卷三至卷十一上栏所载《断律捷指》篇幅较大，约占全书的三分之一，且保存较完整。其特色是在每一律条后举一例说明，并载明该例判法及理由，最后附上与之相关的公文告示。告示中保留了出格、提行等公文原始格式。其内容丰富，有较高的史料价值。除《断律捷指》所载判语外，下栏另有骈体双行小注判语（详后文）。

《精注大明律》之《断律捷指》排列在上层，对应下层律条律名，采用以下主要格式（参见图3、图4）：

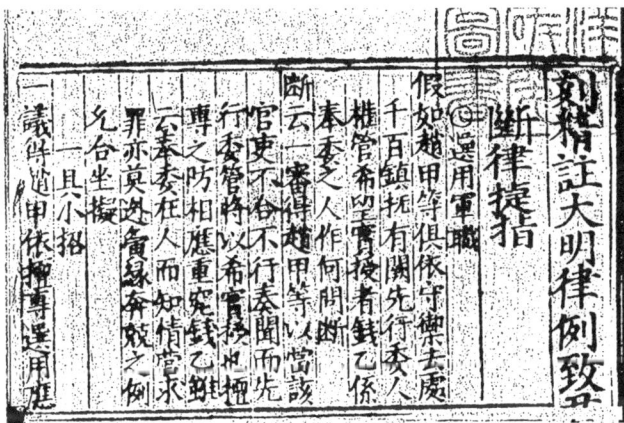

图3 卷二首页上栏《断律捷指》

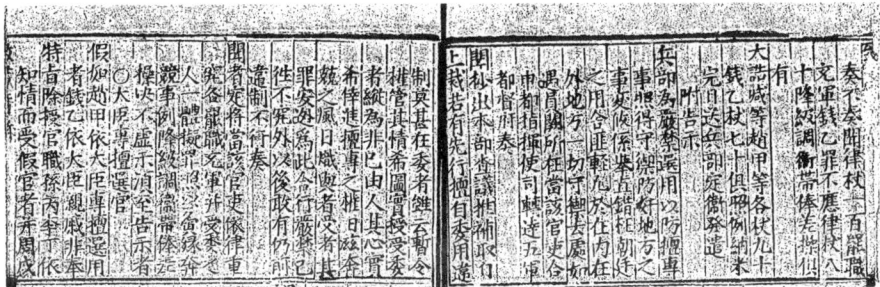

图4 卷二上栏《断律捷指》

假如：赵甲等……，钱乙……，作何问断？

断云：一审得：赵甲等……，之例，允合坐拟。

　　一具小招

一议得：赵甲依……，完日送兵部定拟发遣。

　　附告示

发文机关、事由（某部为……事）

说理、律法规范（照得/看得……）

违法事实（"今访得/近有……为此出示。"）

告示规范（溯及力："除已往不究外"；假设、行为："合行出示，严禁内外官员……"；后果："定行依律重究，决不轻贷"）

结语："须至告示者""须至示者""须至出给者""所有告示须至出给者"。

下层格式（参见图5、图6）：

律文+集解+问刑条例+判语

这种模拟案判的形式也见于《锲御制新颁大明律例注释招拟折狱指南》等明代律学著作。该书同为坊刻本上下两栏体式，以下栏内容为主体，上栏卷二至卷九、卷十六至卷十七为《判告体式》，内容为相关律文所拟的判语、告示。其"选用军职"律的判语格式为：

或问：赵甲等……，钱乙……，作何问断？

答曰：一审得：赵甲等……，之例，允合坐拟。一议得：赵甲依……，完日送兵部定拟发遣。

愚谓折狱一事……①

---

① （明）佚名：《锲御制新颁大明律例注释招拟折狱指南》，载杨一凡主编《历代珍稀司法文献》第4册，社会科学文献出版社，2012，第61页。

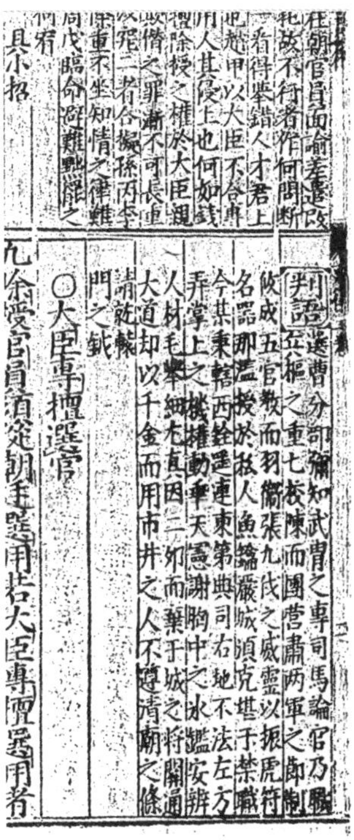

在朝官員面諭差遣改托故不行者作何問斷一看得舉錯人才君上也越甲以大臣不合專用人其侵上也何如錢權除授之權於大臣覬取倚之罪漸不可長達從冠二者合擬孫丙李係重不坐知情之律雖周戊臨命避難黜罷之何宥具小招

判語 選曹分司獨知武胄之專司馬論官乃職兵樞之重七校陳而國營肅兩軍之節制攸成五官教而羽衛張九伐之威靈以振虎符名器那濫授於私人魚鑰嚴城須克堪于禁職今某秉轄西銓選連東第典司右地不法左方弄掌上之機權動乖天憲謝胸中之冰鑑安辨人材毛舉細尤直因二卵而棄于城之將闢通大道却以千金而用市井之人不遵清廟之條請就轅門之鉞

○大臣專擅選官

凡除授官員須從朝廷選用若大臣專擅選用者

图 5　卷二“选用军职”律下栏判语

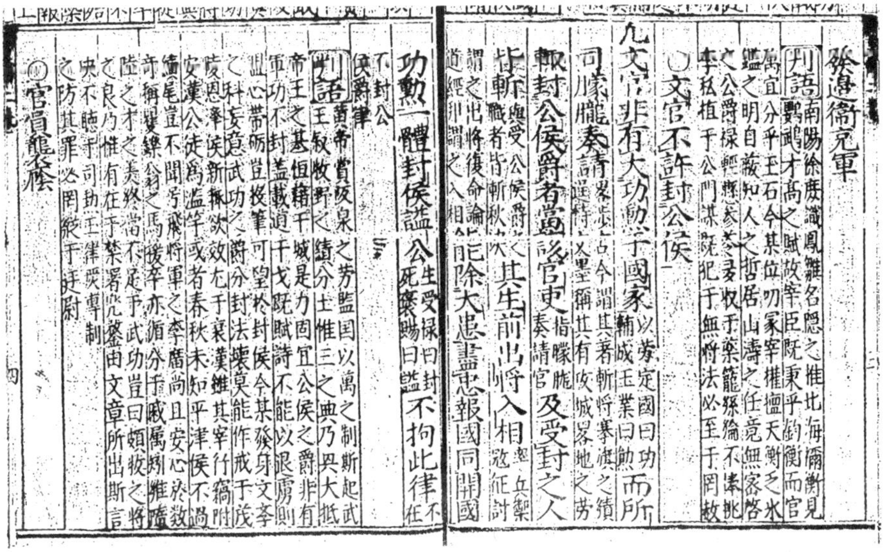

發邊衛充軍

判語 南陽徐庶識鳳雛名隱之推比海爾衡見鸚鵡才高之賦故宰臣既秉乎鈞衡而官爵宜分乎玉石今某位叨冢宰權擅天衡乏水鑑之明自蔽知人之哲居山濤之任竟無咨啓文公爵祿輕擲參苓妄收于藥籠猕猴不棄桃李私植于公門某既犯于無將法必至于罔赦

○文官不許封公侯

凡文官非有大功勳于國家以勞定國曰功而所司朦朧奏請輒封公侯爵者當該官吏及受封之人皆斬其生前出將入相能除大患盡忠報國同開國

功勳一體封侯謚公生受祿曰封公死褒賜曰謚不拘此律

不封公侯爵律

判語 黃帝賞阪泉之芳監国以萬之制斷起武王叙牧野之績分土惟三之典乃兵大抵帝王之基恒藉干城是力固宜公侯之爵非有軍功不封蓋載道干戈既賦詩不能以退虜則盟心帶礪豈投筆可望於封侯今某發身文李之科妄意武功之爵分封法壞莫能作戒于茂陵恩澤侯新撫效尤于哀漢雖其宰行竊附安漢公徒為濫竽或者春秋未知平津侯不過績毫豈不聞李廣飛將軍之李廣尚且安心於數奇鑠馬援之馬援亦循分于戚屬翊維陸之才之美終當不足乎武功豈曰頰牧之將之良乃惟有在于禁署究由文章所出斯言央不聽于司勳王律嚴專制之防其罪必罔赦于廷尉

○官員襲蔭

图 6　卷二“大臣专擅选官”律与“文官不许封公侯”律下栏判语

《精刻大明律》下栏判语则与上栏《断律捷指》中的"假如""断云"判语和《折狱指南》所载判语不同。《精注大明律》下栏双行小注判语的文体为骈文，体制为拟判而非案判。换言之，判体文系为铨选考试而作的模拟判语，并非官员在处理案件中实际写作的判词。其阐释律文的主要方式是用典，而非援引具体案例加以说明，文学色彩重于法律技术，有明显的重文辞倾向。但将这些判词编入书中，也可使观者大致明晰法律适用的语境，有助于理解律义，诚如罗栋在弁言中所称"结以判辞，收浮蔓也"。实际上，这些判语并非辑者朱敬循原创，有许多内容类同于万历年间湖州知府陈经济①选编的《新刻湖州注释弄丸判语评林》（以下简称《弄丸判语》）②。更确切地讲，《精注大明律》的判语系仿照明代科举判文而成。陈氏在湖州知府任上选编并注释判文 163 篇，涵盖吏、户、礼、兵、刑、工各类。判文原作者共 43 人，均为万历八年（1580）至二十三年（1595）乡试、会试、殿试之魁元。《弄丸判语》一书今仅存萃庆堂重刻本，为日本山口大学图书馆所藏。

以判试士始于唐代，明人承唐朝余绪，将判语设为科考科目。科举中的判语乃选士之词，自然有别于官员断狱之词，呈现"润案牍以《诗》《书》，化刀笔为《风》《雅》"③的特质。尽管判语为明代乡试、会试的必考内容，然其不可与经义同日而语，与论、表、策亦无法比肩。甚至由于其体过简，考生容易应付，常遭轻视。《日知录》有载："士不读律，止抄录旧本。入场时每人止记一律……场中即可互换。中式之卷，大半雷同，最为可笑。"④这也造成明代判文大同小异的普遍情形。将《弄丸判语》与李廷机等人评选的《新镌翰林评选注释三场判学司南》相较，诸多同题判语几乎相同。⑤将《精注大明律》中的判语与《弄丸判语》相比对，会发现诸多判文相仿（见表2）。

---

① 陈经济，字献明，号弘宇、衡吾、衡宇。河南禹州人。万历八年（1580）进士，曾任严州知府、湖州知府、浙江副使等职。万历二十三年（1595）至二十六年（1598）任湖州知府。

② "弄丸"典出《庄子·徐无鬼》"市南宜僚弄丸，而两家之难解"，取其"排纷解难"之意。

③ 孙梅辑：《四六丛话（二）》卷一九，商务印书馆，1937，第 341 页。

④ 顾炎武著，黄汝成集释：《日知录集释》，浙江古籍出版社，2013，第 966 页。

⑤ 陈维昭编校：《稀见明清科举文献十五种》上册，复旦大学出版社，2019，第 22 页。

表2　《精注大明律》部分判语与《弄丸判语》对比表

类别	律　目	《精注大明律》部分判语	《弄丸判语》	判语原作者
吏律	举用有过官吏	凤雏名隐，南阳先徐庶之推；鹦鹉才高，比海动祢衡之荐……	南阳徐庶，识凤雏名隐之推；北海祢衡，见鹦鹉才高之赋……（基本相同）	（会元）袁宗道
户律	禁革主保里长	联庶姓而分土，受廛既列编氓之籍；长百家而轮年，应役因标里甲之名……	联庶姓而分土，受廛既列编氓之籍；长百家而轮年，应役因标里甲之名……（完全相同）	（解元）李子房
礼律	乘御服御物	故入公门而倒莫侧龟，传著欺君之戒……	典路饰王行之辂，舟师严存鲔之舟。故入公门而倒莫侧龟，传著欺君之戒……（基本相同）	（解元）金本高
兵律	关津留难	司险掌九州之途，以达道路之远；掌固严一方之禁，是便士庶之防……	司险颁九州之途，掌固系一方之禁……（基本相同）	（解元）金本高
刑律	夜无故入人家	辉辉月照梧桐院，路禁人踪；隐隐钟鸣紫翠宫，街收马迹……	辉辉月照梧桐院，路禁人踪；隐隐钟鸣紫翠宫，街收马迹……（完全相同）	（解元）谭昌言

　　值得注意的是，《精注大明律》判语的体量庞大，远超《弄丸判语》所载的163篇。鉴于相似的文风和笔法，笔者推测，其余判语也取材于明代魁元之作，参酌了其他同质化的判文集。此外，就成书时间和刊刻情况而言，《弄丸判语》的原本为陈经济在湖州知府任上所刻，刊刻《精注大明律》的书林萃庆堂后据"湖州原板"重刻此书。虽原本已佚，重刻本未载明时间，但都会晚于万历二十三年（1595）。这也佐证了《精注大明律》成书于万历二十三年之后。

（三）《大明律》《问刑条例》和集解

　　明代曾三次修订《问刑条例》，分别为弘治、嘉靖和万历朝。《精注大明律》中的《问刑条例》应为万历朝修订版。嘉靖《问刑条例》已将条例插于相关律文之后，并对条例进行注释，便于检索、阅览。万历时期延续这一做法。虽然《精注大明律》所附万历《问刑条例》不全（少49

条），于例文有删节，所附条例亦多重出，① 但由于细致注释《问刑条例》的著述相对较少，该书得以在德川时代流入日本，被前田纲纪收入文库。

《精注大明律》首卷附有弘治十年（1497）奏定《真犯杂犯死罪》。其详细规定了死罪严重程度、量刑轻重和处刑时限。"真犯死罪"指性质情节严重的死罪，为常赦所不原，减一等仍为流刑，且执行"不待时"；"杂犯死罪"则指某些性质、情节不太严重的死罪，判刑后不马上执行，而要等候秋审、朝审时按具体情况再行处理，并可当作五年徒刑以适用赎刑。明朝曾几次颁定、重修《真犯杂犯死罪条例》，趋势是真犯死罪越来越多。② 《精注大明律》所附《真犯杂犯死罪》列有"真犯死罪决不待时"者，如：凌迟处死 12 条，斩罪 35 条，绞罪 13 条；另有"真犯死罪秋后处决"者，如：斩罪 95 条，绞罪 75 条。此外，还有"杂犯死罪"者，如：斩罪 4 条，绞罪 7 条，边远充军 24 条，充军 13 条。有论者称，在"杂犯死罪绞罪"后，增加"边远充军""充军"，最早可见于隆庆元年（1567）陈省刊《大明律例》。③

《精注大明律》卷一至卷十一下栏正文部分按照《名例律》《吏律》《户律》《礼律》《兵律》《刑律》《工律》顺序编排。较之《大明律集解附例》，有些注解更为详细。以《名例律·流刑》为例，《大明律集解附例》记载：

> 流刑三：二千里杖一百（赎铜钱三十贯）；二千五百里杖一百（赎铜钱三十三贯）；三千里丈一百（赎铜钱三十六贯）。

而《精注大明律》对"流刑"加以双行小注：

> 流者，刑之宥也。谓人犯法，情尚可哀，不忍刑杀，特使其离乡别土，如水之流，终身不还，如舜流共工于幽州是也。此法传行，今仿之。④

---

① 黄彰健：《明代律例汇编》上册"序"，第 46 页。
② 蒲坚主编：《中国法制史》，中央广播电视大学出版社，2003，第 257 页。
③ 黄彰健：《明代律例汇编》上册"序"，第 46 页。
④ 朱敬循辑：《刻精注大明律例致君奇术》卷一，第 2 页。

书中除对每一刑名加以注释外，还对量刑作更为具体的阐释，如不仅介绍不同程度流刑可用若干铜钱赎之，还将其换算为若干白银："二千里杖一百（赎铜钱三十贯，银三钱七分五厘）。"除在律文中注释外，在一些较为重要的律文后，编者也加上了双号小字的"判语"，进行拟判性解读。

（四）《附刻宋提刑洗冤录》《附包龙图断案》的版本特征

本书卷十二为《附刻宋提刑洗冤录》，版式同样为两栏式。上栏约占版框高度的三分之一，内容为《附包龙图断案》；下栏为主体部分，内容为《洗冤录》。萃庆堂《附刻宋提刑洗冤录》正文前的元代《圣朝颁降新例》七则，为至元到延祐年间官方颁布的有关验尸规范的公文。[①] 其中有人体仰面、合面插图。正文自《条令》至《验状说》凡54条。但东洋文化研究所藏刻本有跳页、损毁等情况。第28条后直接跳到第44至47条，复续接第29至43条，其后又直接跳至第48至53条。卷十二以第53条《救死方》作结，并未见到第54条《验状说》。卷末九页上部残缺较严重。

据刘通考证，萃庆堂《附刻宋提刑洗冤录》第9条、第11条至第18条的排列顺序不同于元刊本《宋提刑洗冤集录》。第49条为增补的《辜内病死》（内容引自《结案式》一书）。正文从《结案式》增补条文16条，另从《无冤录》增补条文9条。[②] 增补《结案式》的内容直接插于某一条目的最前面；增补《无冤录》的内容则相反，多列于某条目内容的最后。《结案式》成书于大德元年（1297），是元代考试儒吏的有关民刑案件的通式。《无冤录》成书于至大元年（1308），为元代王与所著法医学著作，书中指出了《洗冤录》的一些错误。

明清注释律学以服务于司法应用为出发点与着眼点，律学著作的使用对象多为地方临民之官。[③] 由于州县官审理命案需亲自勘验，故而诸多明

---

① 参见诸葛计《宋慈及期〈洗冤集录〉》，《历史研究》1979年第4期，第91页。七则公文分别为：《初复检验本末》《尸首检迄埋瘗》《临近检复尸例》《官吏亲临检尸》《检验法式》《尸帐用印关防》《初复检验体式》。

② 参见刘通《〈洗冤集录〉传世考述》，载南平建阳宋慈研究会编《宋慈文化》，海峡文艺出版社，2016，第391页。

③ 张晋藩：《清代律学兴起缘由探析》，《中国法学》2011年第4期，第159页。

代律学书籍附刻《洗冤录》。除《精注大明律》外，日本尊经阁文库藏万历四十年（1612）建邑积善堂陈奇泉重刊本《全补新例明律统宗》，附有《洗冤录》《无冤录》各一卷；明刊本《鼎镌六科奏准御制新颁分类注释刑台法律》十六卷，附《洗冤录》二卷。①

卷十二上栏收有二十余回包公案，题"附包龙图断案"，与万历二十二年（1594）"与畊堂"本《新刊京本通俗演义全像包龙图判百家公案全传》（简称《百家公案》）内容大致相同，仅有第9回《判阿杨谋杀亲夫》和第21回《配姚弘禹决王婆死》与《百家公案》对应回目（第77回、第25回）的措辞略有不同，且《百家公案》有回前判词和结尾诗，此为《附包龙图断案》所无。从内容上看，《百家公案》共十卷一百回，内容较《附包龙图断案》更为丰富。就地缘而言，刊刻《精注大明律》的潭城余氏萃庆堂和建安朱氏与畊堂地缘关系较近，两者皆为建阳刻书业的佼佼者。② 因此，《附包龙图断案》很可能借鉴了与畊堂本《百家公案》。

四、《刻精注大明律例致君奇术》与晚明律学

《精注大明律》在明清私家律学著述中的地位可谓承前启后。明中期以来，律注作品呈繁荣之势，私家注律更是异常活跃。③ 成书于万历年间的《精注大明律》吸纳了明代前中期的律学成果。清承明制，明代的注律成果也为清代律学的发展奠定基础。例如在《精注大明律》和其他律学著作中大量出现的辑注、比附律条等方法，直接影响到清代的私家注律。

从内容分析，《刻精注大明律》收录的判语、告示，并非辑者所创，而是从其他书籍中转录拼凑而成。诸多明代律学著述中皆辑录了判语、告示，如彭应弼辑《鼎镌大明律例法司增补刑书据会》（十三卷）分上下两栏，上栏辑录参语、判语、告示、补议等，下栏为律例、会典等条文。沈应文校正、萧近高注释《鼎镌六科奏准御制新颁分类注释刑台法律》（二十一卷），除释律文外，也附有告示、判词。苏茂相辑《新刻官板律例临

---

① 黄彰健：《明代律例汇编》上册"序"，第50~51页。
② 与畊堂至迟在元代已成立于建阳。参见方彦寿《建阳刻书史》，第180页。
③ 尤陈俊：《法律知识的文字传播：明清日用类书与社会生活日常》，第168页。

民宝镜》（十卷）在律文后附以审语、参语、断语、议语、判语、告示等；书末除附《洗冤录》外，还有宪纲、官守、部约等多目。可见，收录判语、告示是明代私家律著的风尚。通过进一步比较《精注大明律》与上述律学著述，可以发现大部分告示相似度较高，判语则有较大差异，但这些判语基本出自科举的二、三场。总体而言，《精注大明律》可展现出明代私家律著的整体风貌，具有较强的代表性。

从体例分析，《精注大明律》"两栏式"体例也具有典型性。《刑书据会》《刑台法律》《临民宝镜》等明代律学书籍均为上下两栏的体式。"两栏式"的编排体例亦可见于《折狱明珠》《按律便民折狱奇编》《新镌订补释注霹雳手笔》等明代通行的讼师秘本，以及《新锲天下备览文林类记万书萃宝》《新锲全补天下四民利用便观五车拔锦》《新刊翰苑广记补订四民捷用学海群玉》等明代日用类书的"律法门"。① 但究竟是讼师秘本模仿了律学著作，抑或律学著作借鉴了讼师秘本，还有待进一步考证。②

李守良将《精注大明律》一书归为司法应用派著作。③ 实际上，《精注大明律》内容博杂，形式多元，很难将其归入某一具体类别。其既有辑注派"辑录诸家之说，间申己见"的特征，又有司法应用派注重司法实践与法律适用的特点。同时，兼具考据派运用多种方式阐释法律术语与规范的风格。因而该书最鲜明的特质是集诸派之长，是典型的综合派。可以说它是明代私家律著的代表之一。作为明代坊刻的书籍，其能流传至今且品相尚佳，殊为不易。

（责任编辑：陈佳臻）

---

① 尤陈俊：《法律知识的文字传播：明清日用类书与社会生活日常》，第119页。
② 殷啸虎：《公堂内外：明清讼师与州县衙门》，上海交通大学出版社，2019，第149页。
③ 李守良：《明代私家律学的法律解释》，载中国政法大学法律古籍整理研究所编《中国古代法律文献研究（第六辑）》，社会科学文献出版社，2012，第405~406页。

《中国古代法律文献研究》 第十六辑

2023 年，第 301~314 页

"司法应用"与《刑台法律》的
内容安排、法律解释[*]

孙　旭^{**}

摘　要:《刑台法律》是明代的一部律学著作。其上、下两栏的版式，使内容安排呈现出呼应性；对《大明律》的注释，很多都因袭《读律琐言》，但将《读律琐言》的"律后注"改为"夹注"；此外，其注释还有对《读律琐言》的发展，这些都为其"司法应用"特点的形成奠定了基础。

关键词:《刑台法律》　版式　内容安排　《大明律》注释　《读律琐言》

《刑台法律》，即《鼎镌六科奏准御制新颁分类注释刑台法律》。1990年中国书店将民国年间法学者朱颐年所藏本收入《海王邨古籍丛刊》，[1] 影印出版。

---

* 本文为高校古委会项目"《刑台法律》点校与研究"（项目编号：1219）的阶段性成果。

** 中国政法大学法律古籍整理研究所副教授。

[1] 阿风：《刑台法律·行移体式》，载中国政法大学法律古籍整理研究所编《中国古代法律文献研究（第十三辑）》，社会科学文献出版社，2019，第 370 页。

一、注、考、校、刻者及相关时间

《刑台法律》正文卷一的卷端题："刑部尚书雷门沈应文校正，刑科都九生萧近高注释、（具）〔贞〕① 予曹于汴参考，潭阳秋林熊氏种德堂绣梓。"交代了注释者、参考者、校正者及刻印者的基本信息。

关于萧近高，据《明史》："萧近高，字抑之，庐陵人。万历二十三年进士。"② 据《明神宗实录》，万历三十五年（1607）七月庚戌，"升（户科右给事中）萧近高为刑科都给事中"③。刑科给事中监察刑部，都给事中为刑科主官。

关于曹于汴，据《明史》："曹于汴，字自梁，安邑人。万历十九年举乡试第一。明年成进士。"④ 曹于汴任刑科给事中的时间，据《明神宗实录》，万历三十一年二月癸巳，"刑科右给事中曹于汴以病乞休"⑤，但《明史》本传言其"乞休"前为吏科给事中，不一致。其复官，据《明神宗实录》，万历三十四年二月壬戌，"补原任左给事中曹于汴为刑科右给事中"⑥；三十五年七月庚戌，萧近高升刑科都给事中之日，"（升）曹于汴为刑科左给事中"⑦。可见，至晚至万历三十四年二月，曹于汴已任刑科给事中，较萧近高任刑科都给事中早了一年多。

关于沈应文，据《明史》，其于万历三十三年十一月，"署"——暂代刑部尚书；三十六年八月，正式任刑部尚书。⑧ 据《明实录》：万历三十二年十一月乙酉，"起山东左布政使沈应文为刑部右侍郎"⑨；万历三十六年

---

① 阿风：《刑台法律·行移体式》，第 371 页。
② （清）张廷玉等：《明史》卷二四二《萧近高传》，中华书局，1999 年，第 4196 页。
③ 《明神宗实录》卷四三六"万历三十五年七月庚戌"，1962 年"中研院"历史语言研究所据国立北平图书馆红格钞本微卷影印，第 8251 页。
④ （清）张廷玉等：《明史》卷二五四《曹于汴传》，第 4383 页。
⑤ 《明神宗实录》卷三八一"万历三十一年二月癸巳"，第 7168 页。
⑥ 《明神宗实录》卷四一八"万历三十四年二月壬戌"，第 7920 页。
⑦ 《明神宗实录》卷四三六"万历三十五年七月庚戌"，第 8251~8252 页。
⑧ （清）张廷玉等：《明史》卷一一二《七卿年表二》，第 2298~2299 页。
⑨ 《明神宗实录》卷四〇三"万历三十二年十一月乙酉"，第 7535 页。

八月己未，"升刑部右侍郎沈应文为本部尚书"①。其任职刑部的时间从万历三十二年十一月开始，也早于萧近高任刑科都给事中的时间。

可以推测，《刑台法律》的成书时间，是三人任职有交叉——或任刑部尚书、或监察刑部之时。但完成此书的想法与所作的准备工作，可能开始得更早。

关于刻印者，"潭阳"为今福建南平市建阳区的别称；"秋林"指文学、艺术荟萃之所；熊氏种德堂是明代福建建阳著名的书坊。另外，书后有牌记"龙飞万历屠维作噩玄月潭阳种德堂绣"："屠维"是天干中"己"的别称，"作噩"是地支中"酉"的别称，"玄月"是夏历"九月"的别称，表明刻印时间为万历己酉九月，即万历三十七年（1609）九月。但《刑台法律》序言题写"巡按福建监察御史徐鉴书于建宁公署"，据《明神宗实录》，万历四十一年二月丁未，"命广西道御史徐鉴巡按福建"②。牌记所言刻印时间早于作序时间，这可能是朱颐年藏本并非原刻本，徐鉴之序是后加的。至于朱颐年藏本是后印本，还是重刻本，尚不能确定。黄彰健言日本尊经阁文库藏有《刑台法律》明刊本，"徐鉴于万历四十年六月任巡按御史。……此书盖刻于万历四十年以后"③，此本可能对确定《刑台法律》的刻印时间有帮助。

目前专门研究《刑台法律》的成果主要有两种，一是张宜《明代司法实务手册——〈刑台法律〉》④，一是阿风《刑台法律·行移体式》⑤，前者偏重于论述，后者偏重于点校与考证。此外，其他研究明清律学的成果，如李守良《明代私家律学的法律解释》⑥，李守良、徐世虹《明清律学与律学著作》⑦ 等，对《刑台法律》也有提及。

---

① 《明神宗实录》卷四四九"万历三十六年八月己未"，第8496页。
② 《明神宗实录》卷五〇五"万历四十一年二月丁未"，第9600页。
③ 黄彰健：《明代律例汇编》，"中研院"历史语言研究所专刊之七十五，1979，第51页。
④ 张宜：《明代司法实务手册——〈刑台法律〉》，载《法律文化研究：第五辑（2009）》，中国人民大学出版社，2010。
⑤ 阿风：《刑台法律·行移体式》。
⑥ 李守良：《明代私家律学的法律解释》，载中国政法大学法律古籍整理研究所编《中国古代法律文献研究（第六辑）》，社会科学文献出版社，2012。
⑦ 李守良：《明清律学与律学著作》，载徐世虹主编《中国古代法律文献概论》，上海古籍出版社，2019。

学界根据注释侧重点、注释风格等的不同，对明清律学作了流派区分，其中关于《刑台法律》基本取得共识，即其属于司法应用派（或称"司法实用派"），"该派主要着眼于法律适用"①。张宜认为："官员参照样本依样画葫芦，将其中的虚名、虚指换做真实姓名、真实地点，一篇模范公文就产生了。"②事实上，不止是公文，《刑台法律》在内容安排与法律注释上，也都体现出"司法应用"的特点。

二、《刑台法律》的内容安排

《刑台法律》的内容包罗广泛，但安排上又颇具匠心，驳而不杂，丰而有序，很好地达成了"司法应用"的目的。而这，主要得益于其版式的选择。

《刑台法律》的版式分上、下两栏，上栏占整个版面的三分之一，下栏占三分之二。这种版式在古代插图本小说的刊刻中比较常见，上图下文，图文对照，能形象解读作品的文字内容，帮助读者理解。但其缺点也显而易见，即因版面有限，难以做到精雕细刻，无法与整页大幅的版式媲美。《刑台法律》的图表极少，且多占据整个版面，不涉及刻画精细与否的问题，因此这种上、下两栏的版式主要为其文字安排服务——位置临近而又有所区隔，构成一种内在的呼应性。

《刑台法律》内容包括目录、首卷、附卷、副卷、正文五部分。首卷不分栏，先列举明律中规定应当处以死刑的犯罪，然后是《六赃图》《附在京纳赎诸例图》等图表。附卷、副卷、正文三部分均分栏。附卷上栏是"串招字眼""第一抬头字样式"等，下栏是"行移体式"。副卷上栏是"钦定时估例""金银铜锡珠玉类"等；下栏先是"为政规模节要论""刑名启蒙集要""金科玉律""六赃总类歌"，其后大致与《大明律》"名例律"的内容相同。正文体量最大，共十八卷：上栏，前十六卷为告示、判语，十七、十八卷为"新增孔部元法四六参语"；下栏，前十六卷为《大

---

①　李守良：《明代私家律学的法律解释》，第405页。
②　张宜：《明代司法实务手册——〈刑台法律〉》，第390页。

明律》除"名例律"之外的内容,十七、十八卷为《洗冤集录》《无冤录》。就内容、体量而言,《刑台法律》应以下栏为主,上栏为次。

值得注意的是,附卷、副卷、正文的下栏与上栏在内容上呈现出明显的呼应性。比如附卷下栏是"行移体式",上栏就相应地安排"串招字眼""第一抬头字样式"等内容,以解决文书写作过程中可能遇到的用字、抬头等问题。副卷的下栏是"为政规模节要论""刑名启蒙集要"等以及《大明律》"名例律"部分,涉及收赎的问题,上栏就相应地安排"钦定时估例""金银铜锡珠玉类"等内容。这一点在正文前十六卷表现得最为明显。其下栏是《大明律》除"名例律"之外的内容,在每一律条及解释之后,先安排与之密切相关的"案例解释"①,然后是相关的"拟罪条例"(如果有);上栏,则是关于针对此律条所涉违法犯罪行为的告示、判语、具招条例。正文后二卷上栏的"新增孔部元法四六参语"也与下栏《洗冤集录》的内容密切相关。

明代并非所有的"司法应用"类律书都采用这种上、下两栏的版式。陈永辑《法家哀集》包括"宗服歌""法家秘诀"等歌诀以及"招拟指南"②,就没有采用上、下两栏的版式。上、下栏安排的好处是"便览"——阅看任一栏的内容,都可以从另一栏中找到与之密切相关的内容,或便于理解,或便于执行。由此可见,《刑台法律》在内容安排上具有明显的"司法应用"特点——注重便利性。

此外,《刑台法律》在引用《大明律》《洗冤集录》上的求"全"——全部引用,也体现出了其"司法应用"的特点。有些明代律书对《大明律》《洗冤集录》并不是全部引用,而是摘引,如《法家体要》③,上卷为《大明律例摘解》,列出《大明律》律条名称后,不引律条内容,即以"摘解曰"展开注释;下卷为《大辟集勘条格》,对《洗冤集录》的内容也是摘引。全引与摘引的区别在于,前者一书在手,无所不

---

① 李守良《明代私家律学的法律解释》,第 407~419 页。李守良将律书的注释方法总结为 10 种:问答式解释、历史解释、扩大解释、缩限解释、逻辑解释、目的解释、案例解释、文义解释、体系解释、比较解释。

② 杨一凡编:《中国律学文献》第一辑第四册,黑龙江人民出版社,2004。

③ 杨一凡编:《中国律学文献》第五辑第一册,社会科学文献出版社,2018。

包；后者因摘其重点，需参以原书，两相对照。相比之下，便利性上孰优孰劣，一目了然。

三、《刑台法律》对《大明律》的注释

《大明律》律文简约、抽象，为注释留下较大的空间。而注释本身，从某种意义上来说，就具有便于"司法应用"的特点。

《刑台法律》注释《大明律》时，个别地方同时指出《辩疑》（《律解辩疑》，洪武间何广著）、《管见》（《读律管见》，嘉靖间陆柬著）、《读法》（《大明律读法》，嘉靖间孙存辑）、《附解》（《大明律例附解》，隆庆元年陈省刊刻）①、《附考》（不详何书）等的观点；但其采纳最多的，是雷梦麟的《读律琐言》，经常大段地因袭，并且不注明出处。当然，《刑台法律》也有很多与《读律琐言》不同之处。无论异同，《刑台法律》都不失其便于"司法应用"的特点。

（一）《刑台法律》注释对《读律琐言》注释的因袭

《刑台法律》注释与《读律琐言》注释的关系主要有三种，一是全同，二是部分相同，三是不同。无论全同，抑或部分相同，《刑台法律》注释都要首先面对与《读律琐言》注释体例不同的问题。

《读律琐言》对《大明律》的注释多采取"律后注"的方式——于律条后集中阐述，而非"夹注"——夹于律文之中。"律后注"的好处是集中、完整，逻辑性强，但就利用的便利性——快速找到针对律文的解释、加以阅读来说，显然不如"夹注"的——对应方便，《刑台法律》的注释就采取了"夹注"。因此，《刑台法律》在因袭《读律琐言》的注释时，就要先进行特殊处理——根据注释的具体内容，将《读律琐言》的注释逐条分解，分别附于相应的律条后，以使注释与律文更紧密地结合在一起。下文以《大明律·户律二·田宅》"典买田宅"条为例加以说明。

---

① 参见张伯元《陆柬〈读律管见〉辑考》，载何勤华编《律学考》，商务印书馆，2004，第371、373 页。

《读律琐言》的注释：

　　不税契者，亏损其课程，亏官之罪小，故笞五十，追价一半入官。不过割者，遗存其粮税，累民之罪大，故罪止杖一百，其田入官。已典卖与人田宅，即他人田宅矣，而盗卖他人田宅，罪止杖八十、徒二年者，虽卖其田，未损其价也；重复典卖，以所得价钱计赃，准窃盗论，罪止杖一百、流三千里者，既受其价，又夺其田也，此轻重之别矣。原契已明立限期，限满取赎，而典主托故不放者，是典主违约矣，故笞四十。仍追限外花利给主。依价取赎，一取其价，一取其利，各取其在己之所有矣。年限虽满，业主无力取赎者，是业主违约矣，典主何罪焉？故不拘此律。①

《刑台法律》的注释（括号内的文字）：

　　凡典买田宅不税契者，笞五十，仍追田宅价钱一半入官。（不税契者，亏损其课程，亏官之罪小，故笞五十，追价一半入官。）不过割者，一亩至五亩，笞四十，每五亩加一等，罪止杖一百，其田入官。（不过割者，遗存其粮税，累民之罪大，故罪止杖一百，其田入官。）〇若将已典卖与人田宅，朦胧重复典卖者，以所得价钱计赃，准窃盗论，免刺，（已典卖与人田宅，即他人之田宅矣，而盗卖他人田宅，罪止杖八十、徒二年者，虽卖其田，未损其价也；重复典卖，以所得价钱计赃，准窃盗论，罪止杖一百、流三千里者，既受其价，又夺其田也，此轻重之别矣。）追价还主。田产从原典买主为业。（**此乃重复典买之人，不知情者也。**）若重复典买之人及牙保知情者，（**知其重复典卖情由**。）与犯人同罪，追价入官。不知者，不坐。〇其所典田宅、园林、碾磨等物，年限已满，业主备价取赎，若典主托故不肯放赎者，笞四十。（所典原契已明立限，其限满取赎，而典主托故不肯放赎者，是典主违约矣，故笞四十。）限外递年所得花利，追征

---

① （明）雷梦麟撰，怀效锋、李俊点校：《读律琐言》卷五《典买田宅》，法律出版社，2000，第140~141页。

给主，依价取赎。（仍追限外花利给主。依价取赎，一取其价，一取其利，各取其在己之所有也。）其年限虽满，业主无力取赎者，不拘此律。（谓年限虽满，业主无力取赎者，是业主违约矣，典主何罪焉？故不在笞四十、花利追征给主之限，谓之不拘此律。）

除了两处加重颜色文字未见于《读律琐言》，《读律琐言》的其他注释被《刑台法律》分解后（极个别字句有改动），分别附于相应的律文后。这样在阅读律文时，连带着同时阅读相关的解释，能及时地理解律文，便于应用。

《读律琐言》有时因律文过长，会在注释中涉及一下律文的相关部分，以提高注释与律文的关联性。对此，《刑台法律》有时会注意修剪，有时则未予注意，从而造成注释中窜入律文的情况。如《大明律·兵律四·厩牧》"乘官畜脊破领穿"条，"典牧所官，各随所管群头多少，通计科罪。太仆寺官，各减典牧所官罪（二）〔三〕等"① 一句，《刑台法律》的注释是："典牧所官，随所管群头多少，通计科罪。如管五群，则以五百匹为率，每五十匹笞二十；管六群，则以六百匹为率，每六十匹笞二十。（大）〔太〕仆寺〔官〕，各减典牧所官罪三等。"此注释完全袭自《读律琐言》，但没有注意将最后一句律文摘出。这是《刑台法律》受《读律琐言》影响的明证。

（二）《刑台法律》注释对《读律琐言》注释的发展

《刑台法律》注释虽多因袭《读律琐言》注释，但也有发展之处。

第一，表达更严密。《大明律·吏律二·公式》"出使不复命"条中，"凡奉制敕出使不复命，干预他事者，杖一百"② 一句，《读律琐言》的注释是："故在制使，职事本重者，干预他事，杖一百。"③ 制使确实"职事本重"，但并非所有的制使都"干预他事"，这里连说，不甚严密。《刑台法律》注释："故在制使，职事本重者，若干预他事，杖一百。"加一"若"字，就将所指对象作了限定，逻辑上更加严密。

---

① 怀效锋点校：《大明律》卷一六《兵律四·厩牧》"乘官畜脊破领穿"，法律出版社，1999，第123页。
② 《大明律》卷三《吏律二·公式》"出使不复命"，第39页。
③ 《读律琐言》卷三《吏律·公式》"出使不复命"，第101页。

第二，举例解释律条中的法律词汇。《刑台法律》对法律词汇的解释，较《读律琐言》更多，而且还多采用举例的方式注释。《大明律·户律三·婚姻》"典雇妻女"条中，"凡将妻妾受财典雇与人为妻妾者，杖八十"① 一句，《读律琐言》的注释是："归价听赎曰典，计庸受直曰雇。"② 比较简练。《刑台法律》的注释则举出典田、雇车两个具体例子，分别加以说明："归价听赎曰典，如典田之类，以价易去，而原价取赎。计庸受直曰雇，如雇车之类，验日还钱，不必取赎也。典雇妻妾与人，是既归其夫，又使其从人，是失节也，故杖八十。"这样的注释有利于理解，当然也便于司法。

第三，补充《读律琐言》未注释之处。整体而言，《读律琐言》的注释较《刑台法律》为多，单从司法应用的角度而言，有些注释是不必要的，故《刑台法律》作了删减。但有时《刑台法律》又有所补充，比如对律条设置原因的揭示。《大明律·户律一·户役》"私创庵院及私度僧道"条中，"违者，杖一百，还俗。僧道，发边远充军；尼僧女冠，入官为奴"③ 一句，《刑台法律》的注释是："违者，僧道等私擅创建、增置者，杖一百，僧道免杖，尼僧女冠，（尼）〔单〕衣决杖，各还俗。招出原籍、姓名，僧道，发边远充军；尼僧女冠，入官为奴。"全袭自《读律琐言》。但接下来，《刑台法律》又注释道："充军又还俗，何也？盖僧道出家，舍本姓，穿异服，为出俗。今为事杖断一百，必复原姓，收入俗家册籍，为还俗，然后发充军。不然，则其逃走，何所从据也。"为《读律琐言》所未见。其对处罚原因作出相应的解释，也便于理解与执行。

《刑台法律》的有些注释，有时甚至较《大明律》本注更优。下举《大明律·刑律五·诉讼》"诬告"条中"若告二事以上，轻事告实，重事招虚，或告一事，诬轻为重者，皆反坐所剩"④ 一句为例，加以说明。

《读律琐言》对此没有作注，而仅以一句"故反坐所剩徒、流，各折杖科之"⑤ 带过，可能缘于《大明律》对此有注，且比较详细。但事实上，

---

① 《大明律》卷六《户律三·婚姻》"典雇妻女"，第60页。
② 《读律琐言》卷六《户律·婚姻》"典雇妻女"，第148页。
③ 《大明律》卷四《户律一·户役》"私创庵院及私度僧道"，第46~47页。
④ 《大明律》卷二二《刑律五·诉讼》"诬告"，第177页。
⑤ 《读律琐言》卷二二《刑律·诉讼》"诬告"，第410页。

因为其中涉及不同刑种之间的折算问题，比较复杂。《刑台法律》不仅作注，且注释角度与《大明律》本注不同，明显更优于后者。下表对两者加以比较（内容近似之处并列）。

《大明律》本注	《刑台法律》注释
谓诬轻为重，至徒、流罪者，**每徒一等，折杖二十**。若从徒入流者，三流并准徒四年。皆以一年为所剩罪，折杖四十。若从**近流入至远流者，每流一等，准徒半年为**所剩罪，亦各折杖二十。	
收赎者，谓如告一人二事，一事该笞五十是虚，一事该笞三十是实，即于笞五十上准告实笞三十，外该剩下告虚笞二十，赎铜钱一贯二百文。	
或告一人一事，该杖一百是虚，一事杖六十是实，即于杖一百上准告实杖六十，外该剩下告虚杖四十，赎铜钱二贯四百文。	
及告一人一事，该杖一百、徒三年是虚，一事该杖八十是实，即于杖一百、徒三年上准告实杖八十，外该剩下告虚杖二十、徒三年之罪。徒五等，该折杖一百，通计杖一百二十，反坐原告人杖一百，余剩杖二十，赎铜钱一贯二百文。	谓如有人本犯杖六十，却诬告作杖八十，徒二年：该三等徒，共折杖六十，通该（赎钞）〔折杖〕一百四十（贯）；告六十得实，合坐剩杖八十，赎钞四贯八百文。**此诬杖为徒之类也。**
	又如有人本犯笞五十，却诬告作杖六十，徒（一）〔二〕年：五徒皆包杖一百，又以徒（一）〔二〕年折杖（二）〔六〕十，共（作）〔折〕杖一百二十；除笞五十得实，合坐剩杖七十，赎钞四贯二百文。**此诬笞为徒之类也。**
	又如有人本犯杖六十，徒一年，却诬告作杖一百，徒三年：先算杖一百，五等徒共折杖一百，通杖二百；已告杖六十，并一等徒折杖二十，共八十得实，合坐剩杖一百二十，的决一百，余二十，赎钞一贯二百文。**此诬轻徒为重徒也。**
又如告一人一事，该杖一百、流三千里，于内问得此招该杖一百，三流并准徒四年，通计折杖二百四十，反坐原告人杖一百，余剩杖四十，赎铜钱二贯四百文之类。①	又如有人本犯杖七十，却诬告作杖一百，流三千里：〔三〕流并准徒（的）〔四〕年，通计折杖二百四十；已告杖七十得实，合坐剩杖一百七十，的决一百，余七十，赎钞四贯（三）〔二〕百文。**此诬杖为流也。**

---

① 《大明律》卷二二《刑律五·诉讼》"诬告"，第 177 页。

《大明律》本注	《刑台法律》注释
	又如有人本犯杖八十，徒二年；却诬告作杖一百，流三千里：并准徒四年，通计折杖二百四十；已告杖八十，并〔三〕等徒折杖六十，共一百四十得实，合坐剩杖一百，赎钞六贯。**此诬徒为流也。**
	又如有人本犯杖一百，流二千里；却诬告作杖一百，流三千里：每流（三）〔一〕等准徒半年，折杖二十，三等流折杖（四）〔六〕十，全坐剩杖（四）〔二〕十，赎钞（四）〔一〕贯二百文。**此诬近流入远流之类也。**

　　《大明律》本注的思路是给出不同刑种之间的折算规则，如"每徒一等，折杖二十""从徒入流者，三流并准徒四年""从近流入至远流者，每流一等，准徒半年"，这符合《大明律》简约的制定原则，但比较抽象，操作起来有一定难度。《刑台法律》注释则将折算规则融入所举的例子中，具体而明晰。如关于"诬笞为徒"，先举出"有人本犯笞五十，却诬告作杖六十，徒（一）〔二〕年"的例子，然后言及"五徒皆包杖一百"——徒分一年、一年半、二年、二年半、三年五等，最高的徒三年折杖一百，则每一等徒折杖二十——从另一角度诠释"每徒一等，折杖二十"的规则；接下来，针对所举的"诬告""徒（一）〔二〕年"的例子，指出"又以徒（一）〔二〕年，折杖（二）〔六〕十"，是将给出的规则具体化；然后对例子作总的计算："除笞五十得实，合坐剩杖七十"——不仅使读者了解了不同刑种之间如何折算，而且明确了如何在"得实"、诬告之间计算，一步步进行，宛如口耳相授，教授生徒，不仅准确地解释了《大明律》律文，还更好地指导了司法工作。

　　《大明律》本注在给出折算规则后，即转入到对诬告如何收赎的解释中，也涉及刑种折算问题，并且举了例子。《大明律》本注是从"告一人二事"、一实一虚的角度出发，与《刑台法律》注释从一人一事——"本犯""诬告"的角度出发不同，但都符合《大明律》关于诬告的定义——"告二事以上，轻事告实，重事招虚，或告一事，诬轻为重者"，区别不大。

　　两者的区别在于所举的具体例子上。关于收赎，《大明律》本注共举了四个例子："一事该笞五十是虚，一事该笞三十是实""该杖一百是虚，一事杖六十是实""该杖一百、徒三年是虚，一事该杖八十是实""该杖一百、流三千里，于内问得止招该杖一百"。其中第一、二例属于同一刑种内部的折算，上等减下等即可，操作上没有难度，意义不大，《刑台法律》注释就没有举这方面的例子。《刑台法律》注释所举的六个例子——"诬杖为徒""诬笞为徒""诬轻徒为重徒""诬杖为流""诬徒为流""诬近流入远流"，或跨不同刑种，或性质严重，都具有一定代表性。

　　两者的区别还在于刑种折算的计算方法上。《大明律》本注于刑种折算后的第三例，涉及不同刑种之间的折算，其计算方法是：于"杖一百、徒三年是虚"上，直接减去"该杖八十是实"，即该杖二十、徒三年；然后根据"徒五等，该折杖一百"的规则，得出"通计杖一百二十"的结果。《刑台法律》注释所举例子与此类似，但计算方法有所不同：先全部折为杖——"诬告作杖八十，徒二年：该三等徒，共折杖六十，通该（赎钞）〔折杖〕一百四十（贯）"，然后再减去"告六十得实"，得出"合坐剩杖八十"的结果。在所诬告刑种包含所犯刑种的情况下，《大明律》本注的"直接减去"计算法无可厚非；但是，一旦所诬告刑种与所犯刑种不同，则"直接减去"的计算法就是行不通的。相比之下，《刑台法律》注释的先折算、再减去的计算法适用范围更广、更科学。

　　而且，《大明律》设置该律文的目的是强调"皆反坐所剩"，即不同刑种之间的折算，因此《刑台法律》注释以"刑种折算包含赎刑数额"的表达方式，在逻辑上要优于《大明律》本注以"赎刑数额包含刑种"的表达方式。

　　当然，《刑台法律》注释也有不足之处，如有时与律文对应不上。《大明律·兵律四·厩牧》"宰杀马牛"条中，"杖一百。驼、骡、驴，杖八十"① 一句，《刑台法律》注释："凡民间私宰自己马、牛者，杖一百。"与律文说的完全不是一回事。再如《刑台法律》注释文字讹误较多，这一点从前文的校勘可明显看出。这些不足对于正确理解律文乃至落实到具体

---

① 《大明律》卷一六《兵律四·厩牧》"宰杀马牛"，第123页。

的执行上，都会产生不良影响。

　　《刑台法律》的内容比较丰富，并且与他书多有重复，除了前面提到的《读律琐言》，阿风还指出："崇祯刊《新刻大明律例临民宝镜》也收录有'行移体式'，与《刑台法律》所收'行移体式'基本相同。……明万历刊《官常政要》收有《新刊招拟假如行移体式》，……其中所收行移体式与《刑台法律》多有重复，文字稍有不同。"①　此外，《刑台法律》上栏的"判语"，与《新纂四六合律判语》②　也多有重复。限于篇幅与能力，容待今后另文探讨。但无论《刑台法律》的内容多采自他书，还是有相当数量的自创，因其选择了以此种方式、此类内容成书，所以都不影响对其"司法应用"特点的判定。

（责任编辑：陈佳臻）

---

① 　阿风：《刑台法律·行移体式》，第 371 页。

② 　杨一凡编：《中国律学文献》第一辑第四册。《新纂四六合律判语》有注释，《刑台法律》的"判语"没有注释。

《中国古代法律文献研究》第十六辑

2023 年，第 315~322 页

清律"依法拷讯，
邂逅致死者，勿论"考论

韩　迪*

摘　要：清代制定了较严密的规定以要求官员依法刑讯，若官员在刑讯的过程中遵循此规定，且将受刑人"邂逅致死"，清律规定："勿论"。但通过考察具体的司法实践，可以发现清代对于依法刑讯致死的追责问题，却又不会一概"勿论"。官方会根据死者是否有应得罪名，官员是否"依法拷讯"，及刑讯有没有造成多人死亡来综合考量。清代依法刑讯制度体现了一种刑罚惟中的思想，体现了官方对合法暴力有限度的支持及对自由裁量权的制约。

关键词：清代　《大清律例》　依法刑讯

刑讯作为一种古老的获取信息的手段，是办理案件的一种工具。为了保护生命，避免它被不计后果地滥用，历代大都对其进行了一定限制，清代亦然。相关的研究成果主要依据《大清律例》等法典的规定，论述了清代刑讯的法律规范。① 对于刑讯的后果，一些研究者指出了违法用刑的责

---

* 　华南师范大学历史文化学院硕士研究生。

① 　代表性的论著主要有：Nancy Park，"Imperial Chinese Justice and the Law of Torture，" *Late Imperial China*，Vol. 29，No. 2（December 2008），pp. 37 – 67；金大宝：《清代州县司法与刑讯问题研究》，中国政法大学博士学位论文，2009；王志强：《试析清律中（转下页注）

任，而认为依法刑讯，"邂逅致死"①，则不负法律责任。总体上看，学界对清代刑讯的研究取得了不小的进步，但在资料的使用上仍有不足，一些课题还有待于深入考察。本文拟从此入手，在前人研究的基础上，运用多种资料，更侧重于细致分析对官员依法刑讯致死人命的处罚，以期深化对清代刑讯制度的理解。

一、 何为"依法拷讯"？

研究清代的"依法拷讯"，势必要了解当时制定的刑讯法律规范。一般而言，它包含刑讯的前提条件及其执行过程两个部分。

（一）刑讯的前提条件

唐律曾明文规定刑讯的前提条件，但至明清时期，也许是因为与遵守此种规定相比，官方更重视口供的获取。② 在《大清律例·刑律·断狱上·故禁故勘平人》中便这样规定：

> 因公事干连平人在官，事须鞫问，及（正犯）罪人赃仗证佐明白，（而干连之人独为之相助匿非）不服招承，明立文案，依法拷讯，邂逅致死者，勿论。③

此条指出了刑讯的前提条件，即对于"事须鞫问"的"干连平人"（涉案的证佐）和"赃仗证佐明白"却不招供的"罪犯"（现代的犯罪嫌疑人），

---

① （接上页注①）"故勘平人"条》，载中国政法大学法律古籍整理研究所编《中国占代法律文献研究》（第九辑），社会科学文献出版社，2015，第333~342页等。

① "'邂逅'，谓不期致死而死"。刘俊文点校：《唐律疏议》卷二十九，中华书局，1983，第553页。

② 徐忠明、杜金：《唐明律例刑讯规定之异同》，《北京大学学报》2009年第4期，第41~42页。

③ 《大清律例汇辑便览》卷三十六，成文出版社，1980，第4954~4955页。此外，《刑律·断狱上·老幼不拷讯》条之后的律文总注内也有类似说法："罪犯已真，而狡赖不承，乃加拷讯。"《大清律例汇辑便览》同卷，第5036页。

可以刑讯。① 但它并没清楚地指出"事须鞫问"具体指哪些事，"赃仗证佐明白"需要达到何种程度。这些欠精确的、较模糊的规定便于官员灵活操作，实际上给他们很大的自由裁量权。有的学者便指出清代基层的县官"经常在核断什么在他们看来是真实的。他们以各种手段，包括在刑事案件中使用酷刑，来迫使人们的'坦白'符合他们的核断"②。总体来看，清代刑讯的门槛似乎并不高。但司法官员使用刑讯的行为最终是否能得到官方认可，则是另一回事。

（二）刑讯的执行

在刑讯的执行层面，清代有较详细、严密的规定。如在刑讯的主体及对象方面，规定各级正印官才有用刑讯问之权，"老幼不拷讯"等。在刑具及刑罚方面，许可使用夹棍、拶指等刑具，行用杖责、掌责等刑罚，允许拷讯的部位主要有臀、腿等处。③

当然，即使依法刑讯，也不总能保全受刑人的生命，④ 此中"门道"甚多。刑具的干湿，⑤ 刑罚的轻重，受刑人的身体状况等因素，都会影响到刑讯的结果。换言之，只要使用刑讯，就可能将受刑人刑讯致死。那么我们不禁要问，假如官员在审案过程中，将受刑人"依法拷讯"致死，清代官方是否会追责？

二、"依法拷讯"致死人命的追责——"勿论"？

若司法官非法刑讯，致人死亡，清律中有严厉的处罚，自不待言。若是司法官"依法拷讯"，将受刑者"邂逅致死"（非由官员主观故意所导

---

① 参考王志强《试析清律中"故勘平人"条》，第334~336页。
② 黄宗智：《清代的法律、社会与文化：民法的表达与实践》，上海书店出版社，2007，第14页。
③ 详见 Nancy Park，"Imperial Chinese Justice and the Law of Torture,"pp. 40-43；金大宝《清代州县司法与刑讯问题研究》，第32~36页。
④ 此点承蒙匿名评审专家提醒，谨致谢意。
⑤ （清）李渔：《论刑具》，载（清）徐栋编《牧令书》卷十八，《官箴书集成》第7册，黄山书社，1997，第412~413页。

致），清律规定："勿论"。但通过考察依法刑讯的具体实践情况可以发现，对于用刑官员的责任，其实并不会单纯地"勿论"。

（一）官员依法刑讯致死有罪之人

若官员将本有应得之罪却咆哮公堂的受刑人依法刑讯致死，清代官方会视此种情形为审讯中的过失。律文中虽明言"勿论"，但一般情况下，司法官员仍需略负微责。

直隶定兴县知县冯观祚在旗人陈廷兰控告杨生佩扣留霸占旗产一案中，让衙役杖责咆哮顶撞的杨生佩，致其毙命。直隶总督刘峨请求将冯观祚革职。乾隆帝认为"所办未免过当"，杨生佩是已经革去的刑房书吏，确有霸占入官旗地之事。"经该县当堂传讯，复敢咆哮顶撞，原有应得之罪。该县虽两次决罚，尚系依法……而于杖责刑书，邂逅致死，尚非有心杖毙。若竟将该员革职，适足以长刁风，未为平允。"乾隆帝否决了刘峨的建议，要求他"止须于定案时将冯观祚附参，听候部议"。①

又如光绪四年（1878）文瑞告谢大不给猪只定银一案中，文瑞于掌责之后死去。都察院说："查向来办理刑责后身死之案，总以死者有无罪名，承审官是否如法抉择为紧要关键。"此案中文氏有各种诓骗、捏造的行为，处罚他是罪有应得。承担审讯的刑部司员因其"迭次抗传，言语支吾，饬役掌责，系属依法拷讯"。尸检表明文瑞身上无致命伤，"仅带掌责伤，痰壅气闭身死，与刑律所载依法决打者相符"。但都察院亦指出司员在审案中本可悉心推问，却"未能详慎"，将其交部议处。②

以上两案，官员刑讯的行为大体符合前述规定，官方也承认其依法刑讯的正当性。有罪行的死者都属于"邂逅致死"，并无别情，所以官员可能只需要负一点行政责任。

---

① 乾隆五十一年（1786）十一月二日上谕，《清高宗实录》卷一二六八，《清实录》第24册，中华书局，1986，第1098~1099页。

② 《新增刑案汇览》卷十六，《刑案汇览全编》（标点本），法律出版社，2007，第313页。酌增标点。

（二）官员依法刑讯致死多位有罪之人

如上所述，司法官将一二有罪之人依法拷讯致死，官方将之视为一种失误，使用刑讯的官员仅需负些轻微责任。但若是司法官致毙多人，单纯诿之过失，显然站不住脚，对官员的处罚可能有调整的必要。

明代太常寺少卿李东阳就注意到此问题。弘治六年（1493）闰五月十一日，他上疏指出当时的一些官员以"公"之名，肆无忌惮，拷毙多命，却并不需要为此负太大的责任，认为"此则情重而律轻者，不可以不议也"，陈请调整处罚。明孝宗令刑部议处。① 同年八月二十五日，刑部尚书白昂拟定官员在刑讯中弄虚作假、拷毙多人的处罚，并得到同意。②

也许基于同样的逻辑，为了约束官员的用刑行为，使其有所戒惧，在清代也曾对依法刑讯拷毙多命的案件严格处理。

乾隆十五年（1750）四川谢成章殴伤曹国贤致其身亡一案中，因参与殴打之谢海章、谢序章、谢茂章到案时"狡供支饰"，知州秦景会便下令将三人各责打二十板，不久三人先后死去。检验发现谢海章、谢茂章身上伤痕已愈，实系病死。谢序章死时腿伤还未好，据众证可知他当时已经患病。但清廷最终认定该官员连杖三人，且都先后病故，在此过程中虽非有心故勘，"滥刑毙命，已难轻贷"。最后将秦知州拟杖，因已革职，不议。③

此案中谢海章等人确实有应得罪名，在审讯中狡赖不认，按例可用刑。各打二十板，且打在腿上，此种行为按照当时的规定似应属依法刑讯。但拷毙三人，后果显然较为严重，所以官方将其定性为"滥刑"。为了约束官员的刑讯行为，清廷给予此官较重处罚。

（三）官员依法刑讯致死本无罪名之人

如果官员仅凭某些片面之词，在并不清楚案子实情的情况下（明知故

---

① 详见"中研院"历史语言研究所校印《明孝宗实录》卷七六，《明实录》第 29 册，上海书店，1982 年影印本，第 1459~1460 页。
② 《明孝宗实录》卷七九，第 1518~1519 页；李贵连等点校：《皇明条法事类纂》卷四八，载刘海年、杨一凡总主编《中国珍稀法律典籍集成》乙编第 5 册，科学出版社，1994，第 915~916 页。后者记载更详，但其所载上奏日期是"八月十四"，显误，姑从前者。
③ 《大清律例汇辑便览》卷三十七，第 5265~5266 页。底本第 93b~94a 页中栏的成案。

问，另当别论），见受刑人拒不供认被告罪名，便贸然判断他们狡赖不招，将其依法刑讯致死，最终需要承担较重的责任。诬告案件中就有些此类例子。

嘉庆十一年（1806）山东临淄县皂役王心一诬告路恒仁一案中，因路氏不认被诬告罪行，出言顶撞，知县孙清便将其杖责，两日后路氏身死。当时的山东巡抚（长龄）认为虽然讯得孙清没有串证之事，杖毙路恒仁亦属"依法决罚，邂逅身死"，按律本该不论。但孙氏偏听王心一的一面之词，滥刑。拟请将孙县令革职。就这点而言，刑部律例馆认为此案办理已属从严，请求照准。①

光绪十三年（1887）湖北公安县佘运善因布店被劫诬告张祖茂、张明发一案中，公安县知县孙汝言因张祖茂父子不认诬告罪行，令衙役在其臀腿处用杖击打，两人先后受伤死去。湖广总督裕禄、湖北巡抚奎斌认为孙氏虽是在不知诬告情由的情况下，将张祖茂父子"依法拷讯"，致其死亡。但于诬良为盗重案，"不能虚衷研鞫，辄事刑求"，以致他们受刑伤身死，"实非寻常草率可比，案关一家二命，情节较重，未便仅予革职。拟请从重，发往军台效力赎罪"。②

上述两案中，司法官员均不明诬告情由，且刑讯行为大体上符合前述规定，官方认为司法官员都依法刑讯，致受刑人毙命。清例中于此种情形规定"官吏交部议处"③，从拟定的结果来看，毕竟将本无罪名之人拷死，至少也是革职，处分显然比上文提及的轻微行政责任重。

综上所述，清廷对依法刑讯致毙人命案件的追责，会根据死者是否有应得罪名，官员是否"依法拷讯"，以及刑讯有没有造成多人死亡来综合考虑，不会简单地"勿论"。

三、 清代依法刑讯制度体现的内涵

（一）一定程度上体现了刑罚惟中的思想

刑罚惟中是我国古代的一种慎刑思想。它主张用刑要轻重适宜，不枉

---

① 《刑案汇览》卷四十七，第 2415~2416 页。
② 光绪十四年（1888）七月二十八日上奏，《光绪朝朱批奏折》第 106 辑，中华书局，1996，第 688~690 页。
③ 《大清律例汇辑便览》卷三十六，第 4964 页。

不滥。在刑讯中严格遵循法律的用刑规范,即使掌嘴这样的轻刑也不多用。对确应讯问的"干连平人"及"罪犯",依法刑讯,自然也不算冤枉无辜。也就是说,司法官员的依法刑讯行为具有合法性、正当性。另一方面,我们也可以看出,轻重及枉滥并不是绝对的,官方并不会因为官员依法刑讯致死人命,便不处罚。倘若拷死本无罪之人或拷毙多人,会增加对官员相应的处罚,以达到警示官员、保护良善的目的。清代官方想通过这样的追责制度,使得对受讯人的刑罚达到一种"中"的状态。这也说明在清代"对人类痛苦甚至道德教养的敏感,并不会完全缺席"[①]。

(二)体现了官方对合法暴力有限度的支持

清代和其他朝代一样,把刑讯看作是一种合法暴力,其目的是迫使受刑者屈服,获得关于案件事实的信息,也为"戢奸禁暴"[②],惩治恶行。官员依法刑讯,正是行使合法暴力的体现。从上述法律条文及具体的案件看,清代官方支持这种行为。另一方面,这种支持也是有限度的。将本无罪名的受刑人依法刑讯致死,抑或拷毙多命,显然过度,超出了清代官方允许刑讯使用之目的。官员便可能会遭到较严厉的处罚,轻者被革职,重者可能被发往军台。通过这样的追责方式避免官员滥用刑讯,阻止他们利用国家的合法暴力肆行暴虐。另外,对造成严重后果的官员的处罚,可能也有防止生杀大权被臣下侵夺的意图。[③]

(三)体现了官方对前述自由裁量权的制约

如上所述,对涉案的证佐"事须鞫问",对"罪犯""赃证明白"即可用刑的规定,实际上给了司法官员较大的自由裁量权。它有利于官员获取口供,审结案件。捶楚之下,何供不得?为了避免官员滥用此权,必定

---

① Mirjan Damaska, "The Death of Legal Torture," *The Yale Law Journal*, Vol. 87, 1978, pp. 879. 此处借用其说法。

② 康熙十一年(1672)闰七月十四日上谕,《清圣祖实录》卷三九,《清实录》第 4 册,第 526 页。

③ 历史上就有一些人提到过这点。如元代杭州路总管梁正说:"生杀之权,轻委臣下,防微杜渐,不可不谨。"(见洪金富校定《元典章》卷四十,"中研院"历史语言研究所,2016,第 1214 页)梁氏所言虽是针对非刑,似也可以用来说明依法刑讯的处罚。

要加以限制，否则让性情、才情、品行各异的司法官员在如此宽泛的标准面前自由驰骋，必将会为拙劣的决策、恣意妄为、屈打成招敞开大门。[①]所以清代一方面对刑讯的前提条件，于律文中规定"依法拷讯，邂逅致死，勿论"，将自由裁量权放得较开，给予官员在刑讯方面较大的操作空间。另一方面在司法实践中，又多告诫司法官要"虚衷研鞫"，不得"徒事刑求"。对于那些将本无罪名的受讯人依法刑讯致死，或者拷毙多人的官员给予严厉处罚，约束其用刑行为，最终达到寓限制于放权之内的目的。

四、结　　语

综上所论，清代建立了一套较严密的依法刑讯制度。在实践中，若司法官员确实"依法拷讯"，将受刑人"邂逅致死"，在追责中并不会像律文中规定的那样完全"勿论"。不仅要考虑受刑人是否有应得罪名，还会考虑刑讯所造成的后果。官方允许依法刑讯，但未必认同官员肆意用刑。此制度也体现了一定的政治意图：既保护受讯人的生命，又支持官员使用合法暴力。既约束公堂下的受讯者，使其不能狡赖；又限制公堂之上的官员，禁其任性胡来。

当然，以上所论，可能只是清代刑讯制度的冰山一角。对官员的处罚，也可能受到专制权力的强势介入，案件的办理尺度可能也会有不一致的情况。毕竟制度条文是死的，人却是复杂鲜活的。

（责任编辑：桂涛）

---

① ［美］达玛什卡著，郑戈译：《司法和国家权力的多种面孔》（修订版），中国政法大学出版社，2015，第196页。本文借鉴了相关说法。

《中国古代法律文献研究》第十六辑

2023 年，第 323~338 页

晚清修律中对死刑问题的论争

——以《大清刑律草案》为中心*

肖瑞宁**

摘　要：清末法制变革作为近代法律转型的重要组成部分，在制度和观念上对于中国传统法律思想的近代化产生了重要影响。清末法制变革中的法律修订为中西法律思想的冲突和融合提供了契机。从《大清律例》到《大清刑律》中对于死刑问题的规定可以看出，在参与法律修订的日本学者、留日学生的影响下，加之法学译书及报刊舆论的宣传，西方法律思想对于中华传统法律体系产生了强烈的冲击，并促使其接受现代法律理念的洗礼。清末法制变革中对于死刑问题的争论既是法律观点的争论，又是文化观念的争论，还是从传统到现代转型的争论。只有立足本土资源和实际情形，辅以科学的理论指导才能顺利完成转型的过程。

关键词：死刑观念　清末修律　《大清刑律草案》　法律转型

---

*　本文为国家社科基金青年项目"中国共产党纪律建设思想与实践历史研究"（项目编号：20CDJ003）的阶段性成果。

**　中国纪检监察学院助理研究员。

死刑作为刑罚体系中的重要组成部分，一直以来受到社会各界的广泛关注。① 近年来，随着社会发展，针对死刑存废问题、死刑适用问题（包括死刑适用范围、使用程度等）的争论屡见报端。死刑作为一种刑罚手段，因其直接剥夺自然人的生命权的处罚方式极具特殊性，总能引起社会的广泛关注。与当今社会相似，百余年前的晚清社会对于死刑问题同样也给予高度关注。在清末法制改革的过程中，围绕着《大清新刑律》的修订，也充斥着不同观念的交锋。本文拟对清末法制改革中对死刑问题的讨论，梳理近代死刑观念的转型过程。

一、《大清律例》中的死刑观念

死刑观念是人们对死刑的主观认识和心理态度，是在长期的历史过程中所形成的死刑认识和死刑价值观在人们心理中的凝聚。② 中国的死刑文化源远流长，早在中国古代，就有多种关于死刑的刑罚，在第一部成文法《法经》中也有"杀人者诛"的条款。随着时代的发展，死刑措施与中国传统儒家文化相结合，创造出一套属于中华法系独有的死刑观念，并延续至今仍对今天的社会正义观和刑罚观产生影响。

死刑观念的产生与占据古代主流思想地位的儒家文化密不可分。在史前时期出现的以威慑及消灭有生力量为目标的死刑手段在进入文明时期后，逐渐演化成"以血换血，以命抵命"的复仇观念和作为社会控制手段的威慑观念。正如《礼记·王制》所言："刑者，侀也。侀者，成也。"这种基于血缘、族群的死刑观与儒家文化相结合，尤其是汉代"引礼入法"后，逐渐成为中国古代独特的死刑观念。制度是观念的载体，在中华法系

---

① 针对死刑问题的讨论一直是社会热点，法学界对此也有诸多探讨，尤其是关于死刑存废问题，自意大利著名刑法学家贝卡里亚在《论犯罪与刑罚》一书中从理论上挑起死刑存废之争后，死刑问题一直处于舆论的风口浪尖。近年来，关于诸多案件的讨论重新引发对于死刑问题的讨论。参见陈兴良《死刑适用的司法控制——以首批刑事指导案例为视角》，《法学》2013 年第 2 期；赵秉志《当代中国死刑改革争议问题论要》，《法律科学》2014 年第 1 期；《再论我国死刑改革的争议问题》，《法学》2014 年第 5 期；王志祥《死刑替代措施：一个需要警惕的刑法概念》，《中国法学》2015 年第 2 期等文。
② 赵秉志：《中国死刑观念的变革》，《中国法律》2015 年第 3 期，第 102 页。

的不断发展过程中，死刑作为重要手段，一直以来都为历朝历代所重视，并在制度上给予详细规定。大体而言，受到"慎刑"思想的影响，死刑作为惩戒罪大恶极之犯的手段，一般用于"十恶"及杀人等重刑案件。《大清律例》作为中国传统"刑民合一"式法典的延续，对于死刑的种类在《名例律》中给予规定：死刑属于五刑中的一种，由两种方式构成，即"绞、斩"，并对死刑的程序要求进行重点规范。

大体而言，以下几种行为属于《大清律例》规定的法定死刑情节：

首先，针对统治者的犯罪，包括"十恶"中的谋反、谋大逆、谋叛、大不敬。此类犯罪行为以直接危害统治者统治或者对统治者的神圣地位给予侵犯，属于典型的"罪大恶极"，非处以极刑不能体现统治者的尊严。例如：

> 谋反大逆，凡谋反［不利于国，谓谋危社稷］及大逆［不利于君，谓谋毁宗庙山陵及官阙］，但共谋者，不分首从［已未行］，皆凌迟处死。
>
> 凡谋叛［谓谋背本国潜从他国］，但共谋者，不分首从，皆斩。
>
> 凡盗大祀［天曰］神、［地曰］祇御用祭器帷帐等物，及盗馔荐、玉帛、牲牢、馔具之属者，皆斩。①

其次，对于扰乱社会公共秩序、散布谣言危害统治或者暴力抗法、对抗官府的行为，因其对社会法益的侵犯，社会危害性大，故将处以极刑。例如：

> 盗制书，凡盗制书者［若非御宝原书止抄行者，以官文书论］皆斩［不分首从］。
>
> 盗印信，凡盗各衙门印信者［不分首从］，皆斩。
>
> 凡劫囚者皆［不分首从］斩［监候］。
>
> 若窃盗临时有拒捕及杀伤人者，皆斩［监候］。因盗而奸者，罪

---

① （清）阿桂等编纂：《大清律例》卷二十三《刑律·贼盗》，中华书局，2015，第365~369页。

亦如之［不论成奸与否，不分首从］。①

凡［伪造凭签］诈［为］假官［及为伪签或将有故官员文凭而］，假与人官者，斩［监候］。其知情受假官者，杖一百，流三千里［须有签付文凭方坐，但凭签皆系与者所造故减等］。②

再次，对于危害他人生命、财产等侵犯他人法益行为，情节严重的，以及破坏传统礼俗、违背伦理道德的行为，也将处以死刑。例如：

凡强盗已行而不得财者，皆杖一百，流三千里。但得［事主］财者，不分首从，皆斩。③

强奸者，绞［监候］。④

其中，针对故意杀人的行为，还将区分不同情形，对于主犯和从犯加以区别，对于故意伤害而致人死亡也区别于故意杀人。而对于杀害亲、尊之人，因其违背"人伦礼俗"属于严重的犯罪行为，则苛以凌迟之严刑。

此外，对于一些犯罪行为，依据其犯罪情节的严重程度，分别量刑。例如"略人略卖人律例"中出现杀人行为才处以斩刑。针对官员贪污受贿，也专门给予规定，受赃八十两处绞刑。

从上述关于死刑的大致规定可以看出，《大清律例》继承了前代法典中"明刑弼教"的立法精神，进一步规范刑罚程序，明确死刑的运用，以维护清廷统治及传统"礼法"社会的秩序。其中有关维护统治者地位的条款，表明了其立法的立场，具有鲜明的统治工具性；而有关"五服""八议"、酌情加、减刑以及关于父母亲属关系死刑问题上的规定则是传统儒家文化中"亲亲、尊尊""三纲五常"礼文化的体现，具有强烈的道德伦理性。其关于禁止子女私下和解长辈矛盾、对复仇型杀人情节给予特殊对待体现了传统复仇观念；而通过凌迟、枭首的严酷刑罚，起到控制、稳定

① 《大清律例》卷二十四《刑律·贼盗》，第385～391页。
② 《大清律例》卷三十二《刑律·诈伪》，第509～515页。
③ 《大清律例》卷二十三《刑律·贼盗》，第377页。
④ 《大清律例》卷三十三《刑律·犯奸》，第521页。

社会的作用，是传统威慑观念的体现；其关于故意杀人等恶意犯罪的处罚，本质上也是传统社会中"杀人偿命"的因果报应观念的再现；而通过律例条款对死刑案件审理程序进行规范又体现慎刑观念。作为中国古代社会的最后一部法典，《大清律例》体现了古代中国死刑观念中的"礼法"因素，是传统"私天下"观念在法律上的体现。

二、《大清刑律草案》的修改及其引发的死刑问题讨论

尽管传统中华法系（帝制时代）在古代中国已经臻于完善，但在近代西法东渐的影响下，尤其是朝贡体系逐渐瓦解，从"天下"走向"国家"的现代化过程中，过于残酷的刑罚手段，如凌迟等无疑与现代社会追求"人权""平等"的理念背道而驰。而在近代西方与中国的政治纠葛之中，严刑峻法尤其是对外国人的惩治无疑给了西方列强攫取治外法权的绝佳借口。为了收回治外法权，同时改造传统法律体系使其更好地适应现代社会要求，通过修订法律以实现与世界"接轨"进而再造文明成为清廷统治者及部分朝臣、士人的选择。光绪三十一年（1905），清廷将刘坤一、张之洞所上《江楚会奏变法三折》中《恤刑狱》部分交由修律大臣酌核办理。此后，在伍廷芳、沈家本等人的积极努力下，清廷颁布上谕决定开始修订法律，对死刑的形式及种类进行革新。随后，修订法律馆在沈家本等修订法律大臣的带领下，参酌中西良法，形成了《大清刑律草案》并上奏给清廷统治者。

《大清刑律草案》分为总则和分则两个部分，总则阐明了刑法的法律意义及社会意义，对刑法基本原则、法律管辖、法律时效、犯罪的构成等问题进行阐释，并注意区分罪与非罪、此罪与彼罪、犯罪主客体、共犯、累犯等问题。草案对于死刑的相关问题进行了阐释，指出世界全废除死刑的国家居多，但在中国废除死刑比非所宜，"且在法理固有以死刑科元恶者，本案故仍采用之"，但考虑到世界各国情况，且"身首异处非人情所忍见"，故草案对于死刑执行方式采用"绞罪在狱内密行之主义"。① 此外，

---

① 《大清刑律草案》第七章《刑名》，第493、494页。

草案还对死刑的程序进行了规定。

分则对具体罪名的刑罚适用进行了详细规定，并将以下几种罪名列为适用死刑：

第一，对于尊亲类犯罪。分则草案第一章即为关于帝室之罪，主要包括旧律中大逆、大不敬及对于宗室之危害罪、不敬罪。大体上与旧律差别不大，只是在量刑和处罚方式上进行了部分修订。此类罪名包括：

第八十八条　凡加危害于乘舆、车架及将加者，处死刑。①
第九十条　凡加危害于帝室缌麻以上亲者，处死刑、无期徒刑或一等有期徒刑。②

第二，对于国家类犯罪。分则草案对于内乱、国家交往中的危害国家犯罪进行了规定，申明了国家的主体地位。例如：

第一百零七条　凡对于留滞中国之外国君主、皇族或大统领，有加危害或将加者，分别故意、过失，照第八十八条至第九十一条之例处断。③
第一百二十二条　凡通谋于外国，使对中国开战端，或与敌国抗敌中国者，处死刑或无期徒刑或一等有期徒刑。④

第三，针对例如杀人、放火等严重暴力犯罪行为苛以重刑，以维护社会秩序。例如分则草案第十三章中关于放火、决水及水利罪和第二十六章关于杀伤之罪的部分条文：

第一百八十二条　凡放火烧毁左列他人所有物一种以上者，处死刑、无期徒刑或一等有期徒刑：

---

① 《大清刑律草案》第八十八条，第524页。
② 《大清刑律草案》第九十条，第525页。
③ 《大清刑律草案》第一百零七条，第531页。
④ 《大清刑律草案》第一百二十二条，第534页。

一、在城镇及此外人烟稠密处所营造物；

二、陈列储藏多数宗教、科学、美术、工艺之贵重图书、物品、营造物；

三、宗教或历史之贵重营造物；

四、储藏硝磺、弹药或军需品之仓库及其余营造物；

五、多众执业或止宿之矿坑、兵营、学堂、病院、救济所、工场、寄宿舍、狱舍及其营造物；

六、现有多人集会之寺院、戏场、旅店及其余营造物。①

第三百五十六条　　凡犯强盗之罪，故意杀人者，处死刑或有期徒刑。②

第四，关于违背风俗伦理，破坏礼秩道德的暴力犯罪行为。例如第十六章关于秩序罪；第二十三章关于奸非及重婚之罪及杀伤尊亲属的行为。

可以看出，新刑律草案在旧律维护统治者统治的基础之上，无论从立法思想、体系结构、刑罚手段上皆向现代刑法迈出巨大的一步，对于《大清律例》中过于严苛的刑罚和规定均进行了更改。例如关于妨害公务的行为在《大清律例》中可能被处以极刑，而在《大清刑律草案》中仅仅会受到三等、四等有期徒刑的处罚。从某种意义上说，《大清刑律草案》的法律体系、法律逻辑及法律用语已经与现代刑法极为相近，算得上是一部现代意义上的刑法典。但该草案一经上奏，就引发了诸多争议，甚至此前支持修订法律的许多朝臣也转而反对该草案。关于草案立法思想及具体法律条文的论争和交锋，也成为"礼法之争"的主要内容之一。

邮传部右丞李稷勋就认为，新纂刑律草案流弊滋大，应详加厘定，尤其对于死刑问题，将死刑方式减为一种，不足为维持礼教、保卫治安，还可能乱内政，故应该重新详加厘定。③ 张之洞在光绪三十四年（1908）五月初七日与学部会奏中也对草案进行了批驳。张之洞认为新修订的《大清

---

① 《大清刑律草案》第一百八十二条，第564页。
② 《大清刑律草案》第三百五十五条、三百五十六条，第643～644页。
③ 参见李稷勋《署理邮传部右丞李稷勋奏新纂刑律草案流弊滋大应详加厘订折》，光绪三十四年三月初四，《清末筹备立宪档案史料汇编》，中华书局，1979年，第854～856页。

刑律草案》对于传统中国的礼法思想冲击太大，违背了根本的立法宗旨。他认为，改定新律要"删繁就简"，"其有关伦纪之处，总以按切时势而仍不背礼教为主"。^① 而此次上奏的《大清刑律草案》显然更改甚多，已经触及传统礼法社会的根基，恐致祸端。张之洞领衔的学部会奏无疑给予新刑律草案极大的否定，接着，地方督抚、各部纷纷上奏，对于《大清刑律草案》进行批判，从而引发礼法之争的大讨论。此时，正逢清廷进行官制体制改革，^② 一场关于大理院和由刑部更改而来的法部之间权力的斗争（即"部院之争"）也使得主持修律的沈家本陷入舆论漩涡之中，从而为该草案最终未能发挥作用的命运埋下伏笔。

根据奕劻所上《修订法律办法折》可知，为修订法律、编纂各法，清廷特开修订法律馆作为法律修订的行事之机关，经由修订法律馆编纂的法律草案，将交由宪政编查馆考覆，在分咨内外各衙门签注后由宪政编查馆汇择核定，请旨颁行。^③ 因此，在《大清刑律草案》编纂完成上奏之后，各部、省依例对其进行签注。有关《大清刑律草案》签注的研究，学界近年来有不少成果，尤以高汉成先生为翘楚，在此不赘言。^④ 在目前可见的27 份^⑤签注、17 份奏折中，几乎所有奏章均涉及死刑问题。除东三省奏折

---

① 张之洞：《会奏改正刑律草案折并清单》，《张之洞奏稿附录》，所藏档甲 182~205，转引自李细珠《张之洞与清末法制改革》，《近代中国》，上海社会科学院出版社，2002 年，第 329 页。

② 自 1905 年派遣五大臣出洋考察政治以来，晚清政治改革拉开帷幕。光绪三十二年（1906）六月以后，作为预备立宪前奏的官制改革首先进行。光绪三十二年至三十四年间（1906~1908），清廷先后对于中央官制和京外官制进行了改革，然而改革受制于种种因素，并未取得显著效果。

③ 奕劻：《宪政编查馆大臣奕劻等奏议覆修订法律办法折》，光绪三十三年九月初五日，《清末筹备立宪档案史料汇编》，第 849~851 页。在该折中还明确了在资政院成立后，不再分送各部、省讨论，而是送资政院议决。经资政院决议通过后移送到宪政编查馆复加核定，请旨颁布。

④ 有关《大清刑律草案》签注的研究，最新成果参见高汉成《大清刑律草案签注考论》，《法学研究》2015 年第 1 期。此外还有高汉成《签注视野下的大清刑律草案研究》，中国社会科学出版社，2007；陈煜《清末新政中的修订法律馆——中国法律近代化的一段往事》，中国政法大学出版社，2009；陈新宇《〈钦定大清刑律〉新研究》，《法学研究》2011 年第 2 期；李启成《清末比附援引与罪刑法定存废之争——以〈刑律草案签注〉为中心》，《中国社会科学》2013 年第 11 期。

⑤ 根据高汉成先生研究，通过各式文献整理，可以形成的签注为 27 份。参见高汉成《大清刑律草案签注考论》，《法学研究》2015 年第 1 期。

表示对修订的刑律表示赞赏之外，其余督抚、部院均对新刑律草案提出批评。

大体而言，针对新刑律草案死刑的问题可以归结以下几点：

第一，新刑律中死刑的相关规定违背礼教，不能适应中国的情形。针对新刑律中关于死刑的设置，学部大臣张之洞指出，"对于谋反者、卑幼杀尊长者、强奸妇女者等，不置之以死，何以戢暴？"① 两广总督张人骏也认为"中国刑罚实与礼教相维，举凡纲常伦纪所关，尊卑上下之别，莫不正名定分，懍然于天秩、天叙之不可逾"②。直隶总督则指出，"各国订定法律莫不如就本国风俗习惯纂成一国之宪典"，草案中谋为大逆、过失者亦许罚金，伤害尊亲属仍贷死罪，诸如此类的规定无一不悖于风俗礼教。③

第二，新刑律中处以死刑的罪名太少，且刑罚宽严不当、轻重无别。两广总督张人骏认为新刑律"文义为明、宽严失当"，尤其是废除斩刑，停止秋谳，未免轻重无别、缓速同科。④ 江苏巡抚陈启泰则称，现行律例死刑七百六十条，而草案中死刑仅有四十六条，甚至谋反、叛逆、强盗、强奸尚有不死之条，如此下去，"恐水懦民玩，犯法者更多"⑤。督察院奏折中也指出"洋律科罪太轻，可参用而不必尽用"，倘若按照草案更改，则是"以姑息为爱，以宽纵为思，至名教纲常之大、礼义廉耻之防，讵能假借？"⑥ 河南巡抚吴重憙则认为，刑之原则与礼教相维系，"如今诸多刑罚更改，使得止奸不足，长恶有余，负罚愈重，处分愈轻，尤非清法之平"⑦。

第三，死刑唯一使得原来刑罚的威慑效力大大降低，区分性不强。旧有刑罚体系中通过区分凌迟、枭首、绞刑等不同方式进而区别犯罪行为的恶劣程度，而新刑律草案仅有秘密绞刑一种方式，无疑将泯灭重罪与轻罪之间的界限。

---

① 《学部原奏》，高汉成编《〈大清新刑律〉立法资料汇编》，社会科学文献出版社，2013，第188~189页。
② 《粤督奏请改订刑律草案》，《申报》1908年8月16日，第5、6版。
③ 《直督奏驳刑律草案》，《申报》1908年10月18日，第5版。
④ 《粤督奏请改订刑律草案》，《申报》1908年8月16日，第5、6版。
⑤ 《苏抚电覆刑律草案》，《申报》1909年2月10日，第4版。
⑥ 《督察院原奏》，高汉成编《〈大清新刑律〉立法资料汇编》，第208页。
⑦ 《汴抚签注刑律草案之见解》，《申报》1909年7月10日，第4版。

除去上述三种意见外，还有部分奏折对于刑罚理论进行了梳理和探讨。例如山东巡抚袁树勋指出，中国之现状，即处于峻刑时代，故而在刑律修订上不能过分参酌博爱主义和感化主义之原则。① 由此可知，针对《大清刑律草案》，京内部衙和地方督抚大多均持批评的意见，主张重新厘定法条，以求与礼教纲常和社会现实相适应。事实上，不仅仅是清廷命令签注的部、督反对意见很大，并未参与签注的官员也对新刑律颇有意见。京师大学堂总监督刘廷琛就上奏，称"因修改法律而毁灭纲常则不可"②。其中缘由，不外乎沈家本等修订法律时所引入的西方法律理念于时人而言，过于"叛逆"，有违纲常。尤其是对于死刑的范围及一些罪名的缩减，在某种程度中冲击了传统礼法社会的秩序，也损害了统治者的权威，难免招致科举正途出身，以维护纲常和统治秩序为己任的御史群体的攻讦。例如御史刘彭年等人就坚决反对过分缩小死刑的范围。

就在这种一片反对的声音下，《大清刑律草案》进入了修订过程，并于宣统元年（1909）十二月上奏。随后，修订草案进入资政院审议环节。宣统二年（1910）十一月初一日，资政院开会讨论。杨度作为政府特派员对新刑律之主旨进行了解释。他指出，此次新刑律修订是国内和国外双重因素导致的，是顺应时代发展潮流而进行的。此外，杨度还强调，新刑律在精神上、主义上要突破传统家族主义的支配，而达到国家主义的境地。③此后，资政院议员针对新刑律立法精神主义及附则的相关问题进行了辩论，其中关于死刑问题的讨论大体不出之前签注提出的问题范围。最终，这场关于"礼与法"的讨论以法理派的胜利而告终。大清新刑律基本采用新律草案中确立的现代法律要素，对于死刑问题也确立死刑唯一、减少死刑的立场，体现了现代社会从身体刑到自由刑的刑罚趋势。

回顾这场争论可以看到，对于《大清刑律草案》的争论，焦点在于对于礼法制度的更改之上。在《大清刑律草案》中，主要涉及更改的内容包

---

① 《鲁抚奏实行刑律宜分期筹备》，《申报》1909 年 4 月 7 日，第 4 版。
② 《大学堂总监督刘廷琛奏新刑律不合礼教条文请严饬删尽折》，宣统三年二月二十三日，《清末筹备立宪档案史料》，第 887 页。
③ 李启成校订：《资政院第一次常年会第二十三号议场速记录》，上海三联书店，2011，第 123～138 页。

括五点：第一，更订刑名。主要体现在效仿西方法律把封建五刑（死、流、徒、杖、笞）改成死刑、徒刑、拘留、罚金四种。第二，酌减死刑。主要体现在酌减死刑的名目，对于一些治安案件不处以死刑，以体现对生命的重视和关怀。第三，死刑唯一。主要体现在改变过去死刑方式众多的现状，制定一种方式执行死刑。第四，学习西方制定罪刑法定原则。第五，重视惩治教育作用。而对于《大清刑律草案》的争论，本质上是关于法律思想的争论。法理派认为中国旧律多有落后之处，应该学习西方，摒弃落后的法律制度，建立先进的法律体系。而礼教派则认为伦理纲常乃立国之本，不能轻易改变。"礼法之争"双方的观点，也恰恰是近代中国社会面临的两难境地，即如何处理传统与现代的关系，完成社会的平稳转型。而以张之洞为首的礼教派对于传统礼教的固守，在面对《大清刑律草案》的冲击之下，并未达到其预想的效果。由于预备立宪的政治影响和清廷决策者的支持，反对的声音最终湮灭在历史的长河之中。

三、 晚清死刑观念革新的几点思考

这场发生在晚清的关于《大清刑律草案》的争论，不仅仅是一次法律修订过程中的争论，还是一个关于法律思想、法律观念更迭的争论。其中，关于死刑问题的讨论更是传统刑罚观念的现代转型，标志着中国死刑观念在国家制度层面的转向。《大清刑律草案》对于死刑条文的删改和革新，是西方法律文明和刑罚观念进入中国引起的连锁反应。自鸦片战争后，西方文明不断通过多种途径进入中国，有了"西法东渐"的历史过程，例如万国公法的传入，逐渐让国人从传统天下的观念转而进入现代"世界"的观念。而戊戌变法之后至辛亥革命的十几年，堪称西方思想，尤其是经日本传入的西方思想在中国激荡的十年，也直接引发了中国传统知识体系的瓦解和近代知识体系的形成。在法律观念上，因其与国家体制和政治息息相关，往往格外为时人重视，也对现实影响深远。无论是全国各地法律学堂的兴办、日本教习来华，还是留日法政学生的数量急剧增多且新办诸多法政刊物用以介绍西方法律文明及成果，均对晚清的法律修订及思想观念的变革产生了影响。

从途径上看，日本来华教习和留日法政学生对于晚清思想观念的变革有重要的影响。这也与日本明治维新后迅速接受西方文明，进而实现国家和民族的崛起，从曾经的"蕞尔小国"一跃成为战胜沙俄的"强国"，给国人造成强烈震撼有关。因此，进入 20 世纪，尤其是 1905 年以后，晚清变革中的日本因素日益凸显。1898 年日本东亚同文会首次在福州开设东文学社，标志着日本教习来华的开端。据记载，出于改革的需要，清廷曾延聘多位日本学者来华担任教习职位，同时民间也有日本学者来华的途径。日本教习来华数量在 1906 年达到顶峰，据不完全统计有六百余人，且以从事法政教育人数居多。[①] 例如对《大清刑律草案》的起草提出过重要指导的冈田朝太郎、松冈正义等均为日本来华教习。1907 年，京师高等检察厅检察长徐谦发起检察研究会，邀请冈田朝太郎、松冈正义、志田钾太郎、小河滋次郎四人担任演讲，传授法律知识，使得"在京司法人员乃益知检察职务"[②]。除去日本教习，日本因素还体现在留日法政学生群体对于晚清法律观念尤其是死刑观念的变化上。晚清留学生是国人向西方学习的重要途径之一，而留学生群体也在晚清政治舞台上发挥了重要作用，他们通常作为革新派与主要由科举正途出身的官员群体构成的守旧派相抗衡。"粗略估计，从 1898 年至 1911 年间，至少有 2.5 万名学生跨越东海到日本寻找现代教育。"[③] 仅在 1904 年 5 月 7 日设立的日本法政大学法政速成科，于 1908 年毕业的学生就有 1 070 人。[④] 这批学生学成回国后，对于新思想的传播起到巨大作用。不仅如此，许多学生归国后进入清廷各部衙工作，承担许多重要职务。根据《政治官报》的统计，参与修订法律的群体中，留日学生占据较大比例，如汪荣宝、曹汝霖、章宗祥等人，积极参与丙午官制改革和晚清修律变法，将其所学知识用于政策制定和法律修订之中，对于法律制度的形成和法律观念的塑造起到重要作用。留日学生群体不仅积极参与政治活动，在思想传播与宣传上也可谓成果丰硕。正如梁启超所

① 王贵松：《日本宪法学在清末的输入》，《山东社会科学》2009 年第 5 期，第 31 页。
② 郑言笔述：《检察制度》，上海中国图书公司印，宣统三年。
③ 任达：《新政革命与日本：中国 1892—1912》，江苏人民出版社，2010，第 48 页。
④ ［日］实藤惠秀著，谭汝谦、林启彦译：《中国人留学日本史》，生活·读书·新知三联书店，1983，第 50 页。

言，兴办报纸有利于开启民智，"阅报愈多者，其人愈智；报馆愈多者，其国愈强"。1900 年至 1910 年这十年间，留日学生群体先后创办近百种刊物，其中专门的法政类刊物就多达 13 种。许多西方法律著作最开始都是由留日学生进行翻译并刊载于所办报刊之中。

从内容上看，正是由于留日学生和来华日本教习对于国外法律思想的介绍和传播，国内外报刊对于法律新思想的宣传，以及晚清法学类译书等多种因素的共同作用，才使得晚清法律思想突破传统思想体系的框架，发生了近代法律思想的转型。具体到死刑观念而言，其在晚清的转变与主持法律修订的沈家本、修订法律的顾问冈田朝太郎，以及具体负责修订法律条文的修订法律馆人员密不可分。沈家本作为法律修订工作的主持者，在其着手修律之前，就组织力量进行国外法律翻译工作。在《伍廷芳、沈家本等奏删除律例内重法折》中，沈家本就表示"计自光绪三十年四月初一日开馆以来，各国法律之译成者，德意志曰《刑法》，曰《裁判法》，俄罗斯曰《刑法》，日本曰《现行刑法》，曰《改正刑法》，曰《陆军刑法》，曰《海军刑法》，曰《刑事诉讼法》，曰《监狱法》，曰《裁判所构成法》，曰《刑法义解》；较正者曰《法兰西刑法》"[①]。此后，针对《大清刑律草案》中对于死刑问题的修改，其撰写《死刑惟一说》一文进行解释。在该文中，沈家本从"废除死刑说"开始，指出废除死刑尽管喧嚣沸腾于欧美诸国，但由于"政教之关系"，并未在各国实行。但死刑唯一这一原则，却为世界各国所接受。接着沈家本针对冈田认为如果中国坚持斩、绞两种死刑执行手段，必然被世界诸国视为野蛮未开化之法，及中国传统以斩首、绞刑为区分刑罚之轻重不适宜的观点进行了反驳。沈家本指出，骤然改订旧律，其施行必然遇到多重阻碍，"惟以渐进为主义"[②]。沈家本精于中国律学，对于西方法律学说也颇有涉猎，因此针对修订刑名的解释，他以传统律学的基础代替冈田对于死刑唯一的解释，从而更好地将绞刑取代多种死刑方式这一观念落实于制度之上。而冈田朝太郎自 1906 年被清廷聘请担任刑律起草的顾问之后，其法律思想对于清廷修订法律条文起到重要

---

① 伍廷芳、沈家本：《修订法律大臣奏请变通现行律例内重法数端折》，载上海商务印书馆编译所编《大清新法令》，第 285 页。

② 沈家本：《死刑惟一说》，《北洋法政学报》1909 年第 97 期，第 1~25 页。

影响。按照冈田的理解，刑法是定犯罪及刑罚的法令，包含着界定犯罪行为和对犯罪行为科以何种刑罚两层含义，① 此为不论何种刑法体系均需依据的原则。日本在大宝律令颁布之前依据其固有惯例而治罪，之后则采用中国系统之刑事法。迨明治六年（1873），施行改订律例，复变成欧洲系统之刑事法国。而根据最新的刑法理论，冈田认为刑罚是国家对于犯罪行为的制裁，是国家与私人之间的关系，除去美国承认私人对私人所用私刑外，所有国家都不承认私人对私人的关系属于刑罚体系组成部分。而对于死刑，冈田强调，死刑作为自古以来剥夺利益的五种刑罚（即生命、身体、自由、名誉、财产）之一，受到近代感化主义的影响，已经逐渐为文明国家所摒弃。② 尽管冈田认为"欲以死刑减少犯罪，如道路不修，专饰其车"③，是不可行的。但考虑到中国的实际情况，他认为"中国尚未达于废除死刑之机运"④。但针对死刑的种类，冈田从世界趋势与中国情况出发，认为不应当以斩、绞区分轻重，死刑应采用绞刑一种方式。"至于中国旧有凌迟之刑，更不合于法理，不待言矣。"⑤ 除去上述观点，针对劳乃宣等人对于刑律草案的批评，冈田也专门撰文进行反驳，认为劳乃宣等人对于刑律草案有所误解，并从法理层面对刑律草案与礼教的关系进行了分析。⑥ 除去负责刑律修订工作的沈家本、冈田等人外，社会上对于新修刑律中的死刑问题也十分关注。《大陆报》《学海》《广益丛报》《新世纪》等刊物也针对死刑问题刊登《各国死刑之异》《死刑存废论》《死刑》等文章。⑦《申报》《北洋官报》《顺天时报》等刊物更是对修律工作给予连篇累牍的报道，并刊登评论文章，为修律工作建言献策。由此观之，一场

---

① 冈田朝太郎口述，熊元翰编，张勇虹点校：《刑法总则》，上海人民出版社，2013，第3页。

② 冈田朝太郎口述，熊元翰编，张勇虹点校：《刑法总则》，第173、177页。

③ 冈田朝太郎口述，熊元翰编，张勇虹点校：《刑法总则》，第178页。

④ 冈田朝太郎著，留庵转译：《论中国之改正刑律草案》，原载于《法学协会杂志》第29卷第3号，后载于《法政杂志（上海）》第1卷第2期。

⑤ 冈田朝太郎口述，熊元翰编，张勇虹点校：《刑法总则》，第179页。

⑥ 参见冈田朝太郎《论〈大清新刑律〉重视礼教》，《法学协会杂志》第1卷第1期、第3期；又见冈田朝太郎著，娜鹤雅点校《冈田朝太郎法学文集》，法律出版社，2015，第667~671页。

⑦ 参考《学海：甲编. 文科、法科、政治科、商业科》，1908年第1卷第3期；《新世纪》1909年第82期等。

针对法律制度的变革已经走出制度层面，走向社会，并开始影响人们的文化观念了。

余　　论

《大清刑律》作为晚清法制改革的重要成果，不仅仅在其草案出台后引起广泛讨论，在其制定过程中也是历经一波三折。光绪三十一年九月十七日（1905 年 10 月 15 日），伍廷芳等上《奏订新刑律折》，认为"惟立邦之法制，虽知其大凡，而刑政之执行尤资于试验"，从而拉开修订刑律的序幕。此后大理院正卿张仁黼上奏请派大臣修订法律，并请求组织立法机关、明订法律宗旨、讲明法律性质、编纂法典。而修订法律大臣沈家本、法部尚书戴鸿慈等也先后上奏对法律修订工作进行汇报。① 之后，庆亲王奕劻上奏修订法律办法，对修订法律事宜进行了规范。而此时，《大清刑律草案》的修订过程已经接近尾声。据参与起草刑律草案的章宗祥回忆，最初草案的起草工作由岩谷孙藏博士负责，② 后由于聘请日本著名法学家冈田朝太郎来华帮助修订法律，故而刑律修订由其负责。由此可见对于旧观念的革新需要历经磨难方可能达成目标。事实上，观念的转变离不开制度的设立，只有将观念用制度的形式确立下来，才能一步步改造社会群体的观念。经过晚清修律和礼法之争，传统中国的死刑观念已然发生改变。尽管《大清刑律》颁布不久清廷就因为武昌起义的爆发而走向终结，但礼教派和法理派关于死刑问题的争论，报刊舆论对于立法思想的宣传，以及来华的日本教习和归国的留日学生对于新法律思想的传播，都使得清末民初的社会思想发生巨大变化，更进一步影响民国之后的立法思想。此后无论是民国时期还是中华人民共和国成立后，对于死刑的态度已经完全不同于清朝，慎用死刑、死刑唯一、刑罚相统一成为基本刑事理念和

---

① 参见沈家本《修订法律大臣沈家本奏修订法律情形并请归法部大理院会同办理折》，光绪三十三年五月十八日；戴鸿慈《法部尚书戴鸿慈等奏拟修订法律办法折》，光绪三十三年六月初九日。

② 章宗祥：《新刑律颁布之经过》，载全国政协文史委员会编《文史资料存稿选编》第 1 册，中国文史出版社，2006，第 35 页。

原则。

近代中国的法律转型，与近代中国的政治、社会密切相关。中国是一个有着悠久历史和灿烂文明的国家，传统遗留的精神财富巨大。但面对近代工业革命和新世界体系的冲击，如何完成从传统到现代的转型成为了中华儿女面临的难题。具体到法律而言，中华法系如何调节内部传统法律思想与外部西方法律思想的关系成为近代以来仁人志士探索的方向。从晚清修律中的死刑观念争论及转型可以看出，中国近代法律的转型离不开西方法律的移植。自甲午战争以来，中国近代法律大体经历晚清向日本学习、民国向英美学习、中华人民共和国成立初期向苏联学习三个阶段，大陆法系、英美法系、社会主义法系均对中国法律产生过重要影响。无论是以冈田朝太郎、松岗正义、有贺长雄为代表的日本法学家，还是以古德诺、威罗贝、庞德为代表的英美法学家，其理论均来源于其自身的社会环境。正如赫善心所言，"自置其本国古先哲之良法美意于弗顾，而专求之于外国，窃为可惜之"①。毕竟法律要调整的是本国之社会关系，外部意见终究系局外议论，仅可作为参考。民国时期关于"中国文化本位"还是"全盘西化"的争论犹在耳边，是从法律与社会的断裂处接续还是缔造一个全新的法律体系，依旧值得深思。但毋庸置疑的是，无论是法律移植还是法律继受，都必须依托本国实际情形，辅以科学的理论，方可成行。

（责任编辑：陈佳臻）

---

① 赫善心：《中国新刑律论》，载王健著《西法东渐》，译林出版社，2019，第391页。

《中国古代法律文献研究》第十六辑

2023 年，第 339~364 页

隋唐五代法律思想史论著介评

黄正建*

摘　要：隋唐五代法律思想位于"正统法律思想"形成后的完善或成熟期，理论上较少贡献，因此专门对此进行研究的论著很少，多包含在"法律思想通史"类著作中。为总结以往对这一时期法律思想的研究状况，本文选取 11 种相关著作，分为"（按大断代）以问题为纲论述"与"（按朝代）以著作与人物为纲论述"两种类型予以介绍和评论，指出诸书的研究既涵盖了这一时期法律思想的主要方面，也遗留了不少空白，需要补充和加强。此外，诸书在"正统法律思想"和"三纲法典化"的表述方面各有不同；所涉著作和人物则雷同较多。或许因为对"法律"和"思想"有不同理解，因此诸书在研究的范围和层次上也有某种程度的差异。

关键词：隋唐五代　法律思想　正统法律思想　三纲法典化

中国古代法律思想最集中、最活跃的时期是春秋战国的诸子时代，此后经秦朝专任法家到汉武帝独尊儒术，经历了法律思想的大起大落，然后直到明清，法律思想没有大的变化。

隋唐五代处于儒家独尊以后的时代，因此法律思想也没有大的变化。

---

*　中国社会科学院古代史研究所研究员。

自从 20 世纪 30 年代中国法律思想史学科建立之后，相关著作不少，但基于上述理由，很少专论隋唐五代法律思想的著作。有关隋唐五代法律思想的内容基本都含括在中国法律思想通史的著作中。这类著作主要有两种类型：一种是按时代顺序叙述，以著作和人物为纲，隋唐五代部分只论述《唐律疏议》等著作，以及一些思想家的法律思想。这种叙事模式下的隋唐五代法律思想看上去很整齐，但往往将相关问题分散在不同著作和个人文章中。另一种虽然也按时代顺序，但是将从汉代独尊儒术之后直到明清作为一个叙事单位，以法律问题为纲，将历代有关此问题的观点或思想汇集在此问题之下。这种叙事模式下的隋唐五代法律思想被淹没在相关论述中，变得似有似无，仍然零碎和分散。还有一种可以说是从第二种类型派生出来的：它在简单划分法律思想演变的时期后，完全以观点和学说为纲，且并不以汉代正统法律思想的形成为分界线。这一体例也可以说是单独的第三种类型。方便起见，我们还是把它作为第二种类型的派生型。

以下就按两种类型，并大致按著作的时代（有修订的再版书则以最后版本年代为准）顺序略作介评。

第一类： 按大断代以问题为纲进行论述的著作。

一、杨鸿烈《中国法律思想史》（简称为《杨鸿烈书》），初版于 1936 年。[①]

本书是第一部系统研究中国法律思想史的著作。在本书中，作者将中国法律思想分为"萌芽时代""儒墨道法诸家对立时代""儒家独霸时代""欧美法系侵入时代"。隋唐五代属于"儒家独霸时代"。

作者认为"儒家独霸时代"（包括自秦亡汉兴历三国魏、晋、南北朝、隋、唐、五代、宋、元、明以至清末），"两千年来在儒家思想支配下的中国法律内容全体的根本原理，实在没有什么重大改变和冲突的地方"[②]，将其间的法律思想分两大部分讲述。

---

① 杨鸿烈：《中国法律思想史》，中国政法大学出版社，2004。有关出版情况等，参见范忠信、何鹏为此书再版所写的前言《杨鸿烈及其对法律思想史学科的贡献》。
② 《杨鸿烈书》，第 96 页。

第一部分是"一般法律原理"，讲述了（一）"阴阳五行等天人交感及诸禁忌说"（所谓诸禁忌主要指接触和称谓的禁忌）；（二）德主刑辅说；（三）兵刑一体说；（四）法律本质论与司法专业化诸说等原理。这一部分涉及隋唐五代时期的著作和人物（按叙述顺序，下同）有：陆贽、隋文帝、柳宗元、《唐律》、《唐六典》、王通、唐太宗、魏征、白居易、沈颜、牛希济、陈子昂、唐修诸史刑法志、酷吏传，隋代赵绰、源师、刘行本等人，唐李乾祐、《新唐书·选举志》。其中原理（三）没有提到隋唐五代时著作和人物。

第二部分是"特殊法律问题的辩难"，指法律范围内的问题。又分刑法和民法。

甲：刑法方面论述了（一）法律平等问题；（二）法律公布问题；（三）亲属相容隐问题；（四）讯刑存废问题；（五）族诛连坐问题；（六）复仇行为问题；（七）肉刑复兴问题；（八）以赃定罪问题；（九）赦罪当否问题。这一部分涉及隋唐五代时期的著作和人物有：《隋书·刑法志》、《唐律》、褚遂良、贾至、韦见素、吕温、孔颖达、《唐六典》、陈子昂、柳宗元、韩愈、张九龄、裴耀卿、李林甫、玄宗、唐太宗、长孙皇后、马植、五代晋高祖时张允。其中问题之（五）没有提到隋唐五代时期的著作和人物。

乙：民法方面论述了（一）婚姻问题；（二）别籍异财问题；（三）亲子关系问题。涉及隋唐五代时期的著作和人物有：《唐律》、《册府元龟》肃宗乾元元年诏、《唐令》。

本书的特点是：一、从形式上采用围绕问题的叙述方式，将隋唐时期著作和人物的思想分散到各问题中。二、认为从汉到清是一个阶段，其间法律思想没有大的变化。此后的中国法律思想史著作大体同意这一判断，但有的将从秦到清视为一个阶段。三、首次提出"正统法律思想"概念，为后人沿用，不过后人用词略有不同（详下）。四、书中关于以礼入律问题，只说"儒家的'礼治'……深入法律条文的里面，使法律全部都受'礼化'"[①]，而未有将"三纲"之类法典化的判断（详下）。五、提炼的

---

① 《杨鸿烈书》，第139页。

问题中，如天人感应、德主刑辅、尊重法令、司法人才、法律不平等、复仇行为、肉刑复兴、赦罪当否等，多为后人继承（包括对相关人物的议论），说明该书的提炼相当准确，而与具体法律（制度）相关的部分则多为后人著作从法律思想中排除（特别是民法部分），如法律公布、亲属容隐、讯刑存废、族诛连坐、以赃定罪、婚姻问题、别籍异财、亲子关系等。

本书明代以前材料大部分来自日人著作《无刑录》和明人丘濬著作《大学衍义补》以及清顾炎武《日知录》等，多非一手史料，相关隋唐五代时期法律思想使用的材料也比较有限，很多只是使用了《唐律》《唐六典》《唐令》以及刑法志。但即使这样，所用资料也比后出一些法律思想史著作中的材料丰富。此外，书中除一两条史料外，基本没有涉及五代。

总之，本书的时代划分、叙述方式、所涉问题，以及相关判断都是有见地的，深刻影响了以后的法律思想史著作。

二、《中国法律思想史新编》（简称为《新编》），张国华著，北京大学出版社，1998 年（1994 年台湾扬智文化曾经出版过一版，写张国华编著，两者基本相同）。

此书以时代为序，共十二讲，除夏、商、西周以及春秋战国时期外，从秦汉到明清之际算一大段，涉及隋唐的两讲分别是：

第三讲"秦汉以后的封建正统法律思想"，使用了"封建正统法律思想"概念（系沿袭其早期著作而来，详下）。本讲提到封建正统思想的基本内容主要表现为要求以"三纲"为核心的封建礼教作为指导立法、司法活动的基本原则，以及"德主刑辅"或"明德慎罚"被奉为统治人民的主要方法。本讲认为引经决狱之风延续了六七百年，直到隋唐因封建法制以臻完备才逐渐减息；唐代集"律学"大成的《唐律疏议》出自官方钦定；儒学经义法典化的过程到《唐律疏议》基本上得以完成。本讲指出封建正统法律思想的特点是：一、宗法思想指导立法。二、皇权至上，法自君出。三、坚持等级特权，主张同罪异罚。四、重德轻刑，重义轻利。其中只在第二点上提到了《唐律》。

第四讲"封建社会若干具体法律问题的争论"，包括：一、刑事方面：

1.肉刑的废复（没有提隋唐）。2.复仇是否可行（《唐律》以及陈子昂、柳宗元、韩愈）。3.株连与反株连（没有提隋唐）。4.亲属应否相隐（隋唐基本没提到）。5.同罪异罚与同罪同罚（唐代吕温的两条，均为《杨鸿烈书》所提及者）。6.刑讯的限制与否定（没有提隋唐）。7."赏以春夏，刑以秋冬"（律令，隋文帝，柳宗元《断刑论》）。8.赦与非赦（唐太宗）。二、民事方面：1."别籍异财"与"三世不分财"（提到《唐律疏议》）。2.同姓不婚与同姓可婚（《唐律》）。3."七出"与"三不去"（唐宋律）。

此书从形式到内容基本依照《杨鸿烈书》，包括正统法律思想（加了"封建"二字），以及具体法律问题的争论（所涉问题基本与《杨鸿烈书》相同）。隋唐时期很简单，只提到了《唐律疏议》、陈子昂、柳宗元、韩愈（这三人都是复仇问题）、吕温（问题与材料都与《杨鸿烈书》同）、隋文帝、柳宗元（《断刑论》）、唐太宗。以礼入律方面，只说是"儒家经义法典化"，未有"三纲法典化"之类提法。

三、《中国法律思想史》（简称为《郭建书》），郭建主编，复旦大学出版社，2007年9月。

本书大致采用《杨鸿烈书》结构，分为先秦、汉至清、近代三编。在汉至清编中讨论了官方正统法律思想（这与"封建正统法律思想"不同，其实他在参加叶孝信主编《中国法律思想通史·隋唐卷》的撰写时，已经使用了这一概念，详下），其中又分为正统法律思想和执法官员的法律观，然后如《杨鸿烈书》，专有一章列历代思想家对各种法律问题的议论。

就隋唐五代而言，主要涉及了：

一、《唐律疏议》中的法律思想。总的认为是将官方法律思想纳入法制化轨道，但只提将纲常伦理中有关家族关系的内容法典化，并不笼统说将三纲法典化。又特别提出其中体现出来的恤刑制度。

二、第六章是历代思想家关于法律问题的探讨，其中关于正统法律思想的进一步讨论，涉及七个问题：1.德与刑关系。2.法律是否应普遍适用。3.按照时令行刑问题。4.是否应恢复肉刑（没有涉及隋唐）。5.复仇问题。6.是否应该积极地开展"息讼"（没有涉及隋唐）。7.频繁赦宥问题。其中除关于"息讼"不见于他书外，均见于《杨鸿烈书》。涉及隋唐时期人物有隋文帝、唐太宗、戴胄、陆贽、韩愈、吕温、柳宗元、白居易、无能子，均见于此前各种著作，只有五代人谭峭《化书》不见于他书，但价值不大。

三、律学教育和明法考试，但都是只说制度，没有引相关议论。

四、关于侠客与申冤，引了李德裕的《豪侠论》，认为豪侠以"义"为本，但并未说明与申冤及法律有何关系。在讲"私的申冤途径即复仇"时，引了《隋书·列女传》中王某女儿复仇事迹，认为虽然国家禁止复仇，但民众认为道义高于法律，复仇是申冤、伸张正义的途径，所以仍要去复仇。

本书有特色处是增加了民间社会的法律意识（包括诉讼和申冤），即本书是分官方和民间来谈法律思想的（但民间法律意识①基本不涉及隋唐）。作者从法律专业角度的分析也颇具特色，特别是对古代司法中混合式实用主义的分析（主要是宋代和清代）。其他则将传播法律知识和考选法律人才单立一节，值得注意。

四、段秋关：《新编中国法律思想史纲》（简称为《段秋关书》），中国政法大学出版社，2008 年 5 月。

作者是张国华学生，参加过《中国法律思想史纲》中秦汉到南北朝法律思想的撰写。作者服膺张国华观点，认为中国法律思想史所研究的是中国历史上关于法律的观点、理论和学说的内容、实质、作用、特点及其形成、沿革、演变、发展的过程和规律。②

本书体例比较特殊，大致以观点和学说为纲。与上述几种也以法律问题为纲的著作不同处在于：它并不以正统法律思想成立与否划线，即并不将汉以前与汉以后作为两个时间段进行分析，而是统称为"传统法律思想"一并叙述。书中只在第一章简单梳理了法律思想的形成和演变（除历史顺序外，也包括形成的环境、思想基础等），然后分"主要的法律观念"

---

① 但民间只称为"法律意识"而不称为"法律思想"。
② 《段秋关书》序言以及第 8 页，其中"的内容、实质、作用、特点"一句是序言中没有的，是作者对张国华定义的细化。

（第二章）和"主要的法律学说"（第三章）来论述法律思想。各朝代的法律思想除在第一章"历史阶段"中有所涉及外，都体现在各种观念和学说之中。作者自称其写法为"范畴史"。①书的第三章第六节"'礼法合治'学说"单有一小节介绍"封建正统法律思想"（或"正统儒家法律思想"）概念的提出及具体内容的相关讨论。②全书似乎在通论上古到清末法律思想时，称之为"传统法律思想"，若提到汉武帝以后到清末的法律思想，就使用"正统法律思想"或"封建正统法律思想"。

本书提出的主要法律观念有六种，分别是：1."天"与法律；2."道"与法律；3."礼"与法律；4."法"与法律；5."律"与法律；6."令""典"与法律。主要法律学说主要有十种；分别是：1."礼治"学说；2."天志"学说；3."法治"学说的内容及依据；4.法家实施"法治"的方法；③5."无为而治"学说（主要是汉代的黄老学说，提到了"民本法律观念"概念）；④6."礼法合治"学说（主要是丘濬的思想，认为是理学法律观）；7."天下之法"学说；8."变法改制"学说；9."革命法制"学说；10."五权宪法"学说。

就隋唐五代法律思想而言：

在第一章第三节"传统法律思想发展的历史阶段"中，将魏晋隋唐视为"传统法律思想的成熟期"，说隋唐时期"礼法合治"定型，法律制度基本上完成了宗法等级与官僚等级的结合，实现了法律儒家化；法律思想达到了儒、法、道等思想主张的有机统一。或者说正统法律思想趋于成熟，即完成了封建法律儒家化的进程，使礼和法在立法、执法、司法等方面真正结合起来。举出的著名人物有：杨坚、李世民、魏征、长孙无忌、吕温、韩愈、柳宗元、刘禹锡、白居易等，但并没有论述他们的事迹和观点。⑤

在第二章"主要的法律观念"第一节"'天'与法律"第四小节"人

① 《段秋关书》序言，第3页。
② 《段秋关书》，第222~223页。
③ "方法"是否是"思想"，值得考虑。
④ 《段秋关书》，第203页。
⑤ 《段秋关书》，第42~43页。

以法制能胜天：'天人相分'观念"中着重论述和高度评价了柳宗元、刘禹锡的观点，即（一）关于君主、礼法的起源，提到柳宗元关于"势"（社会规律）的观点；（二）关于法律的效力和作用，提到刘禹锡的"以法胜天"，认为这一观点在法律思想史中是异军突起，鹤立鸡群；（三）关于刑赏的适用，提到柳宗元的《时令论》和《断刑论》，认为这样集中批判"春赏秋罚"的，在法律思想史中少见。在第五节"'律'与法律"中认为同是唐人编纂的史书，《晋书刑法志》称《法经》六篇为"律"，《唐律疏议》则称为"法"，反映晋人与唐人对"律"的不同理解。律学始自秦代，成于两汉，兴于魏晋，成熟于隋唐，持续于宋明，终结于清末。隋唐以后完成了礼法结合，即儒家礼义的主要宗旨和基本原则，尤其"三纲五常"均已入律，结束了汉魏以来儒家思想原则法律化的进程。自此之后，传统法律思想一般不再强调"出礼入刑"的必要性或"德主刑辅"的重要性，而是转向论证依律审判或罪刑法定的必要，突出"明刑弼教"的重要。唐太宗李世民强调"失礼之禁，尽在刑书"，《唐律疏议》指出《唐律》制定原则是"铨量轻重，依义制律"。《唐律疏议》全面系统总结了中国古代的律学精华，体现了律学的最高成就，可以将《唐律疏议》称为中国古代的刑法全书。① 第六节 "令典与法律"涉及律令之外的法律形式（格后敕、编敕、《唐六典》）在唐五代的产生和发展。这一节的论述其实很难说是法律思想。

在第三章"主要的法律学说"第五节"'无为而治'学说"中，认为《贞观政要》是在新的社会条件下运用黄老学说，并使之大放光彩的；又认为《淮南子》总结了黄老思想，但只是纸面上的东西，直到唐代才重新发挥作用。第六节"'礼法合治'学说"认为正统法律思想在各个阶段的代表人物有：汉代的董仲舒、班固，晋代的杜预、张斐，唐代的韩愈、柳宗元，宋代的朱熹，明代的丘濬，清代的薛允升等；并叙述了正统法律思想的形成过程：汉代确立之时，礼与法只是表面的糅合，并附会于天命神学之下；中经王充、桓谭等对谶纬神学的批判，尤其律学长达几百年的引经注律和经义决狱，使礼义原则渗透、融入法典与律令之中；后又在隋唐

---

① 《段秋关书》，第 68~129 页。

时吸收佛、道的思想因素，遂使《唐律》"一准乎礼"，礼法合治亦趋成熟，纲常与法制始合而为一，但仍缺乏系统的理论支撑；宋明理学的出现和普及，使正统法律思想有了适宜的理论基础，并借助"性理"的说教和哲学的思辨，从朝廷走向寻常百姓之中，与此同时，也使纲常成为至高无上的戒律和钳制思想的窠臼。①

总之，此书论述隋唐五代法律思想，着重于法律儒家化的完成或礼法合治的成熟，涉及的著作和人物不多，只有《唐律疏议》《唐六典》几种和韩愈、柳宗元、刘禹锡等数人。

第二类： 按具体朝代以著作和人物为纲进行论述的著作

一、法学教材编辑部审订：《中国法律思想史》（简称为《张国华书》），法律出版社，1982 年 6 月，主编张国华，副主编杨鹤皋、刘富起。第六章隋唐部分，由刘富起撰写。自 236 页至 289 页共 54 页，计 4 万字左右。

全书按奴隶制、封建制、鸦片战争、太平天国、戊戌变法、辛亥革命分为十二章。隋唐部分为第六章"封建制高度发展时期（隋唐）的法律思想"。

本书没有采用"正统法律思想"概念，只说"占统治地位的法律思想"。第六章从立法、司法、执法、刑礼关系等方面总结，但没有强调"德主刑辅"。涉及杨坚、李世民、魏征、韩愈、柳宗元、白居易。其中为魏征单立一节，为后来的《中国法律思想史纲》所继承。凡所涉及人物的法律思想，也基本为后来的中国法律思想史著作继承。

本章提到唐太宗立法的基本倾向是宽平，但没有明确说"恤刑慎狱"是司法范畴，只是与用法宽平分开来讲，也就是说尚未区分立法和司法来谈唐太宗的法律思想。大约从杨鹤皋起开始说唐太宗立法是宽简，司法是恤刑慎狱，为后来的《叶孝信书》（详下）、《郭建书》所继承。书中特别提到唐太宗的"惩革弊风"问题，为后来的《中国法律思想史纲》所继承。② 关于韩愈的性三品说，书中没有说对应地主阶级、中间阶层、劳动

---

① 《段秋关书》，第 202~224 页。
② 此说法他书不见。看来后来学者似乎不认为"惩革弊风"是法律思想。所以这里还是有一个什么是法律思想的问题。

人民，但后来的《中国法律思想史纲》则有此发挥。书中关于柳宗元"斩杀必当"等言论，后人少引，或因为并不代表柳宗元的主要法律思想。关于柳宗元的反对秋冬行刑，书中从提高封建司法、行政工作效率出发，强调"赏罚务速"。虽然也谈到时令与人事没有关系，但不像后人那样，高度重视《时令论》和《断刑论》，对质疑时令非圣人所造的说法也没有特别提及。关于白居易所说刑礼关系（迭相为用），本书说得比较清楚，但其实未涉及"道"的问题。

本章没有提到《唐律疏议》，是否认为它是法条不是思想，或者与全书以人物为纲的体例不符？人物中没有提王通、陆贽、刘禹锡等。书中说隋唐时期"礼法结合已用法典形式固定下来"①，强调"用法典形式固定下来"的是"礼法结合"，没有说三纲之类的法典化。其他提到的一些如重视人才、纳谏、任人唯贤等，是否为法律思想，值得考虑。

本书出版比较早，阶级观点随处可见，往往先要说其阶级立场，说其根本目的是镇压劳动人民，维护封建统治，然后再谈其思想对缓和阶级矛盾有好处云云。

本书作为改革开放后第一部法律思想史著作，其体例及涉及事物和人物都影响了后来的著作，例如本书副主编杨鹤皋后来单独撰写法律思想通史，很多方面都受到此书以及下述《中国法律思想史纲》的影响。

二、张国华、饶鑫贤主编：《中国法律思想史纲》（简称为《史纲》）

上、下册。上册 1984 年 8 月出版，下册 1987 年 1 月出版。隋唐部分在上册的第三编第十二章，共七节，第一节由刘明湘撰写，其他六节由饶鑫贤撰写。此章自 449 页至 526 页共 78 页，计 6 万余字。

全书分五编：奴隶社会夏、商、周时期的法律思想；奴隶社会向封建社会过渡的春秋、战国时期的法律思想；封建社会秦、汉至隋、唐、五代时期的法律思想；封建社会宋至鸦片战争（前）时期的法律思想；半殖民地半封建社会鸦片战争至辛亥革命时期的法律思想。

---

① 《张国华书》，第 237 页。

本书出版也比较早,其中阶级观点随处可见,① 也继承《张国华书》,提到了惩革风习和加强治安对劳动人民是有利的。书中使用了"封建正统法律思想"概念(有时又称"封建儒家正统法律思想"),将隋唐时期定性为封建正统法律思想的发展时期。主要讨论了杨坚、李世民及其统治集团、陆贽、韩愈、柳宗元、白居易。没有提到《唐律疏议》,也没有提王通、刘禹锡等,与《张国华书》一脉相承。《张国华书》中提到的一些人物和思想,基本为本书所继承,但也有发挥,比如认为韩愈的性三品说对应了地主阶级、中间阶层、劳动人民,就是本书的发挥。其他相关问题又为后来的许多中国法律思想史著作所继承。② 本书在李世民及其统治集团中专立一节讨论房玄龄、长孙无忌,为其他书所无,特别讨论了魏征的法律思想,是受《张国华书》影响。书中单列一节讲陆贽和吕温,也是特色,但显然是受《杨鸿烈书》影响。特别是吕温,所列史料和评论(关于平等思想)基本与《杨鸿烈书》相同。后来的中国法律思想史著作也有将陆贽单列一节的(如下述《杨鹤皋书》和《叶孝信书》),但提到吕温的很少。

关于韩愈一节,本书没有将道统论和人性论作为法律思想本身,这是有见地的。这一观念为《马小红书》继承。本书对韩愈"圣人制刑"说法有部分肯定,认为是为对抗和抨击佛老而提出来的。后来《马小红书》继承了此种观点并加以发挥(详下)。在提到韩愈天罚、天刑、民不出粟米则诛等议论时,本书强调都是针对佛老而发的议论,即注重议论的背景和目的。这是十分正确的,可惜后来的著作很少在这方面留意。

柳宗元一节,也是区分法律思想和哲学思想,即认为天没有意志说是哲学思想,它只是法律思想的基础。书中所提柳宗元"申严百刑,斩杀必当"的思想,来自《张国华书》,后来著作就较少提到。再有就是没有特别提出反对时令说,只说要赏罚及时。这也与《张国华书》相同。后来的著作在这个问题上发挥比较多,即特别强调柳宗元的反对时令说。此种不同的原因或者在于本书作者认为时令说等不属于法律思想?本书没有为刘

---

① 多是不加证明的理论先行的论断,例如说唐律的主要目的是镇压农民阶级的反抗。
② 下述《马小红书》在前言中说当时许多教材都以此书为基础,看来确实如此。

禹锡设一节，可能也是考虑到其思想主要是哲学思想而非法律思想的
缘故。

白居易一节的许多论述来自《张国华书》，有些判断也为后人所继承，
例如《马小红书》就是如此。关于白居易所说刑礼道关系，本书认为他基
本是站在黄老宽简立场上反对猛政严刑。对此，后人有不同看法，例如下
述《杨鹤皋书》《马小红书》认为其说是以礼为主；《叶孝信书》则认为
是强调了法制，是对德主刑辅说的不同看法。这些不同著作的不同判断是
很有意思的。

三、杨鹤皋：《魏晋隋唐法律思想研究》（简称为《杨鹤皋书》）， 北
京大学出版社，1995 年 1 月。全书十四章，其中隋唐部分七章，自 159 页
至 347 页共 189 页，计 15 万字左右。

这是目前所见唯一一部以魏晋隋唐为断代的法律思想史著作。隋唐部
分内容为：

第八章隋唐社会与法律思想的发展：第一节隋唐社会概述；第二节隋
唐时期儒佛道斗争与法律思想的发展。第九章隋朝的法律思想：第一节统
一封建国家的重建；第二节隋文帝除削烦苛的立法司法主张；第三节王通
的儒佛道三教"可一"论。

第十章唐初统治阶级的法律思想：第一节隋朝骤亡的教训与唐初"安
人宁国"的方针；第二节唐太宗及其统治集团的法律思想；第三节《唐律
疏议》的法律思想。第十一章唐中期儒学复兴派的法律思想：第一节儒学
复兴运动（韩愈与李翱）；第二节韩愈的排佛崇儒说及其在法律思想上的体
现。第十二章"永贞革新"派的法律思想：第一节"永贞革新"运动；第二
节柳宗元的法律起源于"势"与赏罚及时论；第三节刘禹锡的"人以法制
胜"论。第十三章唐中期进步思想家匡世救弊的法律思想：第一节陆贽匡世
救弊的法律思想；第二节白居易的崇礼重法论。第十四章晚唐道家的法律思
想：第一节晚唐社会与道家思想的复苏；第二节《无能子》的法律思想。

本书涉及的问题或提炼的思想有：隋文帝的以轻代重；李世民君臣对
立法、执法、守法的系统思想：礼法兼用、公平宽简、赏罚分明、皇帝带
头守法、一断以律、进谏纳谏；《唐律疏议》的法律思想：德本刑用、三

纲法律化、维护等级特权、规定良贱异法、轻刑慎罚；韩愈、柳宗元、刘禹锡关于"天刑"的争论；复仇问题：涉及陈子昂、韩愈、柳宗元；陆贽、吕温、白居易改良法制的主张；无能子的进步思想。

本书所涉问题，大部分不出前述《杨鸿烈书》《张国华书》《史纲》范畴。其有特点处：一、关于王通、刘禹锡、柳宗元对司法时令说的批判，涉及时令、月令非圣人所作问题。二、有关《无能子》的法律思想等，可能是本书首先提出来的。三、将中唐以后的法律思想按"派"来展示：将韩愈、李翱归纳为儒学复兴派；将柳宗元、刘禹锡归纳为永贞革新派；将陆贽、白居易归纳为进步思想家。

书中没有采用"正统法律思想"概念，而是各断代分别讲各自的法律思想发展。书中认为到了唐代，统治阶级才从认识上把礼义道德的作用和法律的作用，在儒家思想的原则上统一起来，从而大大丰富了儒家礼法融合的思想，形成了完整的礼主刑辅、礼法融合的思想体系，似乎认为到唐代才形成儒家的完整的法律思想体系（这是"正统法律思想"的代名词）。同时，大概是本书首次提出《唐律疏议》中儒家"三纲"的法律化（但非"法典化"）。此外，在区分法律思想和非法律思想方面则还不如《史纲》；提出的轻徭薄赋思想很难说是法律思想；有些判断（例如对白居易法律思想的定性），基本照抄《史纲》。

本书由于阶级观念先行，所论简单粗糙，不加分析就作性质判断，用阶级观点定性的议论多于前述著作。例如："毫无疑问，唐太宗统治集团立法的主要锋芒是指向劳动人民的"。"李翱的所谓'复性'，仍是用封建思想来统治人的头脑的说教，教人服服帖帖做封建制度的顺民"。韩愈"讲的是那些穿着麻丝，吃饱了粟、米、果、蔬、鱼、肉的地主阶级的理"。"礼乐刑政都是统治阶级套在劳动人民身上的枷锁"，性三品说"反映出韩愈敌视劳动人民的地主阶级立场"，韩愈"借用天命、天刑来威吓人们……目的仍在于维护封建宗法社会的秩序"。柳宗元"批判了'刑不上大夫'的反动观念"。白居易的主张"对于已经日趋腐朽的唐朝统治者来说，却无异于对牛弹琴"。"地主阶级剥削农民的制度的存在，就是人民犯罪的根本原因。因此根本谈不上'止狱措刑'的问题"。《无能子》"反映了唐末阶级斗争的一个侧面。就其政治法律思想来说，它是唐末农民大起义的一个曲折的反映"。等等。

四、杨鹤皋：《中国法律思想通史》，湘潭大学出版社，2011 年（完成于 2002 年，修改于 2005 年，出版于 2011 年），上下两册。

本书以朝代为纲，全书分五篇：第一篇先秦法律思想；第二篇秦汉法律思想；第三篇魏晋隋唐法律思想；第四篇宋元明清法律思想；第五篇近代法律思想。其中第三篇隋唐法律思想与前述《魏晋隋唐法律思想研究》章节和文字完全相同，因此我们基本将其中的隋唐部分作为 1995 年的作品看待。

五、《中国法律思想通史》第五卷《隋唐》（简称为《叶孝信书》），
总主编：李光灿、张国华；本卷主编：叶孝信；撰稿人：王超、倪正茂、宋昌斌、杨鹤皋、郭建；山西人民出版社，2000 年。

此书虽是《中国法律思想通史》中的一部分（第二册为三国、两晋、南北朝、隋唐、两宋，其中第五卷为隋唐），但基本独立，或可算是一部隋唐法律思想史专著。以下作较详细的介绍。

全书基本以时代为序，同时以几部重要的书和几位重要的人物为中心，共分八章。

在隋初法律思想部分，认为其主流一是积极从事法制改革，二是德主刑辅，三是依法办事。法律可以轻简。隋后期法律思想的演变是从德主刑辅演变为唯刑是用，以及重刑主义抬头（隋本以刑罚轻简著称）。王通的法律思想为：以儒为主，主张"刑清""无讼"；适当赏罚；先德后刑。

唐太宗君臣的法律思想：以儒为主（兼采法、道）；立法以"宽简"为核心（礼法兼治，法是国之权衡，立法必须公平，立法务求宽简，保持法律稳定性）；司法主张慎狱恤刑（创立九卿议刑制，完善死刑审批程序，反对严讯）；明正赏罚一断以律（赏罚对治理国家有重要作用，严惩贪官污吏，执法不避权贵，皇帝带头守法）；谏议与执法（求谏纳谏以成治道，臣尽其言，谏议与执法相结合）。

《五经正义》的法律思想：具有法典作用；① 巩固大一统，善理国家政

---

① 此点或可商榷。

务（大一统观，农用八政与国家基本政务）；礼是国家大法（法融于礼，礼是家族法的理论基础，强调正名，维护君主专制）。

《唐律疏议》的法律思想：德礼为本刑罚为用（也不排斥法家思想主张）；三纲的法律化；维护等级特权（贵族、官吏有罪无刑，良贱异法）；轻刑慎罚。唐以后各代，都以这种以礼入律、礼法融合的思想为正统法律思想。

《唐六典》的法律思想：法律思想的渊源；国家组织形式（政权结构，权力制约，国家机器运转）；人事行政管理（国家机关编制的理论依据，科举与选才，官吏管理）；行政监察（监察思想的发展，行政监察的指导原则，行政监察与行政效率）。

唐代经济立法思想：指导思想（维护基本经济原则，调整经济立法，开源节流）；土地立法（寓国家干预于土地所有权的分离之中，对地主土地所有权既保护又限制，尽量使民地著归农）；赋税立法（农为福田工商亦财源，丁田为本资产货币亦可为凭，民为邦本不可竭泽而渔，取之有方贵在使民不怨）；经济管制（四民各守本业维持社会分工格局，官营主要非农行业掌握调控经济之权，设立关市钱币之禁限制商品交换流通，反对侈靡奢华之风）。

唐代执法官吏的法律思想：循吏（循理以治、德政训下，赞同复仇，法贵画一不宜动摇，不可重敛）；酷吏（圣旨至上君意即法，刑罚万能，宁诛无辜不失不经，特点是重权轻法重刑轻礼）；书判（《龙筋凤髓判》侧重调节统治阶级内部矛盾、维护君主尊严安全、用人须出公心，《甲乙判》体现以儒为主、儒法合流，书判意义：为司法思想提供了资料和素材、丰富了司法思想、对士人思想的潜移默化）。

唐中后期的法律思想：总趋势是在德主刑辅框架内，强调刑的独立性与重要性，重视讨论法律起源问题、刑与礼的关系问题、人性及犯罪起因问题，以及秋冬行刑、复仇、复肉刑等问题。

1. 韩愈：圣人创立礼乐刑政；法律属于教化；不攻击法家，谈赏罚，现实主义；将立法、执法、守法定为君臣民的不同义务，与先秦法家类似；性三品：中品可以教化下品只能刑罚，故严刑与教化并行不悖，不必抑此扬彼；复仇问题是折中的，是强调经与律的统一，倾向是不鼓励复仇。

2. 陆贽：轻徭薄赋；先德后刑（德威兼用，除苛省刑，罪疑从轻，详审刑狱，纠正冤滥，杜绝贿赂，惩治贪赃①）；严明赏罚。

3. 柳宗元：将国家和法的产生发展描述为一种历史的演进过程，政刑都起于贤明者。批驳按时行政、秋冬行刑的官方正统法律理论，是他法律思想中最值得重视的特色（反对天人合一），具有罕见的思想深度；关于复仇认为要搞清事实真相后按法处理，即不能不问曲直地允许复仇。

4. 刘禹锡：人以法制胜（人类社会的功能在制定法制）的观点在法律史上占有重要地位；天与人交相胜（把社会准则约束得无效或有效，看作天胜或人胜的标准）；法制松弛是非颠倒是神权天命论产生的社会原因；轻徭薄赋。

5. 白居易：基本属于儒家正统，但有独到见解。最具特色的是对德主刑辅理论的修正，即不同意德礼永远为先，认为刑礼迭相为用；刑罚被看作施行教化的重要手段；看重刑罚对礼教的推动作用。这些是新的观念。注意法律人才的培养与选拔是其法律思想中很有特色的一面，在中国法律思想史上有重要意义，是曹魏设律博士以来又一次明确要求重视法学、重视司法人员素质的呼吁，反映其法律思想的进步性。认为犯罪的主要原因是人民生活贫困，已触及犯罪的社会阶级原因。还认为减少犯罪不能只靠德礼教化，而要富其人崇其教，其思想比传统的人性论的犯罪原因论更进步和科学。强调大官权重犯罪更应严惩，是对儒家为尊者讳原则的否定。反对恢复肉刑；反对滥赦。

6.《无能子》：追求自然和谐的平等社会，是其政治法律思想的基本点。反对圣人；批评等级纲常；主张无为而治。

此书许多内容都见于前出诸书，特别是唐太宗君臣的法律思想、《唐律疏议》的法律思想、陆贽、刘禹锡、《无能子》的法律思想各章节，均出自杨鹤皋手，与他此前的著作基本相同。

本书特点：第一，体量大，隋唐单独占有一卷，共 217 页，计 26 万余字，是所有法律思想通史中所涉隋唐部分分量最大的。第二，隋代部分讨

---

① 书中认为陆贽的这些观点多是因袭儒家传统，没有新的阐述。

论比较细致，单独讨论了除隋文帝之外苏威、牛弘、高颖的法律思想，对这些人法律思想中的实用主义、随机性的分析也别具特色。第三，为扩大史料范围，特别讨论了《五经正义》《唐六典》《书判》等史料中的法律思想，这在别的法律思想史著作中没有或很少涉及。第四，特别讨论了行政法思想和经济立法思想，这在其他法律思想通史中也少见。第五，将执法官吏单独列为一章（含循吏、酷吏、书判），是重视司法思想的表现。

存在的问题：第一，不能区分制度、行为与思想，很多叙述所涉都是制度和行为，有些是从制度和行为中分析出来的。作者自己也说很多经济法律思想是从经济制度中分析出来的；酷吏法律思想，是从其行为中分析出来的（循吏也主要是行为）。第二，对法律思想的界定不明确，像行政思想、经济思想是否属于法律思想，值得商榷。第三，扩大史料范围是好的，但像《五经正义》，并没有真正从正义中找材料（往往只引《经》中的材料），提炼的问题如大一统也很难说是法律思想。《唐六典》是令式的摘录，其思想也应该是令式的思想。书判一节没有考虑两种书判的性质不同（一是以中央机构案件为主一是考试用），因而对两者思想不同的判断没有什么意义。第四，唐代仍然局限在几个人物中，和其他中国法律思想史著作一样，从《唐律疏议》到玄宗基本是空白，晚唐乃至五代的议论也是空白。

书中整体上没有采用"正统法律思想"概念，大概认为不存在什么正统不正统的问题，而是各时代说各时代的。有这样一些表述：隋初君臣法律思想没有脱出"封建法律思想"的窠臼；董仲舒提出的德主刑辅说，成了中国古代封建社会中较易为社会各阶级各阶层接受的理论；隋文帝承袭了"儒家的基本法律观"；牛弘是"儒家法律思想"的代表人物；形成了以儒学为旗帜的"德主刑辅"的儒法合流的法律思想，历经多次反复，到隋代也已比较稳定。[①] 从中可看出本书是用"儒家法律思想"或"封建法律思想"代替"正统法律思想"。这主要是在隋代部分提到。唐代则有提"正统法律思想"的，见于杨鹤皋所撰《唐律疏议》部分。此外郭建所撰部分，先说韩愈"主流则是阐发儒家传统的'德主刑辅'的正统法律理

---

① 分别见本书第249、251、259、263、269各页。

论"（是理论而非思想）；又说秋后行刑是"官方正统的法律理论"，① 比起"正统法律思想"来更多地是说"正统法律理论"。这就是说，本卷除个别处提到了正统法律思想外，还存在大量的儒家法律思想、封建法律思想、正统法律理论等说法。这是全卷不统一的地方，但或可说明本卷基本没有采用"正统"法律思想或"封建正统"法律思想的概念。

六、刘新、王振东主编《中国法律思想史》（简称为《刘新书》）， 21世纪法学系列教材，中国人民大学出版社，2000年3月第1版，2013年4月第4版。隋唐时期只有176页至193页共17页，计3万字左右。

全书以时间为序，但完全以人物为纲，比较特别。书分为四编：夏商西周时期的法律思想，春秋战国时期的法律思想，秦至清代（1840年）的法律思想，近代的法律思想。

本书采用了"封建正统法律思想"概念，相应时段断为从秦到清而非前述《杨鸿烈书》《郭建书》等从汉到清。认为隋唐是封建正统法律思想发展到一个新的阶段。隋唐部分只列举了五个人：杨坚、李世民、韩愈、柳宗元、刘禹锡，内容不出前面几书。个别论断稍有不同，例如说韩愈的主张与商鞅的重刑主义相去不远；说柳宗元关于复仇的议论是以原始罪属于哪一方来判决的新见解；说刘禹锡不是研究法律、法律规范本身的结构，而是着重探讨法与哲学、宗教、政治之间的关系等。

本书因以人为纲，故没有提到《唐律疏议》。而人物中提到刘禹锡没有提白居易，其实后者的法律思想比前者要多，也许作者认为前者更重要？书中也以阶级观点和唯物主义为指导，所以有以下判断：韩愈"赤裸裸地、并且是理直气壮地宣扬他的压迫有理的理论，为封建君主专制和封建特权法辩护"；刘禹锡"无法摆脱阶级的局限"；② 等等。

七、马小红、姜晓敏著：《中国法律思想史》（简称为《马小红书》）， 新编21世纪法学系列教材，中国人民大学出版社，2010年2月第1版，

---

① 分别见本书第417、431页。

② 分别见本书第185、193页。

2015 年 10 月第 3 版，其中隋唐部分 114 页至 131 页共 18 页，计 3 万字左右。

这是出版比较晚的教材。书在前言中梳理了中国法律思想史研究的学术史，认为杨鸿烈《中国法律思想史》是中国法律思想史学科的奠基之作。1978 年以后介绍了几种著作：第一，张国华主编的《中国法律思想史》。第二，张国华、饶鑫贤主编的《中国法律思想史纲》，认为此书影响广泛，此后各院校编写教材大多以此为范本。第三，张国华《中国法律思想史新编》，认为此书是继 1936 年杨鸿烈《中国法律思想史》后在学科发展过程中的重大突破。

本书分三篇：先秦法律思想，秦朝至清的法律思想，近代的法律思想。大概同是中国人民大学教材，所以与《刘新书》一样也以秦到清为一阶段，而非以汉到清为一阶段。

第六章隋唐时期的法律思想只设两节，一讲《唐律疏议》，一讲韩愈、白居易、柳宗元（没有刘禹锡）。内容不出前述各书，但也有其特点。

第一，完全以正统法律思想的成熟与发展立论。该书总体是认为隋文帝体现了对封建正统法律思想的继承；唐初正统法律思想日趋成熟，礼法结合基本定局，封建正统法律思想通过贞观定律及永徽作疏而法典化，稳固地确立起主导地位。安史之乱以后，丰富了封建正统法律思想的内容。作者坚持使用"封建正统法律思想"一词。

第二，善于从历史进程中对隋唐法律和法律思想定位，强调儒家思想的法典化。例如指出：《开皇律》博取南北各朝、各民族的法律精粹，择善而从，在古代法制史上具有划时代的意义。唐初力图将正统法律思想全面贯彻于实际的立法、司法之中，发展了晋律儒家化的趋势，通过立法，进一步纳礼入律，完成了封建正统法律思想的法典化。由于封建法制在初创时，主要以法家思想为指导，所以正统法律思想确立之初，思想理论与具体制度不相吻合，法典对正统法律思想的反映不充分，不系统。这一状况自汉经魏晋南北朝、隋及至于唐，都不同程度地存在，直到唐律实现了正统法律思想的法典化，才基本消除了思想与制度之间的矛盾，这不仅使封建法典的制定日臻完备，而且使封建正统法律思想体系日益成熟，并在法律实践中发挥了重要作用。作者一方面强调"儒家思想的法典化"，另方面又不同意正统法律思想是指儒家的法律思想，这一点是需要注意的。

第三，继承《史纲》观点，区分法律思想和非法律思想，例如韩愈的道统、性三品等，都不作为法律思想。

第四，继承《史纲》观点，对韩愈的圣人制刑说，予以肯定并加以发挥。这在其他书中少见。该书认为：法律来源于"道"，是由传仁义之道的圣人所发明的，是稳定社会秩序、推动人类进步的重要工具，自然具有无可辩驳的正当性。从法律的起源看，它是正当的、神圣的；从社会现实看，法律的运用又是势在必行、不可避免的，从而对佛教的"惮于行刑"及道教的法律虚无论进行了彻底批判，在理论上充分肯定了刑罚、法律的现实价值与社会功用。对韩愈关于复仇的议论也予以肯定。这与《杨鹤皋书》批判韩愈的阶级立场等大相径庭。

通过以上梳理，这十一本有关隋唐五代法律思想的著作，其总的内容、特点和不足似乎是：

一、正统法律思想在隋唐时期的发展状况。一般认为自西汉中期形成了正统法律思想，为《杨鸿烈书》首提。《张国华书》未采纳（而是使用"占统治地位的法律思想"说法）；《史纲》加上"封建"二字，成为"封建正统法律思想"。后来的许多书继承了这一说法（如《刘新书》是封建正统法律思想；① 《马小红书》也是封建正统法律思想，或正统法律思想），② 到《郭建书》改为官方正统法律思想（其在《叶孝信书》中已有萌芽，在自己书中明确提出）。

但同时，《杨鹤皋书》在隋唐部分没有采用"正统法律思想"概念，而是各断代分别讲各自法律思想的发展，似乎认为到唐代（而非汉代）才形成儒家的完整的法律思想体系（详见前述）。到《叶孝信书》他撰写的部分，又说"唐以后各代封建王朝，都是以这种以礼入律、礼法融合的思想为正统法律思想的"③，似乎认为唐以后才形成正统法律思想。此外，《叶孝信书》也基本没有采用（只在上述杨鹤皋撰写的部分出现了一次

---

① 《刘新书》，第 177 页。
② 《马小红书》，第 114~115 页。
③ 《叶孝信书》，第 332 页。

"正统法律思想"），似依作者不同，各有各的表达，例如有儒家法律思想、封建法律思想、正统法律理论等说法，反映了在这一问题上认识的不统一。即使偏重"范畴史"的《段秋关书》，也分别使用了传统法律思想、正统儒家法律思想、正统法律思想、封建正统法律思想、西汉正统法律思想等各种略有不同的概念。① 这些概念不同不仅在于是否"封建"的思想，而且在于是否"儒家"的思想（《马小红书》就不认为"正统法律思想"是"儒家"的法律思想），乃至对"正统"和"思想"也有不同认识。比如我们会问：正统法律思想之外，似乎还应有"非正统"的法律思想？那么，这非正统的法律思想是什么？或者官方"非正统"的法律思想是什么？这些问题并没有论著予以分辨解释。

有特点的是《郭建书》。书中虽然没有提到与"官方正统思想"对应的"官方非正统思想"，但提出了与官方正统法律思想相对的民间法律意识。不过民间存在的却不是法律"思想"而是法律"意识"。为何有此区别，作者并没有说明。

二、隋唐时期是否存在"三纲"思想的法典化。《杨鸿烈书》只说"儒家的'礼治'……深入法律条文的里面，使法律全部都受'礼化'"②。《张国华书》只说隋唐时期"礼法结合已用法典形式固定下来"③。《史纲》"强调礼法结合和简禁恤刑。这是西汉中期以来封建正统法律思想的继承和发展，通过后来的《永徽律》及《唐律疏议》的修订和颁布，对于封建后期以至近代法律思想的发展都具有重要的影响"④。《新编》也只说是"儒家经义法典化"⑤。这些著作都尚未说"三纲思想法典化"。

这一概念似乎是杨鹤皋最先提出。《杨鹤皋书》先说："统观《疏议》……又把礼义道德规范直接纳入法律，把礼的规定改为法律条文，使儒家学说法典化、制度化"，然后有一小节的标题是：《唐律疏议》中儒家

---

① 《段秋关书》，第 39、41、42、43、44、53 页。
② 《杨鸿烈书》，第 139 页。
③ 《张国华书》，第 237 页。
④ 《史纲》，第 450 页。
⑤ 《新编》，第 180 页。

"三纲"的法律化。注意，这里并没有说三纲的"法典化"，①而只说"法律化"。《叶孝信书》相关部分即杨鹤皋所撰，所以对三纲法律化的提法也与《杨鹤皋书》相同。

《郭建书》不提三纲如何，而是分开说：《唐律疏议》以法典的形式，确保皇帝的至尊地位和政权稳固；将纲常伦理中有关家族关系的内容法典化，严格维护以父权和夫权为中心的家庭伦常道德……父为子纲、夫为妻纲的思想都以具体的法律规定加以体现；作为中华法系的代表性的法典……将官方正统法律思想的内容逐步纳入法制化的轨道；由于唐律较好地完成了思想的制度化，因此为后来历代多宗奉。②细体会其含义，似乎第一，作者并不认为将君为臣纲法典化了。第二，推测作者可能认为法典化含义模糊，是指三纲变成法条了吗？还有三纲之外的思想呢？因此不如说成：将思想以具体的法律规定加以体现，或思想的制度化。这种说法比《杨鸿皋书》所说"把礼的规定改为法律条文，使儒家学说法典化、制度化"更宽泛。

《段秋关书》只说"法律儒家化"（有时又说"律典儒家化"），说"'礼法合治'思想的完备成熟是隋唐时期。主要标志是以礼入法（法律的儒家化）的完成……礼已不限于在法律之外指导司法，而且逐渐深入到法律内部，成为法律的重要原则和内容，形成了'一准乎礼'、出礼入刑的局面"。到宋代，"宋明理学的'天理'的核心是'三纲五常'。将'天'理性化，不过是把纲常伦理权威化、合理化"。直到清末，维护三纲五常成为法律的主要职能。这些表述，并没有认同《唐律》已经将三纲法律化了的观点（但有时也说"体现'纲常'的律令"），而是认为法律只是维护三纲的工具（认为儒家确立三纲五常，是"以礼制的方式将'纲常'规范化、制度化"），即所谓"使法律、刑罚成为推行'纲常'的有力保障"。纲常与法律两者各有各的系统。总之本书强调礼与刑是两个系统，虽然后来融合成礼法合治，但并没有融为一体。③

① 分别见《杨鹤皋书》第234、285、235页。
② 《郭建书》，第132~133页。
③ 分别见《段秋关书》第100、50、8、94、102、96、97、92页。

《马小红书》也不是单纯说《唐律疏议》中三纲的法律化或法典化，而是说正统法律思想的法典化，更扩大了法典化的指称范围。书中说：唐初封建正统法律思想通过贞观定律及永徽作疏而法典化；唐代发展了晋律儒家化的趋势，通过立法，进一步纳礼入律，完成了封建正统法律思想的法典化。这种正统法律思想的法典化包括"德礼为本，刑罚为用"思想的法典化、"三纲"思想的法典化、"等级特权"思想的法典化、"轻刑慎罪"思想的法典化等。① 因此作者是说所有的（不仅三纲）正统法律思想都在《唐律疏议》中法典化了，这与其他书还是有区别的。这也是作者首次将《杨鹤皋书》提出的三纲"法律化"改为三纲"法典化"。

这些著作都没有解释什么叫"法典化"，什么叫"法律化"，乃至"规范化""制度化"等。被"化"的也既有思想，也有经义、学说、纲常伦理多种。很多判断的提出比较随意，缺乏详尽分析和相应的史料支持。

从以上引述还可看出各书对"礼""法"关系的表述也有所不同，例如《张国华书》《马小红书》说是"礼法结合"；《杨鹤皋书》说是"礼法融合"；《叶孝信书》说是"儒法合流"；《段秋关书》说是"礼法合治"。这种对礼法关系的不同表述，也是影响各书是否赞同"三纲"之类法典化的原因所在（例如如果说是"礼法合治"，就意味着礼、法是两个系统，未曾融合）。

三、隋唐时期的人物。以问题为纲的书突出问题，不大突出人物；以人物为纲的书则突出人物。早期著作主要提到有杨坚、李世民及其统治集团、陆贽、韩愈、柳宗元、白居易。提到吕温是受《杨鸿烈书》影响。后来的著作在隋代补充了苏威、牛弘、高颎、王通等，在唐代补充了刘禹锡等。

四、隋唐时期的著作。《杨鹤皋书》开始为《唐律疏议》单立一章，提出了三纲的法律化，还增加了《无能子》的法律思想。这些多为后来著作继承。《郭建书》则增加了对《化书》的分析。比较厚重比较特殊的是《叶孝信书》。书中增加了《五经正义》《唐六典》《书判》诸书，也相应

---

① 《马小红书》，第114~121页。

增加了行政法律思想、经济法律思想、执法者的法律思想等内容，但似乎不能区别制度、行为与思想的异同，对各书性质的判断或也有误，并见前述。

五、就隋唐时期的具体法律思想而言，各书大同小异，都认为隋唐时期是正统法律思想的发展或成熟期，德主刑辅基本没有变化，没有什么独创思想。涉及的基本问题主要是德礼关系（德主刑辅）、赏罚问题、天命问题、特权问题、肉刑问题、复仇问题、赦罪问题。个别处意见不一致：比如白居易关于刑礼道迭相为用的理论，《张国华书》已提出其意为有时要以刑为先，即更重视刑；而《杨鹤皋书》《马小红书》则认为是说要以礼为主；《叶孝信书》又认为是将刑放在第一位，是更重视刑的作用。实际上，《张国华书》只谈了刑礼问题，没有涉及"道"，而《杨鹤皋书》《马小红书》都认为"道"指道教的清静无为。"道"是指道教的清静无为吗？清静无为的道为何要与刑、礼并列？所以还是要先认真分析原文才是。

又如关于韩愈的性三品说，《史纲》提出它对应的是地主阶级、中间阶层、劳动人民，为前后书均无的提法。关于柳宗元的时令论、断刑论，后来的著作比《张国华书》《史纲》更加重视，特别是《杨鹤皋书》提出了时令非圣人制造的问题。

《郭建书》提出的民间法律意识问题，比较有特点，但所述很少隋唐时期事例。《段秋关书》是最契合法律"思想"的著作。全书以"法律观念"与"法律学说"为纲（详见前述），但涉及隋唐五代时期的"思想"仍然不出前人讨论范围。

六、以问题为纲类著作还涉及隋唐时期法律内的问题的讨论，比如《杨鸿烈书》中的以赃为罪、讯囚问题、族诛连坐问题、婚姻问题、亲子问题、同籍异财问题等，但除《新编》外，没有继承下去。这涉及法律思想到底包括哪些内容。除这些法律内的问题外，像大一统、轻徭薄赋、革弊纳谏，以及行政思想、经济思想、人才思想等是否为法律思想，都需要继续探讨。

七、诸种书虽多，但重复不少，其中一个原因是作者重复而导致的重复。比如张国华参加四种书的撰写或任主编；杨鹤皋也参加了四种书的撰写或任副主编；段秋关参加了两种书的撰写（其中一种为独撰）；郭建参加了两种书的撰写或任主编；等等，尤以杨鹤皋参与撰写的三部书重复为多。还有就是这些作者很多是师生关系（例如段秋关是张国华的硕士生），导致了类似观点的传承。

八、存在的主要问题：除上述各点中陆续提到的一些外，还有如：第一，各书涉及隋唐法律思想的问题都差不多，但论述有空白。唐高宗到玄宗时期就基本没有提到，比如唐中宗时一篇有关法律思想的重要文章《应正论》，①就没有一本书提到。涉及晚唐的也很少，五代更是基本空白。第二，与此相关，资料发掘得很不够。《杨鸿烈书》还引用了《册府元龟》所载诏书以及牛希济、沈颜等人议论（大多也是转引），《叶孝信书》引有书判（但讨论远远不够），其他则阙如。其实当时还有很多诏敕、文章与法律思想相关，因而有必要扩大史料搜集范围进行仔细查找。第三，即便诸书都提到的韩愈、柳宗元、白居易等人著作，各书基本都围绕那几篇重要文章，对其他相关议论的分析就很不够，且对那几篇重要文章的思想内涵，也还有必要在弄通原文的基础上进行更深入的发掘。

其实最主要的问题仍在于如何界定中国古代的"法律"和"法律思想"。对"法律"的界定不同，相应的"法律思想"自然不同；对"思想"的界定不同，相应的法律条文、法律制度、法律行为、法律事件与思想的关系也会有所区别。这也是诸书对"中国古代法律思想"（含"隋唐五代法律思想"）涉猎范围、层次、程度不同的重要原因之一。

以上极粗略地梳理了涉及隋唐五代法律思想史的一些著作，介绍了其内容并间或发表了一些议论。毋庸讳言，这些议论一定是主观且缺少深思熟虑的，错误或有冒犯之处，还请各位贤达谅解并批评指正。

（责任编辑：张雨）

---

① 参见黄正建《〈应正论〉与唐代前期的严刑思想》，原载《河北学刊》2017 年第 4 期，后收入同作者《唐代法典、司法与〈天圣令〉诸问题研究》，中国社会科学出版社，2018，第 222~231 页。

《中国古代法律文献研究》 第十六辑

2023 年，第 365~400 页

行 远 自 迩

——评《唐代司法政务运行机制及演变研究》

李勤通*

摘　要：《唐代司法政务运行机制及演变研究》借助 "司法政务" 这一概念，着重分析了唐代地方和中央的司法运行机制。本书主要的学术贡献为：辨析了唐代地方司法政务中存在刑、民程序分立的观点；否定了大理寺为唐前期中央最高司法机关的传统观点；提出唐后期使职的出现推动大理寺最终成为中央最高司法机关的观点。本书对于如下问题的研究颇有助益：中国古代司法所具有独立性的限度；皇帝行使最高司法权有多重方式；从秦汉廷尉到大理寺沿革中司法权被剥离的历程。本书仍然存在如下可商榷的内容：司法政务的概念具有模糊性，外延并不清晰；御史台所处理奏弹式案件与诏狱类案件可能缺乏有效区分。

关键词：司法政务　大理寺　御史台　尚书省　唐宋使职

隋唐上承秦汉、下启宋元，在中国法律史发展中占据极其重要的地位。因其重要，很多中外学者致力于研究该领域，成果迭出，成见也颇多。近代以来，整个中国法律史的研究呈现一种法学与史学思维交

---

* 　中国海洋大学法学院教授。

织的模式。① 套用现代法学知识体系重构中国传统法律的内在结构，是理
解本领域的重要思维范式。② 这也形成中国法律史学研究的新传统。然而
随着法律史学研究的逐步深入，这种新学术传统的固有缺陷逐渐暴露出
来。在宏观层面上，中国法律史学的发展方向被不断反思；③ 在微观层面
上，中国法律史学的诸多观点受到挑战。④ 在这种新学术传统下，有关唐
代法律史的研究也有诸多成见。⑤ 张雨先生的《唐代司法政务运行机制及
演变研究》（商务印书馆，2020。以下简称"本书"或"《唐代司法政
务》"，引用本书，仅随文注出页码）就是对这种新学术传统进行的反思。
这种反思以唐代司法政务为切入点，批判了有关唐代司法权运作的相当一
部分观点，进而为更合理地理解和解释中国传统法律实践的适切性提供了
知识储备。应该说，本书相当一部分内容的论证非常成功，并且为读者进
一步思考相关问题奠定了基础，但同时也存在可商榷之处。本文也试以之
为脉络，沿着本书提供的思路进一步讨论相关问题，并提出商榷意见。

---

① 近代中国法律史研究多是用法学知识体系建构起对传统法律史的理解。例如，梁启超的
《中国法理学发达史论》利用自然法、人治、法治等来认识中国古代法律史的特征；杨鸿
烈的《中国法律发达史》用现代部门法体系重构了中国古代法律史的基本史料；陈顾远
的《中国法制史》也用组织法规、人事法规、刑事法规等重构中国法律史的基本内容，
并尝试沟通古今。一些域外学者也借用法学知识体系认识中国法律史，如仁井田陞的
《中国法制史》。还有一些学者尝试利用其他西方知识体系认识中国古代法律史，如朱章
宝的《法律现象变迁史》等。当然，也有不少学者仍然用传统史学知识体系认识中国古
代法律史，如吕思勉的《中国制度史·刑法》、陈寅恪的《隋唐制度渊源略论稿·刑
律》等。
② 参见梁治平《法律史的视界：方法、旨趣与范式》，《中国文化》第 19~20 期，2002，第
155~185 页。
③ 参见胡永恒《法律史研究的方向：法学化还是史学化》，《历史研究》2013 年第 1 期，第
182~183 页。
④ 例如近代以来，中国法律史学界多认为中华法系的特征包括"诸法合体、以刑为主"。经
过很多学者的反复批判，学界基本认为这是错误的。参见杨一凡《中华法系研究中的一
个重大误区——"诸法合体、民刑不分"说质疑》，《中国社会科学》2002 年第 6 期，第
7~94 页；艾永明《中华法系并非"以刑为主"》，《中国法学》2004 年第 1 期，第 152~
160 页。
⑤ 例如，有关《唐六典》是否行政法典的争论。参见钱大群、李玉生《〈唐六典〉性质
论》，《中国社会科学》1989 年第 6 期，第 189~204 页。历史学界对此也有讨论，问题意
识与法律史相当但表述不同，即讨论《唐六典》"已行"还是"未行"。参见严耕望《略
论唐六典之性质与施行问题》，《"中央研究院"历史语言研究所集刊》第 24 本，1953，
第 69~76 页。

一、《唐代司法政务》的内容及其学术贡献

本书的主要问题意识是以近代西方权力分立学说建构对中国传统司法体制的认识是否有解释力。为解决这一问题,本书以"司法政务"概念为工具,对唐前期地方司法政务是否存在刑民分立、唐前期大理寺是否为中央最高司法机关、唐后期至宋中央新司法政务分工形态的生成与使职的关系等几个核心问题展开论证,并取得诸多颇有说服力的结论。而且本书审慎地对待传统文献,充分利用出土文献,从视角、观点、材料等方面都有所创新。

(一)《唐代司法政务》的主要内容

本书有四章内容但实际为三部分,第一部分是"行政统摄下的唐前期地方司法政务运行",第二部分为"公文形态与唐前期中央司法政务运行",第三部分为"分化与整合:中唐以降司法政务运行机制演变"。这三部分论证遵循从地方到中央的自下而上的空间逻辑,以及从唐前期到唐中后期乃至宋代的时间逻辑。空间逻辑有助于解释唐代从地方到中央的权力分配模式,时间逻辑有助于理解唐代司法政务的动态变迁规律。

本书第一部分的核心问题意识是,传统法律史学说解释唐代司法政务分工的民、刑分立结构说是否真的有解释力。对此,本书首先对唐代地方行政体制进行了梳理,并提出一个重要立论基点:尽管唐代地方政府设置中未必全然实现了六曹建制,但府州与县在政府功能上是模仿中央尚书省吏、户、礼、兵、刑、工六部进行归口管理的。通过分析仓曹、户曹和法曹等地方政府机构的司法职能,本书指出这三个机构在各自管辖政务范围内都有刑狱审断权。或者说,尽管法曹在地方刑狱审判中发挥重要作用,但并不代表其他部门没有相关权限,同时法曹的很多司法职能也无法独立完成。唐代地方司法中并无严格意义上的民刑之分,独立于行政事务的司法政务似乎也不存在,司法政务的完成常常需要地方各曹之间的配合。

本书第二部分的核心问题意识是,传统法律史学说将唐代刑部、大理寺、御史台分别视为中央司法行政主管机构、最高审判机关、司法监

察机关①的观念是否真的准确。本书以唐前期的中央司法政务运行机制为主要研究对象，借助奏抄、发日敕两种司法文书，分析了徒以上罪在唐中央司法机关之间的定罪程序。针对京外案件，犯人不伏辩、赃状未验露的徒罪以及流罪，州县皆需申省（申尚书省）。针对在京案件，大理寺与京兆府分享徒罪案件的管辖权，大理寺主管涉及在京诸司官吏以及非贯属在京的百姓的案件，两府（京兆府与河南府）主管贯属在京者的案件，之后这些案件还要申府二审；可能被判处流罪以上的案件则要将原始案卷申省裁判。大理寺的管辖权仅及于在京案件，且相当一部分需要申省。刑部则主管全国相关案件的覆审，并且负责将部分案件提交皇帝作最终裁决。在这种意义上，刑部被视为唐前期的中央最高司法裁决机关。皇帝对中央司法政务的处分则有两种类型：其一，对上行文书奏抄进行形式审查后下达御画奏抄；其二，以发日敕的形式处理新出现的超法规问题。同时，御史台也非纯粹的司法监察机关。初唐时，御史台启动弹劾后，或不应奏而径付有司，或因"事大"而经皇帝画闻后移送大理寺，再依法定程序推进。贞观末，御史台中置东、西二狱，御史可以在审理案件后再作处分。由于御史台可以通过奏弹式获得皇帝御画奏弹，并有可能产生直接效力，御史台被认为拥有与中书、门下、尚书三省相同的地位。

本书第三部分的核心问题意识是，在中唐以降分工协作的三省制转变为决策行政合一的中书门下体制后，唐宋中央司法政务运行机制发生了何种转变。以唐后期使职的出现及其司法权为切入点，本书提出，唐后期出现的财政三司在各自主管范围内拥有司法权限，度支使、盐铁使下还设有推官。在地方上，财政三司可以不经州县，自行处理权限范围内的司法政务；在中央，财政三司成为与尚书省相当的政务机构，其行使司法权限不

---

① 本书将"御史台"称为"司法监察机关"，这种说法或可商榷。有学者也称御史台为司法监察机关。参见陈玺《唐代诉讼制度研究》，商务印书馆，2012，第170页。但御史台的监察对象不限于司法机关或司法职权，监察内容也不限于百官违法，所以部分学者用监察体制、监察制度或者监察机关界定御史台。参见周东平主编《中国法制史》，厦门大学出版社，2009，第264页；朱勇主编《中国法制史》，中国政法大学出版社，2017，第159页。但也有学者将御史台称为"监察机构"，又将其列入"司法机构"。参见赵晓耕主编《中国法律史》，高等教育出版社，2019，第108页。还有学者认为御史台负责"司法监察"，又用"监察体制"加以概括。张晋藩：《中国古代监察法制史》，江苏人民出版社，2017，第185页。

需要经过尚书省，而是根据案情，或者直接转交府、州配役，或者申奏中书门下和皇帝裁决。使职司法权限的独立化使得大量案件被交由皇帝处理，增加了皇帝的政务负担。为解决相关问题，中书门下、大理寺先后承担起辅助皇帝进行裁决的职责。到唐末五代，地方司法权限扩张。宋代承继后，曾以大理寺、刑部作为地方司法政府的覆断、覆审机关，后来又以审刑院取代刑部。元丰改制后，大理寺成为负责全国司法政务的最高审断机关，新的司法政务模式最终形成。

（二）《唐代司法政务》的视角转化

无论刑民分立，还是中央机构之间司法权限的分配，这些都涉及唐代司法体制的根本性问题。在这一意义上，本书以几个核心问题为突破口，对唐代司法体制进行了全面反思。这些反思不仅推翻了一些固有观点，而且引申出部分可进一步思考的命题。本书之所以能够实现这些效果，在微观上主要是结合出土文献与传世文献重构了唐代司法政务的运作；在宏观上则主要是突破了固有视角，以实践先于文本而不是文本先于实践的思维模式，通过解读唐代司法政务的实践进而重构有关唐代司法政务的知识体系。如果说通过出土文献重新解释中国史包括法律史已经成为学科内的共识，这种宏观视角的转化在法律史学科内部仍然有相当的新意。这不仅涉及知识体系话语的转化，而且涉及一个相当根本的问题，即唐代法律史包括中国法律史研究对象的范围界限。[①] 在这种意义上，视角转化不仅会带来新的研究结论，而且打通了中国政治史与法律史，扩宽了中国法律史的研究范围。

其一，从司法制度到司法政务。相较于多数法律史研究，本书选择用"司法政务"一词来概述研究对象。之所以如此，作者在本书开头就提出"之所以不在题目中使用'司法制度（体制）'等概念来涵盖本书的研究对象，是想试图突破传统制度史，尤其是法制史（或者说法律史和法史

---

① 以自 2013 年以来持续出版的《法律史译评》为例，其中不仅包括严格意义上的中国法律史研究，而且包括其他相关研究。如［日］土口史记：《战国、秦代的县——以县廷与"官"之关系为中心的考察》，朱腾译，周东平、朱腾主编《法律史译评（2013 年卷）》，中国政法大学出版社，2014，第 1～27 页；［日］小岛浩之：《日本的唐代官僚体制研究——以官制结构和晋升体系为中心》，周东平、陈进立译，同前书，第 97～120 页；等等。

学）的范式研究"（第 1 页）。在根本上，本书认为中国传统上并不存在独
立的司法权运作。这种判断合乎相当一部分学者的论断，即在传统中国，
"法律是行政的一个方面"①。基于这种预设，本书的研究就不再从严格意
义上属于司法的领域入手，而且是从广义的司法政务出发，进而从中探讨
与司法有关的事项。例如，本书在讨论仓曹的刑狱审断职能时使用了《唐
天宝八载（749）牒为驼马驴料事》《兵曹禄直练钱文案》两份材料，这两
份材料的内容并非直接涉及刑狱审断，但却是最后刑狱审断不可或缺的一
部分（第 39~45 页）。因为刑狱审断必然涉及事实审和法律审两部分，这
两个案件虽然很难证明仓曹能够参与到最终定罪，但能够证明仓曹在整个
刑狱政务运作中发挥重要功能。传统上将诉讼分为民事、刑事并认为相关
司法审判权分由户曹、法曹掌握的观点，实际上认为中国古代存在相对独
立的司法制度。而本书证明，由于没有截然有别于立法权和行政权的司法
权，中国传统司法权分配呈分散形态，或者说渗透于中央或地方各机构的
职权中。司法政务的运行则是由各有权部门配合完成的。

其二，从司法程序到司法文书。传统上有关司法运作的研究往往采取程
序视角，这些视角不仅有助于观察司法权的配置，而且有助于理解案件在不
同部门之间的流程及其条件。了解司法程序必然需要借助法律文本，分析唐
代司法程序就需要借助《唐律疏议》《唐六典》《通典》等。然而，这些文
献所呈现出的司法程序多是静态性的，而且是否是真实的实践样态也令人怀
疑。为弥补这种缺陷，通过案例甚至民间故事来了解司法实践是极为有效
的。②但案例尤其是传世文献的案例往往有缺陷，或者说至少经过了史家剪
裁，因此其解释力仍然有限，遑论一些民间故事。在文书行政的形态下，③

---

① ［美］琼斯：《大清律例研究》，苏亦工译，高道蕴等编《美国学者论中国法律传统》（增
订版），清华大学出版社，2004，第 398 页。
② 参见陈登武《从人间世到幽冥界：唐代的法制、社会与国家》，五南图书出版股份有限公
司，2005，第 49~90 页；陈玺《唐代诉讼制度研究》，第 9~111 页；等等。
③ 中国在秦汉时期就形成了文书行政的制度体系。在文书行政下，官僚体系内部、地方与
中央之间的信息沟通与交流、行政报告和指令的下传与上达都需要通过公文书来完成。
参见［日］永田正英《文书行政》，王勇华译，［日］佐竹靖彦主编《殷周秦汉史学的基
本问题》，中华书局，2018，第 224~243 页；［日］冨谷至《文书行政的汉帝国》，刘恒
武、孔李波译，江苏人民出版社，2013，第 342 页。到隋唐时期，文书行政的制度体系仍
然在有效运行。参见刘后滨《唐代中书门下体制研究》，齐鲁书社，2004，第 47 页。

司法文书是司法程序的载体。完整的、不同类型的司法文书不仅是未经剪裁的司法实践，而且蕴含相当丰富的政务信息。本书的论证逻辑摆脱了传统上以案例辅证法律规范的研究思路，转而用文书类型解构司法程序，进而讨论不同司法程序下的司法权分工。例如，通过奏抄与发日敕的差异，本书解析出日常司法政务与非常司法政务的差异。这种解释思路不仅有助于解释权力结构与文书形态的内在关系，而且可以鲜明地展现出唐代尚书刑部、门下、皇帝等在中央司法政务中的分工。中国古代司法程序的形式性与实质性在文书形态中得以展现，有助于反思某些传统观点。

无论是从司法制度到司法政务，还是从司法程序到司法文书，本书的视角都融唐代政治史与法律史于一体。在唐代政治史研究中，律令格式被视为唐代政治运作的规范依据。"唐朝初年运用制度和法律来保障政府机构的正常运转，以及由令式所规定的政务处理的高度程式化，在中国古代政治制度史上是很突出的。"① 然而，法律往往并非唐代政治史研究的中心，而唐代法律史的研究又侧重于规范研究而相对较少关注政治实践。在一定程度上，本书并非从唐代法律史向政治史的拓展，而是从唐代政治史向法律史的延伸。但这并不影响本书对唐代政治史与法律史融通所作尝试的意义，而是同时深化了对两个领域的思考。

（三）《唐代司法政务》的学术贡献

本书以司法文书为主要文献依据，融司法政务与司法程序于一体，不仅打通了法律史学与政治史，而且为法律史研究从文本走向实践提供了可参考的研究范式。超越文本走向实践是中国法律史包括唐代法律史研究的重要方向，但对某些文献较为缺乏的断代，法律实践研究非常困难，唐代法律史的研究也存在这种局限。当前对唐代法律实践的研究较为关注判词或案例。② 案例研究有直接说服力，但有不可避免的缺陷。这不仅涉及前

---

① 吴宗国：《盛唐政治制度研究·绪论》，中国人民大学出版社，2019，第4页。
② 例如赵耀文《司法异化与重建威权：唐宋"指斥乘舆"罪嬗变的政治意涵》，《南大法学》2020年第4期，第136~142页；李德嘉《传统司法裁判中的法律发现与道德话语——以唐代判词为中心的考察》，《学术与探索》2021年第1期，第79~85页；等等。

文所谈到的文献真实性问题，而且也与如何从个案提炼普遍的实践经验有关。相较而言，司法文书提供了一个非常有意义的视角。司法文书中既有个案信息，又包括类案共同的程式要素，可以将个案与程式融为一体。基于此，本文有相当一部分观点值得重视。在此仅举几个重要观点略作说明。

其一，唐代地方司法中不存在刑民分立。在现代法律体系中，刑法与民法之间有较为清晰的界限，相应地刑事诉讼与民事诉讼也有鲜明差异。继受近代法律体系后，中国学者开始试图在传统法律中探索独立的刑事与民事法律，① 这种刑、民有别的观念也延伸到诉讼制度中。② 在传统政府机构体系下，由不同政府部门承担不同司法职能，进而将刑、民之分直观地区分出来，就成为很多学者解析中国古代地方政府司法职权的部门分工的论断。在唐代，这种职权分工体现在户曹与法曹之间。但以敦煌吐鲁番文书为主要文献依据，本书指出仓曹、户曹在各自职权范围内拥有刑狱审断权。以《武周天授二年（691）西周都督府勘检天山县主簿高元祯侵占职田案卷》为例，高元祯侵占职田案涉及刑事犯罪，但由于职田地租的征收者为仓曹，相关事项涉及仓曹的日常政务，因此该案由仓曹来审理。户曹也是如此。因此，法曹并未独享刑事案件的审判权。总的来说，在唐代地方司法实践中，刑事审断权由哪个部门享有跟案件本身的刑、民属性无关，而是与该案件所涉政务的主管部门有关。显然，将刑、民分立作为分析唐代司法程序的范式存在认识错误。

其二，唐代大理寺并非中央最高司法机关。③ 自近代法制改革以来，设立独立的司法审判机关就成为制度设计的重要理念。④ 独立的司法体制需要一个专门的司法机构作为终审机关。在清末改制中，大理寺被改制为

---

① 参见梁治平《"事律"与"民法"之间——中国"民法史"研究再思考》，《政法论坛》2017年第6期，第3~15页。

② 参见周东平主编《中国法制史》，第275页；陈玺《唐代诉讼制度研究》，第15~17页；张朝阳《中国早期民法的建构》，中国政法大学出版社，2014，第45~65页；等等。

③ 此前也有学者提出类似观点。参见石冬梅《唐代大理寺职能辨析》，《许昌学院学报》2011年第4期，第84~87页。但该文论证较为简略，说服力有限。

④ 参见韩秀桃《近代中国对司法独立的价值追求与现实依归》，《中国法学》2003年第4期，第164~173页。

大理院，并承担这一职能。① 尽管这一改制并未完全成功，② 但独立终审机关仍然成为近代以来司法体制的改革目标。这种现实诉求可能就转变为知识诉求，中国法律史学也试图在中国古代寻找最高审判机关，从而会通古今。在唐代，这一机关被认为是大理寺。③ 有关大理寺的沿革本身就构成中国法律史上的重要命题，而读完本书后会发现，此前学界有关唐代大理寺的认识确乎存在可商榷之处。部分学者认为，大理寺对州县上送的徒以上案件进行覆审。④ 但本书指出，大理寺只是在京法司之一，主要管辖在京官吏所犯徒以上案件、非贯属在京的普通百姓案件；对徒以上案件，大理寺还需要申省；对流以上案件，大理寺还要"封案送"（大理寺和两府将审案的原始案卷抄件，包含鞠状及伏辩，即时封送尚书省。其中不包括断文。第 122 页）到刑部待断。⑤ 从司法文书出发，流罪以上的案件都需要皇帝来最终裁决，而这或者需要以尚书省为主体的上行奏抄和皇帝画闻反馈，或者需要皇帝针对特殊案件的下行发日敕，其中都很难找到大理寺的角色。因此，无论从管辖权还是从其与刑部覆审权之间的关系，抑或文书运作来看，唐前期的大理寺都不能被视为中央最高司法机关。这一结论不仅会影响到对唐代大理寺职权的认识，而且会使人反思大理寺的发展沿革。

其三，使职在唐后期的出现推动大理寺成为中央最高司法机关。尽管唐代的大理寺很难被视为中央最高司法机关，但这种观点并非凭空产生的。所谓大理寺前身的廷尉一直被认为是中央主要司法机关（详见下文）。到唐代，《旧唐书·高宗本纪》载，永徽五年（654）"八月，大理奏决死

---

① 参见韩涛《晚清大理院：中国最早的最高法院》，法律出版社，2012，第 37 页。
② 参见陈灿平、柴松霞《清末改革司法职权配置考察》，《法学研究》2010 年第 3 期，第 195~207 页。
③ 这本身就在中国法律史知识体系中构成了一种奇异的吊诡，即作为拥有最高司法权的皇帝不被认为是中央最高审判机关，后者另有其人。但也有学者直接指出，皇帝就是中国古代的最高审判机关。参见陈顾远《中国法制史概要》，商务印书馆，2011，第 116 页。
④ 参见陈玺《唐代诉讼制度研究》，第 132 页。
⑤ 陈登武也有类似观点，但论证也较为简略。参见陈登武《从人间世到幽冥界：唐代的法制、社会与国家》，第 17 页。部分学者对大理寺职权的分析也并未指出会覆审州报送的流罪以上案件，参见周东平主编《中国法制史》，第 124 页。

囚，总管七十余人"①。尽管很难由死刑奏决权引申出大理寺为中央司法机关，但仍然会引起这种思考。而唐代以后，大理寺作为中央最高司法机关的地位开始明确。《宋史·职官志五》载："凡狱讼之事，随官司决劾，本寺（大理寺）不复听讯，但掌断天下奏狱，送审刑院详讫，同署以上于朝。"② 宋代大理寺掌天下刑狱，而且在送审刑院覆审后，两个机关会同署后上奏。这已经与唐代大理寺和刑部的关系有很大差异。《明史·职官志二》又载："（大理寺）卿，掌审谳平反刑狱之政令。少卿、寺丞赞之。左、右寺分理京畿、十三布政司刑名之事。凡刑部、都察院、五军断事官所推问狱讼，皆移案牍，引囚徒，诣寺详谳。"③ 明代大理寺不仅署理京畿和地方刑狱，还会覆审刑部、都察院、五军断事官所审案件，更有中央最高司法机关的性质。明今以赞古，基于对唐代以后大理寺职权的认识，近代以来部分法律史学的观点才会认为唐代大理寺是当时的中央最高司法机关。然而本书已经提出，大理寺在唐前期尚未成为中央最高司法机关。大理寺的职权显然在唐宋之间发生了重要变化，那么这种变化发生的契机是什么？本书指出，唐后期拥有独立于府州司法权的使职大量出现，司法案件以奏状而非奏抄大量出现在皇帝面前。由于皇帝个人能力的有限，他不得不依赖中央机关，这种司法职权早先由中书门下协助来完成，后来又转移由大理寺来完成。易言之，皇帝司法权扩张的同时，也不得不依赖多种司法机关才能完成这些国家职能。

在本书的创新观点中，上述观点引起本文最大共鸣。这些大的观点又多由一些小问题组成，而且涉及对相关文献的解读，本书在这些方面多有独到见解，给读者很多启发。囿于篇幅，本文对本书的学术内容与贡献仅作有限分析。不过，本文所介绍的这些贡献是否能够得到其他读者的认同，以及本书是否存在其他重要学术贡献，犹待学界的进一步反思与批评。本书的价值也不限于此，其中一些论证和观点具有相当的延展性，可以引起读者对相关问题的延伸思考。这本质上也属于本书的学术贡献。

---

① 《旧唐书》卷四，中华书局，1975，第 73 页。
② 《宋史》卷一六五，中华书局，1977，第 3899 页。
③ 《明史》卷七三，中华书局，1974，第 1781 页。

二、未尽之意：基于《唐代司法政务》的理论延伸

多数有价值的研究都会给读者带来超越自身问题意识的思考，好的作品往往会实现作者与读者的良性互动。由于作者与读者之间知识体系的差异，好的作品不仅会补足读者自身知识体系的不足或者改正其错误，而且也会启发读者思考其他相关问题。后者很多时候并不在作者的思考之内，但两者却有深刻联系。本书对中国法律史学的反思在一定程度上也做到了这一点。本书诸多结论包括对文献的运用就引发本文对相关问题的思考，并获得某些相关领域内的结论。这些内容并非本书意欲解答的问题，却构成本文解释相关问题的知识链条。对这些问题的分析不仅能够进一步说明本书的研究价值，而且可以阐发作者所不及，也有助于反思本书相关结论。本文试对部分问题作延伸性思考。

（一）中国古代司法的相对独立性

本书以"司法政务"作为主要概念及思考范式，就已经意识到行政与司法在传统中国政治中密不可分的关系。通过对仓曹、户曹刑狱审断权的研究，本书进一步指出："司法只是唐代官员为了政务的顺利推行采取的一种手段而已……如果承认这一点，我们对中国古代行政官员兼理司法这一现象的理解就会更加全面，即就唐代司法中的审和断而言，它应该被视为行政统摄下的一种政务裁决。"（第56页）不仅如此，从使职的出现及其对司法权的影响来看，唐代财政三司等部门自然掌握了司法权，并以之推进相关行政事务。该观点有很扎实的文献基础，颇有说服力。但如果通览全书会发现其中存在内在矛盾，即如果唐代司法仅是一种行政手段，那么如何理解有些政府部门如大理寺等所掌握的职权以司法权为主。

如前所述，本书研究视角从司法程序向司法文书的转变为新成果的出现建立了基础。司法文书属于微观视角，有其优势也有其不足。通过司法文书获得有关司法实践的直接资料，进而回到司法程序的宏观视角，以视角交替取代视角独断可能会使观点更加全面。以仓曹和户曹的刑狱审断权

为例，本书也提出它们所拥有的、相对独立的审断权以笞杖为限，一旦涉及徒以上罪则要由法曹审断（第62页）。那么，诸曹在各自政务范围内行使审断权，如果超出自身应当审断的范围，应该如何处理？仅从笞杖与徒流死的分工很难得出与司法程序有关的结论。考诸司法文书，这或许与诸曹在司法程序中的职能有关。以《唐开元二十一年（733）西州都督府案卷为勘给过所事》为例，该文书中蒋化明因无过所在酸枣戍被抓获。① 蒋化明没有过所，就涉嫌私度关。《唐律疏议·卫禁律》"私度及越度关"条规定："诸私度关者，徒一年。"② 因此，蒋化明有可能会被判处徒刑。然而，对于蒋化明是否为私度关，时任西州都督王斛斯"判付功曹推问"。由于该案最终被查明蒋化明并非没有过所而是被盗，所以司法程序没有发展。但从中仍然可见，蒋化明是否犯罪被交由主管的功曹（第77页注释②）查明。易言之，在司法程序上，主管机关负责案件事实的查明，一旦涉及徒以上的犯罪可能就要交由法曹来检法审断。

事实上，这种司法程序与我国当前的刑事司法程序非常相似，但又有区别。我国当前的刑事司法程序由公安机关、检察机关和人民法院等通过分工负责、互相配合、互相制约来共同完成。其中，公安机关和检察机关负责刑事案件的立案、侦查和提起公诉。涉及盗贼等案件中，古今有别。《唐六典·三府督护州县官吏》载："（府州）法曹、司法参军掌律、令、格、式，鞫狱定刑，督捕盗贼，纠逖奸非之事，以究其情伪，而制其文法。赦从重而罚从轻，使人知所避而迁善远罪。"③ 唐代法曹也执掌贼盗的侦查、搜捕及其定罪，也即法曹同时承担了今天公安机关、检察机关和人民法院的职能。在涉及其他部门职权案件中，古今同中有异。针对徒以上刑事案件中，唐代诸曹的查明职权相当于公安机关和检察机关，法曹相当于人民法院；针对笞杖类案件，诸曹自己又兼公安机关、检察机关和人民法院。通过这种分解可以发现，尽管在某些层面，司法是行政机关推行政务的一种方式，但中国传统理念仍然认为法律实

---

① 过所是唐代商人贩运商品时所需要的通关文凭。参见刘玉峰《试论唐代的公验、过所制度与商品流通的管理》，《敦煌研究》2000年第3期，第160页。
② （唐）长孙无忌等：《唐律疏议》卷八，刘俊文点校，中华书局，1983，第172页。
③ （唐）李林甫等：《唐六典》卷三〇，陈仲夫点校，中华书局，2014，第749页。

践具有相对独立性。当然，这种现象也未必是因为中国古代统治者认为存在独立的司法职权，也可能是源自防止所有权力被集中于同一部门可能导致的弊病。但从唐代人的法律理念来看，司法或者说法律适用的独立性仍然存在于不少人的观念中，尤其会希望通过守文来防止法律被滥用。① 本书论证出唐代行政与司法之间的内在关联，但这种关联还需要放到更宏观的视角中观察。就此而言，司法在何种意义上是行政的附庸有待更全面、准确的判断。

（二）皇帝最高司法权的多元行使方式

有关皇帝司法权的论证是本书非常有启发性的研究。如前所述，皇帝在中央司法政务中扮演两种不同角色。其一，针对日常流以上及除、免、官当等司法政务，尚书省（刑部司）以奏抄送交门下省审核，通过后再奏于皇帝，皇帝在形式性的"御亲画闻"后下行实施。其二，针对某些非日常司法政务，如应八议、上请之人，相关案件议定之后，会先经中书省预裁后奏请皇帝。再如需要临时上请、死罪权留养亲的案件，也需要刑部司具状上请，经中书省预裁，并起草进画后，由皇帝以发日敕临时处分。而且，本书进一步指出，皇帝发挥这两种角色的比重自唐后期以来又逐渐发生转变。使职出现后，大量司法事务被提交给皇帝处理，"使皇帝迈出了从禁中走向政务处理前台的第一步"（第 202 页）。这种基于司法文书流程的分类对认识皇帝的司法权有极为重要的启示。一个重要问题是，皇帝完成中央司法政务的这两种方式，在本质上是其行使最高司法权的不同方式，还是其就被预设了两种不同角色？前者是一种主动选择，后者则是一种被动选择。从不同视角解读这一现象可能会有不同结论。

其一，从政治体制演变出发，皇权与官僚体制之间存在内在紧张关系，传统官僚体制构成对皇权的制约。由于深受法家"明主治吏不治民"②

---

① 参见周东平《论汉隋间法律文明的转型——以汉隋间的四部〈刑法志〉为主线》，《法律科学（西北政法大学学报）》2021 年第 2 期，第 67 页。

② （清）王先慎：《韩非子集解》卷一四《外储说右下》，钟哲点校，中华书局，1998，第332 页。需要说明的是，"明主治吏不治民"的思想由韩非所总结，但到韩非所处的时代，秦制已经较为成熟，因此很难说韩非的思想对秦制究竟有何影响。不过这种观念在先秦法家那里较为常见，韩非是以更精炼的语言对此加以总结了。

观念的影响，秦所建立的君主制对官僚体系有深刻警惕。《史记·秦始皇本纪》载侯生卢生相与谋称："天下之事无小大皆决于上，上至以衡石量书，日夜有呈，不中呈不得休息。"① 秦始皇掌握了最高权力，或者说绝对权力，然而这套体制内部一直存在皇帝与官僚体制的紧张关系。② 皇帝会受到政治体制的束缚。与本书的视角相同，这或许可以从秦代诏书的运行方式中窥见一斑。以《岳麓书院藏秦简（伍）》中的一则材料为例，该文称："廿六年（前221）四月己卯丞相臣状、臣绾受制相（湘）山上：自吾以天下已并，亲抚晦（海）内，南至苍梧，凌涉洞庭之水└，登相（湘）山、屏山，其树木野美，望骆翠山以南树木□见亦美，其皆禁勿伐。臣状、臣绾请：其禁树木尽如禁苑树木，而令苍梧谨明为骆翠山以南所封刊。臣敢请。制曰：可。"③ 这份材料对还原秦代中央文书流程颇有帮助。④ 登湘山和屏山后，为骆翠山以南的风光所感染，秦始皇要制诏禁伐这些树木。⑤ 但是，秦始皇并未直接下令，而是制诏丞相状和绾说明自己的意图。之后，丞相状和绾奏请由苍梧郡按照禁苑的要求保护这些树木。最后，秦始皇制诏通过奏请。相较于需要下议群臣的诏令，⑥ 这件制诏似乎并不需要下议群臣，那么何以秦始皇没有直接下诏而转由丞相上请，最后再制为正式诏令？祝总斌指出，传统政治体制的运作要求丞相必须要有议政权。⑦这或许可以被视为丞相议政权在文书形式上的体现。易言之，皇帝制诏需要在丞相行使议政权后才能发挥效力。尽管这一论断或许夸张了官僚体制

---

① 《史记》卷六，中华书局，2014，第329页。

② 参见卜宪群《秦汉官僚制度》，社会科学文献出版社，2002，第147~150页。

③ 陈松长主编：《岳麓书院藏秦简（伍）》，上海辞书出版社，2017，第57~58页。

④ ［日］大庭脩：《秦汉法制史研究》，徐世虹译，中西书局，2017年，第143~156页。

⑤ 相关研究还可参见符奎《自然、家庭与帝国：人性视角下的秦始皇——从岳麓秦简秦始皇"禁伐树木诏"谈起》，《简帛研究 二〇一九 春夏卷》，广西师范大学出版社，2020，第136~147页。

⑥ 例如，《史记·孝文本纪》载，汉文帝元年（前178）十二月"除收帑诸相坐律令"的过程就经历了下诏集议、大臣反对、皇帝复议、下诏废止等步骤。再如，《汉书·刑法志》所载废除肉刑也经历了类似过程。见《史记》卷一〇，第531页；《汉书》卷二三，中华书局，1962，第1097~1099页。相关程序又可参见秦涛《律令时代的"议事以制"：汉代集议制研究》，中国法制出版社，2018，第123~169页。

⑦ 祝总斌：《两汉魏晋南北朝宰相制度研究》，北京大学出版社，2017，第4页。

对皇权的制约,但也可见皇帝制度的内在局限。① 在这种意义上,法对皇帝的理念制约大概可以得到进一步理解。② 唐代中央司法文书的运作则可能接续了秦汉以来的传统,即在理念上皇帝较少直接通过独裁权力完成政务。③ 事实上,针对一些需要权断的非常政务,唐代皇帝往往也需要通过中央政府机构的协助才能完成。④ 如果接受这一解释思路就意味着,唐代皇帝在司法政务中被预设了两种不同角色,并被动地接受了相关权限。这两种分类为认识文书行政模式自秦汉到唐宋的变化以及皇帝司法权的实质等提供了非常有意义的视角,本书也是沿这种思路进行论证的。

其二,从传统皇权观念出发,皇帝拥有一切权力,这两种不同的司法政务方式只是皇帝基于自身能力的局限性而作出的主动选择。这种视角实际上也合乎中国古代政治实践。首先,皇帝是政治体制的设计者。例如,《后汉书·仲长统传》载:"光武皇帝愠数世之失权,忿强臣之窃命,矫枉过直,政不任下,虽置三公,事归台阁。自此以来,三公之职,备员而已;然政有不理,犹加谴责。"⑤ 尽管不得不受官僚体制的制约,但皇帝仍然可以基于自身对政治制度的需求进行改革。"在中国的政治传统中,君权和官僚制度的关系更是一部不断摩擦、不断调整的历史,当官僚制度的机器发展得不符合'君尊臣卑'的要求时,君主便要对这部机器做一次基本的调整。"⑥ 无论是从前引仲长统《昌言》所载东汉的制度变革,还是汉武帝等为解决所谓君相权力冲突对内外朝的重构,这些都适足说明问题。

---

① 余英时指出:"君权可以随时削弱(如汉武帝)以至废除(如明太祖)相权,但它不可能毁灭整个官僚制度。官僚制度是治理帝国所必不可少的一套行政机器,没有这套机器君权本身即无法发挥。"见余英时《中国思想传统及其现代变迁》,广西师范大学出版社,2004,第317~318页。又参见谢元鲁《唐代中央政权决策研究(增订本)》,北京师范大学出版社,2020,第5~6页。

② 周东平:《论汉隋间法律文明的转型——以汉隋间的四部〈刑法志〉为主线》,第67页。

③ 唐宋制度至有诏书必经宰相,绕过中书省、门下省之君命称"墨敕""内批",被视为不正、非制。见李若晖《中国古代对于君主专制的批判》,《文史哲》2016年第5期,第31页。也有学者指出,唐玄宗以后不经中书、门下省的墨诏和墨敕已经成为政务运作的一种途径。参见游自勇《墨诏、墨敕与唐五代的政务运行》,《历史研究》2005年第5期,第32~46页。

④ 本书在第三章讨论发日敕的研究中已经表现得很明显。

⑤ 《后汉书》卷四九,中华书局,1965,第1657页。

⑥ 余英时:《中国思想传统及其现代变迁》,第318页。

皇帝可以选择制度设计，自然也能选择自己在其中扮演的角色。在传统君主制下，制度的稳定性和有效性取决于君主的个人意志。如前引《史记·秦始皇本纪》所谓"天下之事无小大皆决于上"，对秦始皇这样精力充沛的君主而言，他们可以选择更多地处理相关政务。但这种做法可能不具有可持续性，因此需要对政务本身进行分类。从司法政务的角度来看，这种做法也普遍存在。《晋书·刑法志》载刘颂称："君臣之分，各有所司。法欲必奉，故令主者守文；理有穷塞，故使大臣释滞；事有时宜，故人主权断。"① 主者守文、大臣释滞、人主权断，可以被视为中古以降司法权配置的基本格局。② 主者、大臣、皇帝各有所司是因为，皇帝个人能力终究有限，因此主要处理权断性事务（也即非常政务）。同时，日常政务也是在由皇帝颁布的律令规范下完成的。尽管权力结构存在分工，但权力行使最终还需要通过皇帝才能获得终极合法性。因此，尽管皇帝主要裁决非常政务，但仍要形式性地完成日常政务，以彰显其合法性。从这一视角来看，皇帝在司法政务中行使权力的方式不过是一种自我设限，是自我选择。本书的两种方式对更好地认识皇帝最高司法权的多元行使方式也有助益。

　　本书对于更合理地认识皇权运作模式提供了多元视角，且不仅于此。通过研究使职对中央司法政务机制运行的影响，本书提出皇帝行使司法权的方式从唐后期开始发现变化。这是一个非常有趣的观点。使职出现在唐前期，主要目的之一是强化中央集权。使职以其超越一般政务运作方式的做法成为皇帝直接干预地方与中央特定事务的基础。唐玄宗时期，使职被大量使用。然而安史之乱后，皇权衰落，使职对中央集权也产生冲击，尤其是作为军事使职的节度使影响最大。③ 如果说如本书所论证的，财政使职强化了皇帝对司法权的掌控，军事使职对中央司法权的侵蚀一直延续到宋代。使职对皇帝和中央司法集权的双重影响是如何产生，又是如何发展的？这是非常引人入胜的主题。同时，使职对皇帝司法权的扩张所起到的作用，本质上成为唐宋变革论的注脚。由于关于唐宋变革论解释力的争论

---

① 《晋书》卷三〇，中华书局，1974，第936页。

② 参见俞荣根《罪刑法定与非法定的和合——中华法系的一个特点》，《中西法律传统》第3卷，中国政法大学出版社，2003，第33页。

③ 参见陈仲安、王素《汉唐职官制度研究（增订本）》，中西书局，2018，第125页。

逐渐变成学界泥沼，本书在开头就提出"并未打算将相关研究置于'唐宋变革论'之下予以论述"（第 1 页），而是试图代之以"唐宋会通"① 的视角，同时作者对唐宋变革论在某些方面持否定态度。② 然而，本书的论证结论却是，唐后期皇帝的司法权较之唐前期出现强化现象，并对宋代司法制度的变革产生重要影响。这在宏观层面上与唐宋变革论若合符契，对理解唐宋之间皇帝司法权的变化有非常重要的启发。论证初衷未必总是合乎作者的意图事实上不会弱化作者的论证，反而会提醒读者本书所作研究的客观性。

（三）从秦汉廷尉到唐代刑部、大理寺的沿革

作为本书的核心观点，大理寺并非唐前期中央最高司法机关颇为令人关注。这一观点不仅改变了对唐代大理寺性质的固有认识，而且冲击了大理寺制度沿革的传统观点。传统观点认为，从廷尉到大理寺存在沿革关系，如果廷尉是秦汉中央主要司法机关，何以发展到大理寺后会发生变化？从解释力来说，这一观点的证成不仅需要对唐代中央司法政务有深刻的理解，还需要还原唐代大理寺职能的演变路径。这个问题确实相当复杂，会牵涉到大理寺、廷尉和尚书刑部三者的演变及其内在关系。

一般认为，隋唐大理寺是由秦汉廷尉发展而来，后者经过反复更名到隋唐时被定为大理。《汉书·百官公卿表上》载："廷尉，秦官，掌刑辟，有正、左右监，秩皆千石。景帝中六年（前 144）更名大理，武帝建元四年（前 137）复为廷尉。宣帝地节三年（前 67）初置左右平，秩皆六百石。哀帝元寿二年（前 1）复为大理。王莽改曰作士。"③《宋书·百官志上》载："汉东京初，复为廷尉。"④《续汉书·百官志二》载："廷尉，卿一人，中二千石。本注曰：掌平狱，奏当所应。凡郡国谳疑罪，皆处当以

---

① 唐宋会通并非对唐宋变革论的否定，而是对后者的补充和完善。参见张邦炜《唐宋变革论的误解与正解——仅以言必称内藤及会通论等为例》，《中国经济史研究》2017 年第 5 期，第 70~76 页。
② 参见张雨《新古典经济学租佃模型视野下的唐宋变革》，《国学学刊》2018 年第 2 期，第 18~33 页。
③ 《汉书》卷一九，第 730 页。
④ 《宋书》卷三八，中华书局，1974，第 1231 页。

报。正、左监各一人。左平一人，六百石。本注曰：掌平决诏狱。"① 经过汉景帝、汉文帝、汉哀帝、新朝王莽以及东汉，东汉末年仍称廷尉。曹操称魏王后，魏国置大理，以区别于汉朝廷尉。《三国志·魏志·钟繇传》载："魏国初建，（钟繇）为大理，迁相国。"② 曹丕称帝后，魏国大理随即改称廷尉。③《三国志·魏志·文帝纪》载，黄初元年（220）"改相国为司徒，御史大夫为司空，奉常为太常，郎中令为光禄勋，大理为廷尉，大农为大司农"④。曹魏两晋皆称廷尉。其后，自北齐、隋乃至唐称大理寺。《唐六典·大理寺》载："历宋、齐，皆为廷尉。梁为秋卿，班第十一。陈因之。后魏置少卿、司直。北齐及隋为大理寺，隋置评事，皇朝因之。"⑤ 从秦汉廷尉到隋唐大理寺，它们都是中央的司法机关。

秦汉时期，廷尉是中央主要司法机关，⑥ 主要有如下职能：⑦其一，处理地方请谳的疑难案件。从张家山汉简《奏谳书》来看，地方会将大量存在适法疑难的案件提交廷尉处理。⑧《汉书·刑法志》亦载："高皇帝七年（前200），制诏御史：'狱之疑者，吏或不敢决，有罪者久而不论，无罪者久系不决。自今以来，县道官狱疑者，各谳所属二千石官，二千石官以其罪名当报之。所不能决者，皆移廷尉，廷尉亦当报之。廷尉所不能决，谨具为奏，傅所当比律令以闻。'"⑨ 其二，处理特定的乞鞫类案件。《二年律令·具律》载："气（乞）鞫者各辞在所县道，县道官令、长、丞谨听，书其气（乞）鞫，上狱属所二千石，二千石官令都吏覆之，都吏所覆治，

① 《后汉书》志二五，第 3582 页。

② 《三国志》卷一三，中华书局，1964，第 394 页。

③ 不过，王国置大理的制度被继承了下来。《晋书》卷三○《刑法志》载，江左之初，晋元帝称晋王时，"河东卫展为晋王大理，考摛故事有不合情者，又上书"，第 939 页。这也进一步证明魏晋时期大理与廷尉的关系。

④ 《三国志》卷二，第 76 页。

⑤ （唐）李林甫等：《唐六典》卷一八，第 501~502 页。

⑥ 也有学者称廷尉为"最高司法审判机关"或"国家最高司法机关"。如宋杰《汉代的廷尉狱》，《史学月刊》2008 年第 1 期，第 34 页；杨振红、王安宇《秦汉诉讼制度中的"覆"及相关问题》，《史学月刊》2017 年第 12 期，第 12 页。然而，如何理解"最高"存在争议，因此本文未采这种说法。

⑦ 参见［日］大庭脩《秦汉法制史研究》，第 25 页，

⑧ 参见蔡万进《〈奏谳书〉与汉代奏谳制度》，《出土文献研究》第六辑，上海古籍出版社，2004，第 96~97 页。

⑨ 《汉书》卷二三，第 1106 页。

廷及郡各移旁近郡，御史、丞相所覆治移廷。"① 从岳麓秦简《为狱等状四种》和张家山汉简《奏谳书》来看，廷尉可能要处理内史（中央辖区）和地方的乞鞫类案件。② 其三，处理全国司法政务。《史记·陈丞相世家》载："孝文皇帝既益明习国家事，朝而问右丞相勃曰：'天下一岁决狱几何？'勃谢曰：'不知。'……于是上亦问左丞相平。平曰：'有主者。'上曰：'主者谓谁？'平曰：'陛下即问决狱，责廷尉。'"③ 其四，处理某些专门案件，包如京城官吏犯罪、诏狱等。廷尉内设监狱，专门用来处理诏狱。④ 例如，《史记·萧相国世家》载，刘邦曾经因为萧何为民上请林地，"乃下相国廷尉，械系之"⑤。再如，《后汉书·第五伦传》载，东汉永平五年（62），第五伦"坐法征，…… 及诣廷尉，吏民上书守阙者千余人"⑥。其五，廷尉还承担一些其他的中央政务，如立法、处理特殊案件等。参与国家立法，如《汉书·孝景本纪》载，孝景元年（前156）诏曰："吏受所监临，以饮食免，重；受财物，贱买贵卖，论轻。廷尉与丞相更议著令。"⑦ 处理特殊案件，如《汉书·刑法志》载，成帝鸿嘉元年（前20），定令："年未满七岁，贼斗杀人及犯殊死者，上请廷尉以闻，得减死。"⑧

在这些职能中，廷尉主要处理中央性的司法政务，以及对部分地方司法案件的法律解释或者覆审。在这种情况下，廷尉对地方案件的处理权限似乎是有限的。⑨ 对地方案件的全面复核还需要通过刺史、录囚等监察方式来实现。如《汉书·百官公卿表上》载："武帝元封五年（前106）初

---

① 张家山二四七号汉墓竹简整理小组编：《张家山汉墓竹简〔二四七号墓〕》（释文修订本），文物出版社，2006，第24~25页。

② 参见［德］劳武利《张家山汉简〈奏谳书〉与岳麓书院藏秦简〈为狱等状四种〉的初步比较》，李婧嵘译，《湖南大学学报》2013年第3期，第9页；南玉泉《秦汉的乞鞫与覆狱》，《上海师范大学学报》2017年第1期，第72~75页。

③ 《史记》卷五六，第2504页。

④ 参见宋杰《汉代的廷尉狱》，第34~43页。

⑤ 《史记》卷五三，第2450页。

⑥ 《后汉书》卷四一，第1397页。

⑦ 《汉书》卷五，第140页。

⑧ 《汉书》卷二三，第1106页。从这份诏令来看，廷尉所处理的这些案件应该涉及中央和地方，这或许跟处理全国司法政务的权限有关。

⑨ 也有学者认为，廷尉与郡为平级机关。参见郭洪伯《"郡守为廷"——秦汉时期的司法体系》，《第八届北京大学史学论坛论文集》，2012，第1~21页。

置部刺史，掌奉诏条察州，秩六百石，员十三人。"① 《后汉书·孝和帝纪》载，永元六年（94）七月"丁巳，幸洛阳寺，录囚徒，举冤狱。收洛阳令下狱抵罪，司隶校尉、河南尹皆左降"②。廷尉功能并未一成不变。西汉中期以后，尚书分曹治事模式逐渐形成。汉昭帝以后，尚书愈加重要。东汉光武帝时，出现了"虽置三公，事归台阁。自此以来，三公之职，备员而已"（见前引《后汉书·仲长统传》）的局面，尽管这一说法存在夸张，但仍可见尚书地位的提高。③ 隋唐时，尚书制度成熟，三省六部成为国家权力中枢。尚书制度的发展完善对廷尉职权影响很大。尚书司法职权发展历程就是廷尉司法职权被不断剥离的过程。

早期尚书主要承担文书功能。④ 一般认为，汉成帝时初置三公曹，尚书开始权涉狱讼。⑤ 西汉末年，三公曹被废，其执掌归于二千石曹。⑥ 有学者认为，三公曹的司法职权与廷尉有别，主要承担监督、考核职能。⑦ 《汉书·翟方进传》载："会殿中，庆与廷尉范延寿语，时庆有章劾，自道：'行事以赎论，今尚书持我事来，当于此决。前我为尚书时，尝有所奏事，忽忘之，留月余。'方进于是举劾庆曰：'案庆奉使刺举大臣，故为尚书，知机事周密壹统，明主躬亲不解。庆有罪未伏诛，无恐惧心，豫自设不坐之比。又暴扬尚书事，言迟疾无所在，亏损圣德之聪明，奉诏不谨，皆不敬，臣谨以劾。'庆坐免官。"⑧ 按照翟方进之说，司隶校尉陈庆此前之所以能任职尚书源于其曾做监督大臣的刺史。陈庆任尚书时，出现过应奏未奏之事，这成为他最后被免官的原因之一。从刺史到尚书，监督大臣的职能似乎一以贯之，前述观点有一定道理。此时，尚书对案件审判的介入似乎很有限，以皇帝的需求为主。如《汉书·朱博传》载，汉哀帝时，丞相

---

① 《汉书》卷一九上，第741页。
② 《后汉书》卷四，第179页。
③ 祝总斌：《两汉魏晋南北朝宰相制度研究》，第86~90页。
④ 祝总斌：《两汉魏晋南北朝宰相制度研究》，第74页。
⑤ 也有学者认为，汉武帝时期已经分曹治事。参见张春海《从三公曹到刑部：论隋唐刑部的形成》，《南京大学法律评论》2016年春季卷，法律出版社，2016，第99页。
⑥ 张雨：《两汉尚书分曹再探》，《南都学坛（南阳师范学院人文社会科学学报）》2013年第2期，第67页。
⑦ 张春海：《从三公曹到刑部：论隋唐刑部的形成》，第100页。
⑧ 《汉书》卷八四，第3412页。

朱博为逢迎定陶太后（傅太后），与御史大夫赵玄共同上书，奏请免高武侯傅喜为庶人。汉哀帝"知傅太后素常怨喜，疑博、玄承指，即召玄诣尚书问状。玄辞服，有诏左将军彭宣与中朝者杂问"，结果彭宣等查明后"请诏谒者召博、玄、（傅）晏诣廷尉诏狱"。① 在该案中，汉哀帝为查明真相曾招赵玄到尚书问讯，但仍要遣大臣杂问，② 而且最终要下廷尉诏狱。廷尉承担着诏狱审判职能，尚书似乎还是君主的耳目之司，承担监督职能。

到东汉光武帝时期，尚书的司法职权可能开始扩张。《唐六典·三公三师尚书都省》载："及光武亲总吏职，天下事皆上尚书，与人主参决，乃下三府，尚书令为端揆之官。"③ 此后，尚书逐渐侵蚀廷尉的司法权。如《后汉书·皇后纪》载，永元十四年（102）夏，"有言后（和帝阴皇后）与（邓）朱共挟巫蛊道，事发觉，帝遂使中常侍张慎与尚书陈褒于掖庭狱杂考案之。朱及二子奉、毅与后弟轶、辅、敞辞语相连及，以为祠祭祝诅，大逆无道。奉、毅、辅考死狱中"④。皇帝诏狱已经从廷尉转由尚书审理。尚书分廷尉司法权的做法被继承。《后汉书·寇恂附寇荣传》载，汉桓帝时，寇荣上书称："尚书背绳墨，案空劾，不复质确其过，置于严棘之下，便奏正臣罪。"⑤ 西晋时，尚书司法权较为成熟了，并影响到隋唐。⑥《唐六典·尚书刑部》载："晋初，依汉置三公尚书，掌刑狱；太康中，省三公尚书，以吏部尚书兼领刑狱。宋始置都官尚书，掌京师非违得失事，兼掌刑狱。齐、梁、陈、后魏、北齐皆置都官尚书。后周依《周官》，置大司寇卿一人。隋初曰都官尚书，开皇三年（583）改为刑部，皇朝因

---

① 《汉书》卷八三，第3407~3408页。
② 杂问应当是汉代杂治的审判形式。所谓杂治，"是皇帝对谋反不道或犯有其他不赦重罪的王侯后主、公卿大臣及罪涉不道的吏民要犯，指派公卿大臣或其副贰和重要属官以及相关邻近的州郡长吏进行会审的司法制度"。虞云国：《汉代"杂治"考》，《史学集刊》1987年第3期，第71页。
③ 《唐六典》卷一，第6页。
④ 《后汉书》卷一〇上，第417页。
⑤ 《后汉书》卷一六，第628页。
⑥ 具体发展过程，可以参见陈灵海《刑部渊源考》，《浙江学刊》2005年第4期，第93~100页。

之。"① 实践中也可以看到晋代三公尚书进行司法审理的案例。晋惠帝时，尚书裴頠上书称："去元康四年（294），大风之后，庙阙屋瓦有数枚倾落，免太常苟寓。……会五年二月有大风，主者惩惧前事。臣新拜尚书始三日，本曹尚书有疾，权令兼出，按行兰台。……臣以权兼暂出，出还便罢，不复得穷其事。而本曹据执，却问无已。臣时具加解遣，而主者畏咎，不从臣言，禁止太常，复兴刑狱。"② 从该案来看，尚书省可以直接审理京城百官的案件。廷尉的司法职能被进一步移转。无论廷尉还是大理寺，都仍掌司法权，但显然与尚书有交叉。针对这种情况，开皇初隋文帝曾一度想用尚书刑部完全取代大理寺。③《隋书·卢思道传》载："于时议置六卿，将除大理。"但卢思道上奏称："省有驾部，寺留太仆，省有刑部，寺除大理，斯则重畜产而贱刑名，诚为未可。"④ 卢思道认为，虽然刑部能够在功能上取代大理寺，但会给人留下"重畜产而贱刑名"的观感，最终劝阻了隋文帝的制度构想。这也导致隋唐大理寺与尚书的复杂关系。

从秦汉到隋唐，廷尉与大理寺在沿革中又有变化，并建构了与尚书的关系。其一，唐代大理寺继承了廷尉的部分职权。例如，唐代大理寺仍然可以处理诏狱类案件，⑤ 并处理疑狱。⑥ 而无论是廷尉还是大理寺自始就没有对地方案件的全面覆审权。其二，唐代大理寺出现了一些新职权。例如，大理寺可以审理京师百官和非贯属在京师百姓的案件。这种处理特定身份及行政区划案件的权力或许与秦汉廷尉处理特殊案件的权力存在内在关系。再如，唐代大理寺可能拥有覆审全国死刑案件的权力。如《隋书·刑法志》载，开皇十二年（592）"诏诸州死罪不得便决，悉移大理案覆，事尽然后上省奏裁"⑦。《旧唐书·高宗本纪》则载，永徽五年八月"大理

---

① 《唐六典》卷六，第 179 页。

② 《晋书》卷三〇《刑法志》，第 934 页。

③ 关于卢思道上书的时间有开皇元年（581）说和开皇三年说。参见刘啸《论隋代尚书省与九寺的关系》，《史林》2017 年第 6 期，第 54 页。

④ 《隋书》卷五七，中华书局，1973，第 1403 页。

⑤ 《隋书》卷二五《刑法志》，第 714 页。

⑥ 参见张雨《唐宋间疑狱集议制度的变革——兼论唐开元〈狱官令〉两条令文的复原》，《文史》2013 年第 3 辑，第 133~144 页。这种权力是对地方疑难案件的法律解释权，以求准确适用法律，与秦汉廷尉所处理的疑狱奏谳相似。

⑦ 《隋书》卷二五，第 714 页。

奏决死囚,总管七十余人"(见前文所引)。其三,随着东汉以后尚书司法权限的扩张,唐代大理寺与尚书之间的关系被不断调整。首先,尚书逐渐能够审理诏狱或涉及京师百官的案件,而且在北魏时开始有权覆审廷尉审理过的案件。《魏书·刑罚志》载:"依律文,'狱成'谓处罪案成者。寺谓犯罪逐弹后,使覆检鞫证定刑,罪状彰露,案署分昞,狱理是诚。若使案虽成,虽已申省,事下廷尉,或寺以情状未尽,或邀驾挝鼓,或门下立疑,更付别使者,可从未成之条。……使虽结案,处上廷尉,解送至省,及家人诉枉,尚书纳辞,连解下鞫,未检遇宥者,不得为案成之狱。"① 狱成案件要申省,如果尚书省等部门认为存在冤假错案、考虑不周或者接受诉枉,就可以重新审理。其中,尚书省的覆审权可以看作是从文书上奏权中延伸出来的。尚书省在承担向皇帝传递司法文书职能的同时,也可以就案件的审理状况发表意见,进而形成对廷尉案件的覆审。这或是唐代刑部可以覆审大理寺所审案件的源头。其次,随着尚书制度的完成,唐代刑部已经有了覆审地方司法案件的权力(第118~125页)。这种权力是如何产生的?仍从文书行政的角度出发,秦汉廷尉所承担的全国性政务被逐渐转移给尚书后,尚书也需要通过公文书完成这些职能。因此,虽然汉唐尚书的制度设计已然发生巨大变化,但其实现皇帝与百官之间公文书传递的功能仍在延续。成为公文书上传下达的必经途径后,程序性权力就可能转变为实体性权力。如前引《隋书·刑法志》载,开皇十二年"诏诸州死罪不得便决,悉移大理案覆,事尽然后上省奏裁"。从中可见,隋代时死刑案件曾经由地方主管,但被隋文帝收归中央后,先由大理寺覆审,然后上省奏裁。准《旧唐书·刑法志》,这里的"省"可能是门下省。《旧唐书·刑法志》载,唐太宗称:"曹司断狱,多据律文,虽情在可矜,而不敢违法,守文定罪,或恐有冤。自今门下覆理,有据法合死而情可宥者,宜录状奏。"② 门下省对死刑不再仅是奏裁,而是要"覆理"了。由此,门下省

---

① 《魏书》卷一一一,中华书局,2017,第3140页。
② 《旧唐书》卷五〇,第2140页。参考《旧唐书·刑法志》,前引《隋书·刑法志》中"上省奏裁"究竟是尚书省还是门下省,或有两种不同观点,这取决于如何理解"曹司"。第一,"曹司"可能专指尚书省曹司。如此则死刑覆审案件在中央至少会有两道程序。诸州、大理寺、两府将死刑案件提交尚书省,再由尚书省提交门下省。(转下页注)

的文书传递功能使其成为相关司法程序的必经阶段，进而从中延伸出对死刑案件的覆审权。尚书对地方案件覆审权的产生可能也是类似的。在皇帝控制地方司法权的过程中，尚书承担向皇帝上奏司法案件审理情况的文书传递功能，并从中衍生出司法覆审权，前引《魏书·刑罚志》的说法也可

（接上页注②）准此，《隋书·刑法志》中的"省"可能是指尚书省，当然由于最终要提交门下省，也不排除是门下省的可能。第二，"曹司"是对案件审理部门的泛称。唐代存在以曹司泛指政府部门的说法，例如《旧唐书·刘祥道传》载："其杂色应入流人，望令曹司试判讫，简为四等奏闻。第一等付吏部，第二等付兵部，次付主爵，次付司勋。"《旧唐书》卷八一，第 2751 页。如此则死刑覆审案件可能会不经尚书省而径行提交门下省，至少尚书在其中承担的职能不重要。准此，《隋书·刑法志》中的省则可能是门下省。如何解决这一问题，或可根据《旧唐书·刑法志》进一步还原唐前期死刑的中央复核程序，从而厘清尚书省与门下省的关系。《旧唐书·刑法志》载："初，太宗以古者断狱，必讯于三槐九棘之官，乃诏大辟罪，中书、门下五品已上及尚书等议之。……下制，凡决死刑，虽令即杀，仍三覆奏。……自今已后，宜二日中五覆奏，下诸州三覆奏。……曹司断狱，多据律文，虽情在可矜，而不敢违法，守文定罪，或恐有冤。自今门下覆理，有据法合死而情可宥者，宜录状奏。……其五覆奏，以决前一日、二日覆奏，决日又三覆奏。惟犯恶逆者，一覆奏而已，著之于令。"《旧唐书》卷五〇，第 2139~2140 页。按照这一记载，唐太宗初期，死刑案件的定罪是由中书省、门下省和尚书省共同决定的。但之后有所改变，中央的死刑程序分为两部分，其一为审判程序，其二为执行程序。审判程序涉及曹司、门下之间的关系。解决这一问题的关键是解释"覆理"。（宋）王溥《唐会要》卷四〇《君上慎恤》载："故今之法司，覆理一狱，必求深刻，欲成其考。"中华书局，1955，第 717 页。按照这一说明，覆理应为实质审判。也即，门下省要对曹司提交的案件进行具体审理。如前所述，如果"曹司"是尚书省曹司，那么中央死刑程序就是诸州、大理寺、两府等提交死刑案件于刑部，再由刑部提交门下。由于门下省要覆理死刑案件，那么尚书省对死刑案件或者是仅承担文书传递功能，或者是要进行实质审查。如果尚书省要对死刑案件进行实质审查，那么死刑案件在中央就要经过两次实质审查，这还不包括皇帝进行的特别审查。这种可能性并不高，因此尚书省可能是承担文书传递功能，而由门下省进行实质审查，而这或许是唐太宗初年由三省官员共同审理程序的改变。如果是这样，这里的"曹司"就很难说是尚书省。如果按照这一思路还原唐前期死刑中央审判程序，死刑案件被提交门下省（也可能是由尚书省转交），门下省覆理后提交皇帝。但这种情况此后有所改变。《唐六典》卷六《尚书刑部》载："凡决死刑皆于中书门下详覆（旧制皆于刑部详覆，然后奏决）。"第 188 页。开元二十五年（737）之前，唐代中央对死刑案件进行实质审判的机构一度变成刑部，开元二十五年之后又变成中书门下。在执行程序中，执行机构要在执行前向皇帝三覆奏和五覆奏。又按《唐六典·尚书刑部》载："凡决大辟罪，在京者，行决之司五覆奏；在外者，刑部三覆奏。"第 189 页。也即，在京的死刑罪犯由死刑执行机构向皇帝进行五覆奏，京外的死刑罪犯则由刑部进行三覆奏，经过皇帝最后认定才会执行。可以发现，在唐前期中央死刑案件的审判程序中，门下省承担覆理职能，尚书省的地位可能并不重要。这种情况可能与唐太宗初年的情况有关，也可能受隋代影响。如此，则《隋书·刑法志》中的"省"更可能是门下省。

为旁证。通过这种脉络梳理，可以进一步佐证本书有关大理寺、刑部司法权限论断的准确性。

三、 商榷之处：《唐代司法政务》的问题

本书对唐代法律史的梳理足以引发读者诸多思考，但在本文看来仍然存在一些问题。一方面，任何学术著作都不可避免地会存在一定局限。这种局限或者与作者的论证思路有关，或者与作者的知识体系有关。另一方面，不同读者会基于自己的前见与知识体系去审视阅读对象。当作者与读者的知识体系碰撞后，认同与不认同往往是交织的。所谓商榷，无非是提炼出作者与读者知识体系的差异。这些商榷意见中，一些相对客观的内容如文献依据的准确与否、形式逻辑的遵循与否等或许更具说服力，另一些相对主观的内容如文献解读思路、抽象理论的归纳等则可能陷入各说各话的局面。所以，本文的这一部分主要是读者视角出发论述与本书不同的知识体系及反思。这并不代表本文就是正确的或者说本书是错误的。当然，本文在相当程度上认可自身观点的正确性，也因此对本书提出商榷意见，供作者和其他读者参考。在本文看来，本书存在概念模糊甚至误用、反思不够彻底、主观臆断等问题。这些内容不同程度地弱化了相关论证的说服力，具体说明如下。

（一）"司法政务"概念的模糊及其问题

对本书而言，司法政务是最重要的概念。尽管本书在开头就试图对司法政务进行界定，但何为"司法政务"仍然含混。本书引用了里赞、张帆等人的观点试图说明中国传统司法对政务的依附性，而且也提出："'行政'成为对译'administration'的汉语概念，有其偶然性。假如没有日本明治初年政治实践这一特殊因素的影响，'行政'一词或许仍保持古代汉语'行政当国'之意。换句话说，'行政'应该超然于三权之外，成为国家权力的总称。从这个意义上说，'司法'本身就是'行政'的组成部分。"（第5页）然而，这种对政务的理解实际上就是对政府功能的概括。这种解释方法所考虑的不是构成政府组织结构的权力及其属性，而是政府

对自身的功能定位。政府权力与功能定位之间是手段与目的的关系。古今中外的政府都有自身的功能定位，为完成这些功能，必然需要借助权力运行。

另外，近代古典自由主义国家理念塑造的是治安政府或者守夜人政府理念。这种理念主张政府的主要功能是维护社会秩序，社会繁荣进步等应该由社会自主完成。① 由此，近代西方小政府大社会的观念应运而生。中国古代政府则绝非治安政府，而被认为应该发挥牧民、育民、教民等多种功能。基于自身的功能认同，政府通过运用各种属性的权力达到政治目的。从这种角度出发，里赞才提出："从现代西方三权分立的视角来看，清代州县对诉讼的审断是司法行为。然而在中国，当时州县的统管一方的牧民之官，审断诉讼不过是他治理地方职责的一个部分，故其审断行为应看作政务而非司法。"② 将司法视为政务的一部分，就是从政府视角出发，反思政府对政务运作的自我认识。司法就变成政府完成政务目的的方式。③这种站在政府立场的反思是有意义的，但它的意义不在于认识到中国传统司法制度的本质，而是厘清了其功能。古今中外的政府都有自己的司法体制，但其司法运作的功能各不相同。

西方理论家所提出的三权观念，首先不是一个政体构造的概念，而是对权力属性的描述。不同政体实际上是对这三种权力进行组合后的形态。如孟德斯鸠认为："每一个国家有三种权力：（一）立法权力；（二）有关国际法事项的行政权力；（三）有关民政法规事项的行政权力。……欧洲大多数王国是政体宽和的，因为享有前两种权力的国王把第三种权力留给他的臣民去行使。在土耳其，这三种权力集中于苏丹一人身上，所以可怖的暴政统治着一切。在意大利各共和国，三种权力合并在一起，所以自由反

---

① 参见丛日云《消极国家观：从基督教到古典自由主义》，《浙江学刊》2002 年第 2 期，第 67~72 页；罗克全《"古典自由主义"之"古"与"新古典自由主义"之"新"——"消极自由"主义国家观研究》，《南京社会科学》2005 年第 4 期，第 12~16 页；崔进文《警察行政权的失范及其控制——以权力配置为视角》，苏州大学博士学位论文，2012，第 88~90 页。

② 里赞：《司法或政务：清代州县诉讼中的审断问题》，《法学研究》2009 年第 5 期，第 195 页。

③ 参见周永坤《中国司法概念史研究》，《法治研究》2011 年第 4 期，第 71 页。

比我们的君主国还少。"① 简言之，西方思想家并未认为实践中总是存在三权分立的政体，而仅认为三权分立是一种较有优势的政体。甚至直到现在，三权分立也不是当前世界各国政体结构的常态。"三权分立所传达的是一种权力分立理念，即政府权力应适当加以区分，以实现限制政治权力、达致权力平衡和保护自由的目标。虽然权力分立的理念有可能具有普遍性的意味，但从各国实际的政治结构而言，三权分立实则是以美国为代表的一些国家的特殊政体形态。"② 因此，中国古代政治结构中仍然存在立法、行政、司法等不同权力，只是这些权力的组合形态迥异于其他国家。

司法政务这一概念的意义在于，它看到了中国古代政体组织形式的特殊性。在中国古代，立法、行政、司法这些权力并未得到严格区分，而存在由同一政府部门兼相掌握的情况。因此，完全独立的司法体制在中国古代可能并不存在，司法本质上是为政府功能服务的，必然会成为政务的一部分。然而区分权力属性的意义还在于解构政府的运作模式，将司法权对政务的影响、在政务体系中的定位以及与其他权力的关系加以梳理。要做到这一点，必然需要将具有司法权力属性的政府运作模式作为独立的研究对象。传统上以司法制度或司法机构为对象的研究很大程度上也在完成这一功能。本书所使用的"司法政务"概念并未注意到后者。由于忽视了作为权力属性的司法的独立性，司法政务会变成一种含混的概念，进而将行政权、司法权等不同属性的权力作为同一研究对象。③ 不可否认，在实践运作中，这些政务的区分度不高，但相关研究仍可以对此加以区分，并探索彼此之间的关系。试举例说明。

---

① ［法］孟德斯鸠：《论法的精神》，张雁深译，商务印书馆，1961，第155~156页。
② 刘晗：《合众为一：美国宪法的深层结构》，中国政法大学出版社，2018，第47~48页。
③ 从司法概念的发展史来看，传统中所使用的"司法"与今天所使用的"司法"内涵并不一样。参见周永坤《中国司法概念史研究》，第67~72页。那么，本书究竟是在传统"司法"用语的意义上使用司法一词，还是在今天"司法"用语的意义上使用司法一词？以本书前两章的主标题为例，在"行政统摄下的唐前期地方司法政务运行"中，"行政"与"司法"是否是同一知识体系下的概念？从内容来看，本书所使用的"司法"一词主要强调审断，虽然所论述的内容超出传统"司法"的范畴，但显然本书所谓"司法"应该是今天的"司法"概念。这里的司法应该是与行政并列的概念，是两种不同属性的权力，那么何以说"行政统摄"下的司法？这可能是因为，本书所言的"行政"并非权力属性意义上的行政概念，而是作为政治功能意义上的行政概念，即推行政治理想或完成管理需求。这里的"行政"与"司法"很难被视为同一知识体系内的概念。

　　以"府州户曹政务处理中的刑狱审断"为例，本书在该部分搜集了相当一部分资料后指出，户曹在实践中承担着刑狱审断功能。如前所述，这种论证在相当程度上是成功的，但也存在可商榷之处。本书在这一部分首先以抄目历来论证户曹对刑狱的参与。然而其所引三个抄目历是否能够证明这一点令人颇为疑惑。在翟寿等欠康敬仓物案中，户曹的主要政务是处理仓粟缴纳过程如何进行摊纳的问题；在翟同闰告敬责窠外种田案中，户曹的主要政务是处理敬责窠外种田的实际情况（第 47~49 页）。由于案卷残缺，案情不得不依赖推断。而户曹在其中所承担的政务究竟属于司法政务还是行政政务颇为难解。行政与司法都是法律实践的一部分，行政在很多时候也需要查明事实并作出判罚。在当代政体组织中，行政权与司法权往往由不同部门掌握，区分度较高。在古代尤其是中国古代，行政权与司法权往往会由同一部门掌握，区分度较低。户曹就需要同时利用行政权和司法权以完成职责。那么，户曹在自身权限范围内究竟是利用行政权还是司法权来处理相关问题是很难分辨的。毋宁说，这就是一种混杂着行政权与司法权的法律适用实践。相较而言，本书用司法政务来表达这种"概括的法律实践"，实际上忽视了其中的行政权。其判断的准确性自然令人生疑。

　　如果说本书对户曹的论证尚可同情，毕竟行政权运作中的执法判罚等与司法审断之间的界限很难划清，那么本书对法曹司法政务的相关论证则很难令人接受。本书第二章对府州法曹的职权进行了全面阐述，包括律令、定罪、盗贼、赃赎。然而，这四者虽然跟司法有密切关系，但又很难说是司法权的运行。掌律令是对档案资料的管理，应该是典型的行政权；缉捕盗贼也是典型的行政权；管理赃赎为刑罚执行阶段（第 88 页），已经属于行政权的范畴。至于定罪，这是本书论证最失误的部分。尽管本书在小节前面介绍了法曹的定罪职能，但却重点介绍了"流移人的管理和囚徒给粮"（第 63 页）。而这两个问题都属于刑罚执行内容，与定罪并无关系，并应被视为是行政权的行使。之所以出现这种情况，或许是因为本书在理论设定中将法曹视为司法部门，从而将司法部门处理的行政事务作了司法政务的一部分。概念应当是用来精确化研究对象的，但由于"司法政务"的模糊性，本书将运用司法权的政务和司法部门的非司法政务混杂在了一起，弱化了这一概念的说服力。

"司法政务"这一概念对于认识司法在中国传统政府组织结构及其运作中的地位有重要启发意义。但本书对这一概念的理解存在一定含混。正如本书第一、二章的大标题所示，这一部分研究的是"行政统摄下的唐前期地方司法政务运行"。首先，这里的"行政"是对政务的另一种表达（第4页）。然而如前所述，立法、行政、司法描述的是权力属性，政务表达的则是政府功能，用行政替代政务本身就说明本书在概念界定上缺乏深刻认识。其次，司法政务扩张了本书的研究对象，但又很难为这个研究对象设定一个较有共识性的外延。① 因此，一些与司法甚至广义司法没有直接关系的内容都被纳入本书的研究范围。这说明，本书对研究对象内部关系的认识缺乏合理的知识体系建构。或者说，在批判以现代法学知识解释中国传统法律实践的局限时，本书是否能够建构起另一套合理的知识分析框架，这也并非无可置疑。

（二）御史台相关文献的解读及其问题

作为一本法律史专著，文献解读的正确性关系到论证的说服力。本书在论证过程中引用了非常丰富的文献，并且对很多文献提出自己的解读方式。这些文献的运用对更全面准确地认识相关问题打下了坚实基础。但是否所有文献的解读都无可商榷也未尽然。本文试对有关奏弹式及其反映台省政治地位变化的相关文献解读提出商榷意见。

本书对于御史台在中央司法政务中的功能作了相当有说服力的研究，然而其论"台省"的部分有令人不解之处。从本书研究可知，奏弹式是唐代御史台启动弹劾程序的主要文书形态。本书认为，奏弹式在弹劾官员方面与尚书省奏抄相类似，这极大地提高了御史台的政治地位，并对"台省"观念的形成起到重要推动作用。但是，考诸奏弹式与奏抄的程序会发现，两者仍然存在差别，奏弹式似乎较难被类比为奏抄。奏抄是由尚书省提交皇帝的公文书。向皇帝提交的奏抄一般应经过了审断，即事实已经查

---

① 例如，本书提出，"唐代司法政务一般分为推、断、决三个环节"（第161页）。这一概念外延被本书用以解读唐代中央政务，但却未被用以解读地方政务。

明，并由尚书省拟定处理意见。然后，皇帝画"闻"后成为御画奏抄。御画奏抄成为最终审断结果。也即，御画奏抄意味着司法程序的终结。然而，奏弹式被上奏皇帝后，即使成为御画奏弹也并非最终司法审断结果，反而会推动审断程序的启动。有关奏弹式的程序，本书已有所研究，在此作进一步梳理。

本书论证唐代奏弹式的文献依据主要有：材料一，根据《令集解》复原的奏弹式适用范围为："流内九品以上官，有犯应纠劾，而未知审实者，并据状勘问，不须推拷。委知事由，事大者奏弹，讫，御注者留台为案，更写一通，移送大理。非应奏者，并纠移所司推判。"（第143页）材料二，所引《令集解》文又称，"唐令云：请付大理推科者，其式云：更写一通移送"（第141页）。材料三，《唐六典·御史台》载："凡有制敕付台推者，则按其实状以奏；若寻常之狱，推讫，断于大理（旧，台中无狱，未尝禁人；有须留问，寄禁大理。李乾祐为大夫，奏请于台置狱，虽则按问为便，而增鞫狱之弊。至开元十四年［726］，御史大夫崔隐甫奏罢之，须留问者，依前寄禁大理）。"① 材料四，《通典·职官六》载："御史为风霜之任，弹纠不法，百僚震恐，官之雄峻，莫之比焉。旧制但闻风弹事，提纲而已（旧例，御史台不受诉讼。有通辞状者，立于台门，候御史，御史径往门外收采。知可弹者，略其姓名，皆云'风闻访知'。永徽中，崔义玄为大夫，始定受事御史，人知一日，劾状题告人姓名或诉讼之事）。其鞫案禁系，则委之大理。贞观末，御史中丞李乾祐以囚自大理来往，滋其奸故，又案事入法，多为大理所反，乃奏于台中置东、西二狱，以自系劾。开元中，大夫崔隐甫复奏罢之。其后罕有闻风弹举之事，多受辞讼，推覆理尽，然后弹之。"② 本书将这四份文献作为论证奏弹式程序的主要依据。然而，有学者提出御史台狱具有诏狱性质。③ 按照这一观点推测，这些文献所记载的可能是两种程序。

首先，御史台主动发起弹劾程序。例如，《旧唐书·桓彦范传》载，

---

① 《唐六典》卷一三，第380页。

② （唐）杜佑：《通典》卷二四，王文锦等点校，中华书局，1988，第659～660页。

③ 唐华全、王旭：《唐代御史台狱置废探析》，《河北师范大学学报》2013年第5期，第95页。

长安四年（704），"时司仆卿张昌宗坐遣术人李弘泰占己有天分，御史中丞宋璟请收付制狱，穷理其罪，则天不许"①。再如《旧唐书·张行成附张易之、昌宗传》载："及则天卧疾长生院，宰臣希得进见，唯易之兄弟侍侧，恐祸变及己，乃引用朋党，阴为之备。人有榜其事于路，左台御史中丞宋璟请按之。则天阳许，寻敕宋璟使幽州按都督屈突仲翔，令司礼卿崔神庆鞫之。"②又如，《旧唐书·李勉传》载："至德初，从至灵武，拜监察御史。属朝廷右武，勋臣恃宠，多不知礼。大将管崇嗣于行在朝堂背阙而坐，言笑自若，勉劾之，拘于有司，肃宗特原之，叹曰：'吾有李勉，始知朝廷尊也。'迁司膳员外郎。"③材料一、二所载程序应与这些案件相似。御史台以奏弹式发起弹劾后提交皇帝，④然后皇帝许或不许，许则进入下一程序。由于大理寺主管审断在京诸司官吏，所以这些案件很可能会被交由大理寺审理，即《令集解》载唐令规定"请付大理推科者"（第147页）。这种情况到开元后发生重大变化。材料四载："开元中，大夫崔隐甫复奏罢之。其后罕有闻风弹举之事，多受辞讼，推覆理尽，然后弹之。"大理寺的审断职能逐渐被御史台取代。⑤

其次，皇帝基于种种事由发起诏狱程序。例如，《旧唐书·高宗中宗诸子传》载："载初元年（689），武承嗣使酷吏周兴诬告上金、素节谋反，召至都，系于御史台。"⑥再如，《旧唐书·代宗本纪》载："程元振自三

① 《旧唐书》卷九一，第2927页。
② 《旧唐书》卷七八，第2707~2708页。
③ 《旧唐书》卷一三一，第3633页。
④ 这可能才是典型的奏弹式案件。因此，也有学者指出，"在唐代行用奏弹的场合，如欲对官僚的不法行为予以科决，一般需经由弹劾和推鞫两个程序。御史发现官员不法行为后，先以奏弹文书对其进行弹劾，随后皇帝下诏付台推，推问结束后御史台官员需另呈一份上奏文，向皇帝汇报按问的结果"。参见吴晓丰《唐代的奏弹及其运作》，《中华文史论丛》2020年第4期，第202页。不过，吴文认为御史奏弹后皇帝会交由御史台推勘，而从《令集解》来看，似非如此。且吴文所引文献多为唐后期，而从前文所引材料四来看，御史奏弹后的推勘机关也可能在唐前与后期发生过变化。同时，诏狱案件是否会使用奏弹式，令人生疑。
⑤ （宋）王溥：《唐会要》卷六〇《御史台》载："故事，其百僚有奸诈隐伏，得专推劾。若中书、门下五品以上、尚书省四品以上、诸司三品以上，则书而进之。并送中书门下。"第1042页。例如，《旧唐书》卷一〇六《李林甫传》载，天宝八载，"咸宁太府赵奉章告林甫罪状二十余条。告未上，林甫知之，讽御史台逮捕，以为妖言，重杖决杀"。第3239页。
⑥ 《旧唐书》卷八六，第2826页。

原县农妇人服入京城，京兆府擒之以闻，乃下御史台鞫问。……（广德二年［764］正月）壬寅，御史台以程元振狱状闻，配流溱州。"① 又如，《旧唐书·李岵传》载："凤翔七马坊押官，先颇为盗，劫掠平人，州县不能制，天兴县令知捕贼谢夷甫擒获决杀之。其妻进状诉夫冤。辅国先为飞龙使，党其人，为之上诉，诏监察御史孙蓥推之。蓥初直其事。"② 材料三、四所载程序可能与这些案件相似。这是一种诏狱启动程序，不一定基于御史台奏弹。在通过各种方式接受相关信息后，皇帝就"制敕付台推"。③ 诏狱不一定由御史台的奏弹启动，但皇帝可能会交由御史台审断。御史台推勘后，会根据案件的具体情形或直接上奏于皇帝，或者移送大理裁判，并进行下一步程序。由于唐初御史台未曾置狱，因此"其鞫案禁系，则委之大理"。李承祐认为这样容易滋生弊病且与大理寺产生矛盾，于是在贞观二十二年（648）奏请在御史台置东、西二狱。

同时需要说明的是，这两种程序并非固定不变，而是可由皇帝意志加以改变。尽管唐令规定御史台发动的弹劾程序会经皇帝交由大理寺处理。但皇帝会基于自己的意志选择推勘机关，例如，前引武则天"寻敕宋璟使幽州按都督屈突仲翔，令司礼卿崔神庆鞫之"张易之、张宗昌兄弟。④ 还有一些事实清楚、无需案推的案件可能就直接由皇帝下诏处理。如《旧唐书·吕渭传》载："浙西观察使李涵辟为支使，再迁殿中侍御史。涵自御史大夫改太子少傅，渭上言：'涵父名少康，今涵为少傅，恐乖朝典。'由是特授渭司门员外郎。寻为御史台劾奏：'涵再任少卿，此时都不言；今为少傅，疑以散慢，乃为不可。'由是贬渭歙州司马，改涵检校工部尚书、兼光禄卿。"⑤

基于对御史台功能的解读，本书指出："经过皇帝画'闻'的奏弹，'留台为案'，另外'更写一通，移送大理'，则类似于尚书省以旨符的形式指挥公事。至于不应奏者，御史台也可以直接'纠移所司'，令其推判。

---

① 《旧唐书》卷一一，第 274 页。
② 《旧唐书》卷一一二，第 3344 页。
③ 参见胡沧泽《唐代御史台司法审判权的获得》，《厦门大学学报》1989 年第 3 期，第 98~101 页。
④ 有关此事，详见吕思勉《隋唐五代史》，上海古籍出版社，2020，第 144 页。
⑤ 《旧唐书》卷一三七，第 3768 页。

在这个意义上来说，御史台取得了与尚书、门下、中书三省相当的职权与地位。……上述变化，是隋唐御史台得以厕身于三省之列，并号'台省'的原因。从此，'台省'成为隋唐以后政治体制中一个重要的政治概念。"（第 149 页）然而，如前所述，这一判断所依据的文献解读可能存在问题。由于将奏弹式案件与诏狱案件的程序混杂为一体，本书可能误读了御史台狱的意义，进而夸大了御史台在唐代中央司法政务中的地位。当然，本文的解读也可能有自身的局限，是否正确也有待作者的进一步回应。同时，对本书有关台省并称政治意义观点的质疑不仅于此。自秦汉以降，御史一直都是中央重要职官，其归口部门也极为重要，三省等反而是后出机构。台省并称究竟是御史台的地位提高了，还是三省的地位提高了？本书的这一观点令人殊为难解。

　　本书中可商榷的观点不仅于此，还可略举几条供作者与其他读者参考。其一，本书认为，唐前期大理寺主要处理的案件为在京诸司官吏和非贯属在京的百姓。然而，如前引《旧唐书·高宗本纪》载："大理奏决死囚，总管七十余人。"死刑案件是由大理寺向皇帝奏决的，这与隋朝的做法相似（见前引《隋书·刑法志》）。本书在论证大理寺与刑部审断功能时，并未专门讨论死刑覆奏问题。尽管隋代存在大理寺案覆后"上省"奏裁的问题，但其所处理的死刑案件究竟仅涉及在京案件还是全国案件并不明确。而唐高宗时期大理寺奏决死刑案件又经过何种程序？或者说，区分不同的案例类型，并在此基础上讨论地方、大理寺和刑部的关系是否更为准确？这些问题的解决对本书的结构形成影响，作者可能对此需要作进一步说明。其二，本书认为，"奏状取代奏抄成为政务处理的主体文书，是撬动唐宋之间尚书省与寺监关系转向的制度因素"（第 199 页）。这种观点是否是倒因为果？作为本书的主要分析框架，公文书是唐宋中央政务运作的载体，公文书的流变反映了唐宋中央政务运作的变迁。但正如本书所论证的，使职的出现推动了有别于刑部的独立司法运行机制的出现。有关本书这一观点的质疑就转变为，究竟是使职司法权的运作推动了新公文书的出现，还是新公文书推动了使职司法权的发展？恐怕很难认为是后者。当然，这是一个视角转化的问题，可以较为简单地处理。本文之所以专门指出这一问题，很大程度是因为，这一观点并非简单地思虑不周所致，而是渗透于本书的研究脉络中。其三，本书对传统观点的批判令人印象极为深刻，但在某些方面也给人以应破未破之感。如本书认为："与外州享有一定的徒罪决断权不同，大理寺与京兆、河南府（以下简称两府）所断徒罪（一审），一律皆需申省，由刑部司覆审（二审）。"（第121页）这是用现代法学知识中的审级制度来描述大理寺、京兆府、河南府与刑部的关系。何为审级？在现代司法制度中，每一审级往往拥有完整的司法权，同时享有事实审与法律审的权限。① 然而，本书非常有力地指出，大理寺等往往不具有完整的司法权，不能独立审断司法案件。因此，本书所谓的一审不具有完整司法权，所谓二审由于要向皇帝奏请画闻也不具有根本上的完整司法权。这也就使得本书内部论证存在一定矛盾，如何实现古今知识体系的有效融合尚需斟酌。

结　　语

自近代以来，西学东渐对中国传统学术体系的影响是全方位的。新的知识体系和理论框架被借以重构对中国传统政治、经济、文化乃至生活等诸方面的认知与解释。当代中国的学科都是在不同程度上借鉴西学产生的。西学的解释力基础则在于其所具有的客观性与普遍性。因其如此，西学并非仅适用于西方的学术，而在一定程度上可以超越东西方。但在人文社科领域，普遍性知识与理论被适用于个别领域时，会遭遇更强的解释力局限。当然，这并不会从根本上冲击到其客观性与普遍性，主要是要求学者对其进行适度调试，以提高解释力。

这种现象在中国法律史学领域非常鲜明。为适应在法学知识体系中的

---

① 审级制度，是指一国法律规定的审判机关在纵向组织体系上的层次以及诉讼案件经过几级法院审理后，其裁判立即发生法律效力的制度。转引自尹彦久《法院审级制度研究》，吉林大学博士学位论文，2011，第9页。在当代审级制度下，各级法院都有独立完整的审判权，同时根据具体审级的不同，各上级法院享有对不同案件的终审权。在这一制度下，上级法院主要承担审判对上级法院所提上诉的功能。这种制度更类似于古代的乞鞫或上控制度，与本书讨论的诉讼制度并不相同。因此，有学者指出，中国古代并没有严格的审级划分；有学者也指出，上控制度与当代的刑事上诉制度存在内在关联。参见郭建等《中国法制史》，浙江大学出版社，2011，第222页；胡震《近代中国刑事上诉制度的生成及展开》，《法学研究》2020年第5期，第194~208页。

地位，中国法律史学在知识体系和理论框架上的西学化也即法学化程度很高，但其解释力却不断受到挑战。理论解释力的提高要求对于这种法学化框架进行调试，以适应中国传统的特殊性。本书所做的就是这种工作。本书并未完全否定现代法学知识体系对中国传统司法政务的解释力，而是尝试对相关理论与中国传统司法实践作更紧密的结合，从而建构更有说服力的理论框架。因此，本书仍然在使用司法、行政、最高审判机关等概念体系，同时又尝试对其适用作更准确、更合乎中国传统司法实践的对应。基于对文献更深入的解读，本书相当一部分观点有很强的说服力，并且为读者认识其他相关问题提供了很好的启发。不过在本文来看，其中仍有很多问题值得商榷，有待更深入的思考甚或修正。当然，这并不影响本书的价值。学术研究是一个需要不断反思、批判甚至否定的过程，问题是进一步研究的起点。近年来有关中国法律史研究方法的争论不断引起学界回响，对中国法律史学研究中成见的反思也逐渐展开。而这种宏大命题的解决是通过解决一个个小问题累积而成的。行远自迩，本书不仅解决了一些问题，而且引发了对其他相关问题的思考，是为例证。

（责任编辑：马俊杰）

《中国古代法律文献研究》 第十六辑

2023 年，第 401~412 页

《元代刑部研究》评介

周思成*

　　多年来，中国古代法律史的研究似乎呈现两头热、中间冷的形势：学界对鼎彝、简帛等出土文献的整理和利用，自 20 世纪末以来厚积薄发，迄今已经极大改变了我们对周秦、秦汉之际法律的面貌和演变的认知；在另一端，明清法律史可资利用的公私著述本就丰富，再加上县衙档案等新史料和社会科学研究方法的推动，近年来也是佳作迭出。相形之下，中古法律史的研究似乎显得颇为寂寥，元代法律史尤甚。元史研究者长期以来取得的成果自然有目共睹，如对重要史料《元典章》的整理和研究。但说到具体的研究论题，更多还是集中在元代法律中的草原因素以及由此形成的"蒙汉二元"法文化，还有"有例可援，无法可守"的判例法特色这两个方面。除此以外，元代法律史还存在不少空白和盲区，一些制度方面的重要问题长期未得到解决，亦乏人问津。显然，不论是形而上的法文化，还是形而下的立法技术，皆以实践运作的机构和人作为中介乃至前提。制度问题不清楚，"道"与"器"便俱无着落。在元代法律研究的制度层面，老一辈学者如陈高华、宫崎市定等人奠定了扎实的基础。陈佳臻博士 2021 年出版的新著《元代刑部研究》，是近年来该领域取得的一项重要的进步。笔者有幸先睹为快，在感叹书中史料搜集之详备、考证之严谨和厘清核心问题的识见之余，也颇受启发。以下将书中的主要观点，补充以阅读过程

---

* 清华大学人文学院历史系副教授。

中形成的一些零星想法，草成一篇导读兼评论性质的文字，对于此书未来的读者或有涓滴之助。

一、 元代刑部的渊源、机构与人事

书中第一章为《元代刑部渊源概述》，分析了元代刑部的三个制度渊源：（1）较为齐整的唐代三省六部二十四司体系中的刑部；（2）名为借鉴唐制，实以实用主义精神简化唐制的辽金刑部；（3）元朝的前身大蒙古国在中国北方地区建立的一套杂糅草原制度和汉制的司法体制。在这套制度中，蒙古式职官"札鲁忽赤"（断事官）和"必阇赤"（书记官）发挥关键作用，"蒙汉二元性色彩要比辽金时期明显得多"。① 元代的司法体制，特别是作为中书省下属的刑部，与这三个渊源中的后两者有更直接而复杂的继承关系。作者还专门辨析了大蒙古国时期"行六部"的设置问题，提出彼时虽有"行六部"的设置，实为一种主要负责筹措军需同时也涉及某些民事的特殊机关。史传中提到出任"行六部事"的官员，是当时大蒙古国中枢派出的行政官员"行尚书省事"之下的僚属。

第二章为《元代刑部建置考》，考证精详。本章先梳理了元代刑部的直属上级——中书省的创立和沿革历史，指出元世祖忽必烈确立一省制的中书省，初期主要经历了三次变革：第一次是中统元年（1260）四月于开平（后来的上都）建省，第二次是同年七月，忽必烈亲征阿里不哥之前在燕京（后来的大都）建立"行中书省"。这是四月草创的"中书省"的扩张和发展，并非别一机构。第三次是中统二年（1261）五月中书省的进一步扩充。"元朝中统初年的中书省，实际上就是一个整合了前朝（金朝）尚书省和六部的精简机构"②。此后，刑部便以中书省下辖的"右三部""兵刑部"和"刑部"的面貌相继出现并定型。

自中统二年到至元十三年（1276），刑部的隶属和名称反复变更，历来颇令读史者迷惑。本书利用正史、笔记和碑传资料，清晰复原了沿革的

---

① 陈佳臻：《元代刑部研究》，中国社会科学出版社，2021，第25~29页。
② 陈佳臻：《元代刑部研究》，第41页。

始末，订正了《元史·百官志》的若干错误。作者还补充考证，中统二年六月以后，中书省采用了左、右三部体制，而在此之前，史料中却偶尔出现单独的六部官称。这一矛盾现象，实因这些官称并非真正的六部官，不是出于临时需要设立的"借职""荣衔"，就是后来增补的信息，不能作为中统二年六月前设置过六部的证据。根据本章的考证，中统二年到至元十三年刑部的沿革情形可绘表如下：

时　　间	隶　　属	名　　称
中统二年六月	中书省左、右三部	右三部（兵刑工）
至元元年	中书省"四部"（吏礼、户、兵刑、工）	兵刑部
至元三年	中书省左、右三部	右三部
至元五年	中书省"四部"（吏礼、户、兵刑、工）	兵刑部
至元五年五月	中书省左、右三部	右三部
至元七年正月	尚书省六部 中书省左、右三部	刑部 右三部
至元八年	中书省"四部"（吏礼、户、兵刑、工）	兵刑部
至元十三年	中书省六部	刑部

接下来，作者考察了刑部的办公地点和场所，结合《析津志》《秘书监志》《刑部第三题名之记碑》确证了"六部与中书省一起办公""六部跟随中书省（尚书省）的办公地点而迁徙"的史实。今人有误信明代孙承泽《春明梦余录》，认为兵、礼部单独在外办公，作者也予以了纠正。[1] 本章还对刑部建置的其他相关问题，包括刑部官员的品秩升降、俸禄增减、作息时间和日常待遇都作了详细说明。例如，书中利用了一条此前不为人关注的史料，补正了《元史·百官志》的阙失：

（大德十一年十一月）乐工殴人，刑部捕之，玉宸乐院长谓玉宸

---

[1]　陈佳臻：《元代刑部研究》，第55~62页。

　　　　与刑部秩皆三品，官皆荣禄大夫，留不遣。

作者考证，此时玉宸乐院秩从二品，刑部品秩只有与其一致，才会出现玉宸乐院以本院品秩、散官皆不低于刑部的理由，干扰刑部缉捕犯罪乐人。因此，史料中的"三品"应为"从二品"之讹；同时，这还证明在成宗末、武宗初的衙门升品中，刑部也短暂升过从二品，《百官志》失载。① 这一论证是有说服力的。不过，对这条有趣的材料，还可以稍加补充分析。玉宸乐院正是在当年（大德十一年）五月，由原仪凤司改名，升为从二品。七月，"以仪凤司大使火失海牙、铁木儿不花、教坊司达鲁花赤沙的，并遥授平章政事，为玉宸乐院使"。（《元史·武宗本纪》）结果，从二品的官署玉宸乐院，竟然暂时出现了三位遥带相衔的院使。平章政事对应的散官通常就是荣禄大夫（从一品），也导致了上条记载中"官皆荣禄大夫"这一奇特现象。这是武宗登基后滥加封赏亲信造成的，刑部如出现类似情形也不奇怪。尽管书中判断，"玉宸乐院长与刑部尚书散官均为荣禄大夫的可能性较小，至少目前为止并没有在元朝前中期看到这种实例"，但从当时的实际出发，多少是可以证实的。

　　不妨顺带指出，本章结尾还考证了刑部官吏按照一般规定享受法定七日一休，即"初一日、初八日、十五日和二十三日，基本上是七天一放假"，推测"这一制度或与西方基督教的'七日创世'说有关"。② 不过，更贴近的解释是这四天是佛教要求素食、禁止杀生的"四斋日"，《百丈清规》明确记载四日为"月旦、月望、初八、廿三"，元朝公文中也有"每月四个斋戒日头"的说法（《元典章》新集），这与元廷采纳佛教习俗有关。

　　第三章《元代刑部官吏考》梳理了刑部官吏的编制、分工、员额变动。这部分的亮点是充分利用了2004年出土于天安门城楼前的《刑部第三题名之记碑》，补充和订正了许多信息。例如，题名碑中一些刑部官员名下备注了"升为头"字样，证实了部内三尚书也有品秩、职责之分，其

---

① 陈佳臻：《元代刑部研究》，第66~67页。
② 陈佳臻：《元代刑部研究》，第80~81页。

中一员总领刑部事务。此外，碑中提到的吏员名称，如提控令史、誊写，都是此前罕见的职名，作者也予以了充分的重视。本章余下的主要篇幅，是对有史可征的 154 名刑部官吏的履历进行了统计分析，重点考察了出身跟脚、族属和迁转情况，最终汇总为厚达 60 余页的附表。于兹可见作者对元代史料的爬罗剔抉功夫，确实做到了后记中刘晓先生叮嘱的"上穷碧落下黄泉"。由统计分析可知，元代刑部官员普遍存在任官迁转频率高的特点，同时在由吏入官之前，往往又长期沉沦于吏职。结果，中高级官员任职刑部，往往在其仕途的中后期，这或许有助于他们更加熟稔刑名事务。元代刑部尚书的选任，除了资历、精通刑名、处事公允等品质外，可能还要具备一定的军事才能和经验，甚至实际负责领兵平叛，这似是前代未见的。

总之，第二、三章是全书最见史料搜集和考据功力的部分，其中提出的种种辩驳和新解，总体是令人信服的。书中对许多制度的梳理，甚至对研究元代中央官制的其他分支都颇有参考价值。不过，书中为了加强论证，一些考证和议论或不免牵强。例如，第二章为说明中统元年四月的开平中书省和七月的燕京行省为同一机构，且前者建置简单，引用了胡祗遹《上张左丞书》"当内立省部以总其枢机，外立司农司以厚其食货"的建议。书中推断，胡文写于中统元年五月，即张文谦宣抚大名、荐举胡祗遹之时；此时胡氏仍在游说"内立省部"，可见四月的中书省"建置过于简单，以至于地方士人难以察觉其已经成立"。[1] 然而，细读《上张左丞书》，内有"内衅既平""大驾东还，坐享宴安"之语，即指忽必烈亲征阿里不哥，在十一月取得昔木土之捷，重返燕京。因此，此文至少写于中统元年十一月后，此时，体制更全的燕京行省已经成立。从胡祗遹称张文谦为左丞而非宣抚使看，甚至可能写于中统二年五月张文谦再任左丞之后，而这已是中书省班底的第三次扩充了，故胡氏文中说"台省之内，贤相硕臣调燮匡辅"。至于"内立省部"云云，原文其实是提议建立中书省及六部、司农、转运等一整套机构。综上，《上张左丞书》说的并非中统元年四月的中书省，似亦不能说明胡氏未能察觉其成立。又如，至元十四年

---

[1] 陈佳臻：《元代刑部研究》，第 35 页。

（1277）前后王磐上奏，朝廷录平宋之功，升至宰执高位者竟有二十余人，乃议更定官制。书中引《元朝名臣事略》，指出仅阿里海牙幕府就有"登宰相者有二……平章十二……右丞四……参政十三……"，可证当时因平宋之功而升至高位的人数远多于王磐所记。① 其实，《事略》节引的是姚燧集中的《湖广行省左丞相神道碑》，碑中罗列的是出身幕府并最终仕至宰执的群体，其中不少人平宋后经历了十数年方升至此位。姚燧这样说，就好像有人称赞曾国藩"中兴将吏，大半出于其幕"，恐难作为当时录功的佐证。似此皆属百密一疏，白璧微瑕。

二、 刑部职能的静态与动态考察

《元代刑部研究》的前半部分是典范的传统官制研究，后半部分则偏重法史研究，益见作者之所长。第四章《静态视角下的元代刑部职能》和第五章《动态视角中的元代刑部职能》，分别考述了行政法规确立的元代刑部职能，以及刑部同整个元代司法乃至官僚体系的互动。

就法定职能而言，元代刑部有三个显著特征：其一，有元一代始终未颁行《唐律》《宋刑统》这类礼律，而主要采用"一事一法"的判例法。因此，刑部所拟的判决"既是司法审判的一部分，也是在完成断例层面的'立法'"②。此外，刑部还通过处理地方官府呈报的疑难案件，或主动根据实际情况制定"通例"，进一步参与立法。其二，元代不设大理寺，刑部同时承担了天下重案特别是死刑案件的终审权（前代由大理寺承担），加上重案的复核权（刑部传统的职能），造成沈家本说的"大理裁而刑部置狱，司法、行政遂混合为一，不可复分"的变局，影响了明清。最后，元代刑部又兼为中书省直辖区"腹里"的最高司法机构。腹里地区的大小案件，往往由地方官府上报给刑部请求审理和解决。因此，"元代刑部是历代刑部中唯一具备地方司法权的特例"③。

元代刑部的这三点职能特征，前两点前辈学者有所涉及，第四章作了

① 陈佳臻：《元代刑部研究》，第53页。
② 陈佳臻：《元代刑部研究》，第134页。
③ 陈佳臻：《元代刑部研究》，第141页。

更准确和详细的分析；末一点是一种新颖的提法，亦不无根据。不过，元代腹里政区和各行省是在较长时间内逐渐确立的，行省既是中央派出机构，也承担地方一级官府的职能。在腹里地区，中书省和宣慰司—路州府县之间确实少了行省这一层级。然而，中书省和刑部一边面对具有地方官府性质的各行省，一边直接面对腹里各级官府，其中央官署的性质始终不变，也没有上级需要再请示。这样来看，能否因为腹里的地方案件上报刑部处理，判断它具备"地方司法权"，恐怕是一个见仁见智的问题。类似的，书中另一处提到，元代诸行省下设有理问所，与刑部有相似之处，刑部甚至可视为腹里地区的"理问所"。① 这一说法是有启发意义的。但行省既是中书省的派出机构，将行省的理问所视为中书省下刑部的缩略版，而不是反过来，似更符合元代政治制度的逻辑。

第四章接下来论述，元代刑部剔除或说优化了唐代和金代刑部的某些杂糅职能，也就是负责财政审计和城门关隘等事务。《金史·百官志》记载，金代刑部要负责"照磨计账"，又有两名刑部员外郎分别执掌"关津讥察""城门启闭"。在元代，财政审计改由各衙门的"照磨"和监察系统（御史台）承担；司门和关津讥察，则改由八剌哈赤、札撒孙和脱脱禾孙等蒙古式官员来承担。另外，元代刑部更多承担起治安警务、狱政等职能。② 从元代史料看，刑部确实不再承担审计、司门等职责。不过，此处尚存一点疑问，就是唐代和金代的刑部究竟多大程度上实际承担这两项职能。书中引用的《唐六典》和《金史·百官志》这类记载，恐怕未必完全反映实际情况。即以金代而言，除了《百官志》书写的刑部职能和《唐六典》或有沿袭关系外，负责殿门、宫门、城门的官职又有"内侍局""宫闱局""殿前都点检"等；重要关津皆设有"关使兼讥察官"，负责"关禁、讥察奸伪及管钥启闭"，这其实和元朝本质上差别不大。中古官制叠床架屋乃至名存实亡的现象十分常见。是否有这样一种可能，即早在元代之前，至少"关津讥察""城门启闭"已经事实上从刑部剥离，仅在纸面上，或者说在《唐六典》影响下的典志编纂传统中存在呢？这个问题或许

---

① 陈佳臻：《元代刑部研究》，第5页。
② 陈佳臻：《元代刑部研究》，第146~159页。

还值得研究。

元代国家面对的不再是较为单纯的编户齐民，而是有着各种特殊人身依附关系的人口和户计，加之元朝官制中保存了不少蒙古旧制，使得司法管辖权不完全集中于刑部。由此产生了第五章《动态视角中的元代刑部职能》讨论的问题，即刑部同直属上级中书省、另一分享司法权的大宗正府，以及各种拥有"约会"特权的其他部门（回回哈的司、宣政院等）之间的动态关系。本章指出，元代最终形成了"以中书省和刑部为基础，多部门、跨系统联合处理的司法系统"。在这一司法系统中，刑部和直属上级中书省之间更多是服从配合的关系。当然也有某些非正常的时期，如权臣当道，此时刑部往往沦为打击政敌的工具。

元代的大宗正府并非管理皇族事务的机构，而是由大蒙古国时期的大断事官（也可札鲁忽赤）发展而来，最初主要负责蒙古司法，后来侵占了刑部的某些职能。第五章指出，大宗正府的司法权力扩张，往往同政治倾向比较保守的皇帝和权臣上台有关。此外，大宗正府虽然一度管辖过"汉人罪过"，但这恐怕是指各投下、怯薛中的汉人。这皆是作者在前人研究基础上的推进。特别是书中强调，除了从蒙汉二元的角度看刑部和大宗正府的关系，还可从君权与相权的关系来审视：大宗正府由皇帝一手支持创建，以宗王或亲信为府长，位高权重，与中书省的关系十分微妙，具有"对皇帝负责而不对宰相负责的性质"。它与刑部的关系，实际上是君权与相权消长的关系。① 这一看法也很有启发意义。大宗正府的前身大断事官（也可札鲁忽赤），成吉思汗最先任命的是失吉忽秃忽："你曾作我第六的弟……你与我做耳目，但凡你的言语，任谁不许违了。"（《蒙古秘史》第203节）在大蒙古国，也可札鲁忽赤自始就是大汗的左右手。大断事官主持的"札鲁忽"也是一种特殊的司法程序，类似"诏狱"，主要针对国家要案和政敌。众所周知，大断事官忙哥撒儿就是蒙哥汗打击窝阔台家族的鹰犬。蒙古人在伊朗建立的伊利汗国，伊利汗为调查失势的大臣和其他威胁统治的敌人（如被告发谋逆者），也利用札鲁忽制度，我在一篇文章中作过一些探讨。因此，从君权—相权的关系来看元朝在中书刑部之外复设

---

① 陈佳臻：《元代刑部研究》，第195页。

大宗正府分享司法权，是非常有道理的，还可以进一步研究。不过，也要看到，有元一代，除了忽必烈统治前期，蒙古皇帝对司法事务似乎都不大关心，"华林园听讼""临轩虑囚"等魏晋唐宋的前代故事，几乎从未举行。因此，大宗正府这种游离于相权之外的特殊司法权，往往表现为"不分轻重，指名脱放罪囚"，大抵就是为皇帝请番僧做佛事（"好事"）而疏放罪囚提供便利，这又与大蒙古国时代的大断事官很不一样了。

最后，元代还有一项与刑部职能关系密切的司法制度——中书省、御史台、枢密院、大宗正府和刑部联合派出官员组成法庭，审录各地淹滞罪囚的"五府官审囚"制度。书中在前人研究的基础上进一步指出，五府官审囚制，其实是从各种临时的衙门"约会"制度中脱颖而出，是涉及部门较多、级别较高的一种，后至元二年（1336）才正式制度化。这种制度比临时的约会更进一步促成了跨部门的统合，是有一定积极作用的。但是，作者也强调，最初对审断京畿地区案件起辅助性作用的五府官制度，一旦定型化并全国推广，无异于直接否定了从州县到刑部的常规司法体系。五府官审囚简化了许多必要的诉讼环节，将许多本应层层上报的案件直接变成终审案件，看似提高了效率，却有损制衡、恤刑等原则。此外，五府官将御史台这样本来相对独立的监察部门吸纳进来，又否定了正常的监督与被监督的制约关系，再加上人事制度的缺陷，其实加重了司法制度中的弊端。"这种一次审断即终裁的做法，实际上反而更显草率，甚至引起更多社会矛盾和问题，这是包括今天在内的司法审判应当引起注意的。"① 换言之，从速从简、看似雷厉风行的司法乃至执法，由于缺乏适当制衡，容易走向立法初衷的反面，作者指出这一点，洵为卓识。

三、余　论

近年来法律史研究的目光，似乎更多从庙堂之上，下移到县衙、闾里、田间等处，从服皂衣、冠獬豸的贵官下移到乡绅、细民和衙役等地方社会角色身上。尽管如此，"刑官之制"特别是唐代以降的刑部，不论是

---

① 陈佳臻：《元代刑部研究》，第217页。

作为中央官僚体制的重要组成部分，还是作为传统中国司法体系的枢纽，显然不因研究热点的转移而失去其重要研究价值。陈佳臻博士的《元代刑部研究》，在元代官制和法史研究这两个方面，都堪称一部正大精切之作。

外儒内法的古代国家历来标举"德主刑辅""礼本刑用"的法政原则，如虞集所言："出于礼乐，则入于刑。有天下国家者，必求习礼，而明刑者置之刑官，然后刑可平，而治可兴也。"（《中书省刑部题名记》）刑官的重要性毋庸赘言。虞集还将"汉之廷尉""唐之侍郎"作为元代刑部官员的榜样，以"守死善道，用法平允"作为元代司法机构的理想。（《中书省刑部题名续记》）在《元代刑部研究》一书中就能见到类似的元人议论，例如胡祗遹说"法者，人君之大权，天下之公器"，许有壬说"刑一人而天下服"，等等。在皇权和正义发生冲突时，也能见到元代刑部官员以"以一畜而废一家之产，何以示天下？""廷尉，天下平，辇毂之下，漕臣以冤死，何以示四方？"这类直言抗争。① 然而，众所周知，古代中国的司法体系，始终摆脱不了依附于行政权，进而阿附皇权的宿命，元代非但不例外，恐怕有甚之而无不及。即便是历代树为榜样的"汉之廷尉"张释之，敢于忤逆文帝一怒之下要法外行刑的意志，留下了千古传诵的"法者，天下公共也""廷尉，天下之平也"的"法谚"，仍给皇权专断开了后门，声称"且方其时，上使使诛之则已"。若论中西法史上最著名的典故，"汉之廷尉"恰可同詹姆斯一世和柯克法官之争对比。面对英王扩张君主裁决权，柯克法官先以司法活动要求长期磨砺的"技艺理性"而非君主个体的一般理性为由反驳，后来干脆宣称"国王在法律之下"。这样看来，帝制中国的刑官和律学，历史悠久，遗憾的是连垄断"技艺理性"的权利都未能完全争得，不过是坚持了一点"罚当其罪"的法家思维，遑论其余。

正是这一点题外遐思，让我回想起《元代刑部研究》中留有一些有意思的论题有待展开，特别是在前后、古今、中西比较的层面。沈家本说的"考古制以征今日"（《历代刑官考》下），本书着墨不多，让人颇觉意犹未尽。比如，读到考证刑部官吏，不禁好奇这些元代刑部要员的能力高下

---

① 陈佳臻：《元代刑部研究》，第 181~184 页。

和实际经历，同唐代或者明清相比究竟有何差异？读到讲《元典章》里中书省照准刑部"判拟"的比例高达 86.1%，不禁想知道微调的 10.7%，以及全驳刑部意见的 3.2%，又是在何种特殊情形下发生的，衡之古今驳案，有无一般性？等等。好在作者在《后记》中提到，出于全书体例考虑，割爱了博士论文原稿中的不少内容，包括"原本在判例法层面试图进行的中外比较法研究"等等内容，最终都没有纳入本书框架。从这个角度来说，本书在政治制度史方面的贡献，似又大于在法律史方面的贡献。所以，我们不妨期待作者在《元代刑部研究》出版后陆续发表这些研究，且今后在法律史研究领域推出更多的优秀成果。

（责任编辑：桂涛）

《中国古代法律文献研究》第十六辑

2023 年，第 413~424 页

2021 年度台湾地区
中国法律史研究论著目录

《中国古代法律文献研究》编辑部

一、通　　代

【专著】

1. 游逸飞《制造"地方政府"：战国至汉初郡制新考》，台湾大学出版中心，2021 年 11 月。

2. 林素娟《象征与体物：先秦两汉礼仪中的修身与教化观》，台湾大学出版中心，2021 年 11 月。

【论文】

1. 侯长坤《天下的实证研究：春秋战国与当代联盟公共产品、自主权、社会化矛盾》，台湾大学政治学研究所硕士学位论文，2021 年。

2. Ying-shih Yü, Confucian Culture vs. Dynastic Power in Chinese History, *Asia Major* (2021) 3d ser. Vol.34. 1.

3. 陈皓渝《汉朝至清帝后谥号风格分析》，《问学》25，2021 年 8 月。

4. 杜正胜《"日常生活"的背后》，《成大历史学报》61，2021 年 12 月。

【书评】

1. 张宁《从行政知识建构看帝制中国的地方政府与社会——魏丕信

〈帝制中国官箴、指南、公牍评注书目〉评介》，《法制史研究》38，2021年12月。

二、先　秦

【专著】

1. 闫强乐《正史法律资料类编 先秦秦汉卷》，花木兰，2021年3月。

2. 唐洪志《西周金文土田问题考论》，花木兰，2021年3月。

3. 武刚《早期羌人居徙研究》，万卷楼，2021年8月。

4. 佐藤将之《后周鲁时代的天下秩序：〈荀子〉〈吕氏春秋〉政治哲学之比较研究》，台湾大学出版中心，2021年12月。

【论文】

1. 魏衍华《〈论语〉国家治理思想的要义》，《鹅湖月刊》46：9，2021年3月。

2. 孙飞燕《论清华简〈厚父〉的政治思想及文本性质》，《哲学与文化》48（3），2021年3月。

3. 郭梨华《清华简（陆）郑国三篇简文的为政思想》，《哲学与文化》48：3，2021年3月。

4. 潘朝阳《〈春秋〉义理和实践》，《鹅湖月刊》46：10，2021年4月。

5. 蔡佩玲《周召公与文王家族关系的文献考察》，《成大历史学报》60，2021年6月。

6. 伍振勋《先秦儒学文本形式与“儒道”论述的变异发展》，《台大文史哲学报》96，2021年11月。

三、秦汉魏晋南北朝

【专著】

1. 李贞德《公主之死：你所不知道的中国法律史（修订二版）》，三民书局，2021年1月。

2. 邢义田《立体的历史：从图像看古代中国与域外文化（增订三

版）》，三民书局，2021 年 1 月。

3. 徐富昌《睡虎地秦简文字辞例新编》（上、下），万卷楼，2021 年 1 月。

4. 程刚《东晋南朝荆州政治地理研究：兼论雍州、湘州、郢州》，花木兰，2021 年 3 月。

5. 江娜《汉代边防体系研究》，花木兰，2021 年 3 月。

6. 宋启成《十六国时期华北地区霸权兴衰及其综合国力比较研究》，花木兰，2021 年 3 月。

7. 吴秉勋《魏晋南北朝"庙学"制度及其思想史意义》（上、下），花木兰，2021 年 3 月。

8. 卢建荣《中国中古的社会与国家：3 至 9 世纪帝京风华、门阀自毁与藩镇坐大》，新高地文化，2021 年 4 月。

9. 邢义田《今尘集 秦汉时代的简牍、画像与文化流播：卷一：古代文化的上下及中外流播》，联经出版公司，2021 年 5 月。

10. 邢义田《今尘集 秦汉时代的简牍、画像与文化流播：卷二：秦至晋代的简牍文书》，联经出版公司，2021 年 5 月。

11. 邢义田《今尘集 秦汉时代的简牍、画像与文化流播：卷三：简牍、画像与传世文献互证》，联经出版公司，2021 年 5 月。

12. 胡川安《秦汉帝国与没有历史的人：殖民统治下的古代四川》，联经出版公司，2021 年 5 月。

13. 闫强乐《汉代廷尉研究》，花木兰，2021 年 9 月。

14. 叶书珊《〈里耶秦简（壹）〉文字研究》，花木兰，2021 年 9 月。

15. 苗霖霖《北魏女主政治研究》（上、下），花木兰，2021 年 9 月。

【论文】

1. 石升烜《从简牍物质形态论秦汉基层公文书制度与行政》，台湾大学历史学研究所博士学位论文，2021 年。

2. 蒋爽《董仲舒论仁：从推己及人到取仁于天的转向》，《鹅湖月刊》46：8，2021 年 2 月。

3. 周伯戡《北魏僧曹制度考——兼论中国僧官的起源》，《台大历史学报》67，2021 年 6 月。

4. 邢义田《"遥观"内蒙古阳山长城——秦或汉长城?》，《古今论衡》

36，2021 年 6 月。

5. 潘子正《亲亲尊尊：北魏灵太后的价值取向析论》，《师大学报》66：2，2021 年 9 月。

6. 陈惠美、谢莺兴《徐复观教授〈两汉思想史卷一〉手稿整理系列（一）：西周政治社会的结构性格问题》，《东海大学图书馆馆刊》60，2021 年 11 月。

7. 李念祖《不是契约的约定——论约法三章与社会契约义理的差距》，《法制史研究》38，2021 年 12 月。

8. 涂艳秋《〈高僧传·义解篇〉中僧与俗交涉研究》，《华人文化研究》9：2，2021 年 12 月。

四、隋 唐 五 代

【专著】

1. 罗彤华《唐代宫廷防卫制度研究：附论后宫制度与政治》，元华文创，2021 年 5 月。

2. 于晓雯《信息传递与帝国统治：唐代朝集使研究》，花木兰，2021 年 9 月。

3. 蒋楠楠《唐宋法律考试研究》（上、下），花木兰，2021 年 9 月。

【论文】

1. 陈震庭《唐玄宗时期道教与政治关系之研究》，《洄澜春秋》15，2021 年 2 月。

2. 刘志强《"必询于众，方免有疑"：唐代集议制度程式考论》，《兴大历史学报》35，2021 年 6 月。

3. 林冠群《吐蕃大论尚绮心儿（Zhang khri sum rje）研究》，《台湾师大历史学报》65，2021 年 6 月。

【书评】

1. 林素英《〈中国中古礼律综论续编——礼教与法制〉，高明士著》，《中国文哲研究集刊》58，2021 年 3 月。

2. 于晓雯《金铎敏〈唐律总论〉、〈唐律各论〉（Ⅰ、Ⅱ）评介》，《法制史研究》38，2021 年 12 月。

五、辽宋金元

【专著】

1. 姜吉仲《宋代吏治法研究》，文津，2021 年 3 月。

2. 黄纯怡《皇权、近习与权臣：南宋的外戚与政治》，万卷楼，2021 年 3 月。

3. 蒋武雄《宋辽外交研究续论》，花木兰，2021 年 3 月。

4. 陈俊达《从"交邻"到"封贡"：高丽与辽朝交聘研究》，万卷楼，2021 年 5 月。

5. 周峰《散见宋金元墓志地券辑录二编》，花木兰，2021 年 9 月。

【论文】

1. 李如钧《北宋时期大不恭罪的演变与扩张》，《法制史研究》37，2020 年 12 月。

2. 李仁渊《元、明刊〈居家必用〉与家庭百科的诞生》，《"中研院"史语所集刊》92 - 3，2021 年 9 月。

3. 许正弘《阔阔真太后与元成宗朝政治——兼论太后位下徽政院的建立》，《台湾师大历史学报》66，2021 年 12 月。

4. 杜冠颖《近年对元代"四等人制"及相关议题的讨论》，《史耘》19，2021 年 6 月。

5. 潘子正《现实的选择——完颜政权新兴时代的君位继承》，《史耘》19，2021 年 6 月。

6. 张瑞宾《明代初期北边卫所军屯的推动与成效——以洪武二十一年以前为限》，《史耘》19，2021 年 6 月。

7. 袁承维《从王安石论"理事关系"观其思维模式》，《政治科学论丛》89，2021 年 9 月。

8. 许守泯《一位地方官员的日常劝农——元人王结及其〈善俗要义〉》，《成大历史学报》61，2021 年 12 月。

9. 王明荪《〈金史·循吏传〉与金代的循良吏》，《史学汇刊》39，2020 年 12 月。

六、明　清

【专著】

1. 吴重义《清末台湾洋务运动之研究（1874—1891）》，花木兰，2021 年 3 月。

2. 杨忠《明清国家档案：那些影响历史发展的重大案件》，大旗，2021 年 4 月。

3. 祝小楠《清末民初江苏地方政制转型研究（1905—1927）》，花木兰，2021 年 3 月。

4. 何宇轩《丈夫守则与"齐家"之道——清代家训中的男性建构》，秀威资讯，2021 年 9 月。

5. 刘明《教养相资：清代书院考课制度》，花木兰，2021 年 9 月。

6. 李秋梅《清代买卖契约地区差异性的初步研究：以清水江、徽州和浙东地区为中心的考察》，花木兰，2021 年 9 月。

7. 柯志明《熟番与奸民：清代台湾的治理部署与抗争政治》，台大出版中心，2021 年 10 月。

8. 宋怡明著，钟逸明译《被统治的艺术：中华帝国晚期的日常政治》，联经出版公司，2021 年 12 月。

9. 江昱纬《救婴与济贫：乳妇与明清时代的育婴堂》，秀威资讯，2021 年 12 月。

【论文】

1. 张凯特《公案流别——论明代公案小说集体例的依违》，《台北大学中文学报》29，2021 年 3 月。

2. 林文中《影响中国明朝文官考核制度因素之探讨——以考核权责机构为例》，《警察行政管理学报》17，2021 年 5 月。

3. 巫仁恕、吴景杰《窃盗案的历史犯罪学分析——以同治朝四川省巴县为例》，《汉学研究》39：3，2021 年 6 月。

4. 巫仁恕、吴景杰《犯罪与城市——清代同治朝重庆城市窃盗案件的分析》，《台大历史学报》67，2021 年 6 月。

5. 李文良《番屯与隘垦——十九世纪北台湾边区三层埔的案例》,《汉学研究》39:2,2021 年 6 月。

6. 彭皓《晚明军士收入考——兼论明代国家财政之基本精神》,《明代研究》37,2021 年 12 月。

7. 连启元《亲亲与幽禁——探析明代高墙规划与罪宗淹禁现象》,《法制史研究》38,2021 年 12 月。

8. 李小波《明代朝审的运作》,《法制史研究》38,2021 年 12 月。

9. 刘浩田《静观法意,动缘民情——清代知府邱煌的理讼生涯》,《法制史研究》38,2021 年 12 月。

10. 凌鹏《巴县木洞镇及附近的巡检、团约、士绅与知县——兼论清代地方基层治理的结构与精神》,《法制史研究》38,2021 年 12 月。

11. 程实《重新审视清律中的不行之造意者——对中法史共同犯罪理论的反思》,《法制史研究》38,2021 年 12 月。

12. 江照信《由沈家本到谢冠生——对清末新政以来司法史(1901—1971)的再思考》,《法制史研究》38,2021 年 12 月。

13. 胡译之《张一鹏其人其著与司法实践》,《法制史研究》38,2021 年 12 月。

14. 陈熙远《圣人之学即众人之学:〈乡约铎书〉与明清鼎革之际的群众教化》,《"中研院"史语所所集刊》92:4,2021 年 12 月。

15. 吕慎华《庚子事变后中日续订通商行船条约谈判》,《逢甲人文社会学报》43,2021 年 12 月。

七、 近现代（1840～1949）

【专著】

1. 谢国兴《礼祝下乡:驱瘟逐疫祭典中的王府行仪——台南、东港、漳州比较研究》,蔚蓝文化,2021 年 1 月。

2. 吴忠信著,王文隆主编《吴忠信日记》(1941)(1942)(1943)(1944)(1945),民国历史文化学社有限公司,2021 年 1 月。

3. 民国历史文化学社编辑部《一二八淞沪自卫作战史料》,民国历史文化学社有限公司，2021年1月。

4. 民国历史文化学社编辑部《中国国民党第一届中央执行委员会会议纪录》（一）（二）（三）（四），民国历史文化学社有限公司，2021年1月。

5. 王明珂《毒药猫理论：恐惧与暴力的社会根源》，允晨文化，2021年3月。

6. 陈佑慎主编《军政部部务会报纪录（1945—1946）》，民国历史文化学社有限公司，2021年3月。

7. 王贻荪《王贻荪战时日记（1942）》，民国历史文化学社有限公司，2021年3月。

8. 吴忠信著，王文隆主编《吴忠信日记》（1946）（1947），民国历史文化学社有限公司，2021年3月。

9. 叶川睿《冷战下的国民党海外党务（1950—1962）》，花木兰，2021年3月。

10. 张芸涵著《台湾契约文书中典、卖妻之研究》，花木兰，2021年3月。

11. 赖怡慈《"日治"时期台湾奉安设备之研究》，花木兰，2021年3月。

12. 高郁雅主编《民国时期报业史料：上海篇》（一）（二），民国历史文化学社有限公司，2021年4月。

13. 林孝庭《蒋经国的台湾时代》，远足文化，2021年4月。

14. 王文隆主编《中国远征军与国际关系》，政大出版社，2021年5月。

15. 许峰源《民国时期南海主权争议：海事建设》（一）（二），民国历史文化学社有限公司，2021年5月。

16. 吴忠信著，王文隆主编《吴忠信日记》（1948）（1949）（1950），民国历史文化学社有限公司，2021年5月。

17. 松浦章《近代东亚海域交流：海域与文化传播》，博扬，2021年5月。

18. 刘伯奎《中法越南交涉史》，台湾学生书局，2021年8月。

19. 李铠光《上海地方菁英与议会 1927—1949》，台大出版中心，2021年 8 月。

20. 萧李居《合作或冲突："防共"问题纠结下的中日关系（1931—1945）》，民国历史文化学社有限公司，2021 年 8 月。

21. 民国历史文化学社编辑部《内战在东北：熊式辉、陈诚与东北行辕》（一）（二）（三）（四）（五），民国历史文化学社有限公司，2021 年 8 月。

22. 吴忠信著，王文隆主编《吴忠信日记》（1951）（1952—1953）（1954）（1955）（1956），民国历史文化学社有限公司，2021 年 9 月。

23. 张其昀《质朴坚毅：张其昀日记》（1949—1950，1952）（1973），民国历史文化学社有限公司，2021 年 11 月。

24. 吴忠信著，王文隆主编《吴忠信日记》（1957）（1958—1959）（1961）（1962）（1964）（1965），民国历史文化学社有限公司，2021 年 12 月。

【论文】

1. 李贞德《台湾女性司法人员的历史初探》，《"中研院"史语所集刊》92：1，2021 年 3 月。

2. 苏瑶崇《论二战期间美军占领台湾政策研究之变化（1941—1945）》，《"国史馆"馆刊》67，2021 年 3 月。

3. 陈慧宏《从耶稣会的罗马圣母圣像看中国圣母的特质及其世界史脉络》，《近代史研究所集刊》111，2021 年 3 月。

4. 于广《税收、价格与华洋商人：经济危机下的卷烟税制（1929—1937）》，《近代史研究所集刊》111，2021 年 3 月。

5. 马钊《城市空间与毒品犯罪：日本占领时期北平地区朝鲜人的贩毒活动》，《近代史研究所集刊》111，2021 年 3 月。

6. 栾兆星《现代国家建设视野下的新生活运动与法治》，《台湾政治大学历史学报》55，2021 年 5 月。

7. 郭婷玉《日常与监控：1910 年代前期日籍警察与台湾地方社会》，《"国史馆"馆刊》68，2021 年 6 月。

8. 朱婷婷《失效的援助：中日战争时期美国医药援华与中国医疗物资

运用机制之困境（1937—1945）》，《"国史馆"馆刊》68，2021 年 6 月。

9. 陈建守《陈建守竞逐新文化——〈新文化辞书〉的编纂工程与思想图景》，《近代史研究所集刊》112，2021 年 6 月。

10. 赵峥《寻求国家统治的艺术：1930 年代西南"夷族"代表的请愿活动》，《近代史研究所集刊》112，2021 年 6 月。

11. 黄自进《战后东北问题与远东冷战的开展》，《近代史研究所集刊》112，2021 年 6 月。

12. 曾建元、吴靖媛《国共内战后期撤台"国军"拉伕行为之法律评价》，《中华行政学报》28，2021 年 6 月。

13. 刘俊雄《"原住民族"主体论及其挑战：以战后初期台湾的山地行政改革案为例（1950—1954）》，《"国史馆"馆刊》69，2021 年 9 月。

14. 李福钟《两蒋威权体制特性再探——从柏杨案谈起》，《"国史馆"馆刊》69，2021 年 9 月。

15. 陈翠莲《王升与"刘少康办公室"：1980 年代台湾威权体制末期的权力震荡》，《"国史馆"馆刊》69，2021 年 9 月。

16. 杜丽红《晚清上海的"海关检疫"》，《近代史研究所集刊》113，2021 年 9 月。

17. 贺江枫《〈塘沽协定〉后冀东地区的政治冲突：1934 年开滦五矿罢工与各方因应》，《近代史研究所集刊》113，2021 年 9 月。

18. 苏圣雄《关键环节：第一次缅甸战役中的林蔚及其参谋团》，《近代史研究所集刊》113，2021 年 9 月。

19. 曾献纬《台湾军公教人员食米配给制度的形成及其运作（1950—1960s）》，《"国史馆"馆刊》69，2021 年 12 月。

20. 游博清《上海国际连结之一开端：西人与沪城通海航道安全知识的建构与实践（1843—1858）》，《近代史研究所集刊》114，2021 年 12 月。

21. 林文凯《晚清奉天省土地改革与日本关东州土地调查：统治理性与调查学知之比较》，《近代史研究所集刊》114，2021 年 12 月。

22. 刘芳瑜《中美特种技术合作所在华气象情报网的建置与成效（1942—1947）》，《近代史研究所集刊》114，2021 年 12 月。

23. 栾兆星《总统执政抑或责任内阁？——国民政府时期立宪中的行

政权之定位》,《法制史研究》38,2021 年 12 月。

24. 黄胜韦《"以刑逼民"与法文化冲突——论近现代台湾假性财产犯罪现象》,《法制史研究》38,2021 年 12 月。

【书评】

1. 李子归《书香与铜臭——评 Fei-hsien Wang, Pirates and Publishers: A Social History of Copyright in Modern China》,《法制史研究》38,2021 年 12 月。

（责任编辑：王安宇）

《中国古代法律文献研究》第十六辑

2023 年，第 425~438 页

2021 年度国外中国法律史研究论著目录

[日] 吉永匡史　　[韩] 金　珍

桂　涛　[法] 梅凌寒　[德] 施可婷

一、通　　代

（一）韩文

【论文】

1. 宋磊《戰國秦漢司法演變中的空間因素——以"從俗而治"爲中心的考察》，《中國史研究》135，2021 年。

2. 王曉淑《中國古代無訟思想探究》，《中國史研究》132，2021 年。

3. 秦雯《論憲法權威的生成路徑——以拉兹提出的"權威命題"爲切入點》，《中國史研究》135，2021 年。

（二）英文

【专著】

1. Garret Pagenstecher Olberding, *Designing Boundaries in Early China: The Composition of Sovereign Space*, Cambridge, U.K.: Cambridge University Press, 2021.

2. Hilde De Weerdt, Franz-Julius Morche eds., *Political Communication in*

Chinese and European History, 800－1600, Amsterdam: Amsterdam University Press, 2021.

（三）法文

【论文】

1. Jérôme Bourgon（巩涛）, Frédéric Constant（梅凌寒）, Pierre-Étienne Will（魏丕信）, "Aperçus sur le droit chinois comme jus commune de l'Asie orientale"（对中国法律作为东亚共同法的概况一览）, Camille Perruso（卡米尔-佩鲁索）, Karine Martin-Chenut（卡琳-马丁-切诺特）, Mireille Delmas-Marty（米海伊·戴尔玛斯-马蒂）（编）, *Sur les chemins d'un jus commune universalisable*（在通往可普遍化的共同法的道路上）, Paris：Editions Mare & Martin, 2021, pp. 33－51.

二、先   秦

（一）日文

【书评】

1. 下田誠《水野卓著『春秋時代の統治権研究』》,《歴史学研究》1014, 2021 年。

三、秦汉魏晋南北朝

（一）日文

【专著】

1. 佐藤達郎《漢六朝時代の制度と文化・社会》, 京都大学学術出版会, 2021 年。

【论文】

1. 青木竜一《後漢の軍事司法——「将軍」とその周辺》,《集刊東洋学》124，2021 年。

2. 王蘇《「法」思想小考——統一秦の国家理論の一側面》，《東洋史研究》80－1，2021 年。

3. 楊振紅，椎名一雄譯《秦漢時代における「執法」官の設置と『商君書』定分篇》，《東方學報》96，2021 年。

4. 城山陽宣《秦漢期博士制度に関する考証的研究（中篇）——初期「五経博士」と董仲舒の賢良対策との関係を中心に》，《研究東洋》11，2021 年。

5. 陶安あんど《嶽麓秦簡司法文書集成「為獄等状四種」訳注稿——事案九》，《法史学研究会会報》24，2021 年。

6. 鷹取祐司《漢代兵役考証》，《立命館東洋史学》44，2021 年。

7. 楯身智志《（訳注）岳麓書院蔵秦簡「秦律令（壹）」尉卒律訳注（2）》，《史滴》43，2021 年。

8. 福永善隆《前漢文帝期における察挙の形成と劉邦集団》，《鹿児島大学法文学部紀要人文学科論集》88，2021 年。

9. 水間大輔《魏晋南朝の不孝罪》，《中央学院大学法学論叢》34－2，2021 年。

10. 水間大輔《漢律令における「惑眾」の成立要件》，《中央学院大学法学論叢》34－2，2021 年。

11. 水間大輔《河南省永城・商水における蕭何と丘生の造律臺傳説》，《中央学院大学人間・自然論叢》50，2021 年。

12. 水間大輔《五胡十六國及び北朝の不孝罪》，《中央学院大学法学論叢》35－1，2021 年。

13. 水間大輔《秦律令における犯罪と父母の通報義務——嶽麓書院藏秦簡「秦律令」より見た》，《中央学院大学法学論叢》35－1，2021 年。

14. 水間大輔《漢律令において「不道」とされる行為と処罰》，《史滴》43，2021 年。

15. 宮宅潔《軍事制度からみた帝国の誕生——秦から漢へ》，《冨谷至編『岩波講座世界歴史 05』岩波書店》，2021 年。

16. 李雪《前漢文帝刑制改革研究の現状》，《文化交涉：東アジア文化研究科院生論集》11，2021 年。

（二）韩文

【论文】

1. 김종희（金钟希）《秦漢代 劾書의 기능을 통해 본 治獄절차와 사법활동——劾단계전후 사법절차의 비교를 중심으로（从秦汉劾书的功能看治狱程式与司法活动——以劾阶段前后司法程式的比较为中心）》，《中國古中世史研究》62，2021 年。

2. 오준석（吳峻锡）《秦漢田律을 통해 본 秦漢代의 律典체계（从秦汉田律看秦汉代的律典体系）》，《역사와 세계（历史与世界）》60，2021 年。

3. 임병덕（林炳德）《秦漢律의 耐刑과 司寇（秦汉律之耐刑与司寇）》，《中國史研究》134，2021 年。

（三）英文

【专著】

Hans Beck, Griet Vankeerberghen eds., *Rulers and Ruled in Ancient Greece, Rome, and China*, Cambridge, U. K.: Cambridge University Press, 2021.

【论文】

Wen-Yi Huang, "Captives, Deserters, and Exiles: Control of Migrant Mobility in the Northern Wei Period (386 – 534 CE)," *The Journal of Asian Studies* 80 – 1, 2021, pp.129 – 143.

Li Jingrong & Chen Songchang, "The Promulgation of Law in Qin and Western Han China," *Early China* 44, 2021, pp.393 – 418.

Tsang Wing Ma, "Categorizing Laborers: Glimpses of Qin Management of Human Resources From An Administrative Document From Liye, Hunan Province," *Early China* 44, 2021, pp.351 – 391.

四、隋唐五代

（一）论文

【专著】

1. 千田豊《唐代の皇太子制度》，京都大学学術出版会，2021 年。

2. 平田陽一郎《隋唐帝国形成期における軍事と外交》，汲古書院，2021 年。

【论文】

1. 赤羽目匡由《渤海の中央官制と地方制度》，《清水信行・鈴木靖民編『渤海の古城と国際交流』勉誠出版》，2021 年。

2. 猪俣貴幸《玄宗朝の内官制度改革と則天武后》，《唐代史研究》24，2021 年。

3. 岡野誠《敦煌本唐職制律断簡再論——趙晶著「中国国家図書館蔵両件敦煌法典残片考略」を読みて》，《法史学研究会会報》24，2021 年。

4. 河野保博《天聖厩牧令復原唐令の排列について——唐代厩牧令の構造解明にむけて》，《法史学研究会会報》24，2021 年。

5. 河野保博《唐代の馬匹生産・管理と交通規定》，《佐々木虔一・川尻秋生・黒済和彦編『馬と古代社会』八木書店》，2021 年。

6. 神戸航介《唐賦役令継受の歴史的意義》，《歴史学研究》1007，2021 年。

7. 孫璐《唐の医療制度に関する一考察》，《広島法学》45 - 2，2021 年。

8. 中村正人・唐律疏議講読会《『唐律疏議』闘訟律現代語訳稿（3）——第 21 条から第 30 条まで》，《金沢法学》64 - 1，2021 年。

【书评】

1. 兼田信一郎《大津透編『日本古代律令制と中国文明』》，《唐代史研究》24，2021 年。

2. 関尾史郎《土肥義和著『燉煌文書の研究』》，《歴史評論》860，

2021 年。

3. 前島佳孝《平田陽一郎著『隋唐帝国形成期における軍事と外交』》，《史学雑誌》131 - 11，2021 年。

4. 吉永匡史《山根清志著『唐王朝の身分制支配と「百姓」』》，《唐代史研究》24，2021 年。

（二）韩文

【专著】

1. 김택민（金铎敏）《당률총론（唐律总论）》，景仁文化社，2021 年。

2. 김택민（金铎敏）《당률각론（唐律各论）》（Ⅰ、Ⅱ），景仁文化社，2021 年。

【论文】

1. 김현라（金贤罗）《고려율령조문을 통해 본 君臣秩序와 刑罰——당·송과의 비교를 통하여（从高丽律令条文看君臣秩序和刑罚——与唐宋的比较）》，《法史學研究》64，2021 年。

2. 박서진（朴敍真）《唐律을 통해 본 唐代 免罪型 自首의 成立條件에 관한 一考察（从唐律看关于唐代免罪型自首之成立條件的考察）》，《中國史研究》130，2021 年。

【译注】

1. 김택민（金铎敏）主编《당률소의역주（唐律疏议译注）》（Ⅰ、Ⅱ、Ⅲ、Ⅳ），景仁文化社，2021 年。

五、辽宋金元

（一）日文

【论文】

1. 梅村尚樹《宋代学記の変遷》，《東洋史研究》80 - 3，2021 年。

2. 大島立子《元朝の姦罪法から見る節義》，《中国女性史研究》30，

2021 年。

3. 小野裕子《西夏の巡検制度——『天盛旧改新定禁令』卷 4「辺地巡検門」中の 12 条を中心に》,《岡山大学大学院社会文化科学研究科紀要》50,2021 年。

4. 藤本猛《宋初四代の帝位継承と宦官》,《史窓》78,2021 年。

5. 山本孝子《大状の諸相——唐末から宋における私信としての展開》,《敦煌写本研究年報》15,2021 年。

【书评】

1. 李霊均《鄧小南著『宋代文官制度六題』(三聯人文書系)》,《人文×社会》1-4,2021 年。

(二)韩文

【论文】

1. 박영철(朴永哲)《근세중국의 법치주의와 그 향방——宋元시대를 중심으로(近世中国的法治主义与其走向——以宋元时代为中心的考察)》,《中國史研究》135,2021 年。

2. 전영섭(全永燮)《『宋刑統』「名例律」에 보이는 唐 후기~北宋 초 刑罰體系의 변화—제 1 권에 수록된 追加 條文(令·格·敕·起請·餘條准此條)을 중심으로(从《宋刑统·名例律》看唐后期至北宋初期刑罚体系的变化——以第 卷所载追加条义(令、格、敕、起请、余条准此条)为中心》,《中國史研究》133,2021 年。

3. 조원(趙阮)《元중후기 醫政제도의 변화와 실상——『至正條格』의 관련 條文을 중심으로(元朝中后期医政制度的变化与真相——以《至正条格》相关条文为中心)》,《역사와 세계(歷史與世界)》60,2021 年。

(三)英文

【专著】

Stephen Owen, *All Mine!: Happiness, Ownership, and Naming in Eleventh-Century China*, New York: Columbia University Press, 2021.

【论文】

Deng Xiaonan, Christian Lamouroux, Luo Yinan, "The ' Ancestors' Family Instructions' : Authority and Sovereignty in Song China, " *Journal of Song-Yuan Studies* 50, 2021, pp.133 – 153.

【书评】

Ronald A. Edwards, "*State Power in China, 900 – 1325* by Patricia Buckley Ebrey and Paul Jakov Smith, editors. Seattle: University of Washington Press, 2016. pp. ix, 363 (review) , " *The Chinese Historial Review* 28: 2, 2021, pp.191 – 193.

Jaeyoon Song, "History as Statecraft: Lü Zhong's (fl. 1250s) Critique of State Activism, " *Journal of Song-Yuan Studies* 50, 2021, pp.133 – 153.

六、明　　清

（一）日文

【论文】

1. 上田裕之《清代乾隆中葉の雲南省における辨銅体制の変質と銅価増額の財源問題》，《社会経済史学》86 – 4，2021 年。

2. 王天馳《康熙朝における盛京地方内務府包衣の家族制度——『黒図檔』の相続案件を中心に》，《村上衛編『転換期中国における社会経済制度』京都大学人文科学研究所附属現代中国研究センター》，2021 年。

3. 豊嶋順揮《二つの裁判文書から見る明代中期の海》，《立命館文学》673，2021 年。

【书评】

1. 王尊龍《岩井茂樹著『朝貢・海禁・互市——近世東アジアの貿易と秩序』》，《史苑》81 – 2，2021 年。

2. 岡本隆司《岩井茂樹著『朝貢・海禁・互市——近世東アジアの貿易と秩序』》，《歴史学研究》1006，2021 年。

3. 豊岡康史《岩井茂樹著『朝貢・海禁・互市——近世東アジアの貿易と秩序』》,《東洋史研究》80 - 1, 2021 年。

(二) 韩文

【论文】

1. 강원묵 (姜元默)《'曆獄'(1664.9—1665.9) 에 대한 재고찰——清朝 機密 司法 文書『祕本檔』(narhūšaha bithe dangse) 에 대한 분석을 중심으로 (对"历狱 (1664.9—1665.9)"的重新解读——以清朝机密司法文书《秘本档》分析为中心)》,《明清史研究》56, 2021 年。

2. 김한밝 (Kim, Hanbark)《清代 流配犯의 實相과 地方의 管理策——四川省 巴縣의 사례를 중심으로 (清代流配犯的实相与地方的管理策——以四川省巴县案例为中心)》,《中國史研究》134, 2021 年。

3. 김한밝 (Kim, Hanbark)《유배형의 시대와 발견 (發遣)——청대 (清代) 형벌제도에서의 역할을 중심으로 (流配刑之时代与发遣——以在清代刑罚制度中所扮演的角色为中心)》,《明清史研究》56, 2021 年。

4. 王斌通《清代「都察院則例」與「欽定臺規」之關係辨析》,《中國史研究》130, 2021 年。

5. 王湛東《中國傳統法律文本中的所有權制度探析——以『大清律例』第二十四條為例》,《中國史研究》133, 2021 年。

6. 張雪嬌《清代"罵詈"法律規範考察》,《中國史研究》133, 2021 年。

7. 조병식 (赵炳植)《清末 新政期 天津審判廳의 설립과 운영——사법 '근대화'의 실험 (清末新政期天津审判厅的设立和运营——司法"近代化"的探索)》,《東洋史學研究》155, 2021 年。

8. 조병식 (赵炳植)《'법만으로는 저절로 시행될 수 없다. (徒法不能以自行)'——清末 天津審判廳의 인사 제도 ("徒法不能以自行"——清末天津审判厅的人事制度)》,《中國學報》96, 2021 年。

9. 황해윤 (黃海潤)《清代 旗人의 추방형 면제 특권과 그 변천——범죄유형에 따른 추방형 면제와 집행의 竝存 (清代旗人的免除放逐刑特权及其变迁——按照犯罪类型的免除放逐刑与执行放逐刑的并存)》,《東

洋史學研究》154，2021 年。

【书评】

1. 정민정（Jeong, Min Jeong）《山本英史 編，『中國近世法制史料讀解ハンドブック』（東洋文庫，2019 年）》，《明清史研究》55，2021 年。

（三）英文

【专著】

1. Yue Du, *State and Family in China: Filial Piety and its Modern Reform*, Cambridge, U. K.: Cambridge University Press, 2021.

【论文】

1. Luther Cox Cenci, "Wounding Our Customs: Law, Gender, and Pluralism in Chinese Batavia, 1740 – 1811," *Late Imperial China* 42 – 1, 2021, pp.131 – 175.

2. Yue Du, "Unlimited Debt toward Father and Mother: State-Sponsored Generational Hierarchies in Late-Imperial China," *Asia Major* 34 – 2, 2021, pp.93 – 125.

3. Xu Han, Xuanjun Yan, "Predicament of the Hongwu Emperor and his Defense for the Regime's Legitimacy," *Ming Studies* 84, 2021, pp.29 – 46.

4. R. Kent Guy, "Heard on the Wind: The Kangxi Emperor and the Qing Censorate," *Asia Major* 34 – 1, 2021, pp.11 – 32.

5. Erik Mueggler, "Lady Qu's Inscriptions: Literacy and Sovereignty in a Native Domain, Southwest China," *The Journal of Asian Studies* 80 – 1, 2021, pp.27 – 48.

6. Jonathan Schlesinger, "Rethinking Qing Manchuria's Prohibition Policies," *Journal of Chinese History* 5 – 2, 2021, pp.245 – 262.

【书评】

1. Christopher A. Reed, "*Circulating the Code: Print Media and Legal Knowledge in Qing China* by Ting Zhang, Seattle: University of Washington Press, 2020. 264 pp. (review)," *Journal of Chinese History* 5: 1, 2021, pp.166 – 168.

2. Matthew H. Sommer, "*Circulating the Code: Print Media and Legal Knowledge in Qing China* by Ting Zhang, Seattle: University of Washington Press, 2020. 264 pp.(review)," *The Journal of Asian Studies* 80 – 1, 2021, pp.185 –187.

3. Guolin Yi, "*Circulating the Code: Print Media and Legal Knowledge in Qing China* by Ting Zhang, Seattle: University of Washington Press, 2020. 264 pp.(review)," *The Chinese Historial Review* 28: 2, 2021, pp.195 – 198.

七、 近现代（1840～1949）

（一）日文

【论文】

1. 赤城美恵子《東洋法制史は役に立つのか》,《法学セミナー》66 – 10, 2021 年。

2. 岸本美緒《清末における中国奴婢制度論》,《中国：社会と文化》36, 2021 年。

3. 金昇來《清末の上海共同租界越界路地区における課税問題》,《東洋学報》103 – 2, 2021 年。

4. 加藤雄三《『華国月刊』に見る司法ナショナリズム——中華民国法のあるべき姿とは》,《楊際開・伊東貴之編『「明治日本と革命中国」の思想史——近代東アジアにおける「知」とナショナリズムの相互還流』ミネルヴァ書房》, 2021 年。

5. 久保茉莉子《中国近代法史をめぐる研究動向と今後の課題》,《東洋文化研究所紀要》178, 2021 年。

6. 張英莉《中国企業指導制度の形成と変遷——1930～50 年代を中心に》,《埼玉学園大学紀要経済経営学部篇》21, 2021 年。

7. 張杰《鄭毓秀と『中華民国民法典』——女性の婚姻自主権獲得の道》,《女性史学》31, 2021 年。

8. 張天恩《琉球問題をめぐる日清交渉と清朝外交の制度運

用——分島改約案の運命と総理衙門の外交》,《東アジア近代史》25，2021年。

9. 西英昭《東亜同文書院と中国法学——その教授陣と著作群》,《法政研究》88－1，2021年。

10. 箱田恵子《清末中国の新聞・雑誌にみる仲裁裁判観》,《史窓》78，2021年。

11. 東山京子《近代公文書管理制度の転換——霧社事件関係文書の収蔵状況からの示唆》,《中京大学社会科学研究》41－1，2021年。

【书评】

1. 石塚迅《金子肇『近代中国の国会と憲政——議会専制の系譜』》,《歴史学研究》1011，2021年。

2. 水羽信男《久保茉莉子『中国の近代的刑事裁判——刑事司法改革からみる中国近代法史』》,《現代中国》95，2021年。

3. 森川裕貫《金子肇『近代中国の国会と憲政——議会専制の系譜』》,《史学研究》307，2021年。

4. 杜崎群傑《吉見崇『中国司法の政治史——1928—1949』》,《現代中国》95，2021年。

（二）韩文

【论文】

1. 代劍鋒《沈家本憲制思想述略》,《中國史研究》133，2021年。

2. 佘文博《"新舊相參為用"：張謇法律現代化思想初探》,《中國史研究》130，2021年。

3. 楊瀟《基於習慣的權利到"物權法定"——土地財產確權制度近代轉型研究》,《中國史研究》130，2021年。

4. 丁天立《清末民初時期議會式立法機關的源起與運作》,《中國史研究》130，2021年。

5. 조병식（赵炳植）《清末 新政期 경찰의 사법 기능——天津 경찰의 사례를 중심으로（清末新政期警察的司法功能——以天津警察为例）》,《中國近現代史研究》90，2021年。

（三）英文

【论文】

1. Yue Du, "From Dynastic State to Imperial Nation: International Law, Diplomacy, and the Conceptual Decentralization of China, 1860s – 1900s," *Late Imperial China* 42 – 1, 2021, pp.177 – 220.

2. Kaiwei Teng, "Trans-Pacific intellectual and political interactions: The Carnegie Endowment, legal internationalism, and Sino-U. S. relations, 1912 – 1925," *Chinese Studies in History* 54 – 1, 2021, pp.19 – 44.

3. Sebastian Veg, "Creating Public Opinion, Advancing Knowledge, Engaging in Politics: The Local Public Sphere in Chengdu, 1898 – 1921," *The China Quarterly* 246, 2021, pp.331 – 353.

【书评】

1. Jenny Huangfu Day, "*Crime, Justice and Punishment in Colonial Hong Kong: Central Police Station, Central Magistracy and Victoria Gaol* by May Holdsworth and Christopher Munn. Hong Kong: Hong Kong University Press, 2020. 340 pp.(review)," *The Journal of Asian Studies* 80 – 3, 2021, pp.730 – 732.

2. Christopher A. Reed, "*Pirates and Publishers: A Social History of Copyright in Modern China* by Fei-Hsien Wang. Princeton: Princeton University Press, 2020. 368 pp. (review)," *Journal of Chinese History* 5: 1, 2021, pp.158 – 163.

3. Patrick Fullang Shan, "*The Communist Judicial System in China, 1927 – 1976: Building on Fear* by Qiang Fang, Amsterdam: Amsterdam University Press, 2021. pp.336. (review)," *The Chinese Historial Review* 28: 2, 2021, pp.200 – 202.

4. Sung Hee Ru, "*Sovereignty in China: a genealogy of a concept since 1840* by Maria Adele Carrai, Cambridge University Press, 2019, 274 pp.(review)," *Asian Studies Review* 45: 2, 2021, pp.371 – 372.

（四）法文

1. Frédéric Constant（梅凌寒）, "Thinking With Models: The Construction

of Legal Cases as Reflected in Late Qing Local Archives," *T'oung Pao* 107 (2021)，pp.417 – 473.

2. Mingzhe Zhu（朱明哲），"La place de l'enseignement du droit français dans la modernisation chinoise（法国法律教育在中国现代化进程中的地位），" *Cahiers Jean Moulin* 7（2021），URL: http://journals.openedition.org/cjm/1454.

（责任编辑：王安宇）

《中国古代法律文献研究》稿约

《中国古代法律文献研究》为中国政法大学法律古籍整理研究所所刊，于 1999 年创刊，自 2010 年始改版为年刊，2023 年起改为半年刊。欢迎海内外同仁不吝赐稿。

《中国古代法律文献研究》以中国古代法律文献为主要研究对象，刊发原创性的学术论文、书评和研究综述。本刊以中文简体字出版，来稿以 2 万字以下为宜，同时请附 300 字以内的中文摘要、关键词与英文标题；如是外文稿件，请作者授予本刊中文版的首发权利。已经公开发表（包括网络发表）过的中文稿件，请勿投稿。本刊采取同行专家匿名评审制度，将在收到稿件后两个月内回复作者有关采用与否的信息。

有关投稿中的版权问题，请作者自行妥善解决。

来稿一经刊发，本刊将向作者寄赠该辑图书 2 册。

来稿请附作者简历、详细通讯地址、邮编、电子邮件等联系方式，以纸版或电子版形式，分别寄至：

（100088） 北京海淀区西土城路 25 号中国政法大学法律古籍整理研究所

电子邮箱：gdflwxyj@ outlook. com

gdflwxyj@ 163. com

《中国古代法律文献研究》编辑部

Journal of Chinese Ancient Legal Literature Studies

The Journal of Chinese Ancient Legal Literature Studies is edited by the Institute for Chinese Ancient Legal Documents, China University of Political Science and Law. It was published for four times during the period of 1999 – 2007. The Institute starts to publish it annually from 2010. From 2023, it will be changed into a semi-annual journal. Submission of papers both from domestic and overseas is welcomed.

The Journal mainly focuses on the research of the legal literature in ancient China, publishing original academic papers and book reviews, each of which should be no more than 20, 000 words. The journal will be published in simplified Chinese, please submit your paper with a Chinese abstract no more than 300 words, keywords and an English title. If it is a paper in other language, the authorization for publication of its Chinese version in this journal for the very first time will be appreciated. If the paper in Chinese was published in any form including on Internet, please don't submit again. All the papers submitted will be reviewed and examined by the scholars in an anonymous manner. Whether it is accepted or not, the author will be informed within two months upon the receipt of the paper.

For copyright related matters, please properly address on your own in advance.

Once the paper is published, the contributors will receive two copies of the journal.

The paper for contribution, prepared in soft or hard copy, and supplied with a brief resume of the author and his/her detailed information for contact, such as the address, post code, and email etc., shall be sent to the following address:

Institute for the Research of Legal Literature in Ancient China, China University of Political Science and Law, Beijing (100088), China.

E-mail: gdflwxyj@ outlook. com

gdflwxyj@ 163. com

Institute for the Research of Legal Literature in Ancient China

China University of Political Science and Law

《中国古代法律文献研究》撰稿凡例

一、论文缮打格式

字体：中文请使用宋体简体字，英文请使用 Times New Roman。字号：正文五号字，注解小五号字。

二、标题层级

请依次使用 一、 （一） 1. （1） A. a.

三、标点

请使用新式标点，除破折号、省略号各占两格外，其他标点均占一格。书刊及论文名均请使用《 》。

四、数字表示

公元纪年使用阿拉伯数字，中国年号、古籍卷数使用中文数字（年号例如建武二十五年、贞观八年、乾隆三十五年，卷数例如卷一〇、卷二三、卷一五四）。第一次涉及年号者，请用（ ）配加公元纪年。

五、注释体例

请采取当页脚注、每页连续编码的方式。

注释号码采用阿拉伯数字表示，作①、②、③……，每页重新编号。

再次征引，不需出现来源书刊或论文的全部信息，采用"作者，书名/论文名，页码"的形式。

引用古籍，应依次标明作者、书名、卷数、版本，如（清）顾炎武著，黄汝成集释：《日知录集释》卷一五，清道光十四年嘉定黄氏刻本。

引用专著（包括译者）或新印古籍或古籍之点校整理本，应依次标明作者（包括译者）/整理者、书名、章/卷数、出版者、出版年代、版次（初版无需标明）、页码，如瞿同祖：《瞿同祖法学论著集》，中国政法大学出版社，1998，第50页；（清）黄宗羲著，全祖望补修，陈金生、梁运华点校：《宋元学案》（第1册），中华书局，1986，第150页。

引用论文，应依次标明作者、论文名称、来源期刊/论文集名称、年代、卷次、页码，如徐世虹：《对两件简牍法律文书的补考》，载中国政法大学法律古籍整理研究所编《中国古代法律文献研究》（第2辑），中国政法大学出版社，2004，第90页；张小也：《明清时期区域社会中的民事法秩序——以湖北汉川汈汊黄氏的〈湖案〉为心》，《中国社会科学》2005年第6期，第190页。

引用外文文献，依常规体例，如 Brian E. McKnight, *Law and Order in Sung China*, Cambridge University Press, 1992, pp. 50－52.

图书在版编目（CIP）数据

中国古代法律文献研究. 第十六辑／中国政法大学
法律古籍整理研究所编；张传玺主编. — 上海：中西
书局，2023
ISBN 978-7-5475-2081-9

Ⅰ. ①中… Ⅱ. ①中… ②张… Ⅲ. ①法律-古籍研
究-中国-文集 Ⅳ. ①D929-53

中国国家版本馆 CIP 数据核字（2023）第 041029 号

ZHONGGUO GUDAI FALV WENXIAN YANJIU(DI SHILIU JI)

中国古代法律文献研究（第十六辑）

中国政法大学法律古籍整理研究所　编

张传玺　主编

责任编辑　李碧妍
装帧设计　黄　骏
责任印制　朱人杰
出版发行　上海世纪出版集团
中西書局（www.zxpress.com.cn）
地　　址　上海市闵行区号景路 159 弄 B 座（邮政编码：201101）
印　　刷　上海肖华印务有限公司
开　　本　700 毫米×1000 毫米　1/16
印　　张　28.25
字　　数　434 000
版　　次　2023 年 4 月第 1 版　2023 年 4 月第 1 次印刷
书　　号　ISBN 978-7-5475-2081-9/D·092
定　　价　138.00 元

本书如有质量问题，请与承印厂联系。电话：021-66012351